Reichs-Pressgesetz.

Erläutert

in 1. u. 2. Auflage von
Dr. F. O. von Schwarze,
weil. K. Sächsischem Wirklichen Geheimen Rat und Generalstaatsanwalt a. D.

in 3. u. 4. Auflage von
Dr. H. Appelius,
weil. Kammergerichtsrat

Fünfte, neu bearbeitete Auflage

von

Dr. Erich Wulffen,
Amtsgerichtsrat in Zwickau.

1914.
München, Berlin und Leipzig.
J. Schweitzer Verlag (Arthur Sellier).

Druck von U. E. Sebald, Kgl. Bayer. Hofbuchdruckerei, Nürnberg.

Aus dem Vorwort zur ersten Auflage.

Der vorliegende Kommentar beschränkt sich streng auf die Erläuterung des gegebenen Gesetzes, unter Benutzung der vorhandenen Literatur, der Gesetzgebung und der Spruchpraxis in den deutschen Ländern, und der Verhandlungen in den Reichstagskommissionen und in dem Reichstage selbst. Wenn der Verfasser hierbei vorzugsweise die zeitherige Gesetzgebung und die Spruchpraxis, sowie die landständischen Verhandlungen im Königreich Preußen berücksichtigt hat, so wurde er hierzu durch das in dem Entwurfe des Gesetzes sich allenthalben kundgebende Bestreben, die Preßgesetzgebung Preußens mit den über letztere gemachten Erfahrungen zu berücksichtigen und zu verwerten, veranlaßt. Nur in bezug auf das System der Verantwortlichkeit für den strafbaren Inhalt einer Druckschrift hat der Verfasser eine ausführlichere Erläuterung, als bei den übrigen Materien des Gesetzes, geliefert, weil dieses System vorzugsweise es gewesen ist, welches in den Reichstagskommissionen und im Reichstage den Gegenstand der Verhandlung gebildet hat.

Dresden, den 7. Juni 1874.

Dr. Fr. Schwarze.

Aus dem Vorwort zur zweiten Auflage.

Bei der Bearbeitung der zweiten Auflage, die ich wohl eine Umarbeitung der ersten Auflage nennen darf, habe ich mich vorzugsweise bestrebt, die Erörterungen der hauptsächlichsten Materien unter einzelnen größeren Gesichtspunkten systematischer und geordnet vorzutragen, so daß hoffentlich die Darstellung des gesamten Stoffes übersichtlicher und — wenn ich so sagen darf — prinzipieller erfolgt ist. Selbst bei großer Fülle der Kasuistik sollen die leitenden Grundsätze immer noch klar und entschieden hervortreten und die einzelnen Exkurse von der systematischen Ordnung beherrscht werden, so daß der Praktiker nicht in jener Fülle den leitenden Faden verliert, noch in nebensächlichen Punkten die entscheidenden Momente findet. An erster Stelle habe ich das gegebene Gesetz und die auf dasselbe bezügliche Praxis und Judikatur berücksichtigt und den in der Literatur erschienenen allgemeinen preßrechtlichen Erörterungen, welche nicht das Gesetz zum Ausgange genommen, keinen besonderen Einfluß eingeräumt, so verdienstlich auch einzelne hierher gehörige Erörterungen, z. B. die Oetkers, sind.

Indem das Interesse und Bedürfnis der Praxis maßgebend für die Umarbeitung gewesen, habe ich zugleich mich bemüht, in den Punkten, in welchen das Preßgesetz die ihm vorgelegenen Fragen nicht erschöpfend beantwortet und insbesondere ausdrücklich oder stillschweigend auf das allgemeine Strafrecht und Strafprozeßrecht verweist, aus dem Strafgesetzbuche und der Strafprozeßordnung eine Ergänzung soweit, als sie zum vollen Verständnisse der preßgesetzlichen Bestimmung erforderlich schien, eintreten zu lassen, wie dies beispielsweise bei den Fragen über Teilnahme, Verjährung, Versuch und Vollendung, sowie namentlich über das gegenseitige Verhältnis der Vorschriften in §§ 20 und 21 zu den allgemeinen Strafgesetzen geboten war. Ebenso erschien es angemessen, die Bestimmungen der Strafprozeßordnung, namentlich über die Beschlagnahme — die vorzugsweise Löwe in seinem Kommentare zur Strafprozeßordnung, mit Bezug auf die Bestimmungen des Preßgesetzes einer besonderen Kommentierung unterzogen hat — und die auf den Gewerbebetrieb 2c. bezüglichen neueren Vorschriften der Gewerbeordnung in Berücksichtigung zu ziehen. In dieser Richtung bedurften die konkurrierenden Bestimmungen des Preßgesetzes einer erneuten Erörterung und der Klarstellung in ihrem Verhältnisse zu den angeführten Gesetzen.

Dresden, den 7. Juni 1885.

Dr. v. Schwarze.

Vorwort zur dritten Auflage.

Als im Februar d. J. von der Verlagshandlung die Anfrage an mich erging, ob ich geneigt sei, eine dritte Auflage von v. Schwarzes Kommentar zum Reichspreßgesetz auszuarbeiten, habe ich lange geschwankt, ob ich die Arbeit übernehmen sollte, einerseits weil mir wohl bekannt war, in welchem hohen Ansehen die beiden ersten Auflagen des Buches in juristischen Kreisen gestanden hatten, und ich zweifelte, ob es mir gelingen würde, das Werk auf seiner bisherigen Höhe zu erhalten, und andererseits, weil ich mir bewußt war, gerade in wesentlichen Punkten von den in dem Buch von v. Schwarze niedergelegten Ansichten abzuweichen, während es mir als eine berechtigte Forderung der Pietät erschien, daß das Werk des hochbedeutenden Mannes auch nach seinem Tode in seinem Sinne fortgeführt werde. Wenn ich trotz dieser Bedenken der Verlagsbuchhandlung zusagend geantwortet und die Bearbeitung der dritten Auflage übernommen habe, so hat mich doch von da ab das Gefühl der Verantwortlichkeit in der angedeuteten doppelten Richtung in keinem Augenblick verlassen. Ob es mir einigermaßen gelungen ist, in der ersteren Beziehung der Bedeutung der früheren Auflagen und ihres Verfassers gerecht zu werden, mag die Kritik entscheiden, in der letzteren Beziehung darf ich behaupten, daß ich in jedem einzelnen Fall nur nach der sorgfältigsten Prüfung mich entschlossen habe, meine abweichende Meinung an die Stelle der in den früheren Auflagen vertretenen zu setzen, und daß ich bestrebt gewesen bin, den Charakter des Buches möglichst zu erhalten.

Die vorliegende dritte Auflage enthält manche Ausführungen, die jedenfalls nicht überall den Beifall juristischer Kreise finden werden. So wird z. B. die ganze Lehre von den Preßdelikten, der Vollendung und dem Versuch und dem Gerichtsstand derselben, wie sie jetzt vorgetragen ist, gewiß mannigfache Anfechtung erfahren; ich habe mich aber nicht zu entschließen vermocht, das, was ich als Jurist für richtig, und zwar für allein richtig halten mußte, um der zu erwartenden Anfechtung willen, zu unterdrücken.

Eine nicht unwesentliche Änderung gegen die früheren Auflagen muß ich hier noch erwähnen. Die früheren Auflagen enthielten in fast überreichem Umfang die wörtliche Mitteilung von Reden aus dem Reichstag und aus der Reichstagskommission. Der Begründer des Buches, Herr Generalstaatsanwalt v. Schwarze, war selbst als Mitglied des Reichstags ein hervorragendes Mitglied der Reichstagskommission gewesen und so war es natürlich, daß er mehr an die Entstehungsgeschichte der einzelnen Bestimmungen anknüpfte, die er unmittelbar miterlebt hatte. Für die dritte Auflage hatten diese Reden nicht mehr das gleiche Interesse, wie früher, zumal sie auch als Auslegungsmittel keinen unbestrittenen Wert haben, da der Wortlaut des Gesetzes und der Inhalt der Reden sich nicht immer decken. Diese Reden sind deshalb jetzt weggelassen worden.

Die Rechtsprechung habe ich benutzt, soweit sie mir zugänglich war, die preßrechtliche wissenschaftliche Literatur glaube ich vollständig behandelt zu haben. Vielleicht vermißt mancher, nicht mit Unrecht, bei einzelnen Kontroversen eine eingehendere Besprechung der gegnerischen Ansichten. Die preßrechtliche Literatur ist aber im Laufe der Zeit so umfangreich geworden, daß mir Rücksichten auf den Raum eine gewisse

Zurückhaltung zur Pflicht machten und ich mich deshalb bei minder wichtigen Fragen auf Hinweise auf die abweichenden Ansichten beschränken mußte.

Celle, im November 1895.

Dr. H. Appelius.

Vorwort zur vierten Auflage.

Die dritte Auflage hat bei der Kritik im allgemeinen eine freundliche Aufnahme gefunden. Nur in einer Zeitung ist der Bearbeiter, weil er den sog. fliegenden Gerichtsstand der Presse als juristisch richtig verteidigt hat, erheblich angegriffen worden. Ich habe darauf an dieser Stelle nichts zu erwidern. Nur gegen den erhobenen Vorwurf, daß ich meine Ansichten in einer Weise vorgetragen, als seien sie auch die des verstorbenen Generalstaatsanwalts Dr. v. Schwarze gewesen, will ich bemerken, daß der Leser der dritten Auflage überall da, wo ich Abweichendes vorgetragen, unter dem Strich oder im Text den Hinweis finden konnte, daß meine Ansicht von den früheren Auflagen abweicht. Damit dürfte der Vorwurf wohl in sich zusammenfallen. Um aber auch allen Lesern die Sache klar zu machen, habe ich in dieser Auflage jedesmal hervorgehoben, daß eine Abweichung von der Ansicht von Schwarzes in der ersten und zweiten Auflage vorliege. In der neuen Auflage sind die neuen Erscheinungen in der Literatur und die Entscheidungen der Strafsenate des Reichsgerichts, des Kammergerichts und der übrigen Oberlandesgerichte berücksichtigt, auch ist das Reichsgesetz vom 13. Juni 1902, betreffend die Abänderung des § 7 der Strafprozeßordnung (RGBl. S. 227) — § 7 Abs. 2 über den Gerichtsstand der Preßdelikte — aufgenommen und erläutert.

Charlottenburg, Dezember 1902.

Dr. H. Appelius.

Vorwort zur fünften Auflage.

Als die Verlagsbuchhandlung bei mir anfrug, ob ich geneigt sei, die Herausgabe einer neuen Auflage dieses Buches zu besorgen, habe ich mich gern dazu bereit erklärt, weil die Befassung mit dem Preßgesetze von jeher zu meinen Lieblingsstudien auf dem Gebiete der Jurisprudenz gehört hat. Und dies zwar nicht etwa wegen einer Vorzüglichkeit dieser der Reform vielmehr dringend bedürftigen gesetzgeberischen Leistung, auch nicht aus Freude an der beängstigenden Fülle von Meinungsverschiedenheiten auf rein juristisch-konstruktivem Gebiete, welche die redaktionelle Unzulänglichkeit des Gesetzes hervorgerufen hat. Für mein Interesse waren vielmehr von Anfang an die immer steigende Bedeutung der Presse im Leben unseres Volkes und im Zusammenhange damit die Beantwortung der wichtigen öffentlichrechtlichen Fragen, die im Preßgesetze berührt werden, von maßgebender Entscheidung.

Daß ich nach der Absicht des Herrn Verlegers und nach meiner eigenen Auffassung aus Rücksichten der Pietät an die Vorarbeiten zweier ausgezeichneter Juristen gebunden war, brauchte mir meinen Entschluß, diese neue Auflage herauszugeben, nicht zu erschweren. Stehen doch die Ansichten des Kommentars von Schwarze-Appelius, der nun bald die vierzigjährige Wiederkehr seines ersten Erscheinens begeht, heute im allgemeinen als die anerkannt richtigen da, und hat doch besonders Appelius die anfänglich zu formalistische Rechtsprechung des Reichsgerichts in verschiedener Hinsicht mit Erfolg beeinflußt.

Im Gegenteil sah ich meine Aufgabe wesentlich erleichtert und vereinfacht, als ich selbst mich in der Hauptsache zu den Ansichten von Appelius bekenne. Und noch etwas fiel bei meiner Arbeit in die Wagschale, nämlich die erfreuliche Tatsache, daß ein angesehenes Mitglied des höchsten preußischen Gerichtshofes trotz aller juristischen Gelehrsamkeit sich einen objektiven Blick und auch ein warmes Herz für die Rechte und Bedürfnisse der Presse gewahrt hatte. An solche Anschauungen anknüpfend ließ sich, meine ich, vertrauensvoll weiterarbeiten, wie ich das u. a. in den wichtigen Fragen der Wahrnehmung berechtigter Interessen durch die Presse (§ 193 StGB.) und des Zeugnisverweigerungsrechtes des Redakteurs usw. getan habe.

Im übrigen konnte ich meine Arbeit in rein juristischer Hinsicht darauf beschränken, einzelne Meinungsäußerungen von Appelius in der Form zu mildern, verschiedene gegenteilige Ansichten neben die seinigen zu stellen und die wesentlichen Meinungen, die seit Erscheinen der letzten Auflage bis zur Gegenwart in Theorie und Praxis ausgesprochen worden sind, insbesondere die neueren Entscheidungen des Reichsgerichts und anderer oberster Gerichtshöfe (seit 1902), nachzutragen. Wo ich in der Weiterentwicklung preßrechtlicher Grundsätze wesentlich über von Schwarze-Appelius hinausgegangen bin, habe ich mich, um keinen Irrtum zu erwecken, ausdrücklich als Urheber bekannt.

Nicht ganz so einfach war meine Aufgabe bei der formalen Redaktion der Neuauflage. Ich hatte mich mit anderen Männern der Praxis längst davon überzeugt, daß jene der früheren Jurisprudenz eigentümliche stilistische Schwerfälligkeit den Gebrauch dieses juristisch so wertvollen Kommentars beeinträchtige. Und da ich in der Öffentlichkeit wiederholt für die Reinigung des juristischen Stils im Sinne einer wirklich deutschen Schriftsprache in die Schranken getreten bin, so hielt ich es für meine Aufgabe, auch hier so zu verfahren. Vielleicht habe ich, um den Text der früheren Auflage nach Möglichkeit zu erhalten, hierbei eher zu wenig als zu viel getan.

Endlich mußte auch die äußere Anordnung des Stoffes übersichtlicher in Erscheinung treten. Ich habe deshalb die Ausführungen zu den einzelnen Paragraphen mit fettgedruckten Ziffern versehen und auch sonst im Texte des Kommentars die wichtigsten Anhaltspunkte gesperrt drucken lassen. Aus Gründen der äußeren Übersichtlichkeit, die in den früheren Auflagen zuweilen verloren ging, habe ich mich auch zu verschiedenen Kürzungen, insbesondere der minder wichtigen Kontroversen und einzelner theoretischer Ausführungen entschlossen.

Die Bearbeitung eines Kommentars zum Reichspreßgesetz gibt Veranlassung, des Verhältnisses zwischen Justiz und Presse zu gedenken.

Schon früher (DJZ. 1907 S. 360) habe ich gesagt: „Die Presse hat sich zu einem Organ entwickelt, das auf jedem Gebiete menschlichen Wirkens und Wissens zur Mitarbeit berufen ist, ohne welche auch im Bereiche der staatlichen Tätigkeit, insbesondere der Politik, Verwaltung und Rechtspflege, eine gedeihliche Fortbildung nicht mehr möglich ist.“ An anderer Stelle habe ich der Reibungsflächen zwischen Justiz und Presse gedacht und ausgeführt: „Justiz und Presse sind zwei Kulturfaktoren, die gleiche Ziele haben, und deshalb in Gegenwart und Zukunft Interessengenossinnen. Wenn derartige Mächte sich aneinander reiben, so kann die Ursache nur darin liegen, daß sie sich nicht verstehen.“

Erfreulicherweise ist festzustellen, daß die Beziehungen zwischen Justiz und Presse sich in neuerer Zeit von beiden Seiten her gebessert haben. Beide Teile sind vom guten Willen erfüllt, sich zu verstehen. Ich möchte die neue Auflage dieses die Presse nahe angehenden Buches nicht hinausgehen lassen, ohne in demselben Geiste selbstverständlich ganz unbeschadet unserer wissenschaftlichen Überzeugungen — die aufrichtige Gesinnung derjenigen Juristen zum Ausdrucke zu bringen, welche der Presse gerecht zu werden wünschen.

Möchte der altbewährte Kommentar auch in der vorliegenden Gestalt neue Freunde zu den früheren hinzuerwerben!

Dresden, im September 1913.

Dr. Erich Wulffen.

Inhaltsübersicht.

Erläuterung der Abkürzungen bei den literarischen Zitaten.

Abegg, Zeugnispflicht und Zeugniszwang nach den deutschen Strafprozeßordnungen, Straßburg.

Barth — G. Barth, d. K. Sächs. Preßgesetz vom 24. März 1870 ꝛc. Leipzig, B. Tauchnitz. 1870.

Bausch — M. Bausch, d. K. Sächs. Gesetz, die Presse betreffend, vom 24. März 1870 ꝛc. Leipzig, Roßberg. 1870.

Behaghel — Dr. W. Behaghel, Prof., d. neue Großh. Badische Preßgesetz vom 2. April 1868. Freiburg, L. Schmidt. 1868.

Berner — Prof. Dr. Berner, Lehrb. d. deutschen Preßrechts. Leipzig, Tauchnitz. 1876.

Biedermann im Lex. — Biedermann, im Staatslexikon von Rotteck u. Welcker, Bd. 11 S. 708.

Biedermanns — Ref. — Derselbe, die Grundlagen eines Deutschen Reichsgesetzes über die Presse. Referat, dem Deutschen Journalistentage erstattet. Frankfurt a. M. 1871.

Born, Reichspreßgesetz. Berlin 1900.

Brater, Lex. — Brater, im Staatswörterbuch v. Bluntschli u. Brater Bd. 8 S. 250 f.

Brater — Derselbe, Erl. d. Bayer. Preßgesetzes v. 17. März 1850, in Dollmanns Werke: die Gesetzgebung d. K. Bayern seit Maximilian II. mit Erläuterungen ꝛc. Teil III Heft 1. Erlangen, Palm u. Enke. 1853.

v. Bülow, in GA. — v. Bülow, der verantwortliche Redakteur und seine strafrechtliche Haftung in Goltdammers Archiv Bd. 40 S. 241 ff.

v. Bülow in Lisztš Zeitschrift — v. Bülow, strafrechtliche Haftung des verantwortlichen Redakteurs in Lisztš Zeitschrift für die gesamte Strafrechtswissenschaft. Bd. 14 S. 643 ff.

Delius — Delius, das Reichspreßgesetz. Hannover, Helwing. 1895.

Ebner, Das deutsche Preßrecht. Hannover. 1909.

Galli, s. Stenglein.

Glaser — Dr. Julius Glaser, Gutachten f. Juristentag. VI. Juristentag. Bd. 1. S. 68 f. (auch abgedruckt in des Verf. Gesammelte kleinere Schriften. Wien, 1868. Bd. 2 S. 49 f.).

Garraud — Professor zu Lyon, das Recht der Presse in Frankreich in administrativer und strafrechtlicher Beziehung nach dem Gesetz vom 29. Juli 1881. In d. Zeitschrift f. d. ges. Strafrechtswissenschaft von v. Liszt u. v. Lilienthal. Bd. 1 S. 530 f.

Gaze, strafrechtliche Haftung für Preßdelikte. Berlin. 1906.

Groschuff — Groschuff, die preußischen Strafgesetze. Berlin, Liebmann 1894.

Gusti, Grundbegriffe des Preßrechts. Berlin 1909.

Hartmann — Ober-Staatsanwalt Hartmann, d. Preuß. Gesetz über die Presse vom 12. Mai 1851 ꝛc. Berlin, Decker. 1865.

Heilborn — Heilborn, das deutsche Reichspreßrecht. Berlin, Freund. 1891.

Honigmann — Honigmann, die Verantwortlichkeit d. Redakteurs. Breslau, Koebner. 1885.

Jaques — Dr. H. Jaques, Abhandl. zur Reform der Gesetzgebung. 1. Heft. Preßgesetzgebung. Leipzig, Duncker u. Humblot. 1874.

Jaques, Juristentag — Referat des Dr. Jaques auf dem X. Juristentage zu Frankfurt a. M. (Verhandl. dess. Bd. 2 S. 90 f.).

John — John, Gutachten f. Juristentag. VI. Juristentag. Bd. 1 S. 318 f.

John, Rechtslex. — John, d. „Preßdelikte" in v. Holtzendorffs Rechtslexikon. Bd. 2.

John, Komm. — John, Komm. d. StrafPO. Bd. 1. (Erlangen, Palm u. Enke).

Journalistentag — die Verhandlungen der Journalistentage, — insbes. des ersten zu Eisenach (1864), veröffentlicht von Dr. Biedermann (Leipzig, Brockhaus 1864), des zweiten zu Leipzig (1865) (Berlin, Duncker 1865), des dritten zu Berlin (1868) (Berlin, Duncker 1869), des sechsten zu Breslau (1871) (mit der Denkschrift über d. Entw. zu e. Reichspreßg.) Breslau, Freund 1872), des siebenten zu München (1873) (mit der Denkschrift über die vorläufige Beschlagnahme von Preßerzeugnissen (München, Franz. 1873).

Kayser — Kayser, d. Reichspreßrecht in Holtzendorffs Handb. d. deutschen Strafrechts Bd. 4. S. 545 ff.).

Kayser, Vortrag — Vortrag in der jurist. Gesellschaft zu Berlin (XXIII. Jahresbericht. Berlin 1881/82. S. 21 f.)

Kah — Kah, d. Reichspreßgesetz. Berlin, Verlag der Germania. 1875.

Klöppel — Klöppel, das Reichspreßrecht. Leipzig, Hirschfeld. 1894.

Koller — Koller, das Reichspreßrecht. Nördlingen, Beck. 1888.

Lentner — Dr. Fr. Lentner, d. Grundlagen des Preßstrafrechts 2c. Wien, Manz. 1873.

Lentner (Grünhut) — Abhandl. Lentners, die Fortbildung des Österreich. Preßrechtes, in Grünhuts Zeitschr. für das Privat- u. öffentl. Recht d. Gegenwart. Bd. 10 S. 85 f. S. 661 f. Bd. 11. S. 295 f.

Lienbacher — Dr. Lienbacher, ObLGR. zu Wien, d. Österreichische Preßgesetzgebung, Wien, Braumüller. Bd. 1 (1863) Bd. 2 (1868).

v. Liszt, Österr. Pr. — v. Liszt, Lehrbuch d. österr. Preßrechts. Leipzig, Breitkopf u. Härtel. 1878.

v. Liszt — d. deutsche Reichspreßrecht 2c., systemat. dargestellt von Dr. Fr. Ed. v. Liszt, Prof. 2c. Berlin u. Leipzig, J. Guttentag. 1880.

v. Liszt, Gutachten — Gutachten f. d. XV. Juristentag (üb. d. Gerichtsstand d. Preßdelikten). Verhandl. d. XV. Juristentags Bd. 1 S. 60 f.

v. Liszt, Lehrbuch — v. Liszt, Lehrbuch des deutschen Strafrechts. 10. Auflage. Berlin, Guttentag. 1901.

Löning — Löning, die strafrechtliche Haftung des verantwortlichen Redakteurs. Jena, Fischer. 1889.

Löwe — Löwe, Komm. z. Strafprozeßordnung 11. Aufl. Berlin, Guttentag. 1902.

v. Mangoldt — v. Mangoldt, das Gesetz über die Presse. Leipzig, Roßberg. 1885.

Marquardsen — Komm. z. Reichspreßgesetz 2c. Berlin, Guttentag. 1875.

Meves — Meves, Bemerkungen zum Preßgesetz in Goltdammers Archiv. Band 39 S. 15 ff.

Neuberger, die strafrechtl. Haftung des verantwortl. Redakteurs. 1912.

OLG. München — OLG. München. Sammlung von Entscheidungen des obersten Gerichtshofes f. Bayern in Gegenständen des Strafrechts und des Strafprozesses. (Erlangen, Palm u. Enke.)

Oetker — Oetker, die strafrechtliche Haftung des verantwortlichen Redakteurs. Stuttgart, Enke. 1893.

Petition des Buchdruckervereins — Petition des Vereins Deutscher Buchdrucker an den h. Bundesrat des Deutschen Reiches, betr. den Erlaß eines Reichs-Preßgesetzes, abgef. v. d. Aktor des Vereins, Adv. Dr. O. Georgi zu Leipzig. d. d. Leipzig, 14. Oktober 1871. (Abgedruckt in den Annalen d. Typographie 2c. Leipzig 1872. Nr. 136.)

Pözl — Dr. Pözl, üb. d. Presse im Deutschen Staatswörterbuch von Bluntschli und Brater Bd. 8 S. 227.

Rönne — Präs. Dr. Rönne, (K. Preuß.) G. üb. d. Presse vom 12. Mai 1851. Breslau, Aderholz. 1841.

Schmid — Schmid, die strafrechtliche Verantwortlichkeit für Preßvergehen. Zürich, Schultheß. 1895.

Schwarck — OStAnw. Schwarck, d. Preuß. G. üb. d. Presse v. 12. Mai 1851. Berlin, Janke. 1862.

Sladececk, Lehre der Preßdelikte. Berlin 1896.

Stenglein, RG., Galli, das Reichspreßgesetz in den strafrechtlichen Nebengesetzen des deutschen Reichs. 4. Aufl. Berlin, Liebmann. 1911.

Thilo, Preuß. PrG. ,— d. Preuß. G. üb. d. Presse v. 12. Mai 1851 rc. Berlin, Heymann 1862 mit Nachträgen „bis Ende 1866"; ebendas. 1867.

Thilo — Komm. z. Preßgesetz f. d. deutsche Reich v. 7. Mai 1874 rc. (Berlin, Heymanns Verlag) 1874.

Verhandl. — Verhandlungen des Reichstags im Frühjahre 1874. — Diese Verhandlungen sind auch zu verstehen, wenn die Reden und Anträge von Mitgliedern des Reichstags nur mit der Seitenzahl zitiert werden.

Abkürzungen:

Bad. Rpr. = Badische Rechtspraxis.
BayZ. — Zeitschrift für Rechtspflege in Bayern.
BraunschwZ. — Zeitschrift für Rechtspflege in Braunschweig.
c = contra.
DJZ. = Deutsche Juristenzeitung.
GewO. = Reichsgewerbeordnung.
GA. = Goltdammers Archiv für Strafrecht.
GS. = Gerichtssaal.
GVG = Gerichtsverfassungsgesetz.
Hess. Rsp. = Hessische Rechtsprechung.
HGB. = Handelsgesetzbuch.
JW. = Juristische Wochenschrift.
KG. in GA. = Entscheidungen des Kammergerichts in Goltdammers Archiv.
KG. in Johow = Entscheidungen des Kammergerichts in der Sammlung von Johow.
MecklZ. = Mecklenburgische Zeitschrift für Rechtspflege und Rechtswissenschaft.
OAG. = Oberappellationsgericht.
OLG. München = Samml. von Entsch. d. Oberlandesgerichts München, Erlangen, Palm u. Enke.
Ob.Trib. in GA. = Entsch. d. Obertribunals in Goltdammers Archiv.
Ob.Trib. in Opp.R. = Entsch. des Obertribunals in Oppenhoffs Rechtsprechung.
OVG. = Oberverwaltungsgericht.
PrG. = Preßgesetz.

PrR. = Preßrecht.
Recht = Das Recht, Zeitschrift.
Reger = Entscheidungen der Gerichte und Verwaltungsbehörden.
RG. = Reichsgericht.
RGBl. = Reichsgesetzblatt.
RGE. = Entsch. d. Reichsgerichts in Strafsachen.
RGR. = Rechtsprechung d. Reichsgerichts in Strafsachen.
RGes. = Reichsgesetz.
RV. = Reichsverfassung.
SeuffertsBl. = Seufferts Blätter für Rechtsanwendung.
StGB. = Strafgesetzbuch.
StPO. = Strafprozeßordnung.
ZStW. = Zeitschrift für die gesamte Strafrechtswissenschaft.
Thür. Bl. = Blätter für Rechtspflege in Thüringen und Anhalt.
ZV. = Der Zeitungsverlag.
Die Bezeichnung: München, Celle, Hamburg usw. in GA. = bedeutet: Entsch. d. OLG. München, Celle, Hamburg ꝛc. in Goltdammers Archiv.

Der „erste" oder „frühere" Kommissionsbericht ist der im Jahre 1873 von der niedergesetzten Reichstagskommission erstattete, von dem Dr. Biedermann verfaßte Bericht (vgl. S. 2); — die „Kommissarien" sind die im Reichstage 1874 nach Schluß der zweiten Lesung des Reichsgesetzes zu erneuter Beratung zusammengetretenen Mitglieder der seitherigen Reichstagskommission.

Einleitung.

Der Art. 4 unter Nr. 16 der Verfassung des Deutschen Reichs vom 16. April 1871 hat, in Ausdehnung der Vorschriften der Verfassung des Norddeutschen Bundes, welche eine derartige Vorschrift nicht enthielt, die Bestimmungen über die Presse unter diejenigen Angelegenheiten aufgenommen, welche der Gesetzgebung des Reichs unterliegen.

Bereits in der Sitzung vom 2. Mai 1871 sagte der Präsident des Reichskanzleramts zu, daß die gesetzliche Regulierung dieser Materie von den verbündeten Regierungen in Angriff genommen werden solle. Ebenso beschloß der Reichstag in der Sitzung vom 10. Mai 1871 infolge mehrerer an ihn gelangter Petitionen, den Reichskanzler zu ersuchen, in der nächsten Session den Entwurf eines für das ganze Bundesgebiet geltenden Preßgesetzes vorzulegen. Ferner bot die Interpellation des Abg. Wiggers und Genossen in der Reichstagssitzung vom 22. April 1872 (Verhandl. S. 107 f.) wegen Vorlage eines Reichs-Preßgesetzes Anlaß zu lebhaften und eingehenden Debatten. Die Zusage der baldigen Vorlage eines solchen Gesetzes wurde hierbei vom Bundesrate wiederholt.

Da jedoch die Reichsregierung dem Reichstage im Frühjahr 1873 einen Preßgesetzentwurf nicht vorlegte, wurde ein solcher von dem Abg. Windthorst (Berlin) und mehreren anderen Abgg. eingebracht und bei der ersten Lesung (Sitzung vom 19. März 1873, S. 31 f. der Verhandlungen) einer Kommission zur Vorberatung überwiesen. Der Entwurf schloß sich ziemlich eng an den Entwurf eines Preßgesetzes an, welcher nach den Vorschlägen und dem Referate des Prof. Dr. Biedermann in Leipzig aus den Beratungen des 6. und 7. Journalistentags hervorgegangen war. Die Kommission bestand aus folgenden Mitgliedern: Dr. Völk (Vorsitzender), Duncker (Stellv. des Vors.), Dr. Biedermann, Graf v. Kleist, v. Kusserow, Lesse, Eckhard, Schröder (Lippstadt), Dr. Wehrenpfennig, Dr. Bamberger, v. Helldorf, Dr. Grimm, v. Kardorff, v. Lindenau, Dr. Elben, Herz, Wiggers, Wilmanns, Dr. Brockhaus, Lingens und Graf Preysing; das Referat übernahm Dr. Biedermann. Der von ihm unter dem 25. April 1873 erstattete Bericht enthält mehrere sehr interessante Ausführungen, namentlich über die Frage der Verantwortlichkeit für die durch die Presse begangenen strafbaren Handlungen. Dieser Bericht gelangte jedoch nicht zur vollständigen Durchberatung, nachdem der Bundesrat den Reichstag davon in Kenntnis gesetzt hatte, daß die Regierung selbst bereits den Entwurf zu einem Preßgesetz aufgestellt habe und zur Vorlage an den Reichstag vorbereite. Mit dem Entwurfe des Abg. Windthorst (Berlin) stand endlich ein Gesetzentwurf in Verbindung, welchen der Abg. Windthorst (Meppen) für den Fall, daß jener nicht zur Annahme gelangen sollte, eingebracht hatte, und der sich auf die Aufhebung der wichtigsten Beschränkungen der Presse (Kaution, Zeitungssteuer usw.) beschränkte (Reichstagsverhandl. S. 31 f., 906 f., 1096 f., 1175 f., 1185).

Dem Reichstage des Jahres 1874 wurde von dem Bundesrate der Entwurf zu einem Preßgesetze vorgelegt. Der Reichstag verwies ihn nach der ersten Lesung zur Vorberatung an eine Kommission. Diese bestand aus folgenden 14 Mitgliedern: Dr. Völk (Vorsitzender), Dr. Schwarze (Stellvertr. des Vorsitzenden), Dr. Marquardsen, Hullmann, Dr. Jörg, Graf zu Eulenburg, Dr. Erhard, Wiggers, Sonnemann, Dr. Elben, Dr. Brockhaus, v. Forcade de Biaix, Majunke, Dr. Kapp. Die Herren Dr. Jörg, Sonnemann, Dr. Elben, Dr. Brockhaus und Majunke standen in nächster Beziehung zu hervorragenden, zum Teil verschiedenen Parteirichtungen angehörenden Blättern der deutschen periodischen Literatur, so daß die Interessen der Presse in der Kommission die maßgebendste Vertretung gefunden hatten. Das Referat wurde von dem Abg. Dr. Marquardsen übernommen. Der von ihm erstattete Bericht liefert höchst wertvolle Beiträge zur Erläuterung des Gesetzes.

Die zweite Beratung des Entwurfs im Reichstage nach dem Berichte der Kommission dauerte vom 16.—23. März 1874 (S. 361 f. d. Verhandl.). Der Bundesrat nahm nunmehr zu den Beschlüssen des Hauses Stellung. Einzelne Zeitungen brachten Mitteilungen über die im Justizausschusse des Bundesrats ergangenen Beschlüsse bezüglich des abgeänderten Entwurfs, ohne daß der Richtigkeit dieser Mitteilungen widersprochen wurde. Diese Mitteilungen, sowie mehrere Beschlüsse des Reichstags bei der zweiten Lesung hatten den Wunsch veranlaßt, daß die Mitglieder der Kommission, obwohl deren Funktion mit dem Schlusse der zweiten Beratung erloschen war, zu einer nochmaligen Beratung der Differenzpunkte zusammentreten möchten. Diesem Wunsche wurde von den

Mitgliedern entsprochen, die nunmehr in freier Beratung, jedoch unter steter Mitwirkung des Regierungskommissars, sowie des Appellationsgerichts-Präsidenten (späteren Staatssekretärs des Reichsjustizamts und zuletzt preuß. Justizministers) Dr. von Schelling, der als Bundeskommissar mit eintrat, die streitigen Punkte des Entwurfs in mehreren Sitzungen einer neuen Beratung unterzogen. Ihr Ergebnis wurde, nachdem die neuen Fassungen von den Abgg. Dr. Marquardsen, v. Forcade und Dr. Schwarze redigiert worden, in der Form von Anträgen zur dritten Lesung, unterzeichnet von den meisten Mitgliedern der Kommission, dem Reichstage vorgelegt.

Der Reichstag beschäftigte sich mit ihnen (in dritter Lesung) in den Sitzungen vom 24. und 25. April und nahm in der Sitzung vom 25. April 1874 den aus diesen Beratungen hervorgegangenen Entwurf mit großer Mehrheit an (S. 1083 f. der Verhandl.). Die verbündeten Regierungen nahmen ihn ebenfalls an. Am 7. Mai 1874 erfolgte die Kaiserliche Vollziehung des Gesetzes und bald darauf die Bekanntmachung in dem Reichsgesetzblatte S. 65 f.

Gesetz über die Presse.[1])

Vom 7. Mai 1874.

I. Einleitende Bestimmungen.

§ 1.

Die Freiheit der Presse unterliegt nur denjenigen Beschränkungen, welche durch das gegenwärtige Gesetz vorgeschrieben oder zugelassen sind[2]).

1. Freiheit der Presse. Die Bestimmung in ihrer jetzigen Fassung ist durch den Wunsch veranlaßt worden, den Gedanken, daß die Presse frei und nur soweit das Gesetz es ausdrücklich bestimme oder nachlasse, beschränkt sei, als das maßgebende Prinzip des Gesetzes, darin zugleich die Grundregel für die Auslegung enthalten sei, an die Spitze zu stellen[3]).

Das Wort „zugelassen" wurde angefochten, jedoch beibehalten, da die Beschränkungen zum Teil nur fakultativ eintreten; vgl. z. B. §§ 14, 15.

Unter Freiheit der Presse ist die grundsätzliche[4]) Freiheit derselben von Präventivmaßregeln (Zensur usw.) und die Beschränkung der Gesetzgebung auf die Repression gegen Verfehlungen wider die allgemeinen Strafgesetze zu verstehen. Diese formelle Preßfreiheit steht im Gegensatze zu der relativ materiellen Preßfreiheit, bei welcher die Geltung der allgemeinen Strafgesetze gegenüber den durch die Presse begangenen Delikten beschränkt ist, und zu der absoluten materiellen Preß-

---

1) Die sämtlichen „Materialien" zu dem Gesetze sind in Goltdammers Archiv Bd. 22 S. 161 f. abgedruckt. Eine Zusammenstellung der Literatur und der Materialien s. auch bei Stenglein, NG. I, S. 295.

2) Walker, Theorie der Preßfreiheit, Karlsruhe bei Macklot; Stooß, Bemerkungen über die Preßfreiheit, in der Zeitschrift für Schweizer Strafrecht II, S. 415 ff. — Über die Suspension der Preßfreiheit vgl. § 30 Abs. 1.

3) Vgl. auch die Reichstagsverh. S. 374 f. u. insbes. die Rede des Abg. Wiggers S. 374. — Vgl. Kayser S. 556 f.

4) Grundsätzlich, soweit eben nicht gesetzliche Beschränkungen z. B. der Ordnung der Presse bestehen.

freiheit, bei der alle durch die Presse begangenen Delikte straflos sind[5]).

Die formelle Preßfreiheit gewährt das Recht der freien Meinungsäußerung im Rahmen der gesetzlichen Schranken und der gesetzlichen Verantwortlichkeit. Vgl. auch Steins Verwaltungslehre Bd. 6 S. 73 ff. Das Wesen der Preßfreiheit bestehe darin, daß man absolut darauf verzichte, auf die Tendenz und den Geist der Preßerzeugnisse im allgemeinen durch irgend welche Maßregeln einzuwirken und sich lediglich darauf beschränke, den wirklich strafbaren Inhalt zu treffen; dazu Klöppel S. 144, vgl. auch S. 278[6]).

Die Vorrechte der Presse (Freiheit des Preßgewerbes, kurze Verjährungsfrist, Beschränkungen bei der Beschlagnahme, Unzulässigkeit von polizeilichen Strafverfügungen) sind von der Gesetzgebung vor nunmehr vierzig Jahren gewährt worden. Seitdem hat die Presse einen ungeahnten Aufschwung genommen und sich im öffentlichen Leben eine hervorragende Stellung geschaffen, so daß sie in der Gegenwart nicht mit Unrecht weitere Vorrechte anstrebt. Zum mindesten darf ihr mit einer engherzigen Auslegung des Preßgesetzes und ebensolcher Anwendung der allgemeinen Strafgesetze (§ 193 StGB.) nicht mehr entgegen getreten werden.

2. Beschränkungen der Presse. Im Reichs-Preßgesetze sind die getroffenen Maßregeln in der Hauptsache darauf gerichtet, bei Verletzungen der allgemeinen Strafgesetze die strafrechtliche Verfolgung zu sichern (s. §§ 20, 21). Die Freiheit der Presse bildet die Regel. Beschränkungen, übrigens nicht nur der äußeren Ordnung der Presse, sondern auch des Inhalts der Veröffentlichung durch die Presse (Celle und Hamburg im GA. Bd. 39 S. 196, 197), müssen auf besonderer gesetzlicher Vorschrift beruhen. Und zwar auf dem gegenwärtigen Gesetze (z. B. §§ 5, 14, 15), auf den Landesgesetzen, soweit sie neben dem Preßgesetz aufrecht erhalten sind[7]), (s. § 30) oder auf Reichsgesetzen, sowohl auf älteren, soweit ihr Inhalt dem gegenwärtigen Gesetze nicht zuwiderläuft (StGB., GewO.;

---

5) Solche schrankenlose Preßfreiheit besteht z. B. in dem amerikanischen Freistaat Venezuela. Franzisco Ochoa, Estudios juridicos. Maracaibo. 1892 S. 41 ff.

6) Klöppel u. a. behaupten, das Wesen der Preßfreiheit bestehe lediglich in der Freiheit der Gedankenäußerung und beziehe sich nur darauf; sodaß Beschränkungen der Presse, welche die Freiheit der Gedankenäußerung nicht antasten, nicht unzulässig seien. Das ist nicht richtig. Allerdings ist die Freiheit der Presse wegen der Freiheit der Gedankenäußerungen anerkannt und eingeführt, um aber diese zu sichern, war es notwendig, weiter zu gehen und die Presse überhaupt von den bestehenden Beschränkungen frei zu machen.

7) Vgl. noch Liszt S. 58.

dagegen ist § 2 Abs. 2 EGzStGB. bezüglich des Preßpolizeirechts im wesentlichen gegenstandslos geworden), als auf späteren, welche preßrechtliche Vorschriften enthalten (wie z. B. die Reichsgesetze vom 5. April 1888, betreffend die unter Ausschluß der Öffentlichkeit stattfindenden Gerichtsverhandlungen Art. II und III s. u. bei § 17; v. 27. Mai 1896 (jetzt 7. Juni 1909), zur Bekämpfung des unlauteren Wettbewerbes; v. 19. Juni 1901, über das Verlagsrecht; v. 19. Juni 1901, betreffend das Urheberrecht an Werken der Literatur und der Tonkunst).

3. Landesgesetzliche Vorschriften, welche keine Beschränkungen der Presse als solcher, sondern im Rahmen der landesrechtlichen Zuständigkeit allgemeine Beschränkungen enthalten, und damit zugleich auch die Presse treffen, sind nicht als durch § 1 aufgehoben zu betrachten und können auch mit Wirksamkeit gegen die Presse erlassen werden; denn die Presse steht unter dem gemeinen Recht und ist von allgemein gültigen gesetzlichen Vorschriften nicht eximiert. Es würde deshalb zwar eine Polizeiverordnung, welche z. B. die Anpreisung gewisser Gegenstände durch die Presse verbieten wollte, rechtsungültig sein, nicht dagegen, wenn sie das Aus- und Anbieten der Gegenstände allgemein, und damit zugleich auch durch die Presse verbietet.

Auch in der Praxis ist mehrfach angenommen, daß z. B. Verordnungen, welche gewisse Anpreisungen allgemein verbieten, auch gegen die Presse rechtswirksam sind oder werden, daß dagegen solche, welche die Anpreisungen nicht allgemein, sondern nur durch die Presse verbieten, deshalb rechtsunwirksam sind, da sie unzulässige Ausnahmebestimmungen gegen die Presse enthalten[8]).

In diesem Sinne ist wohl auch das bei Johow Bd. 17 S. 447 abgedruckte Urteil des KG. zu verstehen, das eine Polizeiverordnung für rechtsgültig erklärt, welche die Anpreisung (wohl schlechthin und nicht nur durch die Presse) von Geheimmitteln verbietet und unter Strafe stellt. Von einer engeren Auffassung des Wesens der Preßfreiheit geht der § 3 des Preuß. Ges. vom 29. Juli 1885 (jetzt 26. September 1904), betr. das Spiel in außerpreußischen Lotterien aus, der die „Veröffentlichung der Gewinnresultate von dergleichen Lotterien in den in Preußen erscheinenden Zeitungen“ bei einer Geldstrafe von 50 Mk. verbietet, ebenso das von Groschuff S. 107 und Delius S. 5 zitierte, anscheinend

---

8) Vgl. Celle und Hamburg, GA. Bd. 39 S. 196 ff. s. a. KG. in GA. Bd. 39 S. 451; und in Johow Bd. 13 S. 256; c. in letzterer Beziehung KG. in Johow Bd. 8 S. 197 (ohne nähere Begründung) und Klöppel S. 278, da die Preßfreiheit nur Freiheit der Gedankenäußerung bedeute und deshalb auf lediglich Reklamezwecken dienende Anzeigen sich nicht beziehe. —

nicht abgedruckte, Urteil des RG., welches diese Bestimmung für rechtsgültig erklärt[9]).

Verbote, die weder die Druckschrift als solche noch ihren Gedankeninhalt, sondern bestimmte Rechtshandlungen in Bezug auf ein Preßerzeugnis, z. B. den Privathandel mit Staatslotterielosen, treffen, sind zulässig (**RGE.** Bd. 37 S. 50).

Gültig ist die Bekanntmachung des preuß. Zivilkommissarius vom 28. August 1866, die in Schleswig den Vertrieb dänischer Lieder beleidigenden oder aufreizenden Inhalts in nationaler Beziehung verbietet (RG. 5. März 1906, Recht 1907 S. 76 und OVG. 18. März 1909, Recht 1909 S. 549).

Polizeiverordnungen, welche den Titel einer Zeitung von polizeilicher Erlaubnis abhängig machen und die Wahl von Titeln, welche den irrtümlichen Glauben erwecken, das Blatt sei ein amtliches Organ (Blatt für den Kreis X), bei Strafe verbieten, sind in der Praxis mit Recht für rechtsungültig erklärt worden (vgl. KG. in Johow Bd. 13 S. 257; GA. Bd. 39 S. 451; OVG. Bd. 30 S. 419; GA. Bd. 44 S. 441), in ersterer Beziehung, weil die Ordnung der Presse im RPrG. umfassend geregelt, und eine weitergehende lokale Regelung deshalb unzulässig sei, in letzterer Beziehung, weil auch der Titel ein Teil des Inhalts der Druckschrift und der Inhalt nur den allgemeinen Strafgesetzen unterliege. Übrigens kann eine irreführende Art der Bezeichnung einer Druckschrift unter Umständen als unlauterer Wettbewerb unter die Strafbestimmungen des RGes. v. 27. Mai 1896 (jetzt 7. Juni 1909) fallen.

4. Gegen Inhalt und Vorbereitung von Druckschriften ist ein präventives polizeiliches Einschreiten auf Grund der allgemeinen polizeilichen Aufgaben (für Preußen s. die allgemeinen polizeilichen Befugnisse: die nötigen Anstalten zur Erhaltung der öffentlichen Ruhe, Sicherheit und Ordnung, und zur Abwendung der dem Publiko oder einzelnen Mitgliedern desselben bevorstehenden Gefahren zu treffen, in ALR. II 17 § 10) nicht zulässig. (OVG. Bd. 30 S. 420; Bd. 34 S. 431.) Das RPrG. hat im § 23 u. f. selbst vorgeschrieben, in welchen Fällen eine polizeiliche Beschlagnahme von Druckschriften zulässig sein soll[10]). Dabei handelt es sich aber jedenfalls nicht um reine Präventivmaßregeln, vielmehr grundsätzlich um Repression gegenüber bereits vorhandenen Straftaten, mit der zugleich teilweise präventive Zwecke (Verhinderung der begonnenen und der Weiter-Verbreitung) ver-

9) Groschuff bemerkt nur (a. a. O.), das Gesetz beschränke die Freiheit der Presse nicht. Vgl. übrigens Stenglein NG. I, 296 Ziff. 3 ff.

10) S. §§ 23 ff. unten; vgl. §§ 94 ff. StPO.

folgt werden[11]). Ebenso unzulässig sind Einzelverbot und Strafandrohung durch die Polizei wegen Störungen der öffentlichen Ordnung und Gefährdungen der Sittlichkeit durch Preßerzeugnisse, die keinen strafbaren Tatbestand erfüllen (Sächs. OVG. 12. Juli 1905; Reger Bd. 27 S. 153). Unzulässig ist es ebenso durch vorheriges Verbot gegen die Ankündigung von Films unter beanstandeten Titeln einzuschreiten (Bad. VGH. 24. April 1912; BadRspr. Bd. 78 S. 183).

Nicht als eine unzulässige polizeiliche Präventivmaßregel erscheint eine polizeiliche Mahnung, die unter Hinweis auf die verwirkte gesetzliche Strafe im Falle der Zuwiderhandlung erfolgt. Denn eine solche Mahnung, ein solcher Hinweis auf die Beobachtung der bestehenden Gesetze ist kein polizeiliches Verbot, das mit polizeilichen Zwangsmaßregeln präventiv zur Geltung gebracht werden soll (OVG. Bd. 34 S. 431).

Die Unzulässigkeit vorbeugender Maßregeln erstreckt sich auch auf das bürgerliche Recht. Einstweilige Verfügungen gegen Verleger usw. mit Verbot, gegen gewisse Personen Artikel beleidigenden Inhalts zu bringen, können gesetzlich nicht erlassen werden (vgl. Ebner, Deutsches Preßrecht S. 6).

§ 2.

Das gegenwärtige Gesetz findet Anwendung auf alle Erzeugnisse der Buchdruckerpresse, sowie auf alle anderen, durch mechanische oder chemische Mittel bewirkten, zur Verbreitung bestimmten Vervielfältigungen von Schriften und bildlichen Darstellungen mit oder ohne Schrift, und von Musikalien mit Text oder Erläuterungen.

Was im folgenden von „Druckschriften“ verordnet ist, gilt für alle vorstehend bezeichneten Erzeugnisse.

1. Druckschrift. Die Fassung des § 2 ist sehr weit; sie begreift die Druckschriften im engeren Sinne, d. h. „alle Erzeugnisse der Buchdruckerpresse“ (durch die Herstellung mittelst beweglicher, kunstgerecht zum Satze vereinigter Lettern), und Druckschriften in weiterem Sinne, d. h. „alle anderen Vervielfältigungen und Musikalien usw.“[12]). — Aber nicht jedes, irgendwie bedruckte Stück Papier, sondern nur die zur Verbreitung — nicht übrigens notwendig zur gewerbsmäßigen Verbreitung —

11) Das Nähere s. unten §§ 23 ff.

12) Barth S. 29; Liszt S. 13 f.; Marquardsen S. 54 f. und insbes. Lentner (Grünhut Bd. 10 S. 663 f.). Weiter noch geht das französ. Recht, welches tout autre moyen de publication und daher auch die mündliche Rede ebenso wie die mechanische Vervielfältigung derselben behandelt. Kayser, Vortrag S. 21.

bestimmte Vervielfältigung entspricht der Druckschrift im Sinne des § 2. Dies gilt namentlich auch, obschon im Gesetze nicht ausdrücklich gesagt, von den „Erzeugnissen der Buchdruckerpresse[13]“). Übungen eines Lehrlings im Setzen und Drucken, Probieren einer Setz- oder Druckmaschine gehören nicht hierher; es werden Papiere bedruckt, aber nicht Druckschriften hergestellt. Aber die Herstellung eines Exemplars genügt.

Über die Begriffe „Verbreitung, Verbreiten“ s. Ziff. 2 zu § 3.

2. Es ist nicht erforderlich, daß die Druckschrift durch ihren Inhalt bestimmt ist, einen Gedanken auszudrücken, eine geistige Mitteilung zu ermöglichen; vielmehr ist das entscheidende Kriterium einer Druckschrift in der Form der Herstellung — (und dem Zwecke der Verbreitung) — zu suchen (s. § 6 Abs. 2, welcher Visitenkarten unter den Druckschriften begreift. c. Berner, § 57, 6; Köller S. 15 und Delius S. 6 u. a. fordern dagegen zu Unrecht den Ausdruck eines Gedankens).

3. Daß das „Mittel“, durch welches die Schrift hergestellt worden, eine Vorrichtung sei, welche geeignet ist, die gleichzeitige Herstellung mehrerer Exemplare auszuführen, wird nicht erfordert. Es genügt, wenn durch sie eine Mehrheit, wenngleich nur nach und nach, hergestellt werden kann[14]).

„Mechanisch oder chemisch“: Es sind auch solche Vervielfältigungsmittel inbegriffen, welche zugleich mechanische und chemische sind[15]). Es sollen alle bekannten und künftigen Vervielfältigungsarten getroffen werden.

Das „Mittel“ bezeichnet lediglich das bei der Herstellung angewendete äußere, technische Verfahren des Druckes usw. Die Durchdruckschrift, welche vorzugsweise bei den sogen. autographierten (pausierten) Korrespondenzen angewendet wird, gehört ebenfalls zu den Mitteln der mechanischen Vervielfältigung. Ebenso sind die Produkte der Kopiermaschinen hierher zu rechnen; nicht aber mittels Schreibmaschine hergestellte Texte, auch wenn sie verbreitet werden sollen (Klöppel S. 145 N. 1; Stenglein, NG. I, 296).

4. Photographien gehören unter „Druckschriften“, wie in Regierungsmotiven (Drucksachen des Reichstags 1874, I. Session Nr. 23 S. 139) ausdrücklich bemerkt ist (vgl. auch **RGE.** Bd. 4 S. 362 und OVG. Jur. Zeit. VII S. 178). Es ist einflußlos, ob die Photographie ein Kunstwerk reproduziert oder auch nur das Lichtbild einer Person oder eines Gegenstandes der leblosen Natur enthält (c. Liszt S. 17;

---

13) Vgl. Meves in GA. Bd. 39 S. 18; wie hier auch Liszt S. 73; Kayser S. 575.

14) Liszt, Österr. PrR. S. 59.

15) Vgl. Berner S. 163 f.

s. aber Lentner, Grünhut, Bd. 10 S. 680 ff.). Es ist also nicht erforderlich, daß die Vervielfältigung nach einem vorhandenen Bilde oder einer Druckschrift erfolgt, wofür allerdings der Wortlaut des § 2 angeführt werden könnte.

Die Ansicht, welche nur Gedankenäußerungen als Preßerzeugnisse gelten läßt, muß auch bei Photographien eine derartige Einschränkung machen. Demnach würden hierher nur solche Abbildungen gehören, welche Personen und Dinge nicht so, wie sie sind, wie sie gehen oder stehen, darstellen, sondern, welche durch die Art der Darstellung einen bestimmten Zweck verfolgen[16]). Ist schon bei Druckschriften die Grenze oft schwer bestimmbar, ob eine Gedankenäußerung im Sinne jener hier bekämpften Ansicht vorliegt, so würde bei Abbildungen (ohne Text) die Grenze vielfach ganz unbestimmbar sein (s. auch unter: Schriften und bildliche Darstellungen). Dagegen kann gerade bei Photographien im einzelnen Falle die Frage, ob sie zur Vervielfältigung bestimmt sind, streitig werden[17]).

Öldrucke fallen unter § 2[18]).

5. Ansichtspostkarten gelten, „wenn sie auch keinen gedanklichen Inhalt haben, sondern lediglich eine bildliche Darstellung enthalten", als Druckschriften (**RGE.** Bd. 36 S. 11; PreußOVG. 1. Mai 1908; Reger Bd. 28 S. 566; SächsOVG. 12. Juli 1905; Reger Bd. 27 S. 153; photographische Aktstudien, PreußOVG. 3. Oktober 1901, DJZ. 1901 S. 178; a. M. Berner § 57; Koller S. 15; Delius S. 6). Vorbeugendes polizeiliches Einschreiten gegen den Verkauf solcher Postkarten ist nach obiger Ansicht also unstatthaft.

6. „Zur Verbreitung bestimmte Vervielfältigungen". Die Verbreitung wird hier nur als Zweck der Herstellung aufgefaßt; — die erfolgte Verbreitung selbst wird zum Tatbestande des Preßdelikts erfordert, nicht bereits zum Begriffe des Preßerzeugnisses. — Daß der Zweck der Verbreitung obgewaltet habe, wird noch nicht durch die Zahl der Exemplare bestimmt; inwieweit die Zahl als Beweismoment für die Annahme dieses Zweckes angeführt werden kann, ist Tatfrage im einzelnen Falle[19]). — Wenn der Photograph nur auf Bestellung photographische Porträts usw. gegen Bezahlung anfertigt, nicht aber mit photographischen Bildern einen Handel treibt, ist die Voraussetzung der Verbreitung nicht vorhanden. — Nur zum Privatgebrauch hergestellte Vervielfältigungen fallen nicht unter das Preßgesetz. Da-

16) Vgl. OVG. Jur. Zeitg. VII S. 178.
17) Lentner (Grünhut Bd. 10 S. 681).
18) Lentner, a. a. O. S. 683.
19) Vgl. noch Dambach, a. a. O. S. 45 f.

gegen haften nach demselben diejenigen, die dem Erzeugnis etwa nachträglich die Verbreitungsbestimmung geben (Stenglein, RG. I, 296 und Koller S. 15).

7. „Schriften und bildliche Darstellungen." In älteren Gesetzen wird von „literarischen und artistischen Erzeugnissen" gesprochen. Dagegen ist die Ausdrucksweise des Reichsgesetzes allgemeiner und die Begriffsbestimmung reicht weiter; sie bekümmert sich nicht um den Inhalt der Schrift und den Gegenstand der bildlichen Darstellung; vielmehr entscheidet nur die Erscheinungsform, nicht auch der materielle Inhalt[20]). Daher liegen die Unterscheidungen und Beschränkungen, welche bei einer solchen, den Inhalt betreffenden Vorschrift nötig sein würden, außerhalb der juristischen und richterlichen Kompetenz; sie würden die Grenzen des Herrschaftsgebiets des Preßgesetzes ziemlich unsicher machen.

8. „Musikalien mit Text oder Erläuterungen"[21]). Wenn das Notenwerk nur die Melodie und nicht den Text des Liedes enthält, fällt es nicht unter diese Bestimmung. Das Singen usw. der Melodie eines Liedes kann zwar, nach Befinden, ebenso aufreizender Natur als ein Preßerzeugnis sein; allein solchenfalls ist es das Singen usw., nicht aber die Verbreitung des Notenwerks an sich, das diese Wirkung erzeugt. —

„Erläuterungen", dieses Wort lautet ganz allgemein. Dessen ungeachtet würden solche Erläuterungen hier nicht gemeint sein, welche lediglich das Musikalische betreffen, z. B. Bemerkungen über den Fingersatz bei einzelnen Stellen in den sogen. Klavierschulen.

9. Warenetiketten sind, selbst wenn sie aus einer Privatpresse hervorgehen, zu den Erzeugnissen der Presse gerechnet worden; sie werden jedoch auch unter § 6 Abs. 2 zu stellen sein. Sind sie von dem Fabrikanten selbst zum Gebrauche für seine Waren gefertigt worden, so gehören sie nicht in das Bereich des Preßgesetzes.

10. Plakate, d. h. regelmäßig nur auf der einen Seite bedruckte Druckschriften, deren andere Seite leer gelassen ist[22]) und die an Mauern oder sonst wo angeschlagen oder angeheftet sind, fallen unter § 2. Denn die Bestimmung in § 30 bezieht sich nur auf das öffentliche Anschlagen usw. derselben.

---

20) Vgl. jedoch noch Lentner (Grünhut Bd. 10 S. 663 f.). Liszt, a. a. O.

21) Vgl. noch § 48 des früheren Ges. über das Urheberrecht und dazu Dambach, a. a. O. S. 229, B.

22) Vgl. Hartmann S. 77 und unten Anm. zu § 30 Abs. 2.

11. Spielkarten, sind Preßerzeugnisse. Allein es herrscht Übereinstimmung, daß sie nicht nach dem Preßgesetze zu beurteilen sind (vgl. noch Reichsgesetz vom 3. Juli 1878)[23]).

12. Der körperliche Stoff, welcher den zur Verbreitung bestimmten Vervielfältigungen dient, ist gleichgültig. Es kann auch Metall sein.

13. Durch Reichsgesetz vom 12. März 1884, betr. die Stimmzettel für öffentliche Wahlen (RGBl. S. 17), ist bestimmt:

> „Stimmzettel, welche im Wege der Vervielfältigung hergestellt sind und nur die Bezeichnung der zu wählenden Personen enthalten, gelten nicht als Druckschriften im Sinne der Reichs- und Landesgesetze".

Die Vorschrift bezieht sich auf die eigentlichen Wahlzettel, mit denen die Abstimmung an der Wahlurne vorgenommen wird. Über Stimmzettel s. a. § 6 Abs. 2.

§ 3.

Als Verbreitung einer Druckschrift im Sinne dieses Gesetzes gilt auch das Anschlagen, Ausstellen oder Auslegen derselben an Orten, wo sie der Kenntnisnahme durch das Publikum zugänglich ist.

1. Gesetzesmotive. In den Motiven des Regierungsentwurfs ist folgendes bemerkt:

> „Das Strafgesetzbuch für das Deutsche Reich definiert den Begriff der Verbreitung nicht näher und stellt ihm nur den „öffentlichen Anschlag" und „die öffentliche Ausstellung" von Schriften usw. als gleichbedeutend zur Seite (§§ 85, 110 und 184 StGB.). Auch das Gesetz vom 11. Juni 1870, betr. das Urheberrecht an Schriftwerken (§§ 18, 21, 25, 34, 35), enthält sich einer Definition. Eine solche ist auch in erschöpfender Weise kaum zu geben. Deshalb und um nicht mit der an andere Gesetze sich knüpfenden Spruchpraxis in Widerstreit zu geraten, empfiehlt es sich, hier von einer Definition oder Exemplifikation ganz abzusehen und nur Vorsorge zu treffen, daß der Ausdruck „Verbreitung", wo er in diesem Gesetz auftritt, zugleich auf das im Strafgesetzbuche nebenher genannte „Anschlagen, Ausstellen und Auslegen" mit bezogen werde".

2. Verbreitung[24]). In der Verbreitung liegt die Tätigkeit, durch welche die Zuwiderhandlung gegen die Ord-

---

23) Auch falsche Münzen und falsches Papiergeld werden nicht zu den Druckschriften gerechnet. Vgl. Berner S. 166; Kayser S. 566.

24) Olshausen, Kommentar z. StGB. § 110 Note 10 ff.; Koller, Anm. z. § 3; Oetker, zur Lehre von den Preß-

nungsvorschriften des Preßgesetzes oder das den Inhalt der Druckschrift begründete Delikt in die äußere Erscheinung tritt.

Verbreiten ist die Handlung, durch welche eine Druckschrift aus dem engen Kreis der bei ihrer Herstellung Beteiligten, des Verfassers, Druckers, Verlegers usw. herausgebracht und einem größeren, wenn auch nach Zahl und Individualität bestimmten Personenkreis zugänglich gemacht wird (RGE. Bd. 16 S. 245; RGR. Bd. 9 S. 490).

Verbreiten ist eine Tätigkeit[25]), nämlich regelmäßig die Übergabe der Druckschrift an andere, mit dem Bewußtsein, daß dieselbe dadurch an eine Mehrheit von Personen gelangen könne. Jenes Bewußtsein genügt, die Absicht ist nicht erforderlich (RGE. Bd. 15 S. 118; RGR. Bd. 8 S. 786; c. E. Bd. 16 S. 245; R. Bd. 9 S. 490). Die Tätigkeit der Verbreitung ist vollendet schon durch die Übergabe eines Exemplars der Druckschrift an eine andere Person, wenn dies mit dem Bewußtsein geschieht, die Schrift werde dadurch an eine Mehrheit von Personen gelangen (s. RGR. Bd. 3 S. 570). Denn die Verbreitung beruht nicht auf der Mehrheit der Exemplare, sondern auf der Mehrheit der Personen, denen die Druckschrift, gleichviel ob in einem oder in mehreren Exemplaren und ob durch eine oder durch mehrere Personen zugänglich gemacht wird. Verbreitung würde also z. B. vorliegen, wenn jemand eine Druckschrift zur Auslegung in einem öffentlichen Lokale dem Inhaber desselben übergeben hat.

Die Verbreitung ist auch vollendet durch Aufgabe zur Post[26]), wenn der Weg der Versendung durch dieselbe gewählt wird; und es genügt auch hier die Versendung eines Exemplars, wenn es nur in der Annahme oder in dem Bewußtsein geschieht, daß dasselbe dadurch auch an andere gelangen werde.

---

vergehen; GA. Bd. 26 S. 249 ff.; Berner § 59, 4; Kayser S. 567; Kay S. 17; Liszt, PrR. § 42; Lehrbuch des Strafrechts S. 351; Marquardsen S. 55 ff.; Thilo S. 6 ff.; Delius S. 7; Honigmann S. 85 ff.; Klöppel S. 153 ff.; Stenglein, NG. I, 297 ff.; s. a. RGE. Bd. 16 S. 245, Bd. 15 S. 118; RGR. Bd. 9 S. 490, Bd. 8 S. 786.

25) Vgl. Löning, a. a. O. § 13, welcher behauptet, Verbreitung sei nicht bloß Tätigkeit, sondern auch Erfolg, nicht bloß Zugänglichmachen, sondern auch das Zugänglichsein. Dagegen ist zu erwähnen, daß das allerdings regelmäßig so sein wird, daß jedoch der Erfolg nicht erforderlich ist. S. auch unten zu § 20 (Vollendung und Versuch der Preßvergehen) und RGE. Bd. 16 S. 245; RGR. Bd. 9 S. 490; vgl. auch Liszt S. 151 ff.; Rechtslexikon III, 1. S. 149; Verhandlungen des XV. Deutschen Juristentags I. 62.

26) Lienbacher Bd. 2 S. 16; RGE. Bd. 3 S. 316; RGR. Bd. 3 S. 6, 359, 613; GA. Bd. 10 S. 703; vgl. daselbst Bd. 11 S. 716, Bd. 14 S. 348.

Der Ladenverkauf auch nur einer Druckschrift und die Ablieferung an den Käufer ist Verbreitung, da die Druckschrift dadurch anderen zugänglich gemacht wird.

3. Die Handlungen, welche die Herausgabe der Druckschrift vorbereiten, sind noch keine Verbreitung. Doch muß eine solche angenommen werden, wenn der Verleger Rezensionsexemplare an Zeitschriften oder Freiexemplare an den Autor oder an Dritte[27]), oder die Druckschrift an den Sortimenter versendet; denn dadurch wird die Schrift unmittelbar anderen zugänglich gemacht (Koller S. 21; Liszt § 42 IV; c. Berner § 61, 2; Marquardsen S. 60 und v. Schwarze in der 1. und 2. Auflage dieses Kommentars), ebenso wie mit Übergabe durch den Verleger an einen Kolporteur, zu Vertriebszwecken. Der Fall der Versendung an den Sortimenter ist nicht dem anderen gleich zu behandeln, daß die Korrekturbogen an den Korrektor oder die fertigen Druckschriften vom Druckort in Ballen an den Expeditionsort zur Verteilung an die Abonnenten (ObTrib. in GA. Bd. 23 S. 596 ff.) oder vom Verleger an den Kommissionär in Leipzig, der den Verkehr mit den Sortimentern vermittelt (ObTrib. Berlin in OppR. Bd. 7 S. 755; s. a. Delius S. 8; Barth S. 63; Berner S. 170 f.) gesandt werden. In den letzteren Fällen handelt es sich nur um Handlungen, die innerhalb des bei der Herausgabe gemeinsam tätigen Personenkreises die Verbreitung der Druckschrift vorbereiten.

4. Auf den Erfolg der Verbreitungstätigkeit kommt es nicht an, da die Verbreitung mit den Handlungen, die dem Zwecke der Verbreitung dienen, vollendet ist; und zwar ist bereits mit der ersten Verbreitungshandlung die Verbreitung begonnen und auch schon vollendet; es ist aber nicht erforderlich, daß die Verbreitung einer Druckschrift auch durchgeführt und beendet ist[28]).

Der Tatbestand der Verbreitung erfordert nicht, daß z. B. das zur Post gegebene Druckexemplar auch in die Hände des Adressaten gelangt oder doch irgend jemand von dem Inhalte der verbreiteten Druckschrift Kenntnis nimmt.

5. Die Verbreitungstätigkeit muß aber nicht notwendig in der Übergabe der Druckschrift an einen anderen bestehen, denn verbreitet werden soll der Inhalt der Druckschrift; es genügt deshalb auch, wenn die Druckschrift (der Inhalt derselben) auf andere Weise einem größeren Personenkreise zugänglich gemacht wird. Deshalb hat das Gesetz „das Anschlagen, Ausstellen oder Auslegen von Druckschriften an Orten, wo sie der Kenntnisnahme durch das Publikum zugänglich sind", für Verbreiten erklärt (darüber s. u.).

27) **RGE.** Bd. 2 S. 270; **RGR.** Bd. 2 S. 269.
28) GA. Bd. 10 S. 703; **RGR.** Bd. 3 S. 613.

6. Streitig jedoch ist, ob auch das Vorlesen einer Druckschrift als Verbreitung derselben anzusehen ist. (Dafür Stenglein, RG. I, 298; Kayser S. 567; c. Olshausen, KommzStGB. § 110 Note 11; Koller S. 18; Berner § 60; Liszt, PrR. § 42, VIII; Marquardsen S. 58; Lienbacher Bd. 2 S. 16; ObTrib. in OppR. Bd. 18 S. 597; **RGE.** Bd. 15 S. 118; **RGR.** Bd. 8 S. 786; Ebner S. 12.) Die Frage muß bejaht werden. Dagegen wird geltend gemacht, daß dabei die Druckschrift nicht selbst, sondern nur der Inhalt verbreitet werde und die Verbreitung einer Druckschrift begrifflich voraussetze, daß die Mitteilung an mehrere Personen zu eigenem unmittelbaren Lesen erfolge, daß das gedruckte Wort einen unveränderlichen, immer zur Verteilung an andere vorhandenen und geeigneten und daher gefährlicheren Gegenstand bilde, als das flüchtige, verhallende gesprochene Wort, und daß man endlich folgerichtig die freie Rezitation aus der Druckschrift auch als Verbreitung ansehen müsse. Doch ist vielmehr zu erwägen, daß der Inhalt der Druckschrift das Moment ist, in welchem die Verbreitung ihren Ausdruck findet. Die Druckschrift ist unwesentlich, sobald man sie von dem Inhalt, ohne den sie nicht existiert, begrifflich sondern will. Das Vorlesen steht dem Selbstlesen des anderen völlig gleich, und es wäre nicht folgerichtig, in der Weitergabe der Druckschrift, ohne daß sie gelesen wird, ein Verbreiten, in dem wörtlichen Mitteilen des Inhalts aber kein Verbreiten zu finden; es wäre auch inkonsequent vom Gesetz, das Anschlagen, Ausstellen oder Auslegen, wegen der Kundgebung des Inhalts, ohne die Übergabe der Schrift, selbst als Verbreitung anzusehen, das Vorlesen aber auszuschließen. Übrigens kann auch in dem wörtlichen Rezitieren des Inhalts einer Druckschrift vor anderen unbedenklich ein Verbreiten gefunden werden, wenn nur der Rezitator erkennbar den Wortlaut der Druckschrift wiedergibt und die Hörer ihn als solchen und nicht als die Darlegung der eigenen Gedanken des Sprechenden auffassen. Wenn das **RGE.** Bd. 9 S. 71 annimmt, daß in der Übersendung einer Schrift mit der Aufforderung, von dem Inhalte Kenntnis zu nehmen und dann dieselbe, wenn auch nur in handschriftlicher Vervielfältigung, weiter zu geben, Verbreitung liegen könne, — trotzdem dann nicht die Schrift, sondern der Inhalt derselben durch eine andere Schrift verbreitet wird, so führt die konsequente Folgerung aus diesem Erkenntnisse zu der hier vertretenen, und nicht zu der vom **RGE.** Bd. 15 S. 118; **RGR.** Bd. 8 S. 786 vertretenen gegenteiligen Auffassung.

Das Hinweisen auf eine Druckschrift oder die direkte, wenn auch an mehrere gerichtete Aufforderung, dieselbe zu lesen, ist keine Verbreitung.

7. Die Druckschrift muß einem größeren, wenn auch der Zahl und der Individualität nach bestimmten Personenkreise zugänglich gemacht werden (s. die verschiedenen Meinungen bei Koller S. 17; Stenglein, NG. I, 297; Olshausen § 110 Note 10 ff.; Delius S. 7; Liszt § 42, III; Rubo, Komm. z. StGB. § 85 Note 4; Berner § 59; Honigmann S. 85; **RGE.** Bd. 7 S. 113; Bd. 16 S. 245; **RGR.** Bd. 9 S. 490; **RGE.** Bd. 36 S. 331).

Auch hier gehen die Ansichten auseinander.

Während Rubo, KommzStGB. § 85 Note 4 schon jede Vermehrung der Zahl der Wissenden als Verbreitung ansieht, wollen andere ein Verbreiten nur in dem Zugänglichmachen für das Publikum schlechthin an unbestimmt welche und wie viele Personen, finden (so Berner § 59, 4; Liszt § 42 III; Honigmann S. 85 ff.; auch v. Schwarze in der 1. und 2. Auflage dieses Kommentars). Gegen die erstere Ansicht ist einzuwenden, daß vertrauliche Weitergabe (darüber s. u.) an einzelne nicht als Verbreiten aufgefaßt werden darf, zumal regelmäßig der, welcher eine Druckschrift vertraulich weiter gibt, gerade dieses Mittel wählt, weil er seinerseits die Druckschrift nicht verbreiten will. Die letztere Ansicht dagegen unterscheidet nicht zwischen der öffentlichen und der nicht öffentlichen Verbreitung (s. u. S. 17).

Die vertrauliche Weitergabe, die nicht Verbreitung ist, liegt vor, wenn jemand einer oder einigen anderen Personen eine Druckschrift übergibt oder ihren Inhalt zur Kenntnis bringt unter der Bedingung, daß sie dieselbe nicht weiter verbreiten, und mit dem Bewußtsein, daß sie von ihnen auch nicht weiter verbreitet werde. Die sog. vertrauliche Weitergabe kann aber dann doch Verbreitung sein, wenn der Kreis derer, denen die Druckschrift vertraulich gegeben ist, selbst schon ein großer ist. Deshalb wird es stets eine Frage der tatsächlichen Feststellung sein, ob die vertrauliche Weitergabe den Tatbestand der Verbreitung darstellt oder nicht. Unhaltbar, aber in Zusammenhang stehend mit seiner Begriffsbestimmung der Verbreitung an das Publikum schlechthin, nimmt Liszt, PrR. § 42 VII eine vertrauliche Mitteilung an, wenn sie nur in einem Kreise geschieht, der durch verwandtschaftliche, kollegiale, geschäftliche oder freundschaftliche Beziehungen miteinander verbunden ist. (Dagegen s. namentlich Stenglein, NG. I, 297.)[29])

29) Besonders zweifelhaft ist die Frage geworden bei den Jahresberichten von Korporationen, Gesellschaften, welche nur für die Mitglieder bezw. für die Behörden, z. B. bei den Handelskammern, bestimmt sind. Jedenfalls wird hier keine vertrauliche Mitteilung anzunehmen sein, soweit sie auch für Personen außer-

8. Die Verbreitung kann eine öffentliche sein (vgl. z. B. die Bestimmung wegen desjenigen, der die Druckschrift gewerbsmäßig oder sonst öffentlich verbreitet hat, in § 21, s. a. § 5). Wenn die Druckschrift dem Publikum schlechthin, jedem Beliebigen zugänglich gemacht wird, dann liegt öffentliche Verbreitung vor. Weil aber das Gesetz selbst das öffentliche Verbreiten besonders erwähnt, so muß man auch das nicht öffentliche Begeben, welches die Druckschrift nicht dem Publikum schlechthin, sondern nur einem größeren, nach Zahl oder Individualität beschränkten Personenkreise zugänglich macht, als Verbreiten im Sinne des Gesetzes anerkennen (vgl. Stenglein, RG. I, 297).

Die hier bekämpfte Auffassung vertritt ein Urteil des Oberlandesgerichts Hamburg (GA. Bd. 37 S. 87), das bei einer gedruckten mit Spezialadressen versehenen kaufmännischen Mitteilung (Reklame, Anzeige) die Verbreitung verneint, weil es sich nur an die auf den Adressen bestimmt bezeichneten Personen und nicht an die Allgemeinheit, das Publikum schlechthin wende, und deshalb der Schrift die Eigenschaft einer Druckschrift im Sinne des § 2 abspricht, da sie nicht zur Verbreitung bestimmt sei. —

Das öffentliche Verbreiten und das Verbreiten an öffentlichen Orten werden sich regelmäßig decken, doch sind sie nicht begrifflich identisch.

Die Ablieferung des Pflichtexemplars einer Druckschrift an die Polizeibehörde oder an Bibliotheken stellt noch keinen Verbreitungsakt dar, obgleich die Schrift damit einem größeren Kreise zugänglich wird; es handelt sich hier lediglich um die Erfüllung einer Pflicht, die nicht erfolgt, um die Schrift zu verbreiten[30]).

Die Druckschrift muß anderen zugänglich gemacht werden, d. h. auch der Inhalt.

9. Die Verbreitung kann eine gewerbsmäßige oder eine nicht gewerbsmäßige sein.

Über Gewerbsmäßigkeit des Handelns vgl. Appelius, GewO. § 1 Note 2; Landmann, GewO. S. 34 ff.

Die buchhändlerische Anzeige einer erschienenen Druckschrift fällt nicht unter die gewerbsmäßige Verbreitung, weil die Anzeige überhaupt noch keine Verbreitung darstellt. Die Anzeige wird zwar im allgemeinen der erste Schritt im gewerbsmäßigen Vertriebe der Druckschrift sein, aber sie bereitet die „Verbreitung“ erst vor.

---

halb des betreffenden Kreises zugänglich sind (vgl. Marquardsen S. 67; Thilo S. 18; ObTrib. Berlin in GA. Bd. 5 S. 82 f.).

30) Vgl. Schmid a. a. O. S. 33 ff.

Die Unentgeltlichkeit der Verbreitung (die Verteilung z.B. an jeden Beliebigen des Weges Kommenden) steht der Gewerbsmäßigkeit der Tätigkeit nicht entgegen. Die Gewerbsmäßigkeit liegt vielfach darin, daß der Verbreiter die Druckschriften für eigene Rechnung verkauft und in dem erzielten Gewinn eine dauernde Einnahmequelle sucht; sie kann aber auch darin liegen, daß der Verbreiter bei unentgeltlicher Verteilung seine Einnahmequelle in dem Entgelt sucht und findet, welches er von einem Dritten als dem Auftraggeber der Verteilung empfängt. Andererseits kann die nicht gewerbsmäßige Verbreitung, die regelmäßig eine unentgeltliche sein wird, im einzelnen Falle auch eine entgeltliche sein. (Es werden z. B. bei einer Veranstaltung zu milden Zwecken Druckschriften verkauft, und der Ertrag soll dem Zwecke zugute kommen — vgl. auch RG. Jur. Zeit. VI S. 30.)

10. Anschlagen, Ausstellen oder Auslegen.

Diese Tätigkeit soll nach positiver gesetzlicher Vorschrift als Verbreitung im Sinne des Preßgesetzes nur dann gelten, wenn es an Orten geschieht, wo die Druckschrift der Kenntnisnahme durch das Publikum zugänglich ist.

Mit dieser gesetzlichen Vorschrift steht das vorher Gesagte nicht vollkommen im Einklange.

Denn nach der hier vertretenen Ansicht, daß ein Verbreiten schon anzunehmen ist, wenn die Druckschrift nur einem größeren, wenn auch nach Zahl und Individualität bestimmten Personenkreis zugänglich gemacht wird, muß auch in dem Anschlagen, Ausstellen und Auslegen schon dann eine Verbreitung gefunden werden, wenn die Druckschrift damit der Kenntnisnahme durch einen solchen größeren Personenkreis zugänglich geworden ist. Vielleicht hat dem Gesetzgeber das öffentliche Anschlagen, öffentliche Ausstellen und öffentliche Auslegen als das regelmäßige und gewöhnliche allein vorgeschwebt, und er hat mit den Worten des Gesetzes doch nichts anderes ausdrücken wollen, als „an Orten, wo die Druckschrift der Kenntnis durch andere zugänglich wird". Ein Unterschied läßt sich tatsächlich nicht herausfinden, weshalb das Anschlagen einer Brandrede in hundert Exemplaren an den Wänden des Versammlungslokals eines geschlossenen politischen Vereins von 500 Mitgliedern nicht Verbreiten der Druckschrift sein soll, während es doch unzweifelhaft Verbreiten ist, wenn ein Mann ein Exemplar in einem öffentlichen Wirtsgarten fünf oder sechs Personen, die er da zufällig trifft, zum Lesen hinhält.

Anschlagen ist das Anheften einer Druckschrift an Mauern, Häusern, Plakattafeln oder -Säulen, durch welche Mittel es immer geschieht.

Ausstellen. Es ist nur das Ausstellen gemeint, welches dem Publikum die Möglichkeit gewährt, von dem Inhalte Kenntnis zu nehmen. Es fällt also das Ausstellen eines Buches im Schaufenster so, daß das Publikum nur von dem Titel Kenntnis nehmen kann, nicht darunter[31]); wenn dagegen ein Buch auf dem Auslagetische des Buchhändlers im offenen Laden ausgestellt ist, so wird das als Verbreiten anzusehen sein, weil damit zugleich dem Publikum, dem der Eintritt in den Laden freisteht, die Möglichkeit gewährt ist, auch von dem Inhalte Kenntnis zu nehmen[32]) (vgl. **RGE.** Bd. 14 S. 397).

Das Ausstellen kann auch durch kinematographische Vorführung erfolgen (**RGE.** Bd. 39 S. 183; dagegen SächsOVG. 1. Mai 1908; Reger Bd. 28 S. 566; vgl. auch Stenglein, NG. I, 298).

Vom Auslegen gilt dasselbe, was über das Ausstellen gesagt ist.

Als Ausstellen oder Anschlagen ist auch anzusehen, wenn, wie es in großen Städten vorkommt, zu Reklamezwecken Männer mit Plakattafeln oder selbst mit Aufrufen beklebt durch die Straßen geschickt werden.

11. Der Verbreiter[33]) wird im Gesetze wiederholt besonders aufgeführt. Er will durch seine Tätigkeit die Schrift dem lesenden Publikum zugänglich machen. Diese Absicht verfolgen zunächst der Verfasser und der Verleger, wenn sie das Manuskript bezw. die Druckschrift, jener zum Zwecke der Herstellung des Druckes und der späteren Verbreitung, dieser zur Verbreitung dritten Personen übergeben. Die hierauf eintretende Verbreitung der Druckschrift ist nur eine Fortsetzung der auf sie berechnet gewesenen Tätigkeit.

Dagegen wird der Verbreiter, welcher ohne Beteiligung an der Herstellung der Druckschrift die Schrift verbreitet, sei es durch Verkauf, durch Schenkung usw., im Auftrage des Verlegers, des Verfassers usw. oder ohne solchen Auftrag, teils selbständig in Betracht kommen oder aber auch als Teilnehmer, und ebenso als Begünstiger haftbar werden. In den Reichstagsverh. über die StPO.[34]) ist allerdings die Möglichkeit der Teilnahme, jedoch zu Unrecht, mehrfach ausdrücklich verneint worden (s. auch unten zu § 20 über Vollendung und Versuch der Preßdelikte).

---

31) Dagegen gehört jedes Ausstellen eines Bildes im Schaufenster hierher.

32) Thilo, preuß. Preßgesetz S. 94, 127; Berner S. 172.

33) John, a. a. O.

34) Schwarze, Komm. z. StPO. S. 128.

Die Strafbarkeit dieses Verbreiters als selbständigen Täters hängt davon ab, ob und inwieweit in seiner Tätigkeit ein Delikt sich selbständig darstellt. Es kommt auf die Gestaltung des Vorsatzes an. Bei strafbarem Inhalte der Druckschrift ist die Kenntnis von letzterer Voraussetzung seiner Strafbarkeit, — bei der Verbreitung verbotener bezw. beschlagnahmter Schriften dagegen seine Kenntnis von dem Verbote, bezw. von der Beschlagnahme. — Vgl. auch die Ausführungen über den örtlichen Gerichtsstand der Preßdelikte, unten hinter §§ 20, 21 Nr. 2.

§ 4.

Eine Entziehung der Befugnis zum selbständigen Betriebe irgend eines Preßgewerbes oder sonst zur Herausgabe und zum Vertriebe von Druckschriften kann weder im administrativen, noch im richterlichen Wege stattfinden.

Im übrigen sind für den Betrieb der Preßgewerbe die Bestimmungen der Gewerbeordnung maßgebend.

1. Zu Abs. 1. Betrieb des Preßgewerbes. Im § 143 (Abs. 1 und 3) der Gewerbeordnung ist bestimmt:

Die Berechtigung zum Gewerbebetriebe kann, abgesehen von den in den Reichsgesetzen vorgesehenen Fällen ihrer Entziehung, weder durch richterliche, noch administrative Entscheidung entzogen werden.

Die Bestimmungen der Landesgesetze, nach welchen die Befugnis zur Herausgabe von Druckschriften und zum Vertriebe derselben innerhalb des Reichsgebiets im Verwaltungswege entzogen werden darf, werden hierdurch aufgehoben.

§ 4 des Preßgesetzes ergänzt für das Preßgewerbe die Abs. 1 und 3 des § 143 der Gewerbeordnung, indem er die Entziehung der Befugnis zum selbständigen Betrieb irgend eines Preßgewerbes usw. schlechthin für unzulässig erklärt.

Diese Vorschriften schließen jedoch gewisse gewerbepolizeiliche Beschränkungen im Betrieb eines Preßgewerbes, die sich nicht als vollständige Entziehung desselben darstellen, nicht aus, denn nach Abs. 2 ist, abgesehen von der Vorschrift des Abs. 1, für den Betrieb der Preßgewerbe die Gewerbeordnung maßgebend. Solche Beschränkungen im Betrieb eines Preßgewerbes enthalten z. B. §§ 43, 56 Nr. 10 und letzter Abs., sowie § 58 der Gewerbeordnung; auch § 14 der Gewerbeordnung bezieht sich auf das Preßgewerbe.

Preßgewerbe ist ein jedes Gewerbe, welches die Herstellung und die Verbreitung (den Umsatz) von Druckschriften (s. § 2) zum Gegenstande hat (Koller S. 26; Stenglein, NG. I, 298); es gehören dahin die Druckereien und die Gewerbe des Buch- und Kunsthandels, einschließlich der öffentlichen Lesekabinette.

Nicht zu den Preßgewerben gehören aber die Hilfsgewerbe der Druckereien (Schriftgießereien usw.), auch wenn sie nur für jene arbeiten, da es für den Begriff des Preßgewerbes darauf ankommt, daß es sich mit der Herstellung und dem Vertriebe von Druckschriften unmittelbar befaßt.

Selbständiger Betrieb d. h. Gewerbebetrieb für eigene Rechnung und unter eigener Verantwortlichkeit (Koller l. c.).

Herausgabe und Vertrieb d. h. Verlag und gewerbsmäßiger Verkauf, letzterer auch, ohne daß es sich gerade um einen selbständigen Betrieb handeln muß.

2. Zu Abs. 2. Beschränkungen durch Reichsgesetze. Die Preßgewerbe sind — unbeschadet des Abs. 1 — wie jedes andere Gewerbe den Vorschriften der Gewerbeordnung (§§ 14 Abs. 2 Satz 2; 42b Abs. 3; 43, 56 Ziff. 12; 148 Ziff. 7a; 149 Ziff. 2) unterworfen.

Inhaber von Vergnügungslokalen, die Ansichtskarten innerhalb ihrer Geschäftsräume verkaufen, treiben in der Regel kein Preßgewerbe (Celle 16. Dezember 1901; GA. Bd. 49 S. 356).

§ 5.

Die nichtgewerbsmäßige öffentliche Verbreitung von Druckschriften kann durch die Ortspolizeibehörde denjenigen Personen verboten werden, welchen nach § 57 Ziffer 1, 2, 4, den §§ 57a, 57b Ziffer 1 und 2 der Gewerbeordnung ein Legitimationsschein versagt werden darf.

Zuwiderhandlungen gegen ein solches Verbot werden nach § 148 der Gewerbeordnung bestraft.

1. In der ursprünglichen Fassung lautet der Schluß des § 5 Abs. 1: „welchen nach § 57 GewO. ein Legitimationsschein versagt werden darf".

In der Novelle zur Gewerbeordnung vom 1. Juli 1883 ist im § 43 Abs. 6 bestimmt (jetzt Fassung vom 26. Juli 1900, RGBl. S. 871 ff.):

„An die Stelle des in § 5 Abs. 1 PreßG. vom 7. Mai 1874 angezogenen § 57 GewO. treten die Bestimmungen des § 57 Ziff. 1, 2, 4, der §§ 57a und 57b Ziff. 1 und 2 des gegenwärtigen Gesetzes".

2. Über öffentliche Verbreitung s. § 3.

Die öffentliche Verbreitung braucht nicht an einem öffentlichen Orte zu geschehen, sie kann auch z. B. von Haus zu Haus erfolgen; wenn sie sich nur an das Publikum als solches wendet.

3. Die Worte „nichtgewerbsmäßige Verbreitung" sind hier als Gegensatz zu dem gewerbsmäßigen Vertriebe von Druckschriften im gewerbepolizeilichen Sinne gebraucht.

Wie man gewerberechtlich unter einem gewerbsmäßigen Vertriebe von Druckschriften im wesentlichen an das Verkaufen derselben in einem Gewerbebetriebe, mit Hingabe der Druckschrift von Hand zu Hand, und an das öffentliche Anschlagen, als die wirkungsvollste Art der Verbreitung, nicht aber an andere Arten des Verbreitens, durch bloßes Auslegen, Ausstellen oder sonstiges Zugänglichmachen (z. B. etwa durch Vorlesen, Rezitieren) zu denken pflegt, so ist auch hier das nichtgewerbsmäßige öffentliche Verbreiten im wesentlichen als Hingabe, Verteilen oder öffentliches Anschlagen von Druckschriften gedacht, als ein Verbreiten regelmäßig nicht nur des Inhalts, sondern auch des Stofflichen, der Materie der Druckschrift. Einen Anhalt zur genauen Bestimmung des Begriffs bieten die §§ 42b Abs. 3 und 43 Abs. 1 GewO. (s. oben § 4 Ziff. 1). § 42b erwähnt das Feilbieten von Haus zu Haus, § 43 das gewerbsmäßige Ausrufen, Verkaufen, Verteilen, Anheften oder Anschlagen von Druckschriften auf öffentlichen Wegen, Straßen, Plätzen oder an anderen öffentlichen Orten[35]). In diesem Umfange versteht § 5 auch das „nichtgewerbsmäßige" Verbreiten (s. **RGE.** Bd. 11 S. 105; **RGR.** Bd. 6 S. 575; Stenglein, NG. I, 299; Koller S. 52; unklar Klöppel S. 179).

Nichtgewerbsmäßig ist die Tätigkeit hier dann, wenn sie sich nicht als Ausfluß eines Gewerbebetriebs darstellt. Daß sie gerade stets unentgeltlich sein müsse, ist nicht erforderlich.

Erfolgt die Vertreibung durch Verteilung, so wird sie eine unentgeltliche sein. Sie kann aber auch dann eine gewerbsmäßige sein (s. darüber KG. Jur. Zeit. VI S. 30 und oben S. 16).

Eine unentgeltliche Verteilung von Druckschriften liegt vor, wenn die Empfänger der Druckschrift kein Entgelt zu zahlen haben (so OVG. 24. Juni 1910; Reger Bd. 31 S. 218). Dieser Ansicht ist das KG. nunmehr beigetreten (KG. 30. Oktober 1911; Das Recht Bd. 15 S. 771) und hat seinen früheren Standpunkt (KG. 18. April 1904) aufgegeben, danach Entgeltlichkeit vorliegen sollte, auch wenn der Verteiler vom Auftraggeber Lohn für das Verteilen erhalten hatte.

---

35) An anderen öffentlichen Orten; auch in jedermann zugänglichen Festsälen, in Kirchen, Wirtshäusern; nicht aber in geschlossenen Gesellschaften, da es sich dann um einen nach Zahl oder Individualität begrenzten Personenkreis handelt, der den Begriff der Öffentlichkeit ausschließt. Besondere Vorschriften gelten jedoch für das Verteilen von Druckschriften zu Wahlzwecken und in geschlossenen Räumen nach § 43 Abs. 4 und 5 GewO.

Die in § 5 erwähnten Vorschriften der Gewerbeordnung betreffen §§ 57, 57a, 57b über Versagung des Wandergewerbescheins.

Die Vorschrift des § 5 bezieht sich nicht auf die nichtgewerbsmäßige öffentliche Verbreitung von Stimmzetteln, welche nur die Bezeichnung der zu wählenden Personen enthalten, da diese nicht als Druckschriften anzusehen sind (RGes. vom 12. März 1884; s. § 2 Ziff. 13).

Das im § 5 vorgesehene Verbot der Verbreitung kann nur aus den vorstehend angegebenen Gründen, welche sämtlich in der Person des Verbreiters, nicht in dem Inhalte der zu verbreitenden Druckschrift liegen, erfolgen.

Zuständig zu dem Verbot ist eine jede Ortspolizeibehörde für ihren Bezirk. Über den Bezirk hinaus hat das Verbot keine Wirkung[36]) (vgl. Stettin, GA. Bd. 44 S. 180).

Über das Verhältnis des § 5 hier zu dem § 43 Abs. 4 und 5 GewO. nach der Novelle vom 1. Juli 1883 gehen die Ansichten auseinander:

Während Koller (S. 50, 51) die Ansicht vertritt, daß der § 43 Abs. 4 und 5 GewO. auf § 5 PreßG. keinen Einfluß ausgeübt habe, nehmen Klöppel (S. 180) und Berger, GewO. (Anm. zu § 43) an, daß § 5 PreßG. durch § 43 Abs. 4 und 5 GewO. eingeschränkt wird; ebenso Stenglein, NG. I, 299.

Der § 43 Abs. 4 und 5 bestimmt, daß zur nichtgewerbsmäßigen Verteilung von Druckschriften zu Wahlzwecken (in der Zeit von der amtlichen Bekanntmachung des Wahltags bis zur Beendigung des Wahlakts) und von Druckschriften in geschlossenen Räumen eine polizeiliche Erlaubnis nicht erforderlich ist. Diese Vorschrift würde an sich nicht hindern, daß, wie im § 5 PreßG. vorgesehen ist, die Verteilung unter gewissen Bedingungen verboten werden kann; doch würde dabei das eigenartige und unmögliche Ergebnis herauskommen, daß die gewerbsmäßige Verteilung von Druckschriften zu Wahlzwecken in der Zeit von der amtlichen Bekanntmachung des Wahltags bis zur Beendigung des Wahlakts (§ 43 Abs. 3 GewO.) niemandem verboten werden, dagegen die nichtgewerbsmäßige Verteilung von Druckschriften zu Wahlzwecken (§ 43 Abs. 4 GewO.) nach § 5 PreßG. verboten werden kann. Für eine solche schärfere und strengere Behandlung des nichtgewerbsmäßigen Verteilens, gegenüber dem gewerbsmäßigen, liegt aber ein ersichtlicher Grund um so weniger vor, als das nichtgewerbsmäßige Verbreiten von Druckschriften sonst geringeren Beschränkungen unterworfen ist, als das gewerbsmäßige. Deshalb ist das Verhältnis des § 43 Abs. 4 GewO.

---

36) Anders in dem hier nicht in Betracht kommenden Fall des § 61 Abs. 3 RGewO.

zum § 5 PreßG. dahin zu bestimmen, daß durch die erstere Vorschrift (die Freiheit des Verteilens von Druckschriften zu Wahlzwecken innerhalb der mehrerwähnten Zeit) die Befugnis zum Verbot aus § 5 PreßG. eingeschränkt ist, daß also die betreffende Bestimmung der Gewerbeordnung alle beschränkenden Vorschriften im Interesse der Wahlen hat beseitigen wollen.

In ähnlicher Weise ist aber der § 5 auch durch § 43 Abs. 5 GewO. eingeschränkt, da die Gleichheit des Ausdrucks zwischen Abs. 4 (aus Abs. 3 zu ergänzen) und Abs. 5: „ist . . . . . eine Erlaubnis nicht erforderlich" dieselbe Auslegung verlangt (vgl. auch **RGE.** Bd. 35 S. 54).

Kann unter Umständen[37]) im Wege der Polizeiverordnung ein Verbot des nichtgewerbsmäßigen Verteilens von Druckschriften in weiterem Umfang, als dies der § 5 RPrGes. zuläßt, erfolgen? Das KG. (Johow Bd. 19 S. 323) hat eine Polizeiverordnung für rechtsgültig erklärt, in welcher das Austragen und Verteilen von Flugschriften auf öffentlichen Straßen und Plätzen an Sonn- und Feiertagen bei Strafe verboten ist. Das KG. hat nur das Verhältnis zur RGewO. und die Zuständigkeit des Regierungspräsidenten zum Erlasse von Polizeiverordnungen über die äußere Heilighaltung der Sonn- und Feiertage (in Preußen § 137 LandesVerwG. vom 30. Juli 1883) erörtert, das RPrGes. aber nicht erwähnt. Es nimmt an, daß die Polizeiverordnung zur Sicherung der äußeren Heilighaltung von Sonn- und Feiertagen erlassen sei. Unzweifelhaft unterstehe das Preßgewerbe, wie die nicht gewerbsmäßige Verteilung von Druckschriften den allgemeinen polizeilichen Vorschriften, auch über die äußere Heilighaltung der Feiertage. Denn die Freiheit der Presse gebe in keiner derartigen Hinsicht ein Privilegium. Es könne deshalb einer Störung der Sonntagsheiligung durch öffentliche Druckschriftenverteilung im Wege von Polizeiverordnungen entgegengetreten werden, ohne daß dadurch das Gesetz verletzt würde. — Dem wird beizustimmen sein. Ebenso entschied **RG.** 23. Juli 1910 (Das Recht Bd. 14 S. 646).

II. Ordnung der Presse.

1. Allgemeine Bemerkungen zu §§ 6 f.[38]). Die in §§ 6—17 erteilten Vorschriften betreffen die „Ordnung der Presse", sind aber sehr verschiedener Natur. Einige derselben

37) Abgesehen von den in § 30 aufrecht erhaltenen landesgesetzlichen Vorschriften.

38) Meves, Bemerkungen zum RGes. über die Presse in GA. Bd. 39 S. 15 ff.; Stenglein, NG. I, 299; Koller,

sollen die künftige strafrechtliche Verfolgung etwaiger durch Druckschriften begangener Delikte durch Feststellung der haftbaren Personen sichern (§§ 6, 7). Dem gleichen Zwecke dient die Vorschrift wegen alsbaldiger Abgabe eines Exemplars der Druckschrift an die Polizeibehörde (§ 9). Dagegen soll durch die Bestimmungen über den Berichtigungszwang dem Mißbrauche der Presse, zum Schutze der gefährdeten Interessen eines anderen, entgegengewirkt werden (§ 11). Weiter wird zugunsten der Behörden ein Zwang zur Aufnahme amtlicher Bekanntmachungen verfügt (§ 10). Hieran reihen sich die Verbote wegen Verbreitung usw. bestimmter Druckschriften (§§ 13—17); — auch die Motive dieser Verbote sind verschiedener Natur. Sie beziehen sich zum größeren Teil auf den Inhalt der Druckschrift, der jedoch an sich und ohne das Verbot nicht strafbar ist[39]). Diese Verbote sollen die Verbreitung der betr. Druckschriften hindern. — Nur die Bestimmungen in §§ 6, 7 regeln die äußere Form der Druckschriften; sie sind die Ordnungsvorschriften im engeren Sinne.

Dem Verbote wegen Verbreitung der in §§ 13—17 bezeichneten Druckschriften schließt sich als Preßpolizeidelikt die Verbreitung beschlagnahmter Druckschriften (§ 28) an.

Die Vorschriften in §§ 6—17 sind ferner für verschiedene Druckschriften gegeben. Die Ordnungsvorschriften im engeren Sinne beziehen sich auf alle Druckschriften, ebenso die Vorschriften in §§ 15, 16, 17; — die übrigen Vorschriften beschränken sich auf die periodischen Druckschriften.

2. Es wird bei den Bestimmungen in §§ 6 f. zweckmäßig sein, einiges über die zeitliche Herrschaft des Preßgesetzes[40]) zu äußern.

Der Regierungsentwurf des Gesetzes schlug folgende Bestimmung vor:

„Die Verbreitung von Druckschriften, welche vor dem Inkrafttreten dieses Gesetzes in einem deutschen Bundesstaate erschienen sind, ist gestattet, wenn sie den Vorschriften entsprechen, welche daselbst zur Zeit ihres Erscheinens bestanden".

Die Kommission schlug dagegen folgende Bestimmung vor:

„Die Verbreitung von Druckschriften, welche den Vorschriften der §§ 6, 7 nicht entsprechen, ist nicht gestattet. Dasselbe gilt von den Druckschriften, welche vor dem Inkrafttreten dieses Gesetzes in einem deutschen Bundesstaate erschienen sind, soferne sie nicht den Vorschriften, welche daselbst zur Zeit ihres Erscheinens bestanden, oder den Vorschriften der §§ 6 und 7 entsprechen".

Marquardsen, von Mangoldt zu § 6; v. Liszt S. 73.

39) Vgl. hier noch Kayser S. 612 f.

40) Liszt S. 9 ff.; Koller S. 53; Klöppel S. 169.

Die Bestimmung wurde aus verschiedenen Gründen im Reichstag angefochten (S. 403 f.). Der Ansicht, daß die Streichung zweckmäßig sei, um den Verbreiter von Druckschriften, welche den Bestimmungen in §§ 6, 7 nicht entsprechen, nicht unter die Strafbestimmungen der §§ 18 f. zu stellen, wurde widersprochen. Andererseits wurde geltend gemacht, daß Druckschriften mit apokryphen Druckorten und pseudonymen Autoren im Antiquariatshandel zirkulieren, bei denen die früheren Vorschriften nicht beobachtet worden, und daß dieser Handel durch Annahme des Kommissionsvorschlags wesentlich gestört werden könne. Es wurde hierauf der Kommissionsvorschlag wie der Regierungsentwurf abgelehnt.

Das Preßgesetz findet daher auf die vor dessen Erlaß ausgegebenen und verbreiteten Druckschriften nicht Anwendung[41]).

Neue Auflagen, sowie Übersetzungen und Auszüge älterer Druckschriften — ebenso die Hefte, Nummern usw. einer Zeitschrift, welche in der Zeit nach Erlaß des Preßgesetzes ausgegeben worden sind, — ebenso endlich die bloße Verbreitung einer älteren Druckschrift in der Zeit nach dem Preßgesetze, —sie alle sind nach dem Preßgesetze zubeurteilen.

Insbesondere findet die Haftung nach §§ 20, 21 nur auf die nach Erlaß des Preßgesetzes verbreiteten Druckschriften, jedoch solchenfalls auch auf Hefte und Lieferungen von Werken Anwendung, von denen schon vor dem Erlasse Hefte und Lieferungen erschienen sind.

Soweit der Inhalt einer Druckschrift den Tatbestand eines Delikts begründet, entscheiden die Strafgesetze überhaupt, — das Preßgesetz kommt nicht in Betracht. Es entscheiden die zur Zeit der Deliktsverübung bestehenden Strafgesetze.

Die Bestimmungen über Verjährung (§ 22) und Beschlagnahme (§ 23) gelten auch für die vor dem Erlasse des Preßgesetzes erschienenen Druckschriften.

Wegen der im Ausland erschienenen Schriften vgl. Ziff. 1 zu § 6 (zu „im Geltungsbereiche dieses Gesetzes").

§ 6[42]).

Auf jeder im Geltungsbereiche dieses Gesetzes erscheinenden Druckschrift muß der Name und Wohnort des Druckers und, wenn sie für den Buchhandel, oder sonst zur Verbreitung

41) Nur der Zeitpunkt der wirklichen Ausgabe, nicht der Zeitpunkt der Herstellung der Druckschrift kommt in Betracht.

42) Vgl. Lienbacher Bd. 2 S. 24; Hartmann S. 62; Thilo, Preuß. Preßgesetz S. 23 und im Nachtrage S. 5; Schwarz S. 45; Barth S. 32 sowie Pözl S. 239 f.; Jaques S. 43 f.; Koller S. 54; von Mangoldt S. 12; Kah S. 40 ff.; Delius S. 12 ff.; Born, Preßgesetz, zu § 6; Stenglein, RG. I, 300; vgl. auch Rosenbaum, über

bestimmt ist, der Name und Wohnort des Verlegers, oder — beim Selbstvertriebe der Druckschrift — des Verfassers oder Herausgebers genannt sein. An Stelle des Namens des Druckers oder Verlegers genügt die Angabe der in das Handelsregister eingetragenen Firma.

Ausgenommen von dieser Vorschrift sind die nur zu den Zwecken des Gewerbes und Verkehrs, des häuslichen und geselligen Lebens dienenden Druckschriften als: Formulare, Preiszettel, Visitenkarten und dergleichen, sowie Stimmzettel für öffentliche Wahlen, soferne sie nichts weiter als Zweck, Zeit und Ort der Wahl und die Bezeichnung der zu wählenden Personen enthalten.

1. Räumliche Herrschaft des Preßgesetzes. Die Worte: im „Geltungsbereiche dieses Gesetzes" sind im Hinblick auf die Ausnahmebestimmung in § 31 bezüglich Elsaß-Lothringens gewählt worden; — sie berühren aber auch die im Ausland erscheinenden Druckschriften.

Bei den im Ausland erscheinenden und verbreiteten Druckschriften, welche durch ihren Inhalt die Strafgesetze Deutschlands verletzen, werden regelmäßig[43]) die allgemeinen Bestimmungen über die inländische Verfolgung der im Auslande begangenen Delikte Platz greifen. Insbesondere gilt dies von der Haftung der Inländer, welche und insoweit sie bei der Abfassung oder bei der Herstellung und Ausgabe einer solchen Druckschrift im Auslande beteiligt sind. Diese Beteiligung ist lediglich nach dem Gesetze des Inlands (§§ 4 ff. StGB.) zu beurteilen und bezw. zu bestrafen. Auch wird nur innerhalb der inländischen Vorschriften auf die Beurteilung der Druckschrift durch die ausländischen Gerichte und deren Entscheidung Rücksicht zu nehmen sein.

Bei der Verbreitung einer durch ihren Inhalt strafbaren ausländischen Druckschrift im Inland ist zunächst die Bestimmung in den Schlußworten des Abs. 2 des § 21 zu berücksichtigen (vgl. die Bem. zu dieser Bestimmung); jedenfalls aber ist die Verbreitung lediglich nach den inländischen Gesetzen zu beurteilen. Insbesondere wird die durch die allgemein strafrechtlichen Vorschriften begründete Haftung des Verbreiters auch durch § 21 nicht berührt.

In der Regel wird bei der ausländischen Druckschrift auch der Druckort im Auslande gelegen sein.

Bei ausländischen Druckschriften leiden auf Exemplare, die nach Deutschland gelangen und hier verbreitet werden, die Ordnungsvorschriften des deutschen Preß-

---

den nichtbuchhändlerischen Vertrieb von Preßerzeugnissen, Wien 1888 bei Manz.

43) Soferne nicht ein Teil der Begehung (z. B. bez. des Verfassers) ins Inland fällt. S. a. Anhang zu den §§ 20, 21 Nr. 2.

gesetzes nicht Anwendung[44]). Dies gilt auch in dem Falle, wenn etwa der Druckbesteller oder Herausgeber, oder wenn etwa der Redakteur oder Verfasser im Inlande wohnen. Es entscheidet der Ort des Erscheinens allein, nicht aber der Druckort[45]).

Wird aber z. B. ein Manuskript vom inländischen Verleger an eine ausländische Druckerei zur Herstellung des Druckes abgegeben und dann die Druckschrift vom Verleger im Inland in Vertrieb gesetzt, so ist die Druckschrift im Inland erschienen, und es leiden auf sie auch die Ordnungsvorschriften des deutschen Preßgesetzes Anwendung; — die Schrift ist eine inländische. Ebenso ist eine im Inlande gedruckte, aber im Auslande ausgegebene Druckschrift eine ausländische und demgemäß zu behandeln[46]). Dies kann auch bei § 14 von Einfluß sein.

Die ausländische Druckschrift kann unter den Voraussetzungen des § 23 Nr. 1 (soweit § 14 in Frage kommt) und Nr. 3 beschlagnahmt werden.

Der ausländische, jedoch in Deutschland wohnhafte Verleger, Redakteur kann aus seiner Nationalität keinen Einwand gegen die Anwendung des inländischen Gesetzes ableiten.

Bei ausländischen Druckschriften kann § 42 StGB. in Betracht kommen.

2. Angaben auf der Druckschrift. Der Begriff der Druckschrift ist hier im Sinne des § 2 zu verstehen. Das Gesetz verlangt, daß die Angabe des Namens usw. auf der Druckschrift erfolgt. Aus diesen Worten, wie aus dem Sinne und dem Zwecke der Vorschrift ergibt sich, daß die Angabe äußerlich erkennbar außerhalb des Kontextes der Schrift bewirkt werden muß. Diese formelle Vorschrift kann nicht im einzelnen Falle durch andere Maßnahmen, insbesondere nicht durch andere Beweise über die Person usw. des Verlegers, Verfassers usw., selbst wenn die Beweise aus dem Inhalte der Druckschrift genommen werden, ersetzt werden. Bei einer vom Verfasser selbst vertriebenen Druckschrift hatte der Verfasser sich ebensowenig als der Herausgeber auf der Druckschrift benannt, wohl aber in der Schrift sich gelegentlich als den Verfasser ausdrücklich bezeichnet. Das OLG. Dresden sah hierin keinen zulässigen Ersatz für die vorgeschriebene Namensnennung auf der Druckschrift selbst. Man will und darf der Behörde nicht ansinnen,

---

44) Dies wurde bei den Reichstags-Verhandl. S. 403 f. von der Regierung anerkannt.

45) Liszt S. 18. „Der Ort ihrer Ausgabe bestimmt ihre Staatsangehörigkeit".

46) Vgl. auch Berner S. 246; Thilo S. 47.

nach derartigen Beweisen in der Schrift zu forschen und hiermit sich der Gefahr nutzlosen Vorgehens auszusetzen[47]).

Das Gesetz verlangt bei jeder Druckschrift, daß auf ihr der Name und Wohnort des Druckers, sowie, einerlei ob sie für den Buchhandel oder sonst zur gewerbsmäßigen oder nicht gewerbsmäßigen Verbreitung bestimmt ist, je nach dem einzelnen Falle, entweder der Name und Wohnort des Verlegers, oder beim Selbstvertriebe der des Verfassers bezw. Herausgebers angegeben wird. Das Gesetz unterscheidet hierbei nicht nach den Arten der Druckschrift, sondern umfaßt jede Art, soweit nicht Abs. 2 und § 12 Ausnahmen zulassen. So ist es z B. ohne Einfluß, wenn die Druckschrift nur den Auszug aus einer anderen Druckschrift enthält[48]).

Ob die Schrift mit einer Privatpresse oder in einer Druckerei gedruckt worden, ist gegenwärtig[49]), wo die früheren gewerblichen Bestimmungen über Konzession zum Druckergewerbe nicht mehr maßgebend sind, ohne Einfluß. Wenn aber ein Privater außerhalb einer Druckerei mittels einer aus einer Druckerei geliehenen Handpresse eine Druckschrift herstellt, so kommt es auf die näheren Umstände an, ob der Eigentümer der Presse „Drucker" ist, oder außer allen Zusammenhange mit der Druckschrift steht (**RG.** 30. Mai 1911; JW. Bd. 40 S. 802; GA. Bd. 59 S. 320).

Druckschriften, welche aus verschiedenen Teilen (Bänden oder Heften) bestehen, sind den Vorschriften des § 6 für jeden einzelnen Teil unterworfen (s. a. das frühere SächsPreßG. Art. 6).

Besteht die Druckschrift aus einem Hauptblatt und aus Beilagen, so genügt es, wenn die in § 6 vorgeschriebene Angabe auf dem Hauptblatte erfolgt, sofern die Zugehörigkeit der Beilage zum Hauptblatt auf jener oder diesem in zweifelsfreier Weise vermerkt ist.

Auf einem von einem Dritten der Zeitung beigelegten Flugblatt muß neben dem Drucker der Verleger genannt sein. Täter kann hierbei nur sein, wer an der Herstellung der Druckschrift mitwirkt; Außenstehende können nur mittelbare Täter oder Teilnehmer sein (Jena, 1. März 1911, ThürBl. Bd. 58 S. 157).

3. Die Worte: und, wenn sie für den Buchhandel oder sonst zur Verbreitung bestimmt ist, haben einen Streit darüber veranlaßt, ob Drucker und Verleger auf jeder Druckschrift zu benennen sind. Der Sinn

47) Schwarze, in der Sächs. Ger.-Ztg. Bd. 22 S. 289 f.; Meves a. a. O. S. 16; Berner S. 195.

48) Lienbacher Bd. 2 S. 24.

49) Vgl. in bezug auf das ältere Recht Bayer. PrG. von 1850, § 37.

der Worte ist deshalb sehr bestritten, weil sie alle Arten von Druckschriften, auf welche das Preßgesetz Anwendung findet, bezeichnen, und nicht etwa den Gegensatz zu den für nicht-gewerbsmäßige Verbreitung bestimmten Druckschriften, oder, wie z. B. Meves[50]) a. a. O. S. 18 behauptet, den Gegensatz zu den Druckschriften, welche nicht zur Verbreitung bestimmt sind. Druckschriften, welche nicht zur Verbreitung bestimmt sind, fallen aber überhaupt nicht unter das RPrG.[51]), also können für solche auch in § 6 keine Ordnungsvorschriften gegeben sein. Das wäre der Fall aber, wenn die Worte im Eingang: „Auf jeder im Geltungsbereiche dieses Gesetzes erscheinenden Druckschrift" eine generelle Vorschrift enthielten, neben welcher die Fortsetzung: „und wenn sie usw." die Spezialvorschrift nur für die zur Verbreitung (durch Buchhandel oder auch auf andere Weise) bestimmten Druckschriften brächte.

Der § 6 ist nicht glücklich redigiert, und seine Fassung hat zu den Zweifeln die Veranlassung gegeben.

Die in der Literatur herrschende Ansicht[52]) faßt den Sinn der Worte anders. Sie will allerdings, wenigstens für die Druckschriften, die nicht zur gewerbsmäßigen Verbreitung bestimmt sind, die Benennung des Druckers als ausreichend gelten lassen und bezieht die Worte „oder sonst zur Verbreitung bestimmt" nur auf die gewerbsmäßige Verbreitung.

Man beruft sich für diese Ansicht auf die Motive[53]), welche zu § 5 des Entwurfs ausführen, die Angabe des Druckers und des Verlegers auf den zur gewerbsmäßigen Verbreitung bestimmten Druckschriften entspreche so völlig der Gewohnheit, daß in dieser Formalität eine Belästigung für den Verkehr der Presse nicht gefunden werden könne.

Liszt weist noch besonders auf die Nebeneinander- und Gleichstellung des Wortes „Verbreitung" mit „dem Buchhandel" hin.

Die Worte „für den Buchhandel oder sonst zur Verbreitung bestimmt" enthalten aber keine Nebeneinanderstellung, sondern

50) Die Ausführungen von Meves zu dieser Frage sind überhaupt nicht völlig klar. Anscheinend will er nur für Erzeugnisse der Buchdruckerpresse die Unterscheidung machen zwischen zur Verbreitung und nicht zur Verbreitung bestimmten. Die Worte „zur Verbreitung bestimmt" in § 2 beziehen sich aber offenbar auf die Erzeugnisse der Buchdruckerpresse mit. S. o. Anm. zu § 2.

51) S. o. § 2 Anm.

52) Liszt § 22 II (S. 73); Marquardsen S. 66 ff.; Koller S. 57; v. Mangoldt S. 14; Heilborn S. 13; Delius S. 13.

53) Mangoldt, Koller, Marquardsen, Liszt, Delius a. a. O.

einen Gegensatz, und es muß deshalb das Wort „Verbreitung" namentlich auch von der nicht gewerbsmäßigen Verbreitung verstanden werden[54]).

Das Gesetz verlangt also, wie hier nochmals ausdrücklich wiederholt wird, daß auf jeder Druckschrift im Sinne des Preßgesetzes der Name des Druckers und regelmäßig der des Verlegers angegeben ist[55]); der des Verlegers ist jedoch nicht erforderlich bei Druckschriften, welche zum Selbstvertriebe bestimmt sind. Bei diesen wird die Angabe des Verfassers oder des Herausgebers statt des dabei nicht vorkommenden Verlegers verlangt.

In der Reichstagskommission sowie im Reichstage wurde der § 6 lebhaft in der Richtung angegriffen[56]), daß er unbedingt nebeneinander die Benennung des Druckers und des Verlegers (bezw. Verfassers) sowie die Angabe des Namens und des Wohnorts verlange[57]) und hiermit über die Forderungen der meisten deutschen Preßgesetze hinausgehe[58]).

4. Unter dem Namen[59]) der erwähnten Person ist ihr bürgerlicher Familienname zu verstehen. (Darüber, daß der Drucker und der Verleger auch statt des bürgerlichen Namens ihre Firma angeben können s. § 6 Abs. 1 letzten Satz.) Die Hinzufügung des Vornamens ist nicht erforderlich, aber zulässig, ebenso der Gebrauch von Abkürzungen bei Angabe der Vornamen. Die Angabe eines Künstler- oder Schriftstellernamens statt des bürgerlichen Familiennamens ist da unstatthaft, wo das Gesetz die Angabe des Namens fordert. Wo aber z. B. die Bezeichnung des Verfassers oder des Herausgebers vom Gesetze nicht erfordert wird, ist deren Nennung mit ihrem etwaigen Künstler- oder Schriftstellernamen nicht für unzulässig zu erachten.

---

54) Wie hier auch Thilo, § 6 Anm. 11 (S. 14) und aus der gerichtlichen Praxis: Dresden: sächs. Annalen Bd. 2 S. 227; KG. in Johow Bd. 5 S. 289; **RGE.** Bd. 20 S. 63; Entsch. d. OLG. München Bd. 5 S. 420. Abweichend jetzt Stenglein, NG. I, 300.

55) S. ferner Klöppel S. 146; auch Kayser S. 575.

56) Von den Anhängern des Systems der sukzessiven ausschließlichen Verantwortlichkeit wird die Einrichtung, wonach der Drucker, Verleger usw. auf der Druckschrift zu benennen sind, als überflüssig bezeichnet, da der Zweck derselben durch jenes System viel sicherer erreicht werde. Vgl. Biedermanns Entwurf S. 17.

57) Das franz. Gesetz Art. 2 verlangt Angabe des Namens und des Wohnorts des Druckers.

58) Vgl. noch Marquardsen S. 66 f.

59) S. hierüber namentlich Meves in GA. Bd. 39 S. 16 f.

Da das Gesetz für den Verfasser und den Herausgeber nur die Angabe des Namens erwähnt, so ist da, wo deren Benennung notwendig, eine andere Bezeichnung des Herausgebers, z. B. „das Komitee", ohne Angabe der Namen der Mitglieder, unzulässig (**RGE.** Bd. 20 S. 63[60]).

5. Das Gesetz verlangt die Angabe des Wohnorts. Es ist nicht unstreitig, ob „Wohnort" als gleichbedeutend mit „Wohnsitz" anzusehen ist. Für den Verfasser oder Herausgeber ist das jedenfalls zu bejahen. Bezüglich des Druckers und Verlegers ist jedoch unter dem Wohnorte der Druckort oder der Verlagsort zu verstehen. Dies ist offenbar auch vom Gesetze gemeint. Das Gesetz ist dabei davon ausgegangen, daß der Druckort sowie der Verlagsort mit dem Sitze der betreffenden Druckerei- oder Verlegerfirma und regelmäßig auch mit dem Wohnsitze des Inhabers zusammenfallen werden. Ist aber dieser von dem Druckort oder dem Verlagsorte verschieden, so kann er eben nicht maßgebend sein. Es macht auch keinen Unterschied, ob sich Drucker oder Verleger am Druck- oder Verlagsorte längere oder nur kürzere Zeit im Jahre aufzuhalten pflegen. Man kann die gegenteilige Ansicht nicht damit verteidigen, daß Drucker und Verleger an dem tatsächlichen Wohnort am leichtesten von der Polizeibehörde erlangt werden können; denn einerseits werden sie auch am Druckort und Verlagsorte zu betreten oder es wird da wenigstens ihr Aufenthalt zu erfahren sein, andererseits aber bestand schon seither ein erhebliches polizeiliches Interesse an der Kenntnis von dem Druckort und dem Verlagsorte, weil an beiden die vorrätigen Exemplare der Druckschrift sich finden und am Orte des Druckes außerdem noch die zur Herstellung gebrauchten Platten und ausnahmsweise vielleicht auch das Manuskript. Vor allem aber ist die Angabe des Verlagsorts d. h. des Ortes der geschäftlichen Niederlassung des Verlegers dadurch von besonderem Interesse geworden, weil dieser Ort als der Ort des Erscheinens der Druckschrift regelmäßig für den Gerichtsstand der begangenen Tat maßgebend ist (vgl. § 7 Abs. 2 StPO. in der Fassung des RGes. vom 13. Juni 1902 — RGBl. S. 227 —; das Nähere darüber s. unten hinter § 21).

Der Wohnort muß angegeben werden; es genügt also nicht, daß die Wohnung nach Straße und Hausnummer genau bezeichnet wird, während die Ortsangabe fehlt, weil sie etwa aus anderen Angaben der Druckschrift unzweifelhaft hervorgeht. Übrigens ist die Angabe von Straße und Hausnummer kein gesetzliches Erfordernis.

---

60) Vgl. auch ObTrib. Berlin in GA. Bd. 19 S. 384, Bd. 26 S. 462 f.; Schwarze in der Sächs. Ger.-Ztg. Bd. 22 S. 380 ff.; Liszt § 22, IV (S. 75); Klöppel S. 186; Koller S. 57.

Die Angabe der Zeit des Druckes, bezw. der Ausgabe, welche in mehreren deutschen Gesetzen erfordert wurde, ist nicht vorgeschrieben.

6. Begriff des Druckers[61]).

Der Drucker ist an erster Stelle genannt, weil von ihm die Angabe dessen, der den Druck bestellt hat, und somit bei strafbaren Handlungen die Ermittelung der hierbei an erster Stelle Beteiligten zu erwarten ist[62]).

Unter „Drucker"[63]) ist derjenige zu verstehen, der eine Druckschrift im Sinne des Preßgesetzes hergestellt hat. Die Gewerbsmäßigkeit solcher Herstellungen wird zum Begriffe des „Druckers" nicht verlangt, jedoch wird sie die Regel sein. Es ist solchenfalls der Inhaber der Anstalt, in welcher die Vervielfältigung hergestellt wurde, der Drucker im Sinne des Gesetzes. Keineswegs ist also unter „Drucker" nur der Eigentümer zu verstehen, sondern auch der Pächter, Nutznießer usw. der Druckerei. Auf der Druckschrift zu benennen ist daher der Inhaber, nicht aber irgend ein Vertreter, und wenn er auch die ganze Druckerei leitet[64]). — Übrigens ist bei Erläuterung des Wortes „Drucker" noch die Bestimmung in § 2 zu berücksichtigen und unter dem Drucker auch der Inhaber einer nicht bloß für den Druck, sondern überhaupt zur mechanischen Vervielfältigung von Schriften oder Bildwerken bestimmten Anstalt zu verstehen (PreußPrG. § 39). Der Drucker muß auf der Druckschrift angegeben sein; damit hat nicht gesagt werden sollen, daß die Angabe von Namen und Wohnort mit dem Zusatz: als Drucker erfolgen müsse, oder daß es heißen müsse: Drucker: Name, Wohnort. Die Bezeichnung muß aber so sein, daß der Drucker als solcher zweifelsfrei zu erkennen ist. Dazu gehört vor allem, daß die Angabe äußerlich getrennt vom Text erfolgt. Weiter ist jede Unklarheit in der Ausdrucksweise zu vermeiden. Unklar ist z. B. die Bezeichnung: „verantwortlich für Druck und Verlag X." (vgl. KG. in GA. Bd. 45 S. 376; auch **RG.** I 6. Juni 1901 DJZ. 1902 52).

---

61) Vgl. noch Kayser S. 577 f.; Liszt, Österr. PrR. S. 74 f.

62) Dieses Interesse der Strafrechtspflege ist in den Motiven der Regierungsvorlage, wie in der zu § 6 gehaltenen Rede des Regierungskommissars (S. 394) besonders hervorgehoben worden.

63) Meves a. a. O. S. 19; Stenglein, NG. I, 300; Marquardsen S. 65; Liszt § 8 (S. 27); Klöppel S. 165; Koller S. 57; von Mangoldt S. 12; Löning § 2.

64) S. a. **RGE.** Bd. 16 S. 144; **RGR.** Bd. 9 S. 374; c. von Mangoldt, welcher, offenbar in Anlehnung an das frühere Sächs. Preßgesetz (Art. 4), dem Inhaber auch den Stellvertreter gleichstellt, und v. Schwarze, in der 1. und 2. Auflage dieses Kommentars; ebenso von Schwarze in den Verhandlungen des Reichstags (Sten. Bericht S. 470).

Was hier über den Drucker gesagt ist, gilt im wesentlichen auch vom Verleger.

In der Kommission wie im Reichstage wurde von dem Abg. Dr. Brockhaus der Fall zur Sprache gebracht, daß mehrere Druckereien an der Herstellung einer Druckschrift sich beteiligen. Wer hat sich dann nach § 6 als Drucker zu bezeichnen? und wen trifft die Verantwortlichkeit nach § 21? Abg. Dr. Brockhaus sprach sich, Verhandl. S. 394, dahin aus, daß der Druckereibesitzer, der andere Druckereien für sich arbeiten läßt, auch als Drucker benannt werde und allein die Verantwortlichkeit übernehme; es genüge, aber es sei auch erforderlich, daß nur ein Drucker genannt werde. Der Regierungskommissar erklärte sich, S. 394, mit dieser Ansicht einverstanden, nahm jedoch ausdrücklich den Fall aus, wenn eine Druckschrift aus verschiedenen Teilen besteht und diese Teile von verschiedenen Firmen oder Druckern auf Bestellung des Verlegers gedruckt werden; dann würde jedenfalls jeder einzelne Drucker verpflichtet sein, sich auf dem Teile, welchen er gedruckt hat, als Drucker zu bezeichnen (**RG.** IV 9. Juli 1897; DJZ. 1898 S. 82). Die Benennung der mehreren Druckereien kann an einer einzigen Stelle oder je auf dem Anteile der einzelnen Druckerei erfolgen (**RGE.** Bd. 21 S. 360). In dem Falle, in welchem eine Druckerei einen Teil des von ihr übernommenen Druckes durch eine andere Offizin herstellen läßt, befindet sich letztere zu ihrer Auftraggeberin in einem gewöhnlichen Lohnverhältnisse zum Unternehmer, und es kann nur diesem die rechtliche und moralische Verantwortlichkeit für das Unternehmen angesonnen werden[65]).

Über die Haftung des Druckers für die „Zuwiderhandlungen" gegen das Preßgesetz vgl. Bem. zu §§ 18, 19. Die strafrechtliche Verantwortlichkeit des Druckers für den Inhalt richtet sich nach den allgemeinen Gesetzen. Eine besondere Haftung des Druckers wegen Fahrlässigkeit wird in § 21 aufgestellt.

7. Der Begriff des Verlegers wird verschieden angegeben[66]).

a) Verleger ist, wem der Autor die Befugnis übertragen hat, die Schrift durch den Druck zu vervielfältigen und

65) Petition des Vereins Deutscher Buchdrucker usw. S. 660. — Die Auffassung des Regierungskommissars hat auch das Reichsgericht (**RGE.** Bd. 21 S. 360) geteilt. S. a. Liszt S. 27; Koller S. 58; Stenglein, NG. I, 200.

66) Über den Verleger s. Löning § 2; Stenglein, NG. I, 301; Koller S. 58; Klöppel S. 166; Meves S. 20; v. Mangoldt S. 13; Berner § 70 (S. 197); Hartmann S. 59; Thilo, Preuß. PrG. S. 17 und GA. Bd. 21 S. 671; Liszt S. 29 f.; Lentner (Grünhut Bd. 10) a. a. O.

sie für eigene Rechnung unter die Buchhändler oder sonst abzusetzen[67]).

b) Verleger ist, wer die fertiggestellten Exemplare der Druckschrift zuerst zur Kundgebung ihres Inhalts aus den Händen gegeben bezw. durch seine Leute hat ausgeben lassen[68]); und ähnlich:

c) Verleger ist derjenige, bei dem die Druckschrift erscheint[69]).

Die erste Begriffsbestimmung umfaßt eigentlich verschiedenes, was ihr nicht wesentlich ist, nämlich die Vervielfältigung des Manuskripts, die Herstellung der Druckschrift und das Verhältnis zum Autor.

Regelmäßig übernimmt zwar der Verleger auch die Herstellung der Druckschrift durch Drucklegung; aber das gehört nicht notwendig zur Tätigkeit des Verlegers. Auch der verlegt ein Werk, der dasselbe nach Vollendung des Druckes übernimmt und dann erscheinen läßt und den Absatz besorgt.

Es ist preßrechtlich auch nicht notwendig, daß dem Verleger vom Autor die Befugnis übertragen ist, die Verlagstätigkeit auszuüben; vielmehr ist es für den Begriff des Verlegers ganz einerlei, ob die Verlagstätigkeit berechtigt oder unberechtigt ausgeübt wird.

Wenn man aber die Verlagstätigkeit als Vervielfältigung des Werkes (für eigene Rechnung) und Absatz desselben bezeichnet, so ist damit der regelmäßige Fall richtig gekennzeichnet.

Wenn dagegen die anderen Definitionen das Erscheinen des Werkes, das erste Ausgeben ausschließlich betonen, so ist das wohl geradezu unrichtig: die Abgabe der Exemplare an den Sortimenter, oder an den Kommissionär oder an den Leser unmittelbar bleibt bis zur Erschöpfung der Auflage Verlegertätigkeit. Der Unterschied zwischen Verleger und Sortimenter wird sich am richtigsten dahin bestimmen lassen, daß letzterer einzelne Exemplare, die er vom Verleger unmittelbar (oder durch den Kommissionär) bezogen hat, vertreibt, während der Verleger das ganze Werk, die ganze Auflage des Werkes, der Druckschrift erscheinen läßt und vertreibt.

Am richtigsten ist es zu unterscheiden:

Die äußere Tätigkeit des Verlegers, welche die preßrechtlich interessantere ist:

---

67) So Stenglein, Koller, Hartmann, Thilo u. a.; auch v. Schwarze in der 1. und 2. Auflage dieses Kommentars und **RGE.** Bd. 5 S. 358.

68) So Löning und übereinstimmend Klöppel a. a. O.

69) Berner und v. Mangoldt a. a. O.

Danach ist Verleger derjenige, der die fertiggestellte Druckschrift (Auflage der Druckschrift) — für eigene Rechnung[70]) — erscheinen läßt und ihren Absatz unter den Buchhändlern oder sonst betreibt.

Die Tätigkeit des Verlegers im Verhältnisse zum Verfasser (Urheber), welche die verlagsrechtlich interessantere ist:

Danach ist Verleger derjenige, welcher die Druckschrift vereinbartermaßen vervielfältigt und verbreitet.

Die Begriffsbestimmungen nach den beiden Gesichtspunkten hin decken sich nicht vollständig. Die zweite entspricht auch, nach der Zweckbestimmung des Gesetzes, dem Reichsgesetze vom 19. Juni 1901 über das Verlagsrecht (RGBl. S. 217) §§ 1 und 14.

Will der Autor, daß der Verleger den Vertrieb übernimmt, jedoch für Rechnung des Autors, so wird der Verleger Kommissionsverleger genannt. Mit ihm ist nicht der Kommissionsbuchhändler (Kommissionär) zu verwechseln, dessen Tätigkeit hauptsächlich nur darin besteht, zwischen den Verlags- und Sortimentsbuchhändlern die Verbindung, Versendung, Geldabrechnungen und ähnliche Geschäfte zu besorgen; er ist Beauftragter der Verlags-, wie der Sortimentsbuchhändler. Wo das RPrGes. vom Verleger spricht, schließt es den Kommissionsverleger mit ein, wogegen der Kommissionsbuchhändler als solcher nicht in Betracht kommt[71]).

Es genügt nicht, daß lediglich der Name des Verlegers auf der Druckschrift genannt ist, er muß auch als der des Verlegers (oder Verlag von usw.) ohne weiteres erkennbar sein[72]). Ein Übergang des Verlags oder der einzelnen Druckschrift in die Hand eines anderen Verlegers nach dem Erscheinen verpflichtet nicht zur nachträglichen Änderung der Benennung des Verlegers auf den noch nicht abgesetzten Exemplaren.

Der Autor kann den Selbstverlag seiner Schrift ohne buchhändlerische Vermittelung übernehmen. Der Selbstverleger ist auch „Verleger"; er kann sich daher nach § 6 sowohl als Verleger, als auch als Verfasser bezeichnen. In § 21 begreift „Verleger" zugleich den „Selbstverleger".

Sind Drucker und Verleger eine und dieselbe Person, so hat deren Benennung unter gleichzeitiger Angabe beider Formen der Mitwirkung zu erfolgen.

---

70) Anders aber bei dem Kommissionsverleger. — Über Verlagstätigkeit s. a. **RGE.** Bd. 19 S. 537 und dagegen Kloeppel S. 166.

71) Marquardsen S. 70.

72) S. oben § 6 Ziff. 6.

Da die Vorschrift einen „legitimen Verlag“ nicht voraussetzt[73]), ist sie auf einen Fall angewendet worden, in dem der Buchhändler sich ein „fremdes Verlagsrecht anmaßte“ und ein im Ausland erschienenes Werk in Deutschland abdrucken und vertreiben ließ. Die Angabe des ausländischen Verlegers hätte den inländischen Buchhändler nicht schützen können.

Ob der Verleger Honorar zahlt oder nicht, ist bei Anwendung von § 6 gleichgültig.

Das Gesetz spricht in § 7 von einem verantwortlichen Redakteur, nicht auch von einem verantwortlichen Verleger (vgl. hierüber die Bem. zu § 7 und zu §§ 20 ff.).

Der Autor kann den Selbstvertrieb seiner Schrift ohne buchhändlerische Vermittelung übernehmen. Formell zu unterscheiden hiervon ist der Selbstverlag[74]), wobei der Verfasser zugleich als Verleger in die Öffentlichkeit tritt (s. oben).

Im Falle des Selbstbetriebs erfordert das Gesetz nicht einen ausdrücklichen Vermerk darüber auf der Druckschrift. Es genügt, wenn der Verfasser als solcher bezw. der Herausgeber als solcher an Stelle des hier wegfallenden Verlegers benannt und bezeichnet wird[75]). Diese nähere Bezeichnung ist jedoch erforderlich.

8. Verfasser ist derjenige, welcher den Inhalt einer Schrift in die abgedruckte Fassung (Wortverbindung) gebracht hat[76]). Ob er eigene Gedanken oder fremde verarbeitet hat, ist dabei gleichgültig. Mit der Herausgabe der Schrift hat der Verfasser als solcher nichts zu tun, und deshalb ist es verfehlt, wenn von Mangoldt[77]) den Verfasser als denjenigen bezeichnet, der die aus seiner eigenen geistigen Tätigkeit hervorgegangene Schrift erscheinen läßt.

Verfasser und Herausgeber können aber dieselbe Person sein; doch ist dies nicht notwendig.

9. Über den Begriff „Herausgeber“[78]) sind verschiedene Ansichten aufgestellt worden; man hat auch Unterscheidungen je nach dem Charakter der Druckschrift gemacht[79]).

Das Gesetz unterscheidet den Herausgeber vom Verleger und vom Verfasser.

Herausgeber einer Druckschrift ist, wer ihr Erscheinen vermittelt und die nötigen Einleitungen trifft, daß sie gedruckt

73) S. a. ObTrib. Berlin in GA. Bd. 4 S. 382.

74) Vgl. noch Lentner (Grünhut Bd. 11) S. 313 f.

75) ObTrib. Berlin in GA. Bd. 11 S. 707. — Ein Verleger kommt als solcher hier nicht in Betracht.

76) Ähnlich Klöppel S. 158: Verfasser ist der, welcher den Gedankeninhalt der Druckschrift in den niedergeschriebenen und abgedruckten Sprachausdruck gebracht hat.

77) a. a. O. S. 14.

78) Berner S. 198; Kayser S. 579; Liszt S. 33.

79) Glaser in s. Ges. Kleineren Schriften S. 367 f.

wird[80]), indem er das Manuskript (oder die zum Neudrucke bestimmte ältere Auflage) zum Drucke bereit stellt und dem Drucker oder dem Verleger zur Herstellung des Druckes übergibt, kurz also derjenige, welcher die Druckschrift veröffentlichen läßt. Man hat unter ihm daher auch wohl den Verfasser mitbegriffen, der die Druckschrift veröffentlicht und verbreitet zu sehen wünscht. Die Bestimmungen der §§ 6, 21 aber zeigen, daß auch das Gesetz den Verfasser und den Herausgeber begrifflich nicht zusammenfallen läßt.

Das Reichs-Preßgesetz erwähnt den Herausgeber als haftbar nur bei nichtperiodischen Druckschriften (§ 21); während bei periodischen Druckschriften die Person des Herausgebers preßrechtlich, — abgesehen von seiner Benennung im Falle des Selbstbetriebs, — überhaupt ohne alle Bedeutung ist; an seine Stelle tritt hier der Redakteur[81]).

Das Gesetz unterscheidet, wie bemerkt, den Verfasser und den Herausgeber, und zwar in § 6, wie in § 21. Es genügt jedoch in § 6 unbedingt sowohl die Benennung des einen, als die des anderen; hierin liegt in Wirklichkeit die Gleichstellung beider Personen ausgesprochen. Dieser begegnen wir auch in § 21 bei nichtperiodischen Druckschriften, danach die Verantwortlichkeit für den Inhalt mit gleichem Erfolge sowohl auf den Verfasser als auf den Herausgeber übertragen werden kann; bei periodischen Druckschriften kommt, wie erwähnt wurde, der Herausgeber nicht in Betracht. Aber Verfasser und Herausgeber können eine und dieselbe Person sein (s. S. 37 Ziff. 8). Der Verfasser, der den Selbstbetrieb seines Werkes unternimmt, ist Verfasser und zugleich Herausgeber und daher auf der Druckschrift nach § 6 als Verfasser oder als Herausgeber zu benennen. Jedoch kann auch ein Verfasser überhaupt fehlen und daher nur der Herausgeber in Frage kommen. Man hat

---

80) Oppenhoff, Rechtspr. Bd. 3 S. 503; Klöppel S. 158 ff.; Stenglein, RG. I, 301; Liszt S. 33; Marquardsen S. 69; Berner S. 198; Koller S. 60.

81) Wenn in der 1. und 2. Auflage dieses Kommentars gesagt war: „Bei Zeitschriften wird der Herausgeber häufig der Eigentümer der Zeitung sein, für dessen Rechnung und Gefahr die Zeitung erscheint. Von ihm wird der Redakteur gewählt, somit auch die Tendenz der Zeitung vorgeschrieben und das gesamte äußere Verhältnis geregelt. Er kann den Verlag selbst übernehmen oder ihn einem Dritten übertragen bezw. unter Vorbehalt der Nutzungen (Kommissionsverleger). Ebenso kann der Herausgeber neben dem Verlag auch noch die Redaktion übernehmen und hiermit alle drei Funktionen in sich vereinigen" — so ist das zwar im allgemeinen richtig, es muß aber ausdrücklich bemerkt werden, daß der Eigentümer einer Zeitschrift als solcher eine preßrechtlich gänzlich unerhebliche Figur ist.

dies bei Sammelwerken von Auszügen (Anthologien usw.), Memoiren, Mitteilungen aus den Schriften verschiedener Verfasser, neuen Gesamtausgaben von Schriften und Werken verstorbener Autoren, Ausgaben von ungedruckten Briefen, Schriften usw. Verstorbener, Lexizis angenommen. Hier ist der Herausgeber nicht zugleich der Verfasser, und es wird nach § 6 der „Herausgeber" zu nennen sein[82]); es steht auch hier der Herausgeber dem Redakteur einer Zeitung, der in ihr die Beiträge der Mitarbeiter zusammenfaßt, gleich; jedoch kann der Herausgeber auch einen besonderen Redakteur bestellen, der aber bei nichtperiodischen Druckschriften preßrechtlich nur als Mitherausgeber in Betracht kommen kann. Bei periodischen Druckschriften dieser Gattung kann er sich mit Recht als Redakteur bezeichnen und aufführen, da hier wiederum der Herausgeber preßrechtlich nicht weiter in Betracht kommt, als daß — beim Selbstbetrieb — auch er als solcher namhaft zu machen ist. Hat ein Buchhändler eine solche Schrift selbst ins Leben gerufen, so kann es vorkommen, daß der Buchhändler Verleger, Herausgeber und Redakteur in einer Person ist. Soweit bei einem Sammelwerk ein Herausgeber nicht genannt ist, gilt als solcher der Verleger (vgl. auch § 40 RGes. vom 19. Juni 1901 s. unten Anm. 82).

10. Es sind noch diejenigen Sammelwerke zu erwähnen, welche, wie die Anzeigeblätter, Intelligenzblätter usw., Anzeigen und Insertionen verschiedener Personen (gegen Entgelt) aufnehmen und ihre Spalten jedem Beliebigen eröffnen, jedoch ihrer Erscheinungszeit nach nicht zu den periodischen Blättern gehören. Bei diesen Blättern kann ein Verfasser nicht genannt werden. Denn der einzelne Inserent, dessen Artikel aufgenommen worden, ist ebensowenig als die Gesamtheit der Inserenten als Verfasser anzusehen. Vielmehr ist hier im Falle des Selbstbetriebs der Veranstalter der Sammlung, welcher die Ausgabe usw. besorgt, nach § 6 als Herausgeber zu behandeln und zu benennen. Er ist aber zugleich der „Herausgeber" im Sinne des § 21 und in bezug auf die in § 21 begründete Haftpflicht dem Redakteur der periodischen Druckschrift gleichzustellen.

Unrichtig ist es, wenn man den Inserenten oder den Verfasser eines einzelnen Artikels auch zu den Herausgebern zählen, ihn als Spezialherausgeber bezeichnen will. Denn er steht zu

---

82) Der § 4 des RGes. vom 19. Juni 1901, über das Urheberrecht, RGBl. S. 227, bestimmt wegen des Schutzes des Urheberrechts:

„Besteht ein Werk aus den genannten Beiträgen mehrerer (Sammelwerk), so wird für das Werk als Ganzes der Herausgeber als Urheber angesehen. Ist ein solcher nicht genannt, so gilt der Verleger als Herausgeber".

der Druckschrift überhaupt nicht in der Stellung eines Herausgebers; er befindet sich zu ihr in keiner Beziehung; die ein solches Verhältnis begründete Tätigkeit ist nur eine vorübergehende. Endlich ist das Gesetz selbst mit einer solchen Auffassung nicht einverstanden. Denn es unterscheidet in § 21 Verfasser und Einsender einerseits und (für nichtperiodische Schriften) Herausgeber andererseits.

Es ist zulässig, daß sich der Verfasser nicht als solcher, sondern als Herausgeber bezeichnet, wenn er nicht als Verfasser bekannt sein will; er gibt hier sein eigenes Werk heraus. Ferner kann er sein Autorrecht vollständig an einen Herausgeber abtreten, sodaß nunmehr dieser als der Verantwortliche nach § 6, wie nach §§ 20, 21 erscheint (vgl. § 8 RGes. vom 19. Juni 1901 — Urheberrecht, RGBl. S. 227 —).

Als Verfasser und Herausgeber können nur physische Personen benannt werden. Wenn ein Personenverein Verfasser oder Herausgeber einer Druckschrift ist, so müssen die einzelnen Mitglieder benannt werden; nur diese, nicht aber der Personenverein als solcher, können strafrechtlich[83]) haftbar gemacht werden.

Dies ist aber nur in den Fällen zu beachten, in denen die Benennung des Herausgebers oder des Verfassers vom Gesetze gefordert wird[84]); soweit sie nicht notwendig, also preßpolizeilich unerheblich ist, steht der Benennung des Personenvereins nichts im Wege (s. ObTrib. in OppR. Bd. 17 S. 405; Hamburg, GA. Bd. 41 S. 435).

11. Es muß der wirkliche Drucker, Verleger, Verfasser und Herausgeber auf der Druckschrift angegeben sein. Die falsche Angabe macht den, der mit seinem Wissen und Wollen fälschlich als eine dieser Personen angegeben ist, noch nicht in der angegebenen Eigenschaft (z. B. aus § 21) verantwortlich. Man kann die Stelle des Druckers, Verlegers, Verfassers, Herausgebers nach außen hin nicht wirksam durch seine bloße Willenserklärung und durch die formelle Benennung auf der Druckschrift übernehmen. Die falsche Benennung auf der Druckschrift ist nach § 18 Nr. 2 strafbar; aber dem wirklichen Drucker, Verleger, Verfasser und Herausgeber bleiben, auch ohne daß er benannt ist, die aus seiner Tätigkeit erwachsenen Verpflichtungen.

Die mit Wissen und Willen des Benannten erfolgte Angabe als Drucker usw. ist aber ein außergerichtliches Geständnis, daß er auch der wirkliche Drucker, Verleger usw. der Druckschrift

83) Für Rechte und Pflichten, die nach dem bürgerlichen Rechte in Betracht kommen, kann der Personenverein, soweit ihm Rechtspersönlichkeit zukommt, als solcher eintreten.

84) S. o. den Text des Ges. § 6 Abs. 1 — beim Selbstbetriebe.—

sei; sofern kein Gegenbeweis erfolgt, kann daraufhin gegen den Benannten strafrechtlich vorgegangen werden.

Angabe der Firma. Früher hatte man sie für ungenügend erachtet, weil ohne Angabe des Inhabers Zweifel über die Person, welcher die Verantwortlichkeit obliegt, entstehen können. Dieses Bedenken erledigt sich namentlich bei den im Handelsregister eingetragenen Firmen. Jedoch wird auch aus der Angabe der Firma hervorgehen müssen, ob sie als Verlags- oder als Drucker-Firma auftritt. Ist die Firma beides, so muß auch gesagt werden: Gedruckt und verlegt von Gebr. Y. Z.; die einfache Angabe der Firma „Gebr. Y. Z." genügt nicht[85]. Mit dieser Zulassung der Firma-Angabe wird zugleich die Absicht des Gesetzes klargestellt, daß weniger die Person des Druckers bezw. Verlegers (s. vorstehend S. 33 ff.), als die Offizin festgestellt werden soll, in der die Herstellung bezw. Ausgabe der Druckschrift erfolgt[86].

Nur Drucker und Verleger können durch Angabe der handelsgerichtlich eingetragenen Firma bezeichnet werden. Verfasser und Herausgeber sind persönlich zu benennen, auch wenn sie für eine Gesellschaft verfaßt und herausgegeben haben (Thilo S. 16; Hamburg 27. Oktober 1893; GA. Bd. 41 S. 435). Eine physische Person kann nicht durch Benennung des Vertreters (Prokuristen) bezeichnet werden (ObTrib. 1. Juni 1876; GA. Bd. 24 S. 374).

Die Bezeichnung des Prokuristen als Verlegers an Stelle des wirklichen Verlegers ist eine falsche Angabe (ObTrib. 1. Juni 1876; GA. Bd. 24 S. 374). Dagegen Ebner S. 19; aber die Vertretung muß in Wirklichkeit bestehen und in der Angabe des Vertretungsverhältnis zum Ausdruck kommen.

12. Zu Abs. 2[87]. Ausgenommene Druckschriften. Die speziell aufgeführten Druckschriften sind nur Beispiele. Die Möglichkeit eines Mißbrauchs reicht nicht hin, um die analoge Anwendung auf ein anderes Preßerzeugnis auszuschließen, da auch bei den im Gesetze genannten Druckschriften diese Möglichkeit nicht ausgeschlossen ist[88]. Wohl aber kann, wenn die Gefahr eines Mißbrauchs nahe liegt, hieraus ein Argument gegen die Anwendung des Abs. 2 abgeleitet

85) Ebenso OGH. Wien (Lienbacher, Bd. 2 S. 20). Auch z. B. nicht: „zu haben bei N. N.", ObTrib. Berlin in GA. Bd. 24 S. 630.

86) Liszt S. 26.

87) Vgl. Behaghel S. 12; Liszt, Österr. PrR. S. 189 f. Bes. Lentner (Grünhut Bd. 10) S. 696 f.; Koller S. 61; v. Mangoldt S. 15.

88) Vgl. noch ObTrib. Berlin in GA. Bd. 4 S. 546 f., sowie PreußJMBl. 1864 S. 229. — Thilo, Nachtr. S. 5.

werden. Dagegen ist die Beschränkung auf die „Zwecke des Gewerbes und Verkehrs des häuslichen und geselligen Lebens" streng festzuhalten. Druckschriften dienen nur dann den Zwecken des Gewerbes usw., wenn sie ihnen ausschließlich dienen und dies sofort aus der Druckschrift erkennbar ist. Das Motiv des Verlegers ist dabei ohne Bedeutung (**RGE.** Bd. 14 S. 279; **RGR.** Bd. 8 S. 483).

Wenn das Gesetz die Zwecke des Gewerbes usw. als maßgebend erachtet, hat es das Bedürfnis des Gewerbes betonen, nicht aber jede Druckschrift, die im Interesse des Gewerbes usw. ausgegeben wird, unter die Ausnahmebestimmung stellen wollen, z. B. nicht auch Schriften, die über ein Gewerbe und dessen Ausübung belehren.

Schriften, die den erwähnten Zwecken dienen, zugleich aber, obwohl nur in einzelnen Stellen und Äußerungen über sie hinausgehen, fallen nicht unter die Ausnahmebestimmung des Abs. 2. So hat man in einem Falle[89]), in welchem die Einladung zu einem Begräbnisse zu einer politischen Anrede an die Parteigenossen des Verstorbenen benutzt wurde, diese Bestimmung nicht angewendet. Überhaupt entscheidet nicht die Form, sondern der Inhalt der Druckschrift. So enthalten Flugblätter, welche Reklamen einer Zeitung mit Abonnementeinladung verbreiten, nicht selten Aufsätze usw. die über den gewerblichen Zweck hinausgehen; gewöhnliche Subskriptionseinladungen fallen dagegen unter Abs. 2.

Gelegenheitsgedichte bei geselligen Vergnügungen, Konzertanzeigen, Theaterzettel, Verlobungs- usw. Karten, Kirchenzettel, Tabellenschemata, Ankündigung von Sehenswürdigkeiten usw. sind unter Abs. 2 zu stellen. Speisekarten in den Gasthäusern stehen regelmäßig den Preiskouranten gleich. Bedruckte Papierservietten, Mitgliederverzeichnisse, Statuten, Kataloge (auch mit Inhaltsangabe oder Beschreibung einzelner Exemplare, catalogues raisonnes), Jahresberichte an die Mitglieder einer Korporation usw.[90]) fallen unter die Ausnahme.

13. Die Verbreitung einer gegen § 6 verstoßenden Druckschrift ist an sich nicht strafbar. (Die Regierungsvorlage, die das Verbreiten unter Strafe stellen wollte, wurde im Reichstage beseitigt.) Nach dem Reichs-Preßgesetze kommt vielmehr die Verbreitung nur insoweit in Betracht, als die Anwendung der §§ 6, 18 von dem Erscheinen, der Ausgabe der Druckschrift, abhängig gemacht ist, und mit dem ersten Verbreitungsakt eine Druckschrift als ausgegeben und erschienen angesehen werden

89) Lienbacher Bd. 2 S. 23, 48.
90) ObTrib. Berlin in GA. Bd. 4 S. 546.

muß. Mit diesem Akte ist die Zuwiderhandlung gegen § 6 als Straftat vollendet und abgeschlossen (vgl. hierzu **RGE.** Bd. 24 S. 350; **RGR.** Bd. 9 S. 668 und Celle, GA. Bd. 38 S. 231). Das Nähere s. zu §§ 18 und 19.

§ 7[91]).

Zeitungen und Zeitschriften, welche in monatlichen oder kürzeren, wenn auch unregelmäßigen Fristen erscheinen (periodische Druckschriften im Sinne dieses Gesetzes), müssen außerdem auf jeder Nummer, jedem Stücke oder Hefte den Namen und Wohnort des verantwortlichen Redakteurs enthalten.

Die Benennung mehrerer Personen als verantwortliche Redakteure ist nur dann zulässig, wenn aus Form und Inhalt der Benennung mit Bestimmtheit zu ersehen ist, für welchen Teil der Druckschrift jede der benannten Personen die Redaktion besorgt.

1. Periodische Druckschriften[92]).

Der § 7 definiert zunächst das Merkmal „periodische", indem er die Zeitzwischenräume bezeichnet, innerhalb deren die Druckschrift erscheint (ausgegeben wird), und diese Zwischenräume auf monatliche oder kürzere Fristen normiert, gleichviel ob jene regelmäßig wiederkehren oder nicht. Zugleich aber beschränkt der § 7 dieses Begriffsmoment des Periodischen auf „Zeitungen und Zeitschriften". — Alle anderen Druckschriften als Zeitungen und Zeitschriften und außerdem alle Zeitungen und Zeitschriften, auf welche diese Zeitbestimmung nicht paßt, kommen bei Anwendung der Vorschriften, in denen periodische Druckschriften als Gegenstand bezeichnet werden, nicht in Betracht.

Was sind nun Zeitungen und Zeitschriften? Die Preuß. Preßverordnung vom 30. Juni 1843 sagte: „Unter Zeitschriften werden nur solche Schriften verstanden, welche täglich oder in anderen bestimmten Zeiträumen, die kleiner als Monatsfristen sind, blatt- und heftweise erscheinen und ihrem Plane nach nicht bestimmt sind, ein in sich abgeschlossenes Ganze zu bilden", und man nahm an, daß die „Zeitung" in einzelnen Blättern, die „Zeitschrift" in Heften herausgegeben werde. Das Entscheidende ist das negative Moment: „und ihrem Plane nach nicht bestimmt sind, ein in sich abgeschlossenes Ganzes zu bilden". Diese Worte haben vorzugsweise Werke im Sinne,

---

91) Über die Gründe der besonderen Behandlung der periodischen Druckschriften vgl. Berner S. 208 f. Berner nennt die periodische Presse den „Pulsschlag des Zeitgeistes".

92) Koller S. 64 ff.; Heilborn S. 16 ff.; v. Mangoldt S. 16 ff.; Klöppel S. 149 ff.; Thilo zu § 7; Kah S. 58 ff.; Delius S. 21 ff.; Stenglein, NG. I. 302.

welche in einzelnen Heften (Lieferungen) erscheinen (Lieferungswerke). Die Zeitung wie die Zeitschrift kann zwar auch ausschließlich einer bestimmten Wissenschaft dienen; die Veröffentlichungen in ihr erscheinen aber nur als einzelne Artikel, die zwar durch die Wissenschaft, der sie dienen, zusammengehalten werden und in ihrer Gesamtheit wohl als eine Einheit erscheinen, nicht aber als die Teile eines abgeschlossenen, in sich selbständigen Werkes sich darstellen; die Zerteilung des Stoffes in einzelne Hefte ist hier etwas rein Äußerliches, das durch Rücksichten, die außerhalb des Zweckes und der Tendenz des Werkes liegen, bestimmt wird. Bei politischen Zeitungen endlich wird selbst ein solcher wissenschaftlicher Zusammenhang der einzelnen Artikel nicht vorhanden sein. Die Besprechung der Erscheinungen in der politischen Welt wird rücksichtlich der einzelnen Artikel ziemlich unabhängig voneinander sein.

Ob die Zeitschrift dauernd oder nur eine bestimmte Zeit lang erscheinen soll, ist unerheblich; jedenfalls ist letzteres kein Hindernis, sie den periodischen Druckschriften zuzurechnen (s. **RGE.** Bd. 14 S. 279; **RGR.** Bd. 8 S. 483; scheinbar a. M. Liszt S. 20; in der periodischen Druckschrift liege begrifflich das Unbegrenzte, der Anspruch auf ewige Dauer).

Der Begriff der periodischen Druckschrift ist also unabhängig von dem Inhalte der Druckschrift; insbesondere ist die früher vielfach vertretene Ansicht nicht mehr anwendbar, als ob das Wort „Zeitung" nur auf Druckschriften zu beziehen sei, die in bestimmten Zeiträumen Tagesnachrichten bringen und besprechen, während die „Zeitschrift" über dasjenige Kunde gebe, was sich Wissenschaftliches vollziehe[93]).

Dagegen hat der Sprachgebrauch mit der Bezeichnung „Zeitung und Zeitschrift" allerdings noch eine Beschränkung verbunden, die auch für die Anwendung des Preßgesetzes gilt. Der § 6 führt bereits in Abs. 2 eine Mehrzahl von Druckschriften auf, welche der Regel des Abs. 1 nicht unterworfen sind, nämlich die Druckschriften, die nur den Zwecken des Gewerbes und Verkehrs, des häuslichen und geselligen Lebens dienen; sie sind zumeist durch einen ganz vorübergehenden Zweck veranlaßt und ganz isolierte Erscheinungen. Angenommen, daß z. B. die Preiszettel eines Hotels oder eines gewerblichen Geschäfts in regelmäßigen Zeiträumen und in der Form einer in Heften erscheinenden Zeitung veröffentlicht würden, so könnte man dessen ungeachtet diese Ausgabe nicht eine Zeitung nennen. Dasselbe kann man annehmen bei der (täglichen) Ausgabe

93) Lentner (Grünhut Bd. 10) S. 688. „Bei der Zeitung war die Neuheit und Reichhaltigkeit, bei der Zeitschrift die Kostbarkeit und Gediegenheit des Stoffes maßgebend."

von Börsenkursblättern. Es sind dies (tägliche) Veröffentlichungen von abgeschlossenen, einzelnen Vorgängen, die unter sich in gar keiner näheren Verbindung stehen; die Publikationen selbst in einer einheitlichen Reihe, sind als Glieder einer sich gegenseitig ergänzenden Darstellung nicht anzusehen[94]).

Doch können auch solche Druckschriften zu periodischen im Sinne des Preßgesetzes werden, wenn sie inhaltlich nicht ausschließlich den Zwecken des Gewerbes usw. dienen, sondern auch politische, lokale, belletristische Artikel bringen (**RGE.** Bd. 14 S. 279; **RGR.** Bd. 8 S. 483).

Auf die äußere Form kommt für den Begriff der periodischen Druckschrift nichts an. In regelmäßiger Wiederkehr zum Anschlag oder zur Verteilung gelangende Druckschriften in Plakatform sind auch periodische Druckschriften (Koller a. a. O.). — Wird die Zeitbestimmung des „Periodischen" — um den besonderen Verpflichtungen der periodischen Zeitschrift sich zu entziehen — dadurch umgangen, daß die einzelnen Nummern, obwohl in regelmäßiger Wiederkehr, unter verschiedenen Titeln ausgegeben werden, in der Tat aber, wie aus den Angaben über Redaktion und Verlag, aus Inhalt und aus Druck und Format sich ergibt, nur Nummern derselben Zeitschrift sind, so wird hierdurch der Charakter der Zeitschrift nicht geändert und die Anwendung des § 7 nicht beseitigt (Lentner in Grünhuts Zeitschrift Bd. 10 S. 689).

2. Außerdem. Mit diesem Worte wird auf die allgemeinen Vorschriften im § 6 hingewiesen. Die periodische Druckschrift muß den allgemeinen Erfordernissen des § 6: Benennung des Druckers und des Verlegers entsprechen und es muß außerdem noch usw.

Besondere Bestimmungen für die periodischen Druckschriften in den §§ 9, 10, 11, 14 und außerdem besonders 20 und 21; vgl. aber auch §§ 12 und 13.

3. Redakteur einer oder an einer periodischen Druckschrift ist, wer bei der Herstellung des Inhalts einer periodischen Druckschrift oder eines Teiles derselben die leitende Tätigkeit ausübt, indem er den vorhandenen Stoff für den Druck sammelt, sichtet, bearbeitet und so zum Drucke vorbereitet und dann dessen Veröffentlichung veranlaßt[95]). Daß der Redakteur die

---

94) Dieser Satz ist zutreffend in einem Gutachten des Dr. Gellert zu Wien, „Die preßpolizeiliche Behandlung der Börsenkursblätter" in s. Zeitschrift (Österreich. Zentralblatt f. d. jurist. Praxis Jahrgang II S. 641 ff.) ausgeführt worden.

95) Liszt S. 34; Klöppel S. 162; Stenglein, NG. I, 302 und Koller S. 66; Delius S. 24. — Uneigentlich heißen tatsächlich wohl auch solche Personen, die auf die Leitung einer Zeitung gar keinen Einfluß haben, sondern nur Redaktionsgehilfen sind, Redakteure oder Unterredakteure.

einzelnen Artikel sämtlich selbst verfaßt, ist nicht erforderlich und durchaus ungewöhnlich.

„Verantwortlicher Redakteur". In § 8 werden die persönlichen Qualitäten, welche von ihm gefordert werden, bestimmt. In § 7 Abs. 1 wird die Form der Bekanntmachung nach außen festgestellt, — die Verantwortlichkeit selbst aber nicht ausdrücklich definiert, sondern nur die Folge derselben in § 20 zum Ausdrucke gebracht. Derjenige Redakteur ist gemeint, der die Verantwortung für den Inhalt der Zeitung usw. trägt und sie strafrechtlich vertritt.

Besondere Verpflichtungen des Redakteurs einer periodischen Druckschrift werden noch in § 10 (Insertionspflicht) und in § 11 (Berichtigungspflicht) eingeführt.

Die Verantwortlichkeit des Redakteurs ist, soweit sie im Preßgesetz ihre Begründung findet, auf periodische Druckschriften beschränkt. Bei den übrigen Druckschriften wird eine gleiche Angabe des Redakteurs auf der Druckschrift ziemlich einflußlos sein, soweit nicht bei einer Anklage, die sich auf die allgemeinen Strafbestimmungen wegen des Inhalts der Druckschrift stützt, in einer solchen Angabe ein Indiz für die Beteiligung der genannten Person bei der Aufnahme des strafbaren Artikels gefunden werden kann.

Das Gesetz verlangt, daß der „verantwortliche Redakteur" benannt wird, also diejenige Person, welche die Verantwortlichkeit als Redakteur für den Inhalt der Druckschrift trägt und sich zu dieser Verantwortlichkeit ausdrücklich bekennt; keineswegs wird vom Gesetze die Bezeichnung als „Redakteur" ohne weiteren Zusatz für genügend angesehen.

In der Beantwortung der Frage, wer als „verantwortlicher Redakteur" anzusehen ist, gehen die Ansichten sehr auseinander.

Vielfach vertreten[96]) ist die Meinung, verantwortlicher Redakteur sei derjenige, der als solcher auf der Druckschrift mit seinem Wissen und Wollen benannt sei; mit dieser Benennung werde die gesetzliche Verantwortlichkeit übernommen und begründet. Diese Folge könne auch nicht dadurch abgewendet werden, daß der angegebene Redakteur in Wahrheit die Redaktionsgeschäfte nicht besorgt habe, gleichviel, ob die falsche Angabe im allgemeinen geschehe, um den wahren Redakteur überhaupt vor der gesetzlichen Haftung zu schützen, oder aber ob sie nur für einzelne Nummern deshalb unrichtig sei, weil er vielleicht infolge einer Verhinderung die einstweilige Besorgung der Redaktionsgeschäfte einem anderen übertragen habe.

---

96) So v. Schwarze in der 1. und 2. Auflage dieses Kommentars; Marquardsen S. 169; v. Mangoldt S. 17; Heilborn S. 19; Löning §§ 3 und 11; Groschuff in GA. Bd. 18 S. 27; München GA. Bd. 24 S. 649.

Das verpflichtende Moment wäre hiernach die in der Benennung als verantwortlicher Redakteur liegende Erklärung, eventuell strafrechtlich für den Inhalt der Druckschrift haften zu wollen. Damit im Widerspruche steht aber die Bestimmung des § 18, der die Benennung eines falschen verantwortlichen Redakteurs mit Strafe bedroht. Wenn durch die formale Art der Benennung auf der Druckschrift die Eigenschaft eines verantwortlichen Redakteurs und damit die Haftung als solcher begründet wird, dann kann es auf die materielle Wahrheit dieser Benennung nicht nur nicht ankommen, sondern dann ist vielmehr die Person, die tatsächlich die Geschäfte des verantwortlichen Redakteurs ausübt, aber nicht benannt ist, überhaupt nicht ein preßrechtlich irgendwie interessierender Redakteur. Von der falschen Benennung könnte also überhaupt nicht oder wenigstens nur in dem Sinne die Rede sein, daß falsche Benennung eine Benennung ohne Wissen und Willen des Benannten bedeute. Diesen Sinn kann jedoch die Bestimmung des § 18 schon um deswillen nicht haben, weil am Schlusse derselben der Fall angenommen wird, daß „eine Person fälschlich als Redakteur benannt wird"; es wird da aber nicht von einem „verantwortlichen Redakteur" gesprochen. Und das ist nicht zufällig geschehen[97]), sondern um auszudrücken, daß die fälschliche Benennung einer Person als verantwortlicher Redakteur, einer Person, die nicht Redaktionstätigkeit ausgeübt, nicht redigiert hat, unter Strafe gestellt wird. Soviel steht also schon hier fest, der benannte verantwortliche Redakteur muß tatsächlich wenigstens Redakteur sein, also Redaktionstätigkeit ausüben. Daraus folgt dann aber weiter (gemäß § 18 Nr. 2), daß der als verantwortlicher Redakteur Benannte auch tatsächlich dessen Tätigkeit ausgeübt haben muß.

Der Bericht der Reichstagskommission (S. 9) hebt außerdem ausdrücklich hervor, daß die Verantwortlichkeit des Redakteurs aus der Natur des Redaktionsgeschäfts abgeleitet werden müsse.

4. Ansichten der Autoren. Löning[98]) gibt allerdings dem Begriffe der „fälschlichen Benennung des Redakteurs" im § 18 eine Deutung, wonach diese Worte mit seiner Definition des verantwortlichen Redakteurs nicht im Widerspruche stehen würden; er meint nämlich, der verantwortliche Redakteur sei nicht schon dann fälschlich benannt, wenn er an der Herstellung und Veröffentlichung tatsächlich keinen Anteil genommen, sondern nur dann, wenn er die zur Überwachung seines Blattes, zur Prüfung der Rechtmäßigkeit seines Inhalts und demnächst zur Übernahme einer ernstlichen Verantwortlich-

97) Klöppel S. 163.

98) Löning § 7; vgl. übrigens auch dieselbe Ansicht bei Klöppel S. 203.

keit erforderliche Bildung und Geistesfähigkeit nicht besitze[99]). Es bedarf wohl keiner weiteren Ausführung, daß eine solche Ansicht für die Zwecke der Praxis völlig unbrauchbar ist, da sie dem Richter eine Wertschätzung der Geisteskräfte und Geistesfähigkeiten des Redakteurs[100]) in den einzelnen Fällen vorschreibt. Übrigens fehlt für die Auffassung Lönings auch jeder Anhalt im Gesetz.

Liszt[101]), Koller[102]) und Oetker[103]) vertreten die Ansicht, daß man verantwortlicher Redakteur durch das Zusammentreffen zweier Tatsachen werde, nämlich durch die Nennung auf der Druckschrift und die übertragene Oberaufsicht über die Leitung der Zeitung im Sinne eines Prüfungsrechts des Inhalts einer jeden Nummer auf seine kriminelle Bedeutung. Hier entsteht jedoch eine unlösbare Schwierigkeit dann, wenn nicht der Benannte, sondern ein anderer die Geschäfte des verantwortlichen Redakteurs besorgt, also die notwendigen Voraussetzungen sich geteilt bei zwei Personen finden. Damit muß auch diese Ansicht hinfällig werden.

Eine dritte Ansicht hat von Bülow[104]) aufgestellt. Verantwortlicher Redakteur sei derjenige, dem vom Eigentümer des Blattes die Stellung eines Redakteurs mit der besonderen Obliegenheit übertragen ist, die Aufsicht über die Redaktion in strafrechtlicher Beziehung zu führen.

Auch diese Ansicht gibt kein befriedigendes Resultat. Es erhebt sich sofort die Frage, wer die Verantwortung trägt, wenn der bestellte verantwortliche Redakteur den Geschäften nicht obliegt und dies sowie weiter beweist, daß andere, nicht bestellte Redakteure abwechselnd die Prüfung auf den kriminellen Inhalt hin vornehmen. v. Bülow wird nicht entgegnen können,

---

99) Strafrechtlich haftbar bleibt für Löning aber der fälschlich benannte, geistig zur Tragung der Verantwortung unfähige Redakteur. Übrigens hätte Löning folgerichtig den verantwortlichen Redakteur dahin definieren müssen: wer auf der Druckschrift als solcher benannt ist und die geistigen Fähigkeiten dazu besitzt.

100) Über Sitzredakteure s. Kronecker im deutschen Wochenblatt Bd. 4 S. 59 § 1.

101) § 11, III.

102) S. 66 ff.

103) Die strafrechtliche Haftung des verantwortlichen Redakteurs, Stuttgart 1893 bei F. Enke (im folgenden — s. namentlich zu §§ 20 und 21 — nur „Oetker" zitiert) und „die Verantwortlichkeit des Zeitungsredakteurs" in den preußischen Jahrbüchern, Juni 1894.

104) von Bülow, Die strafrechtliche Haftung des verantwortlichen Redakteurs, GA. Bd. 40 S. 241 ff.; Liszts Zeitschrift f. d. ges. Strafrechtswissenschaft Bd. 14 S. 643 ff.; und zur Frage der strafrechtlichen Haftung des verantwortlichen Redakteurs, — GA. Bd. 43 S. 324 ff.

daß diese dann als Stellvertreter des bestellten verantwortlichen Redakteurs anzusehen sind und gleich dem verantwortlichen Redakteur haften; denn das wäre auf Umwegen die von ihm bekämpfte Ansicht, daß derjenige verantwortlicher Redakteur sei, der tatsächlich die Geschäfte eines solchen führt. v. Bülow glaubt aus den §§ 7, 10, 11 RPrG. folgern zu dürfen, daß das Gesetz sich unter dem verantwortlichen Redakteur ein dauernd vorhandenes und nicht mit jeder einzelnen Nummer entstehendes und vergehendes Wesen denkt. Richtig ist unzweifelhaft, daß der Gesetzgeber das Institut des verantwortlichen Redakteurs sich als ein dauernd vorhandenes denkt. Ob aber der einzelne Redakteur längere Zeit tätig ist, ob sich mehrere Redakteure im Laufe der Zeit ablösen, ist dem Gesetz an sich gleichgültig, und namentlich steht ein solcher Personenwechsel der Pflichterfüllung gemäß §§ 10 und 11 oder der Erzwingung derselben nicht entgegen, — denn der neue Redakteur ererbt, wenn man den Ausdruck hier gebrauchen darf, in der Beziehung die Pflichten seines Vorgängers, und hierin zeigt sich wieder das Moment der Dauer des verantwortlichen Redakteurs, nicht aber in der Personenfrage. Sonst wäre ja auch im Augenblick eines Personenwechsels infolge von Tod, längerer Krankheit, Entlassung die Erfüllung der gesetzlichen Pflichten oder wenigstens ihre Erzwingung in Frage gestellt.

Honigmann[105]) bezeichnet als verantwortlichen Redakteur denjenigen, der die Zeitung tatsächlich redigiert hat oder kraft seiner Redaktionspflicht hätte redigieren sollen. Die zweite Alternative[106]) macht die Begriffsbestimmung Honigmanns unbrauchbar, da die Frage nach dem verantwortlichen Redakteur unlösbar bleibt, sobald eine Person redigiert hat, die nicht dazu berufen war. Soll diese der verantwortliche Redakteur sein oder derjenige, welcher hätte redigieren sollen, oder sind sie beide verantwortliche Redakteure, weil sie wenigstens beide zusammen die beiden Voraussetzungen in sich vereinigen?

Klöppel[107]) führt zunächst aus, verantwortlicher Redakteur könne nur sein, wer vermöge seiner geistig selbständigen Tätigkeit bei Herstellung des Gedankeninhalts geeignet ist, die Verantwortlichkeit zu tragen. Diese Voraussetzung sei für den Begriff des verantwortlichen Redakteurs so wesentlich, daß eine Person, der sie mangele, im Sinne des § 18 fälschlich benannt

105) Honigmann, Die Verantwortlichkeit des Redakteurs nach dem Reichsgesetz über die Presse S. 116 ff. und insbesondere S. 119.
106) Vgl. hierüber namentlich auch v. Bülow in Liszts Zeitschrift Bd. 14 S. 646 ff.
107) S. 203 ff., vgl. dazu S. 162 ff.

sei[108]). Obgleich er hiermit ein für den Begriff des verantwortlichen Redakteurs so wesentliches Moment gefunden zu haben glaubt, findet sich davon in der unmittelbar folgenden Begriffsbestimmung nichts. Denn Klöppel fährt fort: „Als verantwortlich zu benennen ist nur derjenige Redakteur, welcher bei Herstellung des Inhalts des Stückes oder Heftes diejenige Tätigkeit ausgeübt hat, die den sachlichen Grund der Verantwortlichkeit bildet, nämlich die abschließende Prüfung und endgültige Bestimmung über die Aufnahme des von ihm oder von anderen gesammelten Stoffes." Hiernach ist verantwortlicher Redakteur, wer tatsächlich dessen Tätigkeit bei einer Druckschrift wahrgenommen hat, ohne daß es auf die Höhe oder Tiefe seiner geistigen Fähigkeiten dabei ankommt.

Delius[109]) definiert den verantwortlichen Redakteur wörtlich wie Klöppel und bemerkt noch ausdrücklich, daß das Gesetz nur einen einheitlichen Begriff des verantwortlichen Redakteurs kenne und kennen könne. Trotzdem führt er aus[110]), die Vorschrift des § 20 Abs. 2 könne überhaupt nicht zur Anwendung kommen, wenn auf einer Druckschrift ein Redakteur gar nicht oder so unvollständig genannt sei, daß er als nicht genannt gelte; „der faktische Redakteur haftet nur auf Grund der allgemeinen Strafgesetze", — und ferner, nur die Benennung als verantwortlicher Redakteur erzeuge die Vermutung des § 20 Abs. 2 auch gegen den unfähigen Redakteur, da derselbe dennoch veröffentlicht und die strafrechtliche Verantwortung übernommen habe. Endlich heißt es wieder an einer anderen Stelle[111]): „erst dann hört er (der verantwortliche Redakteur) auf, verantwortlich zu sein, wenn eine andere Person an seiner Stelle auf der Druckschrift benannt wird".

5. Die Praxis hat die Frage, wer verantwortlicher Redakteur ist, verschieden beantwortet.

Das Reichsgericht speziell hat in den letzten Jahren mehrfach Veranlassung gehabt, sich darüber auszulassen, und hat dabei verschiedene Ansichten aufgestellt. Einmal (**RGE.** Bd. 21 S. 23, Bd. 27 S. 247[112]) heißt es, schon die tatsächliche Ausübung

108) Ähnlich wie Löning a. a. O. und mit denselben Inkonsequenzen wie dieser, s. o. S. 44.

109) a. a. O. S. 27 Abs. 5.

110) S. 76 Abs. 5.

111) S. 28.

112) Vgl. jetzt **RGE.** Bd. 35 S. 272 (II. Straffenat) und **RGE.** Bd. 36 S. 215. Der vom Zeitungseigentümer (Geschäftsinhaber des Zeitungsunternehmens) bestellte verantwortliche Redakteur, der das Blatt leitete, wurde als solcher verurteilt, obwohl die strafbaren Artikel ein Hilfsredakteur selbständig zum Druck gegeben und als verantwortlicher Redakteur gezeichnet

der Geschäfte mit dem Willen des Eigentümers oder Unternehmers der Zeitung begründe die Eigenschaft des verantwortlichen Redakteurs, selbst wenn er auf der Zeitung demnächst nicht benannt sei; dagegen ist in anderen Entscheidungen (**RGE.** Bd. 23 S. 9, vgl. Bd. 31 S. 211) gesagt, die strafrechtliche Haftung des verantwortlichen Redakteurs könne auf § 20 Abs. 2 nur unter der Voraussetzung gegründet werden, daß er auf der Druckschrift als solcher benannt sei. Die Entscheidung in Bd. 23 beruft sich für diesen Satz, ohne denselben näher zu begründen, auf Schwarze S. 37; Koller S. 165; Liszt S. 184 und Kah (Reichspreßrecht) § 7 S. 58 Nr. 3 und steht mit früheren Urteilen (**RGE.** Bd. 11 S. 316; **RGR.** Bd. 6 S. 756 — s. a. Bd. 25 S. 180) im wesentlichen in Übereinstimmung.

Frank, in seinen Besprechungen der Praxis des Reichsgerichts[113]), findet keinen Widerspruch in den verschiedenen Ansichten der Urteile; er meint vielmehr, das Reichsgericht nehme eben an, verantwortlicher Redakteur sei sowohl wer mit seinem Wissen und Willen auf der Druckschrift benannt sei, als auch wer die Geschäfte tatsächlich führe. Hiernach hätte man also gegebenenfalls zwei verantwortliche Redakteure mit Solidarhaft! Man wird nicht umhin können, hier einander widersprechende Entscheidungen des Reichsgerichts anzunehmen[114]): Der II. und IV. Strafsenat sind in **RGE.** Bd. 21 S. 23, Bd. 27 S. 247 und Bd. 35 S. 272 von der herrschenden Ansicht abgewichen, welche der I. und III. Strafsenat in **RGE.** Bd. 23 S. 9 und Bd. 31 S. 211 aufrecht halten.

Eine bestimmte Stellung zu der Frage[115]) hatte dagegen das Urteil des II. Strafsenats (in **RGE.** Bd. 34 S. 187) nicht eingenommen; es führt aus, von einer erneuten Entscheidung der Frage, ob verantwortlicher Redakteur nur derjenige ist, der

---

hatte. Verantwortlicher Redakteur ist, wer hierzu vom Berechtigten bestellt worden ist. Eine „Scheinnennung" oder Nennung eines Scheinredakteurs (Nachmanns, Sitzredakteurs) ist nicht maßgebend. Der Benannte kann durch die bloße Benennung allein die strafrechtliche Haftung rechtswirksam nicht übernehmen. Ferner hat das **RG.** in der Entsch. vom 8. November 1907 (Recht 11, 1548, 3898) ausgeführt, daß die Eigenschaft des verantwortlichen Redakteurs dadurch nicht beseitigt wird, daß ein anderer, z. B. der Verleger, hinter seinem Rücken den Inhalt umgestaltet oder daß der Redakteur dem Einflusse des Verlegers, gleichviel aus welchen Gründen, nachgibt. — Stenglein, NG. I, 302.

113) In Liszts Zeitschrift, Bd. 12 S. 353.

114) Was auch **RGE.** Bd. 27 S. 255 ausdrücklich anerkennt. So auch Oetker a. a. O. S. 37; s. a. Delius a. a. O. S. 27.

115) Wie Brensko, Der verantwortliche Redakteur, im Gew.-Saal Bd. 66 S. 50 und andere annehmen.

als solcher mit seinem Willen benannt ist, oder derjenige, der dem Willen des Eigentümers gemäß, die Obliegenheiten des verantwortlichen Redakteurs in Wahrheit ausübt, könne abgesehen werden, weil nach den Feststellungen des angefochtenen Urteils beide Voraussetzungen zutreffen. Vgl. aber Anmerk. 112.

6. Die richtige Ansicht dürfte allein die sein, daß verantwortlicher Redakteur ist, wer bei einer Druckschrift den gesammelten Stoff auf seine etwaige Strafbarkeit geprüft und über seine Aufnahme entschieden hat. Aus dieser Tätigkeit des verantwortlichen Redakteurs entspringt die strafrechtliche Verantwortlichkeit; derjenige, der hiernach verantwortlicher Redakteur der einzelnen Nummer der Zeitung oder Zeitschrift war, ist auf derselben zu benennen, und diese Benennung enthält die Erklärung, das außergerichtliche Geständnis, daß er als verantwortlicher Redakteur fungiert habe und deshalb verantwortlicher Redakteur sei[116]). Keineswegs enthält aber die Benennung die Übernahme der Verantwortlichkeit oder die Erklärung, daß der Betreffende die Verantwortung übernommen habe; darüber dürfte eigentlich kein Streit herrschen, daß die strafrechtliche Verantwortlichkeit überhaupt nicht übernommen, nicht durch eine Erklärung, sondern regelmäßig nur durch das eigene Verhalten begründet werden kann. Deshalb spricht auch die Reichstagskommission mit Recht davon, daß die Verantwortlichkeit aus der Natur des Redaktionsgeschäfts abzuleiten sei[117]).

7. Mehrere Redakteure. Ist überhaupt nur ein Redakteur vorhanden, so ist er zugleich der verantwortliche, wenn aber mehrere tätig sind, so wird der verantwortliche als solcher regelmäßig vom Eigentümer oder vom Verleger bestellt sein. Jedenfalls wird stets einer die Tätigkeit des verantwortlichen Redakteurs ausüben, da bei mehreren Redakteuren einer die Oberleitung und Beaufsichtigung der anderen haben muß. Dieser braucht nicht notwendig jeden einzelnen Artikel vor dem Satze zu lesen, es genügt, wenn er ihn wenigstens im Bürstenabzug zu Gesicht bekommt; auch da, ja selbst bei der fertiggestellten Zeitung kann noch die Genehmigung zum Erscheinen erteilt oder versagt werden.

---

116) In der Begriffsbestimmung sachlich übereinstimmend insbesondere Meves a. a. O. S. 22; s. a. Stenglein, NG. I, 302; Klöppel S. 203; Delius S. 27. Ebenso übereinstimmend Gaze (GA. 52, 36).

117) S. v. Bülow in Liszts Zeitschrift Bd. 14 S. 645; vgl. jedoch auch andererseits **RGE.** Bd. 25 S. 181, welches ebensowohl ausführt, daß der verantwortliche Redakteur durch die Benennung die Haftung übernehme.

Die Stellung des verantwortlichen Redakteurs wird regelmäßig keine nur vorübergehende oder gar nur für eine einzelne Nummer berechnete sein. Bei einem Wechsel in der Person des verantwortlichen Redakteurs oder seiner zeitweisen Verhinderung in der Führung der Geschäfte ist aber derjenige auf der Druckschrift zu benennen, der tatsächlich für dieselbe als verantwortlicher Redakteur tätig gewesen ist.

Der verantwortliche Redakteur haftet, abgesehen von den Fällen des § 7 Abs. 2, nach Maßgabe der §§ 20 Abs. 2, 21 für den gesamten Inhalt der Druckschrift, auch für die Inserate; er kann auch die Haftung, soweit sie nach Lage des Falles gegen ihn eintritt, nicht einseitig ablehnen, auch nicht z. B. durch eine öffentliche Erklärung, daß nur der Einsender verantwortlich sei (OLG. München Bd. 4 S. 568; Bd. 6 S. 125; c. Liszt S. 79); denn mit der Aufnahme in die Zeitung ist das zur Begründung der Haftbarkeit erforderliche schon geschehen. Der Redakteur hätte vielmehr die Aufnahme des Artikels zurückweisen müssen.

Die Benennung eines Redakteurs unter ausdrücklicher Einschränkung der Haftung ist, soweit nicht § 7 Abs. 2 in Frage kommt, unzulässig und würde eventuell unter § 19 fallen.

Eine Erklärung, welche die Verantwortlichkeit ablehnt, ist rechtsunwirksam. Wenn für Veröffentlichungen, z. B. im Sprechsaal, die Redaktion keine „Verantwortung" übernimmt, so hat solche Erklärung nur die Bedeutung, daß die Redaktion sich nicht mit dem Einsender identifiziert (**RG.** 13. November 1906; Recht 1910 S. 1388, 3394).

Der verantwortliche Redakteur ist als solcher auf der Druckschrift zu benennen; am besten also „verantwortlicher Redakteur": N. N. Erklärungen wie „Redaktion: N." oder „redigiert von N." sind unzulässig, ebenso auch die Bezeichnung „Redakteur N." Es soll, namentlich auch wenn mehrere Redakteure auf der Druckschrift benannt sind, die Stellung des verantwortlichen Redakteurs besonders klar hervorgehoben werden (**RGE.** Bd. 25 S. 181).

Der Ausdruck „verantwortlicher Leiter" statt „verantwortlicher Redakteur" ist wohl nicht zu beanstanden, wenn er auch dem Wortlaute des Gesetzes nicht entspricht. Nicht genügend ist jedoch die Bezeichnung als „Leiter" (s. Celle in GA. Bd. 39 S. 197). Die Angabe „Für den redaktionellen Teil und die Inserate verantwortlich" ist ordnungsgemäß (**RG.** 25. Januar 1906; GA. Bd. 53 S. 167).

8. Der Ausdruck „Chefredakteur" ist nicht für gleichbedeutend mit „verantwortlicher Redakteur" zu erachten; die Bezeichnung spricht nur aus, daß der Chefredakteur an der Spitze der gesamten Redaktion steht, hat aber mit der Verantwortlichkeit nichts zu tun (OLG. München, Sammlung Bd. 1 S. 214; s. auch Klöppel S. 220; Koller S. 71). Es ist deshalb an sich unrichtig, wenn das Kammergericht (GA. Bd. 39 S. 374) ausführt: Der Chefredakteur sei für den gesamten Inhalt der Zeitung verantwortlich, soweit nicht für einzelne Teile des Blattes andere Personen als verantwortliche Redakteure auf dem Blatte selbst ausdrücklich bezeichnet sind. Der Ausdruck verantwortlicher Chefredakteur sei nicht erforderlich zur Begründung der Verantwortlichkeit. Die Tätigkeit des Chefredakteurs als solche deckt sich mit der Tätigkeit des verantwortlichen Redakteurs durchaus nicht. Der erstere ist, wie Liszt[118]) es ausdrückt, die Seele des Blattes, er ist es, der demselben den Stempel seines Geistes, seiner Individualität aufdrückt, er ist also der geistige Leiter des Blattes, der die Richtung und Haltung desselben bestimmt, der aber durchaus nicht den Gesamtinhalt jeder einzelnen Nummer prüft und über die Aufnahme der einzelnen Artikel — namentlich auch nach strafrechtlichen Gesichtspunkten — entscheidet. Letzteres erfüllt die Tätigkeit des verantwortlichen Redakteurs.

Beide Rollen können in einer Person vereinigt sein, der Chefredakteur als solcher ist aber nicht der verantwortliche Redakteur, und für die Ordnung der Presse insbesondere eine unerhebliche Person (Stenglein, NG. I, 302).

9. Es muß der Name des verantwortlichen Redakteurs genannt sein.

Über Namen s. im allg. oben S. 31 Ziff. 4. Besonders hervorzuheben ist nur, daß der bürgerliche Name genannt sein muß, ein Schriftsteller- oder Dichtername ist unzulässig, ebenso pseudonymer Schriftstellername (**RGE.** Bd. 28 S. 73; dagegen DJZ. Bd. 13 S. 307). Unzulässig weiter Bezeichnung: „Leiter des Blattes" (GA. Bd. 39 S. 197) oder „Redaktion" mit Namensunterschrift (**RGE.** Bd. 25 S. 180), oder „Für die Schriftleitung" (**RGE.** Bd. 28 S. 399).

Die Pflicht der richtigen Namensangabe bezieht sich aber nur auf den verantwortlichen Redakteur; andere Personen, die etwa als Mitredakteure angegeben sind, dürfen sich mit ihrem Schriftstellernamen benennen (GK. in GA. Bd. 42 S. 432).

10. Über Wohnort s. § 6 Ziff. 5. Ob hierunter der Ort zu verstehen ist, an welchem der Redakteur seine Redaktionsgeschäfte besorgt, ist sehr streitig. Allein so vieles sich auch für die Bejahung sagen läßt, so erscheint es doch richtiger, wie beim Herausgeber und Verfasser in § 6, so auch hier das Wort nicht

---

118) S. 36 und Klöppel S. 230.

in anderem Sinne, als in dem des gewöhnlichen Sprachgebrauchs zu verstehen (c. Liszt S. 80; Koller S. 68; ObTrib. in GA. Bd. 26 S. 462). Zwingende Gründe sind für die gegenteilige Ansicht nicht beigebracht. Wohnort ist die häusliche Niederlassung (**RGE.** Bd. 39 S. 106).

Daß der Redakteur am Ausgabeorte der Zeitung wohne, wird vom Gesetze nicht gefordert.

An welcher Stelle der Druckschrift der verantwortliche Redakteur benannt wird, ist gleichgültig (OLG. München, Sammlung Bd. 1 S. 162).

Ob im einzelnen Falle, in dem nicht gerade die Fassung: verantwortlicher Redakteur: N. N. in X. gebraucht wird, dem Gesetz und dem Zwecke genügt ist, daß sofort die Person des verantwortlichen Redakteurs aus der Druckschrift entnommen werden kann, ist Tatfrage. Jedenfalls ist eine Art der Bezeichnung, bei der nur im Wege der Schlußfolgerung gefunden werden kann, daß der verantwortliche Redakteur hat angegeben werden und welche Person hat gemeint sein sollen, nicht genügend (vgl. **RGE.** Bd. 28 S. 399 und München, GA. Bd. 43 S. 280). Ebensowenig bloße Angabe der Straße, wo die Redaktion sich befindet (**RGE.** Bd. 6 S. 367).

11. „Jeder Nummer usw." Beilagen der Druckschrift. Bereits oben (§ 6 Ziff. 2) ist erklärt worden, daß die in § 6 vorgeschriebene Angabe nur auf dem Hauptblatt genügt, sofern die Zusammengehörigkeit etwaiger Beilagen und des Hauptblatts auf jenen oder diesem in vollständig zweifelsfreier Weise vermerkt ist (**RGE.** Bd. 7 S. 45)[119].

Keineswegs aber beschränkt sich die Verantwortlichkeit des Redakteurs überhaupt nur auf solche Beilagen, die in dem Hauptblatt als Beilagen bezeichnet und hierdurch mit demselben in nächste Verbindung gebracht worden sind. Vielmehr wird durch solche Bezeichnung nur überflüssig gemacht, daß der Redakteur als solcher auch noch besonders auf dem Beiblatte bemerkt wird. Ohne eine solche kundgegebene Zusammengehörigkeit des Hauptblatts und der Beilage würde die Ausgabe der Beilage eine unter § 6 fallende Ordnungswidrigkeit enthalten; die Verantwortlichkeitsfrage selbst bliebe unberührt (s. **RGR.** Bd. 5 S. 82).

Sogen. Extrablätter werden in der Regel als außerordentliche Beilagen sich kennzeichnen, deshalb aber auch den Bestimmungen des § 7 unterliegen.

In neuerer Zeit kommt es wiederholt vor, daß für die Abonnenten einer Zeitung deren Nummern einer anderen, selbständigen Zeitung beigelegt und gleichzeitig mit jener versendet werden.

119) Vgl. auch Ober-Appellationsgericht München (Zeitschr. f. Gesetzg. u. Rechtspfl. in Bayern Bd. 4 S. 19 f.).

Ob sich die Haftung des verantwortlichen Redakteurs auf solche beigelegte anderen Zeitungen erstreckt, ist Tatfrage im einzelnen Falle. Solche Beilagen werden oft vom Verleger oder von der Expedition der Zeitung beigefügt, ohne irgend welche weitere Beziehung zu derselben. Ist jedoch die Zusammengehörigkeit der Beilage mit dem Hauptblatt in diesem ausdrücklich belegt, so erstreckt sich formell die Haftung des verantwortlichen Redakteurs auch auf die Beilage mit, die durch eine solche Bemerkung zu einem Bestandteile des Hauptblatts gemacht ist und deren Inhalt dadurch gerade so aufzufassen ist, als sei er Inhalt des Hauptblatts. Dasselbe muß aber wohl auch gelten, wenn, ohne besondere Bemerkung im Hauptblatte, die Beilegung der anderen Zeitung auf Veranlassung des verantwortlichen Redakteurs geschehen ist. Für die einzelnen Artikel der Beilage haftet alsdann der verantwortliche Redakteur des Hauptblatts in demselben Umfange wie für das letztere (das Nähere s. zu § 20), sofern er die Beilagen in Kenntnis des Inhalts veranlaßt oder genehmigt hat.

Daß die beiliegende Druckschrift einen besonderen verantwortlichen Redakteur gehabt und daß deshalb dieser auch für die Beilage als verantwortlicher Redakteur benannt ist, ändert regelmäßig an der Haftung des verantwortlichen Redakteurs des Hauptblatts nichts. Denn daraus ergibt sich noch nicht ohne weiteres eine geteilte Haftung der mehreren Redakteure im Sinne des § 7 Abs. 2 RPrG. Vielmehr wird regelmäßig davon auszugehen sein, daß die Benennung des besonderen verantwortlichen Redakteurs auf der beigelegten Druckschrift nur insoweit Bedeutung hat, als die Druckschrift als selbständige in Betracht kommt, nicht aber, soweit sie nur als Beilage, und deshalb nur als Bestandteil des Hauptblatts auftritt. Denn die Vorschrift des § 7 bezieht sich nur auf *selbständige* periodische Druckschriften und diese Selbständigkeit verliert die Beilage, sofern und insoweit sie im Einzelfalle wirklich Bestandteil des Hauptblatts geworden ist. Nicht richtig erscheint die Auffassung, daß eine Beilage nur dann zum Bestandteile des Hauptblatts werden könne, wenn sie *nur* als Beilage, wenn auch für verschiedene Blätter, gedruckt wird und erscheint, nicht aber, wenn sie zwar an sich auch selbständig erscheint, jedoch zugleich in einer bestimmten Anzahl von Exemplaren die regelmäßige Beilage eines anderen (Haupt-)Blattes ist. Die besondere Benennung des Redakteurs auf der Beilage kann aber aus § 7 Abs. 2 RPrG. Bedeutung gewinnen, wenn aus der Angabe der verantwortlichen Redakteure im Hauptblatt ersichtlich wird, daß von den mehreren Redakteuren (im Hauptblatte, wie in der Beilage) z. B. der eine auch nur für den Inhalt des Hauptblatts, der andere nur für den Inhalt der Beilage in Betracht kommen soll. Was im Einzelfalle zutrifft, das bedarf einer besonders sorgfältigen Prüfung aller Umstände der Sachlage, denn es wird nicht ohne weiteres anzunehmen sein, daß ein selbständiges beigelegtes Blatt in seiner Eigenschaft als Beilage Bestandteil des Hauptblatts ist, und wenn dies der Fall ist, daß auch dann der Redakteur der Beilage der Verantwortliche für sie bleiben und also insoweit verantwortlicher Redakteur des Hauptblatts in Ansehung dieses äußeren Teiles werden sollte. Über diese Fragen verbreiten sich mehrere Entscheidungen des Reichsgerichts, die jedoch die Angelegenheit nicht völlig gleichmäßig erörtern (**RGE.** Bd. 7 S. 45, Bd. 28 S. 72; **RGR.** Bd. 3 S. 823, Bd. 5 S. 82; vgl. auch ObTrib. in GA. Bd. 26 S. 543).

Das **RG.** hat in einer Entscheidung vom 18. Oktober 1904 (GA. Bd. 52 S. 83) ausgeführt, daß ein einer Zeitung beigefügtes Unterhaltungsblatt mit Anzeigen nicht selbständigen Charakter habe, sondern nur die Bedeutung eines in die Zeitung aufgenommenen Artikels. Verantwortlich ist daher der in der Zeitung benannte Inseratenredakteur auch für den Anzeigenteil der Beilage, selbst wenn diese einen besonderen Inseratenredakteur benennt.

Für beigelegte Prospekte, Ankündigungen und Anpreisungen haftet der verantwortliche Redakteur ebenfalls (vgl. Ebner S. 35). Die Beilage gehört zum Anzeigenteil.

12. Zu Abs. 2. Mehrere verantwortliche Redakteure. Das Gesetz hat die Bestellung mehrerer Personen als verantwortliche Redakteure zugelassen[120]; sie soll die Geschäftsführung der Redaktion, namentlich für größere Zeitschriften, bei denen die Verantwortlichkeit eines Redakteurs für den gesamten Inhalt eine Unmöglichkeit sein würde, erleichtern. Sie dient daher auch dazu, den Gedanken des Gesetzes, daß eine Person vorhanden sein muß, der man mit Recht die Haftung für den Inhalt der Zeitschrift auferlegen kann, zur Wahrheit und durchführbar zu machen. Es ist jedoch notwendig, daß die mehreren verantwortlichen Redakteure auch ihre Tätigkeit nach gesonderten Teilen der Druckschrift vornehmen, und dementsprechend sind sie auch zu benennen.

Die Bestellung mehrerer Redakteure (ohne Teilung der Geschäfte) begründet keine gemeinschaftliche Haftung derselben[121]; vielmehr würde die Annahme einer solchen sich

---

120) Die Zulässigkeit ist in der RT.-Kommission (vgl. auch Marquardsen S. 73) und im Reichstage (Verhandl. S. 400 f.) lebhaft besprochen worden.

121) Dies ist auch nicht, wie Liszt S. 79 meint, von Schwarze in der ersten Aufl. des Komm. S. 27 f. behauptet worden; vielmehr hat derselbe nur die Kommissions- und Reichstags-Verhandlungen über die Frage der Solidarhaft referiert,

mit dem Gedanken des § 20 nicht vereinigen lassen; sie selbst könnte, wenn man sie feststellen wollte, nicht auf § 20 gestützt werden, vielmehr würde im einzelnen Falle eine Gemeinschaft der Redakteure nur soweit annehmbar erscheinen, als dies durch die allgemeinen Grundsätze über Teilnahme gerechtfertigt werden könnte. Es ist davon auszugehen, daß das Gesetz in § 7 Abs. 2 an die Fälle einer Mittäterschaft überhaupt nicht gedacht hat, und daß es im einzelnen Falle die Anwendung der erwähnten allgemeinen Grundsätze nicht ausschließen wollte; vielmehr hat das Gesetz die Frage nur nach dem preßrechtlichen Bedürfnisse zu regeln beabsichtigt. Die Frage der Solidarhaft kommt also in § 7 Abs. 2 überhaupt nicht in Betracht.

Die Bestimmung in § 7 Abs. 2 verlangt bei mehreren Redakteuren eine Teilung der Redaktionsgeschäfte und der Haftung nach rein äußerlichen Unterscheidungsmerkmalen; diese sollen ausdrücklich und gleichzeitig mit der Benennung der Redakteure auf der Zeitung usw., kundgegeben werden[122]). Die Geschäftsteilung kann ebenso auf die Materie „Inhalt" (z. B. der politische Teil, — das Feuilleton, — die Inserate) als auf die Zeit des Erscheinens „Form" (z. B. Morgenausgabe und Abendausgabe) sich beziehen; — im ersteren Falle muß der Teil bestimmt erkennbar und von den anderen Teilen der Zeitung auch äußerlich getrennt sein, damit ein Zweifel darüber nicht entstehen kann, wieweit sich die Verantwortlichkeit erstreckt[123]).

Das Gesetz sagt: „— ist nur dann zulässig —". Aus dieser Fassung, wie aus der Tendenz der Vorschrift über die Benennung des verantwortlichen Redakteurs geht hervor, daß die Benennung mehrerer Personen als verantwortliche Redakteure ohne Anweisung bestimmter Teile der Druckschrift usw. der gesetzlichen Vorschrift in Abs. 1 nicht genügt und unzulässig ist.

Es muß aus „Form und Inhalt" der Benennung mit Bestimmtheit sich ergeben, für welchen Teil der Druckschrift jede der benannten Personen die Redaktion besorgt. Es ist aber nicht erforderlich, daß jedesmal die Benennung bei dem betreffenden Teile der Schrift selbst erfolgt.

---

im übrigen aber im obigen Sinne sich ausgesprochen. Vgl. auch Marquardsen S. 73 f.; Kayser S. 584.

122) Vgl. noch OLG. München (GA. Bd. 23 S. 591).

123) S. **RGE.** Bd. 23 S. 9; KG. in Johow Bd. 11 S. 340; GA. Bd. 39 S. 374; **RGE.** Bd. 28 S. 73; GA. Bd. 44 S. 144. — Wenn aber z. B. ein Artikel, der inhaltlich dem politischen Teile angehört, im Feuilleton steht, so haftet der verantwortliche Redakteur des letzteren, nicht der des politischen Teiles. Denn die Haftbarkeit bestimmt sich nach der äußeren Stellung des Artikels. — Ebenso auch Rostock, 1. Oktober 1909, Meckl. Z. Bd. 28 S. 134 und BayerOLG. 24. September 1910; BayerOLGSt. Bd. 10 S. 244.

Das Reichsgericht hat (GA. Bd. 44 S. 144) ausgeführt, daß eine Benennung mehrerer Redakteure auf der Druckschrift, bei der nicht den einzelnen äußerlich scharf abgegrenzte Teile als Gebiet ihrer Redaktionstätigkeit zugewiesen und die äußeren Grenzen der zugeteilten Tätigkeit im unklaren geblieben sind, überhaupt keine Benennung der verantwortlichen Redakteure im Sinne des § 7 RPrG. ist. — Wenn die Benennung mehrerer verantwortlicher Redakteure für getrennte Teile ordnungsmäßig nach der äußeren Anordnung der Druckschrift erfolgt ist, darf aber auch nicht ein einzelner Artikel ausgenommen und für ihn ein anderer verantwortlicher Redakteur benannt werden. Dasselbe gilt, falls nur ein verantwortlicher Redakteur für die ganze Druckschrift benannt ist und für einen Artikel ein anderer benannt werden sollte. Die Ausnahme ist unzulässig; es sei denn, daß der Artikel tatsächlich, seiner äußeren Stellung nach, für sich allein einen besonderen Teil der Druckschrift darstellt. Dann würde ein Fall des § 7 Abs. 2 RPrG. vorliegen (vgl. dazu **RGE.** Bd. 34 S. 187[124]).

Das Gesetz spricht von Bestellung eines Redakteurs und dessen Verantwortlichkeit, — bei dem Verleger wird — abgesehen vom § 21 — durch das Gesetz eine besondere Verantwortlichkeit nicht festgestellt; namentlich wird sie auch durch die in § 6 verordnete Benennung des Verlegers nicht begründet (vgl. noch Bem. zu §§ 6 und 21).

§ 8.

Verantwortliche Redakteure periodischer Druckschriften dürfen nur Personen sein, welche verfügungsfähig, im Besitze der bürgerlichen Ehrenrechte sind und im Deutschen Reiche ihren Wohnsitz oder gewöhnlichen Aufenthalt haben.

1. Bei dieser Vorschrift kommen wiederum nur periodische Druckschriften in Frage; sie umfaßt jedoch auch die in § 9 Abs. 2 erwähnten (periodischen) Druckschriften.

Die Auffassung von der Stellung und Aufgabe des Redakteurs einer periodischen Druckschrift, von der § 20 ausgeht, erfordert besondere Gewähr für die Persönlichkeit des Redakteurs und die Möglichkeit seiner Gestellung vor Gericht.

Die Wahl des Redakteurs wird in der Regel von dem Eigentümer bezw. dem Herausgeber der Zeitung ausgehen, sie bedarf aber zu ihrer Gültigkeit weder einer Anzeige

124) Wenn das zit. RG. von dem verantwortlichen Redakteur spricht, der mit Genehmigung des Eigentümers der Druckschrift die Redaktionsgeschäfte führt, so ist das ein Anklang an v. Bülows „bestellten Redakteur". Was ist dem RPrG. der Eigentümer, und wie würde danach zu entscheiden sein, wenn die Genehmigung fehlte?

bei der Behörde noch sonstiger Formalitäten. Ebenso ist ein Nachweis der in § 8 erforderten Eigenschaften bei der Behörde vor Übernahme einer Redaktion nicht vorgeschrieben; es wird nur der Mangel derselben in § 18 Nr. 2, § 19 Nr. 1 unter Strafe gestellt[125]). Aus der Bestrafung folgt von selbst die Notwendigkeit der Beseitigung eines solchen Redakteurs; jedoch kann auf diese von der Behörde weder erkannt, noch kann sie sonst verfügt oder erzwungen werden (vgl. Stenglein, RG. I. 303). Eine Beschlagnahme der Schrift, weil der Redakteur die gesetzlichen Eigenschaften nicht besitzt, ist unzulässig (vgl. § 23 Nr. 1).

Es ist hervorzuheben, daß der § 8 nur auf den Redakteur und nicht auf andere bei der Druckschrift beteiligte Personen sich bezieht. Ebenso leiden sie auf den Unternehmer und Eigentümer der Zeitung nicht Anwendung.

2. „verfügungsfähig", d. i. geschäftsfähig nach dem Sprachgebrauche des BGB. vgl. §§ 104 ff. BGB. Ausgeschlossen sind also: Kinder, Minderjährige, Geistesgestörte, wegen Geisteskrankheit, Geistesschwäche, Verschwendung oder Trunksucht Entmündigte. — Daß auch Frauen verantwortliche Redakteure sein können, ist unzweifelhaft. — Darauf, ob der Redakteur der Stellung nach seiner Bildung und seinen geistigen Fähigkeiten gewachsen ist, kommt begrifflich nichts an (**RGE.** Bd. 16 S. 16 und Bd. 35 S. 274 u. f.).

„im Besitze der bürgerlichen Ehrenrechte". Es ist hier auf die Bestimmungen des StGB. §§ 32 ff. zu verweisen.

„ihren Wohnsitz usw." vgl. § 6 Ziff. 5. Daß der Redakteur deutscher Untertan ist, wird nicht erfordert[126]); dagegen ist die Führung der Redaktion vom Ausland aus unzulässig.

Mit dem Verlust einer der gesetzlichen Eigenschaften hört die Befähigung zur Redaktion von selbst auf.

3. Aus den obigen Bestimmungen, wie aus den Vorschriften in §§ 20, 21 folgt von selbst, daß der Redakteur eine einzelne, physische Person sein muß, und daß daher Korporationen, Gemeinden, Vereine usw. als solche eine Redaktion nicht übernehmen können.

4. Die Spezialbestimmungen der Reichsgesetze über die Übernahme von Redaktionen durch Militärpersonen, sowie der Landesgesetze bezüglich der Beamten werden selbstverständlich durch das Preßgesetz nicht beseitigt.

---

125) S. darüber unten § 18 Nr. 2 Anm. und § 19 Nr. 1 Anm.

126) Vgl. noch Brater S. 35.

§ 9[127]).

Von jeder Nummer (Heft, Stück) einer periodischen Druckschrift muß der Verleger, sobald die Austeilung oder Versendung beginnt, ein Exemplar gegen eine ihm sofort zu erteilende Bescheinigung an die Polizeibehörde des Ausgabeorts unentgeltlich abliefern.

Diese Vorschrift findet keine Anwendung auf Druckschriften, welche ausschließlich Zwecken der Wissenschaft, der Kunst, des Gewerbes oder der Industrie dienen.

1. Die Bestimmung ist auf die periodischen Druckschriften beschränkt[128]). Von selbst sind also Flugblätter, Broschüren und Programme (die zu schneller und allgemeiner Verbreitung bestimmt sind) von der Verpflichtung befreit. Dagegen fallen alle Beilagen der Druckschrift ohne Unterschied unter die Verpflichtung, insbesondere gilt dies von

---

127) Vgl. Barth S. 40; Hartmann S. 54; Thilo Pr. PrG. S. 16; Jacques S. 51; Berner S. 215 f.; Liszt § 26 II; Koller S. 73 ff.; v. Mangoldt S. 18; Klöppel S. 232 ff.; Stenglein, RG. zu § 9 PrG. I, 304; Kah S. 72; Delius S. 33. In Nr. 78 des Börsenblatts für den deutschen Buchhandel vom 6. April 1870 findet sich eine interessante Zusammenstellung der in den deutschen Staaten über die Pflichtexemplare in Geltung gewesenen Vorschriften; — sie ist in Bausch, d. PrG. f. Sachsen (Leipzig, 1870) S. 66 f. abgedruckt. Das Erfordernis eines sog. Pflichtexemplars ist in der Presse, wie in der Kommission und im Reichstage lebhaft besprochen worden (Abg. Wiggers, Verh. S. 498 f.). Es steht zu den Bestimmungen über die Beschlagnahme in naher Beziehung. Die frühere Reichstags-Kommission hatte sich für den Wegfall der Pflichtexemplare ausgesprochen, namentlich weil kein anderes Gewerbe gezwungen sei, seine Erzeugnisse in ähnlicher Weise der Behörde vorzulegen und hiermit zugleich sich selbst gewissermaßen als der Gesetzesübertretung verdächtig zu bekennen; es liege hierin eine fortwährende besondere polizeiliche Aufsicht und andererseits eine Belastung der Verleger, die unter Umständen auch materiell nicht ohne Belang sein möge. Dagegen mag an dieser Stelle zugunsten der Bestimmung nur darauf hingewiesen werden, daß mit Aufhebung der Pflichtexemplare ein hauptsächlicher Grund für die Abkürzung der Verjährung von Preßdelikten und für die Beschränkung der Beschlagnahme wegfallen würde, wie es auch nicht im Sinne der Gewerbeordnung gelegen hat (§ 7 GewO. und Motive zu § 7), die Pflichtexemplare zu beseitigen. Hierzu kommt, daß der Behörde, die offenbar ein sehr wichtiges Interesse bei der Kenntnisnahme vom Inhalte der Presse verfolgt, die Anschaffung aller Erzeugnisse derselben nicht zugemutet werden kann, und daß die Einrichtung selbst, da die Ablieferung nicht vor der Austeilung verlangt wird, den Charakter einer Präventivmaßregel, wie behauptet worden, nicht an sich trägt.

128) Pözl S. 242.

den sogen. Extrablättern[129]). Die Nummer (Heft, Stück) muß im vollen Umfange mit allen Beilagen abgeliefert werden (GA. Bd. 26 S. 543; OR. Bd. 19 S. 420).

2. Die Verpflichtung ist dem Verleger auferlegt worden, gleichviel wo er seinen Wohnsitz hat, während als Polizeibehörde, an welche die Abgabe erfolgt, die Polizeibehörde des Ausgabeorts anzusehen ist[130]).

„Verleger" ist auch hier im weiteren Sinne des Wortes zu nehmen, vgl. § 6 Ziff. 7 f. Insbesondere fällt auch der Kommissionsverleger, sowie der Selbstverleger unter den Begriff „Verleger". Nicht darauf kommt es hier an, ob dem Verleger das Verlagsrecht zusteht, sondern ob er es ausübt; letzterenfalls liegen ihm auch die Verpflichtungen eines Verlegers ob[131]).

Wird dasselbe Werk an zwei verschiedenen Orten gedruckt (z. B. um schneller die bestimmte Stärke der Auflage herzustellen), so ist nur der Verleger des Werks zur Abgabe verpflichtet, aber dann, wenn die Austeilung (oder der Versand) an den verschiedenen Druckorten erfolgt[132]), an jedem Ausgabeorte.

3. Die Ablieferung soll erfolgen, „sobald die Austeilung oder Versendung beginnt". Aus dieser Wortfassung könnte der Schluß gezogen werden, daß z. B. der Verleger, der die Druckschrift an einen anderen Buchhändler usw. an anderem Orte zum Zwecke der Ausgabe und Verbreitung übersendet, die Pflicht zur Ablieferung bereits mit dieser Übersendung zu erfüllen hätte[133]). Allein andererseits soll die Ablieferung an die Polizeibehörde des Ausgabeorts erfolgen, und hieraus ist zu folgern, daß erst wenn die Ausgabe tatsächlich bewirkt wird, z. B. durch Übergabe an die Zeitungsträger oder an die Postanstalt, auch erst die Pflicht zur Ablieferung eintritt. Von jetzt ab wird die Druckschrift verbreitet und ihre gesetzmäßige Form unter die Kontrolle gestellt. Am Ausgabeorte wird auch im gegebenen Falle die Beschlagnahme verfügt werden. — Der Druckort selbst kommt jedenfalls nicht in Betracht.

Es ist zulässig, daß gleichzeitig mit der Absendung des Pflichtexemplars die Aus-

---

129) Sächs. PrG. § 10 führte sie ausdrücklich auf; s. a. ObTrib. in AG. Bd. 26 S. 543.

130) Die Vorschrift, daß der Verleger das Exemplar mit seinem Namen signiere, besteht nicht mehr.

131) ObTrib. Berlin in GA. Bd. 11 S. 620.

132) Vgl. jedoch Thilo S. 32. Das erwähnte Urteil des ObTrib. Berlin (Hartmann S. 58) bezog sich auf die besondere Bestimmung in § 5 Abs. 3 des Preuß. Gesetzes.

133) Vgl. auch Liszt § 26 II (S. 86); Koller S. 76; Marquardsen S. 57; Thilo S. 6.

teilung usw. beginnt, so daß beide Momente zusammenfallen können. Jedenfalls ist nicht erforderlich, mit der Austeilung zu warten, bis die Hinterlegung erfolgt[134]) oder die „Bescheinigung erteilt" ist. Die Austeilung usw. ist von der „Bescheinigung" unabhängig. Endlich hat man in der Ablieferung die Erklärung des Verlegers, daß die Verbreitung begonnen habe, gefunden, so daß dieses Moment bis zum Beweise des Gegenteils durch die Ablieferung bewiesen werde, während in letzterer selbst ein Akt der Verbreitung noch nicht gefunden werden kann[135]). Allein hiermit ist nur eine überdies nicht recht zuverlässige Vermutung aufgestellt[136]).

Der Beginn der Austeilung bezw. Versendung entscheidet, nicht das Datum der Druckschrift, insbes. der Zeitung.

Bei nachträglicher Änderung im Text ist neues Pflichtexemplar abzuliefern (München 2. April 1892; Bayer. Entsch. Bd. 7 S. 78).

4. Bescheinigung. Die Polizeibehörde hat dafür Sorge zu tragen, daß die Annahme des Exemplars und die Ausstellung der Bescheinigung auch außerhalb der ordentlichen Expeditionszeit geschehen kann[137]). In der Bescheinigung wird der Zeitpunkt der Ablieferung zu vermerken sein, damit im Falle, daß er streitig wird und die Anwendung des § 19 in Frage kommt, volle Gewißheit über ihn besteht.

5. Die Ablieferung kann durch einen Beauftragten erfolgen, selbst durch Lehrlinge und ähnliche Personen. Auch in Bezug hierauf wurde die unbedingte Vorschrift einer Bescheinigung über die Ablieferung, da man sonst andere Vorsichtsmaßregeln treffen müsse, empfohlen. Der Verleger ist für die Ablieferung verantwortlich, auch wenn sie durch ein Versehen seiner Leute, z. B. des Austrägers, Lehrlings usw. unterbleibt, soweit ihm selbst dabei irgend ein Verschulden, z. B. auch culpa in eligendo, unzureichende Auswahl und Kontrolle der Person des Austrägers usw. zur Last fällt (Liszt § 26 IV S. 89; Koller S. 77; c. Thilo, PreußPrG. S. 18 und Delius S. 35, die den Verleger unbedingt, auch ohne jedes Verschulden strafrechtlich haftbar machen wollen; s. a. die allgemeinen Bemerkungen zu den §§ 18 und 19 und § 19 Anm.). Übrigens wird mit dem Worte „abliefern" noch ausgedrückt, daß die Abgabe an die Polizeibehörde eine endgültige ist und letzterer die spätere Rückgabe, auch wenn etwas Strafbares in der Druckschrift nicht gefunden wird, nicht angesonnen werden darf.

6. Zu Abs. 2. Ausgenommene Druckschriften. Das Wort „ausschließlich" ist zu betonen. Wenn

---

134) Thilo, Pr. PrG. S. 18.
135) S. o. § 3 (Verbreitung).
136) Vgl. **RGR.** Bd. 2 S. 269.
137) Hartmann S. 46, 55; Thilo S. 32.

das Gesetz in Abs. 2 die Druckschriften ausnimmt, welche ausschließlich[138]) den Zwecken der Wissenschaft, der Kunst, des Gewerbes oder der Industrie dienen, so ist hierbei das Programm der Druckschrift, nicht der Inhalt der einzelnen Nummer maßgebend. Beschäftigt sich daher z. B. die einzelne Nummer einer politischen Zeitschrift, obgleich vielleicht ausschließlich, mit einem Gegenstande der Kunst, so entfällt deshalb noch nicht die Ablieferung eines Pflichtexemplars dieser Nummer. Beschäftigt sich eine Zeitung programmäßig nicht ausschließlich mit Fragen der Wissenschaft usw., so besteht die Verpflichtung bezüglich aller Nummern der Zeitung. Aber nicht ein bloß vorgegebenes Programm, sondern der tatsächliche Inhalt der Tendenz entscheidet (Stenglein, NG. I, 304).

„Wissenschaft". Auch die wissenschaftliche Behandlung politischer und sozialer Fragen fällt unter § 9 Abs. 2. Dasselbe wird man von den Druckschriften sagen müssen, die sich mit der wissenschaftlichen Behandlung kirchlicher und religiöser Fragen beschäftigen. Das Wort „dienen" am Schlusse des Abs. 2 läßt sich übrigens dafür anführen, daß eine Zeitung, die einmal in einem Artikel diese Grenzlinie überschritten hat, deswegen nicht sofort unter Abs. 1 zu stellen ist, weil damit die Tendenz der Zeitung, das „Dienen" derselben, noch nicht beseitigt wird. — Literaturzeitungen, die unter anderem auch politische, soziale und kirchliche Schriften rezensieren, dienen Zwecken der Wissenschaft. — Zeitungen, welche landwirtschaftlichen (aber nicht agrarpolitischen) Zwecken dienen, werden gleichfalls unter Abs. 2 zu stellen sein.

Der Titel der Zeitschrift allein entscheidet nicht über die Anwendung des Abs. 2. Dagegen hat man häufig als Gegensatz der wissenschaftlichen Behandlung die „populäre" Darstellung bezeichnet. Das Obertribunal Berlin hat als wissenschaftliche Behandlung „diejenige Darstellung oder Erörterung, welche einen systematisch zu einem Ganzen verbundenen Inbegriff von Kenntnissen zum Gegenstand hat, also die sog. Gelehrsamkeit", bezeichnet[139]).

7. Die Bestimmung des § 9 erinnert an die veraltete Polizeizensur und entspricht nicht mehr dem modernen Kulturstaat. Der anständigen Presse gegenüber bedeutet sie eine Überflüssigkeit. Im übrigen besteht bei dem verhältnismäßig engen Rahmen, innerhalb dessen schwere Delikte durch die Presse verübt werden können, keine Gefahr, daß die Verübung einer strafbaren Handlung verborgen bleiben werde. Verhindert werden kann sie sowieso nicht, da

---

138) Kayser S. 574.
139) GA. Bd. 12 S. 295.

die Abgabe des Pflichtexemplars erst gleichzeitig mit dem Beginne der Versendung zu erfolgen braucht. Ehe der polizeiliche Preßdezernent das Pflichtexemplar gelesen hat, ist die Versendung der Nummer lange im vollsten Gange (vgl. Ziff. 3).

§ 10.

Der verantwortliche Redakteur einer periodischen Druckschrift, welche Anzeigen aufnimmt, ist verpflichtet, die ihm von öffentlichen Behörden mitgeteilten amtlichen Bekanntmachungen auf deren Verlangen gegen Zahlung der üblichen Einrückungsgebühren in eine der beiden nächsten Nummern des Blattes aufzunehmen.

1. Die Bestimmung beschränkt sich auf periodische Druckschriften, welche Anzeigen aufnehmen. Vgl. dagegen § 11. Auf eine Zeitschrift, welche nur literarische Anzeigen aufnimmt, ist die Bestimmung nach ihrem Geiste nicht berechnet[140]); dagegen kann die Redaktion die Aufnahme nicht ablehnen, weil der Inhalt der Bekanntmachung zu dem Programme der Zeitung keine Beziehung habe. Wegen der Ablehnung kann die Behörde (Staats- oder Gemeindebehörde) Strafantrag wider den Redakteur stellen (vgl. Bem. zum Schlußsatze des § 19).

2. Als eine amtliche Bekanntmachung kann nur diejenige angesehen werden, die dem Inhalte, dem Wortlaut und der Form nach als die Bekanntmachung einer Behörde innerhalb ihres Wirkungskreises sich darstellt. Die Veröffentlichung einer wegen öffentlicher Beleidigung erfolgten rechtskräftigen Verurteilung (s. § 200 StGB.) ist deshalb nur dann eine amtliche Bekanntmachung, wenn sie auf Ansuchen des Beleidigten durch die Strafvollstreckungsbehörde (Staatsanwaltschaft oder Amtsgericht) erfolgt und wenn das äußerlich auch erkennbar ist. Es muß also in dem Schriftstücke die amtliche Verfügung mitenthalten und mitabzudrucken sein — oder in dem Abdruck auf die Verfügung verwiesen sein, durch welche die Veröffentlichung erfolgt. (Z. B. mindestens: „wird hierdurch veröffentlicht." Amtsstelle pp.) Vgl. KG. Jur. Zeit. III S. 250; GA. Bd. 27 S. 130; Bd. 26 S. 591; DJZ. Bd. 98 S. 250.

3. „in einer der beiden nächsten Nummern des Blattes", d. h. in einer der beiden nächsten Nummern, die nach dem bei der Redaktion eingegangenen Verlangen der Behörde erscheinen.

4. Verpflichtet zur Aufnahme ist der verantwortliche Redakteur, d. h. derjenige, welcher dessen Geschäfte bei den beiden nächsten Nummern oder, falls zwischen dem Er-

---

140) Berner S. 221.

scheinen der beiden Nummern ein Wechsel in der Person eingetreten ist, bei der zweiten Nummer wahrgenommen hat.

5. Es ist hier noch auf die Bestimmung im § 200 StGB. hinzuweisen, danach der Abdruck des Strafurteils in der Zeitung usw. in demselben Teile und mit derselben Schrift wie der Abdruck der Beleidigung erfolgen soll. Diese Vorschrift ist nicht auf periodische Zeitungen beschränkt, wie Kayser S. 585 annimmt; weder die Fassung noch die Tendenz der Bestimmung sprechen für diese Beschränkung. Strafbestimmung wegen Zuwiderhandlung gegen § 10 f. in § 19 Nr. 3.

§ 11[141]).

Der verantwortliche Redakteur einer periodischen Druckschrift ist verpflichtet, eine Berichtigung der in letzterer mitgeteilten Tatsachen auf Verlangen einer beteiligten öffentlichen Behörde oder Privatperson ohne Einschaltungen oder Weglassungen aufzunehmen, soferne die Berichtigung von dem Einsender unterzeichnet ist, keinen strafbaren Inhalt hat und sich auf tatsächliche Angaben beschränkt.

Der Abdruck muß in der nach Empfang der Einsendung nächstfolgenden, für den Druck nicht bereits abgeschlossenen Nummer und zwar in demselben Teile der Druckschrift und mit derselben Schrift, wie der Abdruck des zu berichtigenden Artikels geschehen.

Die Aufnahme erfolgt kostenfrei, soweit nicht die Entgegnung den Raum der zu berichtigenden Mitteilung überschreitet; für die über dieses Maß hinausgehenden Zeilen sind die üblichen Einrückungsgebühren zu entrichten.

---

141) Vgl. hier die Regierungs-Entw.-Motive und den Kommissionsbericht (Marquardsen S. 81 f.), sowie die Reichstagsverhandlungen. Über das Geschichtliche des Berichtigungsverfahrens vgl. Berner S. 222 f., Marquardsen S. 81 f. — Vgl. noch Lienbacher Bd. 1 S. 124; Barth S. 43 f.; Hartmann S. 129; Behaghel S. 19; Pözl S. 245; Biedermann (Lexikon S. 756); Liszt § 28, V (S. 93 ff.); Kayser S. 586 f.; Klöppel S. 236 ff.; Berner § 86 Nr. 7; Koller S. 80; v. Mangoldt S. 20; Heilborn S. 23 ff.; Stenglein, RG. I, 305; Kah S. 83; Delius S. 38 und namentlich Meves, Der Berichtigungszwang gemäß §§ 11, 19 Ziff. 3 PrG. vom 7. Mai 1874 in GA. Bd. 45 S. 322 ff. — Über das neueste franz. Recht vgl. Garraud S. 550 f.; Kitzinger (ZStW. Bd. 27 S. 872); Hampe, Die Berichtigungspflicht bei Zeitungsanzeigen (DJZ. 15, 1290); Horn, Gibt es eine Zwangsvollstreckung im Berichtigungsverfahren? (GA. Bd. 58 S. 129 und 353); Reiß, Das preßgesetzliche Berichtigungsverfahren (JW. Bd. 40 S. 385); Oetker, Die Berichtigungspflicht der sächs. und der österr. Preßgesetzentwürfe von 1910 (SeuffBl. Bd. 77 S. 201).

1. Allgemeine Bemerkungen. Der Berichtigungszwang hat in neuerer Zeit an Bedeutung gewonnen, da jetzt häufiger als früher und ohne berechtigtes Interesse das Privatleben des Einzelnen in die Öffentlichkeit getragen und zum Gegenstande der Kritik gemacht wird[142]).

Andererseits werden in der Praxis oft Ansprüche auf den Berichtigungszwang erhoben[143]), die über das gesetzliche Maß hinausgehen.

Das Gesetz beschränkt die Berichtigung auf die Angabe von Tatsachen, durch welche den tatsächlichen Angaben in einem Artikel entgegengetreten wird. Die Berichtigung ist gewährt, um dem Beteiligten zu ermöglichen, den Lesern sofort in derselben Druckschrift zu sagen, daß die in ihm behaupteten Tatsachen unwahr seien; es soll der widerspruchslosen Weiterverbreitung dieser Angaben entgegengetreten werden.

Aus diesem Motive des Gesetzes folgt aber auch, daß der Redakteur die Aufnahme der Berichtigung nicht ablehnen darf, weil er von der Wahrheit der in dem angegriffenen Artikel angeführten Tatsachen überzeugt ist. Dies wurde in den Reichstagsverhandlungen wiederholt erklärt[144]). Denn es soll hier das rein formelle Recht des Angegriffenen, sich an derselben Stelle zu verteidigen, zur Geltung gebracht werden (vgl. **RGE.** Bd. 24 S. 278; Celle in GA. Bd. 39 S. 375; OLG. München, Sammlung Bd. 4 S. 334). Der Beweis, daß die in der Berichtigung angefochtenen Tatsachen wahr seien, kann nicht nachträglich zu dem Zweck angeboten werden, um die Berichtigung selbst zu vermeiden (Hamburg in GA. Bd. 39 S. 197). Doch kann der Redakteur in derselben Nummer, in der er die Berichtigung zum Abdrucke bringt, erklären, daß er trotz der Berichtigung für die Wahrheit der Tatsachen einstehe und den Beweis zu führen bereit sei[145]).

Ebenso ist es gleichgültig, ob der angegriffene Artikel von der Redaktion des Blattes oder von einem Dritten herrührt, sowie ob der Artikel zuerst in einem anderen Blatte gestanden hat und aus dem letzteren in das Blatt, gegen welches die Entgegnung sich richtet, übernommen worden ist. Der Berechtigte

142) Vgl. übrigens noch Kayser S. 587.

143) In den Reichstagsverhandlungen wurde daher die tunlichste Beschränkung des Berichtigungszwangs vertreten (man müsse — sagte Abg. Dr. Bamberger — die Redakteure gegen die „Narren und Flegel" schützen).

144) Die auch in dem Gutachten des siebenten deutschen Journalistentags zu München S. 37 vertretene Ansicht, daß die berichtigten Tatsachen als unwahr erwiesen sein müßten, wurde nicht akzeptiert.

145) Vgl. OLG. München (Sammlung Bd. 3 S. 214 f.).

kann seine Befugnis gegen jede (periodische) Druckschrift, in die der Artikel aufgenommen wurde, geltend machen. Daß der Artikel als solcher bezeichnet wird, der aus einem anderen Blatte (welches angegeben wird) herübergenommen wurde, ist ebenfalls belanglos[146]).

2. „Beteiligt". Das Recht auf „Berichtigung" ist nicht davon abhängig, daß der „Beteiligte" in jenem Artikel einen Angriff, insbesondere eine Beleidigung erlitten hat. Allerdings sprach das Preuß. Preßgesetz § 26 von einer „beteiligten Behörde", „angegriffenen Privatperson" und von den „Vorstehern einer mit Korporationsrechten versehenen Gesellschaft". Ebenso sprach das Bayer. Preßgesetz Art. 47 von einer „amtlichen oder amtlich beglaubigten Berichtigung und von „jeder anderen Berichtigung des Angegriffenen". Wie nun schon diese Unterscheidungen, je nachdem eine Behörde oder eine Privatperson in Betracht kam, nicht recht klar und bestimmt trennbar sind, so sind sie auch nicht berechtigt, und in den Kommentaren der angeführten preußischen und bayerischen Gesetze findet sich keine Rechtfertigung der Unterscheidung. Das Reichsgesetz spricht nur von „Berichtigung", von „der zu berichtigenden Mitteilung", und sagt damit, daß ein Angriff auf den Beteiligten nicht vorausgesetzt wird[147]).

Das Gesetz erfordert, daß Behörde oder Privatperson welche die Berichtigung begehren, „beteiligt" sei. Die Bestimmungen des französischen Rechtes setzen voraus, daß die Person in der angegriffenen Mitteilung genannt oder sonst bezeichnet sei. Meistens wird in der Benennung, bezw. Bezeichnung der Person der Beweis für ihre Berechtigung liegen[148]); aber die Berechtigung darf nicht auf diese formellen Momente beschränkt werden. Vielmehr genügt jedes rechtlich beachtliche Interesse an der Berichtigung, soweit durch dasselbe der Antragsteller berührt wird, auch wenn er weder genannt, noch sonst bezeichnet ist[149]). Das Wort „beteiligt" ist sehr allgemein und widerstrebt daher nicht dieser Erklärung. So können Eltern, Lehrherren, Erben usw. wohl ein beachtliches Interesse haben, daß die über den Sohn usw. behaupteten Tatsachen berichtigt werden. Nur

146) KG. in GA. Bd. 38 S. 460; Hamburg in GA. Bd. 42 S. 303; Berner § 87 Nr. 14; Marquardsen S. 89; Koller S. 82. Anderer Meinung ist z. B. Liszt § 28 VI und im österr. Preßrechte S. 179.

147) In diesem Sinne hat auch das ObTrib. Berlin in GA. Bd. 25 S. 352 f. entschieden und auf den Unterschied zwischen dem preußischen Gesetz und dem Reichsgesetze hingewiesen.

148) Vgl. auch **RGE.** Bd. 34 S. 137.

149) Vgl. auch Liszt S. 95 und Celle in GA. Bd. 39 S. 375; **RGE.** Bd. 3 S. 40 und GA. Bd. 25 S. 352.

der einzelne Fall kann entscheiden. Wer die Berichtigung verlangt, muß zu den mitgeteilten Tatsachen unmittelbar oder mittelbar in einer individuellen Beziehung stehen; es muß sich um seine persönliche Angelegenheit handeln. Genannt oder erkennbar braucht er in der Mitteilung nicht gewesen zu sein (KG. 8. Dezember 1911; GA. Bd. 59 S. 475).

Wenn es sich beispielsweise um Angriffe gegen eine Zeitung handelt, so werden als Beteiligte jedenfalls angesehen werden können der Redakteur und der Verleger, nach Lage des Falles wohl auch der Drucker.

Das Reichsgesetz hat mit Recht von Kasuistik abgesehen. Dem Vorstand einer Gesellschaft, auch wenn sie juristische Persönlichkeit nicht besitzt, wird nicht verwehrt sein, sofern er sich nur zur Vertretung nach außen legitimieren kann, die Berichtigung einer Mitteilung zu verlangen, welche die Ehre der Gesellschaft angreift[150]).

Hervorzuheben ist, daß das Wort „beteiligt" auch auf die „öffentliche Behörde" sich bezieht. Daher ist nicht jede Behörde befugt, den Berichtigungszwang auszuüben, während die meisten älteren Gesetze bei der „Behörde" eine solche Beschränkung nicht kannten und über ihre Befugnis weder dem Redakteur, noch dem Gerichte ein Urteil einräumten. Das neueste französische Gesetz setzt bei dem „Vertreter der öffentlichen Gewalt" voraus, daß die Mitteilung Amtshandlungen desselben betrifft, über welche die Zeitung usw. in ungenauer Weise berichtet hat. Das Interesse der Behörde kann in dem Schutze der Amtsehre oder einzelner ihrer Beamten und deren Amtshandlungen begründet sein, es kann bei den Behörden, denen die Sorge für die Aufrechthaltung der allgemeinen Ruhe und Sicherheit im Staate, sowie des Friedens obliegt, auch als ein politisches sich kennzeichnen.

Das Kammergericht (Johow Bd. 5 S. 297) hat angenommen, daß im Untersuchungsverfahren die Staatsanwaltschaft befugt sei, von dem verantwortlichen Redakteur eine Berichtigung lediglich im Interesse der Wahrheit auch dann zu fordern, wenn der Artikel nicht gegen sie gerichtet war, ja sie in demselben gar nicht genannt worden ist.

Die Strafverfolgungsbehörde als solche ist aber nicht ohne weiteres als „beteiligte" anzusehen (Braunschweig, 23. September 1909; Braunschw. Z. Bd. 57 S. 122).

Durch das Berichtigungsrecht werden die sonstigen Rechtsbehelfe des Beteiligten nicht ausgeschlossen; insbesondere nicht die Anklage wegen Be-

150) Vgl. noch Thilo S. 38 und die Erklärung des Berichterstatters Marquardsen (Verhandl. S. 416, 420), welcher in ähnlichem Sinne sich ausgesprochen (s. auch Breslau in GA. Bd. 42 S. 303).

leidigung. Das Berichtigungsrecht soll nur dem Beteiligten die Möglichkeit einer alsbaldigen Aussprache vor demselben Publikum und an derselben Stelle sichern, wo der Angriff usw. ergangen ist.

Die Beteiligung ist in irgend einer Weise zu begründen. Die bloße Meinung, Beteiligter zu sein, genügt nicht (s. darüber einerseits Klöppel S. 241; Delius S. 42; **RGE.** Bd. 3 S. 40; andererseits Stenglein, RG. I, 305: Das Interesse muß glaubhaft erscheinen; hierbei ist die Auffassung des Berichtigenden, insbes. einer Behörde, in Betracht zu ziehen).

3. „Ohne Einschaltungen oder Weglassungen". Die Berichtigung muß in unveränderter und wortgetreuer Fassung von dem Redakteur aufgenommen oder ihrem ganzen Inhalte nach, also ebenso vollständig abgelehnt werden; Teilungen, Abänderungen, Weglassungen oder Zusätze, selbst nur Ausrufungs- oder Fragezeichen oder Parenthesen wie „Aha!" sind dem Redakteur nicht gestattet. Aber auch andere Maßnahmen, durch die der Zweck der Berichtigung vereitelt wird, sind unzulässig. So nahm in einem Falle der Redakteur die Berichtigung zwar auf, jedoch so, daß er sie in mehrere Nummern verteilte, die einzelnen Teile derselben ganz willkürlich voneinander, selbst mitten in der Periode trennte, und folglich keine Nummer einen vollständigen Satz der Berichtigung enthielt. Diese Aufnahme wurde mit Recht als unzulässig nach § 19 behandelt. Deshalb muß aber auch die Berichtigung so beschaffen sein, daß sie einschließlich der Namensunterschrift ohne Einschaltungen und Weglassungen abgedruckt werden kann. So entspricht eine Berichtigung in Briefform, aus der der Redakteur Überschrift, Schlußwendung und etwa sonstige zur Berichtigung nicht gehörige Sätze weglassen müßte, den gesetzlichen Vorschriften nicht (KG. Johow Bd. 16 S. 433). Entspricht die Berichtigung auch nur in einem Punkte den gesetzlichen Vorschriften nicht, so kann sie vollständig zurückgewiesen werden (RG. GA. Bd. 42 S. 300). Der Redakteur ist nicht verpflichtet, aus dem Schreiben sich das, was als Berichtigung gemeint sein könnte, erst herauszusuchen (**RGE.** Bd. 44 S. 5).

Die Fassung, in welcher der Beteiligte die Berichtigung eingesandt hat, ist entscheidend; weder der Redakteur noch das Gericht haben die Pflicht oder die Befugnis, sie zu ändern oder zu verbessern und dadurch aufnahmefähig zu machen, auch wenn die Änderung noch so unbedeutend sein sollte (vgl. auch KG. in GA. Bd. 42 S. 305).

Auch die Unterschrift des Berichtigers muß mit abgedruckt werden (Ebner S. 47). Zulässig ist Unterzeichnung des Gesuchs und der Berichtigung durch einen Stellvertreter (besonders durch Rechtsanwalt). Ungerechtfertigter Formalismus muß bei Handhabung des § 11 ferngehalten werden (BayerOLGSt. Bd. 5 S. 297; dagegen BayerOLG. 20. Oktober 1906; BayerOLGSt. Bd. 7 S. 86).

Ein Antrag auf Einschaltung der Worte „ohne Zusätze" wurde abgelehnt (Reichstagsverhandl. S. 412, 414, 420) und hiermit anerkannt, daß der Redakteur sofort in derselben Nummer und in unmittelbarem Anschluß an die Berichtigung eine Gegenerklärung folgen lassen kann. Auch müssen Anmerkungen des Redakteurs zu der Berichtigung für zulässig erachtet werden, vorausgesetzt, daß sie selbständig in dem Texte der Berichtigung auftreten. Die Gegenerklärungen können dem Beteiligten Anlaß zu einer neuen Berichtigung bieten[151]).

4. Kein strafbarer Inhalt. In der Kommission wurden aus diesen Worten Beweisgründe gegen die Bestimmung selbst abgeleitet. Es wurde nämlich geltend gemacht, daß man hierdurch dem Redakteur die oft schwierige Entscheidung, ob ein Aufsatz (hier die Berichtigung) strafbaren Inhalts sei, ansinne, und daß er, wenn er den Aufsatz unrichtiger Weise, obgleich in gutem Glauben, für strafbar erachte und deshalb die Aufnahme verweigere, der Gefahr sich aussetze, nach § 19 bestraft zu werden. Die Mehrheit der Kommission bemerkte dagegen, daß dem Redakteur die gleiche Entscheidung auch bei den ihm sonst zur Aufnahme zugesendeten Artikeln angesonnen werde, und daß überdies ein verständiger Richter den Redakteur, der nachweislich bona fide gehandelt und deshalb die Aufnahme der Berichtigung abgelehnt habe, nicht bestrafen werde. Im übrigen bleibt allerdings der Redakteur für den Inhalt der aufgenommenen Berichtigung nach §§ 20, 21 verhaftet; seine Haftpflicht wird durch die ihm in § 11 auferlegte Verpflichtung zur Aufnahme, da sie nicht unbedingt lautet, nicht beseitigt[152]). Da er endlich berechtigt ist, die Aufnahme einer das Tatsächliche überschreitenden Berichtigung zu verweigern, so wird er der Gefahr einer strafrechtlichen Verfolgung wegen des Inhalts (d. h. wegen Angabe der Tatsachen) kaum ausgesetzt sein. Der Wortlaut des Gesetzes geht jedoch zugunsten des Redakteurs weiter. Die Aufnahme wird ihm auch nicht angesonnen werden können, wenn die strafbare Äußerung in der Berichtigung sich gegen ihn selbst richtet, also z. B. eine Beleidigung desselben enthält, zu deren Anzeige der Redakteur befugt sein würde[153]). Hier könnte aus der Aufnahme der Berichtigung

---

151) ObTrib. Berlin in GA. Bd. 12 S. 494; s. auch Koller S. 85.

152) Vgl. auch Oppenhoff, Rechtspr. Bd. 6 S. 387.

153) Vgl. auch OLG. München (Samml. Bd. 2 S. 540).

ein Verzicht des Redakteurs auf sein Strafantragsrecht gefolgert werden, der nicht in seinem Willen gelegen hat.

5. „Beschränkung auf tatsächliche Angaben"[154]). Hiermit steht das Wort „Tatsachen" im Eingange des Paragraphen in Verbindung. In Bezug auf diesen Punkt wurden die meisten Beschwerden laut. Abg. Dr. Elben bemerkte bei den Verhandlungen (S. 412), daß man seither den Redaktionen angesonnen habe, „Urteile, Polemik, Kritiken, Abwehr auf Angriffe usw. aufzunehmen, sogar die Berichtigung gegen die Kritiken der Leistungen von Schauspielern und Sängern, indem behauptet worden, daß sie den Sinn der Rolle richtig aufgefaßt hätten". Es ist richtig, daß in Angriffen dieser Art häufig Folgerungen und Kritiken in bunter Mischung mit Tatsachen vorgebracht werden, so daß bei der Beschränkung auf tatsächliche Angaben die Berichtigung mit erheblichen Schwierigkeiten verbunden sein kann. Allein die Grenzlinie zwischen zwangsweiser und freiwilliger Aufnahme der Berichtigung war nicht anders zu ziehen, die erstere kann daher nur in dieser Beschränkung durchgeführt werden. Da die „Berichtigung" nur gegen „Tatsachen" sich wenden kann, so ist die Beschränkung auf das „Tatsächliche" die einfache Schlußfolgerung.

Die Beschränkung auf das Tatsächliche ist um so nötiger, als in ihr der Schutz des Redakteurs gegen den Mißbrauch des Berichtigungszwangs liegt. Insbesondere tritt der Zwang nicht ein, wenn in der Berichtigung weniger die Wahrheit einer in dem Artikel mitgeteilten Tatsache bestritten, als vielmehr eine Kritik ihres Inhalts geübt wird. So kann bei den Berichten über die Reichstags-, Landtagsverhandlungen der Berichtigungszwang zwar darauf gestützt werden, daß der Abgeordnete die ihm in den Mund gelegten Behauptungen nicht geäußert habe, — nicht aber darauf, daß die von dem Abgeordneten aufgestellten Behauptungen unwahr seien. Durch die Berichtigung soll nur die Tatsache erklärt werden, daß der Abgeordnete die Rede nicht so, wie vom Berichterstatter angegeben wurde, gehalten hat[155]).

Streitig und zweifelhaft ist, ob unter den Tatsachen hier nur sog. äußere, mit den Sinnen wahrnehmbare Ereignisse, in die äußere Erscheinung getretene Vorkommnisse zu verstehen sind, oder ob auch sog. innere Tatsachen (Beweg-

154) Vgl. Kloppel S. 241; Berner § 86, 7; Liszt § 28, V; Koller S. 85.

155) Vgl. bes. Marquardsen S. 89; Thilo S. 39 f.; Berner S. 241. — Liszt S. 97 macht geltend, daß die obigen Sätze aus dem Entgegnungsrechte folgen, ohne daß hierbei auf die Bestimmung in § 22 der Reichsverfassung über die „wahrheitsgetreuen Sitzungsberichte usw." zu verweisen sei.

gründe, Absichten, Ziele), die der äußerlich wahrnehmbaren Handlung oft erst ihre Bedeutung geben, hierher gehören. Die Praxis ist geteilter Ansicht (vgl. darüber Breslau und Celle in GA. Bd. 39 S. 375, Bd. 41 S. 72; OLG. München Samml. Bd. 6 S. 412; Hamburg, GA. Bd. 42 S. 3 B; Bd. 46 S. 392). Meves, Berichtigungszwang a. a. O. S. 335, 336 drückt sich unklar aus. Einmal spricht er davon, daß die Berichtigung auch der sog. inneren Tatsachen verlangt werden könne, unmittelbar darauf betont er aber, daß nur das in die äußere Erscheinung Getretene, „mag es der Vergangenheit oder Gegenwart angehören", die der Berichtigung fähigen Tatsachen darstelle. Man wird sog. „innere Tatsachen" dem Berichtigungszwange nicht entziehen können[156]), jedoch sie tunlichst scharf gegen Urteile, reine logische Folgerungen abzugrenzen versuchen müssen. Dies wird jedoch nicht immer möglich sein, weil nach der Fassung unter Umständen tatsächliche Angaben zugleich inhaltlich als Urteile anzusehen sind. Der Ausdruck Unwahrheit in einer Berichtigung enthält ein Urteil und gleichzeitig die tatsächliche Berichtigung des geschilderten Ereignisses, und er ist insofern ebenso aufzufassen wie Unrichtigkeit. Ebenso enthält die Form der Berichtigung, daß die Mitteilung der Wahrheit widerspreche, in der tatsächlichen Angabe gleichzeitig ein Urteil. Beide Ausdrücke sind als überwiegend tatsächlicher Natur bei der Berichtigung für statthaft erklärt worden, dagegen wurde die Wendung, die Angabe beruhe auf Erfindung, als unzulässig bezeichnet, da das Tatsächliche darin hinter dem subjektiven Urteile zurücktrete (s. dazu Breslau in GA. Bd. 42 S. 303, Bd. 39 S. 374; ObTrib. in GA. Bd. 25 S. 353). Der Satz „Es ist eine Erfindung, daß ....." enthält ein Urteil.

Höflichkeitsformeln (Hochachtungsvoll) berechtigen nicht zur Ablehnung (Ebner S. 49). Reelle Vorgänge, ihrem Inhalt nach im Wege der Schlußfolgerung aufgestellt, sind tatsächliche Angaben (Braunschweig, 3. Februar 1909; BraunschwZ. Bd. 56 S. 122). Tatsächlicher Inhalt wurde angenommen, wenn sich mit Überwiegen des Tatsächlichen gewisse Reflexionen und Schlußfolgerungen und Urteile verbinden (BayerOLG., 4. November 1911; BayerOLGSt. Bd. 11 S. 367). Der Redakteur wird nicht entlastet, weil er den Inhalt der Berichtigung für unwahr gehalten hat; er hat in diesem Falle nur das

156) Abweichend die früheren Auflagen des Kommentars. Beispiel: Bericht: X. drang in das Haus des abwesenden Y., um zu stehlen. Berichtigung: „um ausgebrochenes Feuer zu löschen". Der behauptete Zweck des Eindringens ist die innere Tatsache. Hier darf Berichtigung wohl nicht versagt werden.

Recht zur Erwiderung (BayerOLG., 4. November 1911; Bayer. OLGSt. Bd. 11 S. 367).

Ob es zulässig ist, in die Berichtigung zu deren Unterstützung gutachtliche Äußerungen, Urteile anderer Personen wörtlich mit aufzunehmen, ist nicht unbestritten, jedoch zu verneinen, da das über „tatsächliche Angaben" hinausgeht. Das Urteil des Kammergerichts (Johow Bd. 5 S. 297), dürfte deshalb nicht unbedenklich sein, welches ausspricht, daß ein Redakteur, der aus einer Untersuchung unter Berufung auf einen Obduktionsbefund Tatsachen behauptet hatte, nicht befugt sei, den Antrag der Staatsanwaltschaft auf Berichtigung, unter gleichzeitiger Mitteilung des Obergutachtens, zurückzuweisen, weil die Berichtigung in dem Gutachten Urteile bringe und also die Grenzen tatsächlicher Angaben überschreite.

Gegenstand der Berichtigung sind die in der Zeitung „mitgeteilten Tatsachen". Diese stellen entweder eine Äußerung eigenen Wissens oder eigene Erfahrung dar (Behauptung), oder dasjenige, was man von Dritten gehört hat (Verbreitung), wobei es nicht darauf ankommt, ob derjenige, der die Behauptung des Dritten mitteilt, sich dessen Behauptung hat zu eigen machen wollen.

Die Pflicht zur Aufnahme einer Berichtigung erstreckt sich auch auf bildliche Darstellungen (Karikaturen), sofern sie eine Tatsache behaupten oder verbreiten (DJZ. 1909 S. 432).

Streitig ist, ob Anzeigen berichtigt werden können. Diese Frage bejahen Meves (GA. Bd. 45 S. 336) in HansOLG. in der Entsch. vom 2. Februar 1899 (ZB. V Bd. 47 S. 1146), verneinen Kloppel (S. 239) und Ebner (S. 45). Die erstere Meinung wird die richtige sein; z. B. von Dritten unbefugterweise aufgegebene Vermählungs-, Geburtsanzeige usw. Verneinend auch OLG. Braunschweig, 29. April 1909 (DJZ. Bd. 15 S. 1416); dagegen Hampe (DJZ. Bd. 15 S. 1290). Braunschweig, 3. Februar 1909 (BraunschwZ. Bd. 56 S. 122) erkennt, daß Inserate, die nicht zu den Artikeln i. S. des gemeinen Sprachgebrauchs gehören (Artikel z B. des „Eingesandt"), nicht dem Berichtigungszwang unterliegen. Verantwortlich für die Berichtigung ist der Redakteur der nächstfolgenden Nummer.

6. Die Einsendung der Berichtigung ist an eine Frist nicht gebunden und daher zu jeder Zeit gestattet. Auch ist die Vorschrift, daß der Abdruck der Berichtigung in der nächsten Nummer zu erfolgen hat, nicht dahin zu verstehen, als habe, falls die Aufnahme der Berichtigung in der nächsten Nummer nicht erfolgt, damit die Verpflichtung zur Aufnahme ihr Ende erreicht; vielmehr ist damit nur der Zeitpunkt bezeichnet, bis zu welchem jene Verpflichtung erfüllt werden soll und nach dessen Ablaufe die Strafbarkeit eintritt. Die Verpflichtung beginnt mit dem Zeitpunkt und dauert bis zur Erfüllung fort (s. KG. in Johow Bd. 5 S. 278; Rönne S. 39). Wenn demgegenüber das KG. — GA. Bd. 47 S. 461 — behauptet, der Redakteur, der die Berichtigung erst in einer späteren Nummer aufnehme, genüge damit einer gesetzlichen Verpflichtung überhaupt nicht mehr, so ist das offenbar nicht zutreffend. Daß im Falle einer Verurteilung des Redakteurs die Aufnahme der Berichtigung anzuordnen ist, beweist gerade, daß die Verpflichtung zur Aufnahme als fortdauernd angesehen wird.

Über die Verjährung der Strafverfolgung s. die Bemerkungen zu §§ 22 und 19.

7. Die Sprache, in der die Berichtigung abzufassen ist, kam im Reichstag insofern zur Erörterung, als der Abg. Dr. v. Donimirski (S. 413) die Fälle erwähnte, in denen der Angriff in einer in polnischer Sprache geschriebenen Zeitung erfolgt, die Berichtigung aber in deutscher Sprache abgefaßt ist, und dabei auf Elsaß-Lothringen und die daselbst in französischer Sprache erscheinenden Zeitungen Bezug nahm.

Man wird übrigens nicht annehmen dürfen, daß der Redakteur nun gezwungen sei, Berichtigungen in allen möglichen Sprachen aufzunehmen. Grundsätzlich ist zwar keine Sprache ausgeschlossen, die Aufnahmepflicht findet aber jedenfalls ihre natürliche Schranke in der Unmöglichkeit des Satzes für die Druckerei. Man kann der Zeitung nicht zumuten, etwa, weil jemandem beliebt in russischer oder chinesischer oder arabischer Sprache berichtigen zu wollen, deshalb diese fremden Typen zu beschaffen. Es muß daher der Entscheidung des einzelnen Falles vorbehalten bleiben, ob der Redakteur wegen der Sprache, in welcher die Berichtigung abgefaßt war, deren Aufnahme verweigern durfte[157]).

8. Überschreitung des Raumes der zu berichtigenden Mitteilung. Die Bestimmung des Maßes, innerhalb dessen die kostenfreie Berichtigung sich halten muß, fand in der Kommission, wie im Reichstage Schwierigkeiten; mehrere Abänderungsvorschläge bezogen sich auf diese Maßbestimmung. Es ist zu betonen, daß man scharf den Unterschied zwischen „Artikel“ (in dem Entwurfe) und „Mitteilung“ (in dem Kommissionsvorschlage) hervorhob, und daß die Regierungsvorlage und ein auf ihre Wiederherstellung gerichteter

157) Liszt (§ 29 II) ist der Meinung, daß die Berichtigung nur in der Sprache abgefaßt sein dürfe, in welcher der Angriff gehalten war. Vgl. übrigens auch Koller S. 85 und GA. Bd. 56 S. 117. (Der Redakteur einer in Deutschland erscheinenden Zeitschrift ist zur Aufnahme der Berichtigung in deutscher Sprache unbedingt verpflichtet.)

Antrag, die als Maß „den Raum des zu berichtigenden Artikels" bezeichneten, abgelehnt wurden. Mehrseitig wurde jedoch im Reichstag auf das Mißliche und Schwierige bei der Durchführung der Beschränkung auf die „Mitteilung" hingewiesen.

9. Der Redakteur wird die Aufnahme der „Berichtigung" verweigern können, wenn sie „vom Einsender nicht unterzeichnet ist, oder einen strafbaren Inhalt hat oder sich nicht auf tatsächliche Angaben beschränkt"; in den übrigen Fällen ist er zu ihrer Aufnahme verpflichtet, und zwar so, daß sie kostenfrei erfolgt, „soweit sie nicht den Raum der zu berichtigenden Mitteilung überschreitet". Für das Übermaß sind die üblichen Insertionsgebühren zu entrichten. Zunächst leiden auf dieses Übermaß die Vorschriften für den Redakteur in Abs. 1, 2 gleichfalls Anwendung; es wird daher ebenfalls „ohne Einschaltungen oder Weglassungen", sowie in „derselben Schrift usw." abzudrucken sein. Andererseits fragt sich, ob auch der Inserent im Inhalt des Übermaßes an die in Abs. 1 Schlußsatz angeordneten Beschränkungen gebunden ist, oder ob er hier über das Tatsächliche hinausgehen darf. Die Frage ist dahin zu beantworten, daß auch insoweit der Inserent an die angeordneten Beschränkungen gebunden ist. Denn die „Entgegnung" ist ein Ganzes und als solches vom Inserenten, wie vom Redakteur zu behandeln; die Bezahlung der Insertionsgebühren für einen Teil der Entgegnung ändert ihren Charakter selbst nicht; außerdem würde der Redakteur die Aufnahme des Übermaßes verweigern können, da er nach der herrschenden Ansicht zur Aufnahme an sich auch bei Bezahlung der Insertionsgebühren nicht verpflichtet ist.

10. „Die üblichen Einrückungsgebühren". In der Kommission wurde die Frage aufgeworfen, wie das „üblich" bei denjenigen Zeitungen zu verstehen sei, die mit entgeltlicher Aufnahme von Annoncen usw. sich nicht beschäftigen. Man erklärte sich allseitig damit einverstanden, daß solchenfalls die ortsüblichen, beziehentlich durch sachverständiges Ermessen festzustellenden Gebührensätze anzuwenden sind.

Es ist streitig, ob der Redakteur die Aufnahme der Berichtigung ablehnen darf, wenn der Inserent nicht gleichzeitig die feststehenden Gebühren für den übersteigenden Raum berichtigt oder wenigstens anbietet. Das Obertribunal Berlin hat in dem Mangel dieses Erbietens keine Berechtigung des Redakteurs zur Ablehnung gefunden; jedoch hatte in diesem Falle der Redakteur diesen Grund bei der Ablehnung nicht geltend gemacht[158]).

158) GA. Bd. 25 S. 354. Vgl. auch OLG. München (Samml. Bd. 1 S. 540).

Die Beschränkung des Berichtigungszwangs wegen der Insertionskosten bezieht sich auch auf die von einer Behörde ausgehenden Berichtigungen, während ältere Gesetze für diese Berichtigungen keine solche Beschränkungen verordnet hatten.

Wie liegt die Sache, wenn die Zeitung mit Aufnahme von Annoncen gegen Insertionsgebühren sich nicht beschäftigt? Kann hier über letztere eine Einigung nicht sofort erzielt werden, so wird die Berichtigung schon vor der Entscheidung über die zu bezahlenden Insertionsgebühren aufzunehmen sein (s. Berner § 87 S. 12).

Privatrechtliche Verpflichtungen zur unentgeltlichen Aufnahme von Annoncen usw. werden selbstverständlich durch das Gesetz nicht berührt.

11. Berichtigungsverfahren. Das Gesetz sieht von einer administrativen oder gerichtlichen Vollstreckung der Berichtigungspflicht ab und beschränkt sich auf die Strafandrohung in § 19 für den Fall der Nichtbefolgung der Vorschrift[159]). Aus dem Urteile kann nur die Strafe, nicht die Anordnung der Aufnahme der Berichtigung vollstreckt werden (Meves, Berichtigungszwang, a. a. O. S. 353 ff.).

Es kann unterschieden werden[160]): Bestrafung ohne Anordnung der Aufnahme tritt ein, wenn die Aufnahme verspätet erfolgte; — Anordnung der Aufnahme ohne Bestrafung, wenn die Ablehnung in gutem Glauben erfolgte (§ 19 Schlußs.) oder die Strafbarkeit der Ablehnung verjährt[161]) oder durch den Tod des Redakteurs erloschen ist.

Mit der Bestrafung des Redakteurs ist seine Verpflichtung zur Aufnahme nicht beseitigt; die Verpflichtung dauert fort; das Recht des Beteiligten kann dadurch nicht getilgt werden, daß der Redakteur wegen Nichtanerkennung des Rechtes bestraft wurde, gleich als ob durch diese Bestrafung das Recht abgelöst und der Anspruch des Beteiligten, der durch die Bestrafung nur anerkannt wurde, befriedigt worden sei. Das Gesetz hat den Fall, daß der Redakteur trotz des Urteils auf das wiederholte Verlangen die Aufnahme ablehnt, zwar nicht ausdrücklich berücksichtigt. Allein es bedurfte einer solchen Bestimmung nicht,

---

159) Auf die Durchführung der Vollstreckung waren im Reichstage die Anträge, die dem Redakteur die Anrufung richterlicher Vorentscheidung sichern wollten, mitberechnet.

160) Liszt S. 103.

161) Brater S. 39; Berner S. 238. Die Tilgung der Strafbarkeit durch Verjährung kann noch nicht als Folgerung das Erlöschen der Forderung selbst nach sich ziehen; das Nähere s. die Bemerkungen zu § 19 Nr. 3.

da jede Ablehnung sich als eine neue Verletzung darstellt[162]). Ein Zwang zur Aufnahme der Berichtigung soll durch die Bestrafung nicht ausgeübt werden, obgleich er tatsächlich in ihr liegt; das Delikt, welches der Redakteur begeht, soll, so oft er es begeht, bestraft werden. Es liegt daher weder in der Tendenz des Gesetzes, die Strafe als eine executio ad faciendum anzusehen, wie die Frage früher in der Gesetzgebung aufgefaßt wurde, noch verwandelt sich die richterliche Anordnung der Aufnahme in einen Fall des § 10[163]).

Zur Aufnahme der Berichtigung verpflichtet ist der verantwortliche Redakteur im Sinne des § 7 (s. auch **RGE.** Bd. 21 S. 23) und zwar derjenigen Nummer, in der die Berichtigung nach Abs. 2 zu bringen ist (Celle, 4. Januar 1910; GA. Bd. 58 S. 479).

Das Berichtigungsgesuch wird in der Regel an den verantwortlichen Redakteur zu richten sein; doch genügt Adressierung an die Redaktion (BayerOLG., Entsch. vom 14. März 1905; Reger Bd. 26 S. 295). Eine Bezugnahme auf § 11 RPrG. oder des RPrG. überhaupt, ist im Gesuche nicht erforderlich (BayerOLG. 20. Oktober 1906; BayerOLGSt. Bd. 7 S. 86).

Die Verantwortlichkeit des Redakteurs reicht nur so weit, als ihn eine Verschuldung trifft. Der für die Verantwortlichkeit des Redakteurs in § 20 Abs. 2 aufgestellte Satz leidet auf die Ordnungswidrigkeiten nicht Anwendung.

§ 12.

Auf die von den deutschen Reichs-, Staats- und Gemeindebehörden, von dem Reichstag oder von der Landesvertretung eines deutschen Bundesstaats ausgehenden Druckschriften finden, soweit sich ihr Inhalt auf amtliche Mitteilungen beschränkt, die Vorschriften der §§ 6 bis 11 keine Anwendung.

1. Der Abg. v. Puttkamer (Lyck S. 423) brachte zur Sprache, daß es Verbände gebe, die neben unmittelbar staatlichen Funktionen auch kommunale Funktionen besorgten, z. B. Kreise, Provinzen, Bezirke, die kommunalständischen Verbände, die Kreisausschüsse (im K. Preußen), und frug an, ob die kommunalen Funktionen dieser Verbände auch unter den Begriff einer gemeindebehördlichen Tätigkeit im Sinne des § 12 zu stellen seien? Diese

162) Vgl. auch ObTrib. Berlin in GA. Bd. 25 S. 591 f.; OAG. München (Samml. Bd. 5 S. 229). Übereinstimmend Klöppel und Koller, c. mit unklarer und nicht überzeugender Begründung, Meves a. a. O. S. 354.

163) ObTrib. Berlin in GA. Bd. 25 S. 591. In gleichem Maße OAG. München (Samml. Bd. 5 S. 229 f.).

Frage wurde ebensowohl von dem Regierungskommissar, welcher „unter Gemeindebehörden Kommunalbehörden im weitesten Sinne des Wortes" begriff, als auch namens der Kommission vom Referenten bejaht. — Kirchliche Behörden werden, soweit sie als Organe der Staatsgewalt fungieren, durch das Wort „Staatsbehörden" mitbegriffen.

2. „Druckschriften, soweit sich ihr Inhalt auf amtliche Mitteilungen beschränkt"[164]). Der Entwurf lautet einfach: „ausgehenden amtlichen Druckschriften". In der Kommission entstand Zweifel, ob diese Fassung die Beschränkung genügend klar stelle, so daß diese Druckschriften nur insoweit von den Vorschriften der §§ 6—11 ausgenommen seien, als sich ihr Inhalt auf amtliche Mitteilungen bezieht, dagegen insoweit ihnen unterliegen, als sie andere Mitteilungen aufnehmen, und daß daher Druckschriften, welche amtliche und nichtamtliche Mitteilungen enthalten, bezüglich letzterer diesen Vorschriften nachkommen müssen. In dem Berichte der Kommission ist gesagt:

„Innerhalb der Kommission war kein Zweifel darüber, daß die Ausnahme der amtlichen Druckschriften von der Befolgung der allgemeinen Vorschriften der Preßgesetzgebung sich nur auf denjenigen Teil solcher Drucksachen erstrecken könne, welcher selber amtlicher Natur ist."

§ 13.

Die auf mechanischem oder chemischen Wege vervielfältigten periodischen Mitteilungen (lithographierte, autographierte, metallographierte, durchschriebene Korrespondenzen) unterliegen, soferne sie ausschließlich an Redaktionen verbreitet werden, den in diesem Gesetze für periodische Druckschriften getroffenen Bestimmungen nicht.

1. Die Motive des Regierungsentwurfs bemerken, daß mit dieser Bestimmung eine Streitfrage des preuß. Rechtes[165]) beseitigt werden solle. Es handelt sich hierbei zunächst um die sogen. lithographischen Landtagsberichte, die an allen Sitzungstagen erscheinen, Referate über die Verhandlungen und sonstige Landesangelegenheiten bringen und an alle Zeitungsredaktionen gegen ein bestimmtes Abonnement geliefert werden. Jeder Bericht wird auf lithographischem Wege vervielfältigt. Es entstand die Frage, ob diese Berichte den periodischen und politischen Zeitungen beizuzählen

164) Nicht hierher gehören Privatblätter, z. B. die von Privaten ausgehenden Kreisblätter, welche amtlichen Publikationen dienen.

165) Schwarck S. 52; Hartmann S. 54; ObTrib. Berlin in GA. Bd. 13 S. 577, 583. — Vgl. noch Liszt S. 21; Koller S. 89; Berner S. 244.

seien? Die Frage war wegen der Bestimmungen in den seitherigen Preßgesetzen über die Kautionspflicht wichtig, weil im Falle der Bejahung der Frage diese Pflicht auch die erwähnten Berichte umfaßte. Jetzt kommt dieser Gesichtspunkt nicht weiter in Betracht; vielmehr blieb für den Entwurf nur die Frage übrig, ob die Berichte den periodischen Druckschriften beizuzählen sind? Die Frage wird — mit Recht — verneint, da der Inhalt dieser Korrespondenzen ihrer Bestimmung gemäß erst durch die Zeitungen öffentlich bekannt wird und deshalb kein Bedürfnis anzuerkennen ist, sie den verschiedenen Ordnungsvorschriften über periodische Druckschriften (Benennung eines verantwortlichen Redakteurs, Hinterlegung eines Pflichtexemplars, Pflicht zur Aufnahme amtlicher Bekanntmachungen und Berichtigungszwang) zu unterwerfen. Diese Korrespondenzen treten an die Stelle einer Privatkorrespondenz mit den Redaktionen. Sie sind übrigens tatsächlich durchaus nicht auf Landtags- und Reichstagsberichte beschränkt, sondern bringen alles, was für Redaktionen zur Verwertung in ihren Blättern Interesse hat (Leitartikel, politische und Nachrichten von allgemeinem Interesse usw.).

2. Wenn sie auch nicht als periodische Druckschriften gelten, so fallen diese Korrespondenzen doch unter die Druckschriften überhaupt. Es gelten demnach für sie auch die Vorschriften des § 6 über Benennung des Druckers und Verlegers. Widerspruchsvoll ist es, wenn man zwar nur davon spricht, daß diese Korrespondenzen nicht zu den periodischen Druckschriften gehören (die Zugehörigkeit zu den Druckschriften überhaupt also nicht leugnet) und dann zur Begründung hervorhebt, daß sie nicht zur Verbreitung bestimmt seien[166]). Wäre letzteres richtig, so würden die Korrespondenzen überhaupt nicht zu den Druckschriften gehören, da nach § 2 diese begrifflich zur Verbreitung bestimmt sind. Daß sie zur Verbreitung bestimmt sind, folgt aber schon daraus, daß sie einem größeren, wenn auch nicht unbeschränktem Personenkreis, d. h. einer größeren Anzahl[167]) von Redaktionen, zugänglich sind[168]).

3. Das Gesetz erwähnt nur lithographierte, autographierte, metallographierte, durchschriebene, aber nicht gedruckte Korrespondenzen, und deshalb ist es zweifelhaft geworden, ob auch letztere hierher gehören. Die verneinende

166) Wie u. a. in der 1. und 2. Auflage dieses Kommentars geschehen ist; s. a. Berner S. 244; Liszt S. 22; Koller S. 90; wie hier Klöppel S. 185; Delius S. 48.

167) Nicht notwendig allen, wie für die Druckschrifteneigenschaft und damit die Anwendung des § 6 Liszt S. 22 und anscheinend auch Koller S. 90 verlangen.

168) Auch das Reichsgericht (**RGR.** Bd. 9 S. 578) rechnet die Korrespondenzen des § 13 zu den Druckschriften.

Ansicht (z. B. **RGE.** Bd. 11 S. 408) führt aus, daß durch die Aufzählung in Parenthese jede Ausdehnung auf andere Arten von Korrespondenzen habe ausgeschlossen werden sollen. Dagegen ist einzuwenden, daß in der Parenthese zwar wohl nicht lediglich Beispiele, aber doch nur die damals hauptsächlich üblichen Arten der Herstellung solcher Korrespondenzen enthalten sein sollten, und daß gerade gedruckte Korrespondenzen noch wenig üblich waren. Auf die Art der Herstellung kann hier nichts ankommen, das Hauptgewicht ist auf die Verbreitung ausschließlich an Redaktionen zu legen (KG. in Johow Bd. 5 S. 292; vgl. auch Klöppel S. 150).

§ 14[169]).

Ist gegen eine Nummer (Stück, Heft) einer im Auslande erscheinenden periodischen Druckschrift binnen Jahresfrist zweimal eine Verurteilung auf Grund der §§ 41 und 42 des Strafgesetzbuches erfolgt, so kann der Reichskanzler innerhalb zwei Monaten nach Eintritt der Rechtskraft des letzten Erkenntnisses das Verbot der ferneren Verbreitung dieser Druckschrift bis auf zwei Jahre durch öffentliche Bekanntmachung aussprechen.

Die in den einzelnen Bundesstaaten auf Grund der Landesgesetzgebung bisher erlassenen Verbote ausländischer periodischer Druckschriften treten außer Wirksamkeit.

1. Im Ausland erscheinen diejenigen periodischen Druckschriften, die in einem Ort außerhalb des deutschen Bundesgebietes verlegt und von der ausländischen Verlagsstelle aus verbreitet werden. Der Druckort ist gleichgültig (vgl. Bemerkungen zu § 6).

Bei den im Ausland erscheinenden Druckschriften mit strafbarem Inhalt kommen zunächst die allgemeinen Vorschriften und zwar wie bei den inländischen wegen der einzelnen Nummer, deren Inhalt strafbar ist, zur Anwendung.

Eine Ausnahme zuungunsten der ausländischen Druckschriften enthält § 14. Diese Ausnahme erstreckt sich nur auf die periodischen Druckschriften, beschränkt sich jedoch nicht auf einzelne Nummern der Druckschrift, sondern erstreckt sich auf alle in den nächsten zwei Jahren nach dem Verbot erscheinenden Nummern, und zwar ohne Rücksicht auf den Inhalt der einzelnen Nummer. Die Druckschrift in allen ihren Teilen unterliegt ohne Unterschied dem Verbote der ferneren Verbreitung. Auf diese Sondervorschrift bezieht sich die Strafandrohung in § 18 Ziff. 1 und wegen der Beschlag-

169) Berner S. 247; Liszt, § 31 ff.; Klöppel S. 245; Kayser S. 609 ff.; Thilo S. 48 ff.; Koller S. 91; Stenglein, NG. I, 307; Kah S. 100; Delius S. 48.

nahme die Bestimmung in § 23 Ziff. 1. Die polizeiliche Beschlagnahme der wider das Verbot verbreiteten Exemplare wird für zulässig erklärt[170]).

Man hat gesagt[171]), daß eine solche Druckschrift das Gastrecht in Deutschland verwirkt habe und daß der obersten Reichsbehörde das Recht zustehen müsse, einen Gast dieser Art auf einige Zeit aus dem deutschen Hause zu entfernen. Es sei dies ganz derselbe Fall, als wenn ein Ausländer durch Begehung eines Delikts das Recht zum ferneren Aufenthalt im Inlande verwirkt habe und demzufolge ausgewiesen werde[172]).

Das Programm der Zeitung ist einflußlos.

2. Das Verbot der Verbreitung wie die Bestrafung und die Beschlagnahme treffen nur die nach der Bekanntmachung des Verbots erscheinenden Nummern. Das Verbot ist nicht auf die früheren Nummern auszudehnen, auch wenn diese vielleicht erst nach dem Verbote verbreitet werden[173]). Denn es ist hier nicht der Inhalt der einzelnen Nummer und deren Strafbarkeit entscheidend, sondern nur das Verbot und die Zuwiderhandlung gegen das Verbot, das die fernere Verbreitung der Druckschrift untersagt.

Mit der Bestrafung der verbotswidrigen Verbreitung (§ 18 PreßG.) wird, wie gesagt, nur die Verbotsübertretung geahndet. Dagegen wird durch sie die etwaige Verfolgung und Bestrafung des strafbaren Inhalts der (verbreiteten) Nummer nicht berührt.

Inwieweit Reproduktionen, Bearbeitungen, Übersetzungen, Dramatisierungen usw. aus der

---

170) Es ist wohl ein Druckfehler, wenn bei Thilo S. 50 die gegenteilige Behauptung sich findet.

171) Gegen die Zulässigkeit eines solchen Verbots ist vielfach angekämpft worden. Vgl. Liszt, ÖsterrPrR. S. 45 f. Das neueste französische Gesetz Art. 14 läßt sowohl das Verbot der Verbreitung einer ausländischen Zeitschrift als einer einzelnen Nummer nach (Garraud S. 537).

172) Die Vorschrift des § 14 wurde bei der Diskussion im Reichstag in enge Beziehung zu der in § 31 vorgeschlagenen Ausnahmebestimmung bezüglich Elsaß-Lothringens gebracht und demgemäß die Abstimmung über § 14 bis zur Abstimmung über § 31 ausgesetzt; — der Reichstag nahm schließlich beide Paragraphen an.

173) Liszt S. 108. Selbst die Verbreitung der von den beiden Verurteilungen betroffenen Nummern kann nicht auf Grund des § 14 bestraft werden, vgl. noch Hartmann S. 298; a. M. **RGE.** Bd. 36 S. 408 und Stenglein, NG. I, 307. Das Verbot erstrecke sich nicht nur auf die nach dem Verbote erscheinenden Nummern, sondern überhaupt auf Verbreitung der Druckschrift; also auch auf schon vor dem Verbote erschienene Nummern (ebenso **RG.** 13. November 1903; Reger Bd. 25 S. 160).

verbotenen Druckschrift zugleich durch das Verbot getroffen werden, ist ebenfalls nach den allgemeinen Grundsätzen zu beurteilen[174]).

3. Das Verbot setzt die vorherige zweimalige, nach §§ 41, 42 StGB. erfolgte Verurteilung binnen Jahresfrist voraus, sonach zwei Verurteilungen, in denen auf Unbrauchbarmachung der periodischen Druckschrift erkannt wurde. Im Falle des § 41 wird daher die Verurteilung eines Beteiligten vorausgesetzt, ohne Unterschied jedoch, in welcher Form er sich an der inhaltlich strafbaren Druckschrift beteiligt hatte, so daß auch die Verurteilung des Verbreiters hinreicht. Endlich ist das Verbot auch dann zulässig, wenn die Verurteilung wegen Fahrlässigkeit nach § 21 PreßG. erfolgt ist[175]).

Die zweimalige Verurteilung setzt keineswegs voraus, daß bei der zweiten Verurteilung eine spätere Nummer der Zeitung, als bei der ersten Verurteilung vorgelegen hat (Rückfall); vielmehr genügt die Tatsache der zwei Verurteilungen[176]). Ebensowenig ist Bedingung, daß die beiden Verurteilungen schon binnen der geordneten Jahresfrist Rechtskraft erlangt haben; es genügt, daß zwei solche Verurteilungen binnen Jahresfrist erfolgt sind, die in den weiteren Instanzen nicht abgeändert worden sind. Auch die Tage, an denen die betreffenden Nummern erschienen, sind nicht maßgebend[177]). Vielmehr entscheidet lediglich die Tatsache, daß die Verkündungen beider Urteile in dasselbe Jahr gefallen sind.

Die Verurteilung muß zwei verschiedene Nummern betreffen[178]). Es kann der Fall wohl vorkommen, daß bei verschiedenen Beschuldigten dieselbe Nummer wiederholt den Gegenstand des Verfahrens bei verschiedenen Gerichten bildet und, obgleich der Ausspruch der Unbrauchbarmachung in einem Urteile für das gesamte Reichsgebiet wirksam ist, doch bei der Unkenntnis der Gerichte von der früheren Verurteilung der Ausspruch in zwei Urteilen erlassen wird.

Die vielfachen Meinungsverschiedenheiten, die sich an §§ 41, 42 knüpfen[179]), müssen hier übergangen werden.

4. Die Form der „öffentlichen Bekanntmachung" ist nicht bestimmt; sie wird im Reichsanzeiger zu erfolgen haben.

---

174) Liszt, ÖsterrPrG. S. 338.

175) Olshausen, Komm. zu § 41 StGB. N. 5. A. M. ist Francke in GA. Bd. 20 S. 20, der die Anwendbarkeit des § 41 auf vorsätzliche Delikte beschränkt.

176) Wie hier Thilo S. 48 Nr. 5; Klöppel S. 246; c. Berner S. 248; Koller S. 93; Liszt § 31, IV; Kayser S. 609; Delius S. 49.

177) Thilo S. 48; Liszt S. 107.

178) Thilo S. 48.

179) Vgl. bes. Olshausen, Komm. zu den §§ 41 und 42.

Das **Verbot** ist auf zwei Jahre **wirksam** und erlischt von selbst mit dem Ablaufe dieses Zeitraums. Selbstverständlich kann es vor Ablauf desselben zurückgenommen werden.

Das Verbot entzieht dem Herausgeber der Zeitung nicht das Recht, eine andere Zeitung herauszugeben und sie in Deutschland verbreiten zu lassen. Allein das Verbot kann auf diese neue Zeitung, ohne daß die besonderen Voraussetzungen des § 14 wieder vorhanden sind, erstreckt werden, wenn sie in Wahrheit nicht eine andere Zeitung ist. Die Wahl eines anderen Titels, eines anderen Formats, einer anderen Erscheinungszeit, eines anderen Redakteurs und ähnliche Änderungen begründen noch nicht die Annahme, daß die neue Zeitung auch eine andere sei und daher von dem Verbote nicht betroffen werde (hierzu zu vgl. **RGE.** Bd. 1 S. 11; **RGR.** Bd. 1 S. 66).

Mit dem Verbote der Verbreitung ist selbstverständlich die **Entziehung des Postdebits** verbunden; — § 3 RPostG. hat nur die im **Deutschen Reiche** erscheinenden politischen Zeitungen vor Augen.

§ 15.

In Zeiten der Kriegsgefahr oder des Krieges können Veröffentlichungen über Truppenbewegungen oder Verteidigungsmittel durch den Reichskanzler mittelst öffentlicher Bekanntmachung verboten werden.

1. Es sind hier nur die deutschen Interessen und die Truppen des Deutschen Reiches und seiner Verbündeten in Frage, nicht etwa die feindlichen Maßregeln. Das badische Gesetz § 9 sagte: „— Veröffentlichungen, welche die militärischen Interessen des Großherzogtums oder seiner Verbündeten gefährden —" (Sächs. Gesetz Art. 17)[180]).

Die Bestimmung lautet allgemein. Es macht daher keinen Unterschied, ob die Veröffentlichung eine direkte Mitteilung enthält oder ob sie z. B. einer ausländischen oder inländischen Zeitschrift entnommen ist[181]).

2. Kriegsgefahr oder Krieg. Kriegsgefahr liegt vor, wenn ein Krieg mit einer bestimmten auswärtigen Macht in naher Aussicht steht. Ob die Voraussetzungen zutreffen, entscheidet der Reichskanzler. Das Gericht hat im Strafverfahren nur die Tatsache des öffentlichen Verbots festzustellen, nicht aber auch darüber zu befinden, ob die Voraussetzungen zu demselben vorgelegen haben.

Krieg, Kriegszustand: nach der Kriegserklärung, oder nach Beginn der Feindseligkeiten, ohne eine solche.

---

180) In der Hauptsache ist § 15 eine Reproduktion des Bundesbeschlusses vom 6. Juni 1854. Vgl. noch **Berner** S. 250 ff.

181) **Marquardsen** S. 97; **Thilo** S. 50.

3. „Öffentliche Bekanntmachung“: vgl. Bem. zu § 14.

§ 16[182]).

Öffentliche Aufforderungen mittelst der Presse zur Aufbringung der wegen einer strafbaren Handlung erkannten Geldstrafen und Kosten, sowie öffentliche Bescheinigungen mittelst der Presse über den Empfang der zu solchen Zwecken gezahlten Beiträge sind verboten.

Das zufolge solcher Aufforderungen Empfangene oder der Wert desselben ist der Armenkasse des Orts der Sammlung für verfallen zu erklären.

1. Das Gesetz bedroht nur die „öffentlichen Aufforderungen“, läßt also Sammlungen usw. im Wege privater Vereinigung straffrei. Ebenso nur Aufforderungen usw. mittelst der Presse. Das Gesetz sieht in den öffentlichen Sammlungen einen Angriff auf das Ansehen und die Würde der Gesetze, sowie auf den Richterspruch, der durch die Sammlung nicht nur in seiner Wirkung vereitelt, sondern auch einer unberechtigten Kritik unterstellt werde[183]).

2. Die Strafbarkeit beginnt mit der Bekanntmachung der Aufforderung usw. selbst.

3. Auf die Buße leidet die Bestimmung nicht Anwendung, auch wenn man sie als Strafe ansieht[184]), da die Tendenz des Verbots sie nicht berührt (**RGE.** Bd. 26 S. 91).

4. „Öffentliche Aufforderung“. Die Aufforderung muß in einer Druckschrift erfolgen, die für das Publikum als solches, nicht aber etwa nur ausschließlich zur Verbreitung in einem nach Zahl und Individualität genau beschränkten Personenkreis bestimmt und nur in dieser Beschränkung verbreitet ist.

Daß die Druckschrift eine periodische ist, wird nicht erfordert.

Strafbar ist nur die öffentliche Aufforderung zur Bezahlung erkannter Geldstrafen und Kosten; d. h. die Aufforderung nach, nicht schon vor Erlaß des Urteils; doch ist das streitig (wie hier Liszt S. 169; Koller S. 102; c. Thilo S. 52 Anm. 5; Stenglein, NG. I, 308). Eine Wiederholung der Aufforderung nach dem Urteil ist strafbar.

182) Kayser S. 612; Thilo S. 51; Liszt S. 168; Heilborn S. 35; Koller S. 100; Stenglein, NG. I, 308; Klöppel S. 106; von Mangoldt S. 25; Kah S. 111; Delius S. 52.

183) Barth S. 46.

184) So Liszt S. 168. — Es mag noch hervorgehoben werden, daß § 16 nur von der Aufbringung einer Geldstrafe spricht, sonach Sammlungen zugunsten der notleidenden Familie des Verurteilten nicht ausschließt, soferne nicht mit ihnen eine Umgehung des Gesetzes beabsichtigt wird.

5. Zweifelhaft kann aber sein, ob auch ein bereits rechtskräftig gewordenes Urteil Voraussetzung der Strafbarkeit ist. Die Frage dürfte zu verneinen sein. Daß das Urteil nachher etwa aufgehoben wird, hebt die Strafbarkeit der Aufforderung nicht nachträglich wieder auf[185]).

6. Zu den Kosten gehören nur die Kosten, über welche wirklich erkannt ist, nicht aber auch andere pekuniäre Folgen des Verfahrens (s. **RGE.** Bd. 26 S. 91). Die Kosten der Vollstreckung einer Freiheitsstrafe fallen aber mit darunter, da sie auch infolge des Urteils von dem Verurteilten zu tragen sind und auf Grund desselben beigetrieben werden: überhaupt also die Kosten der Strafvollstreckung.

7. „Strafbare Handlung". Die von anderen Gesetzgebungen angenommene Beschränkung des Verbots auf die wegen eines Preßdelikts erkannten Strafen ist bereits in der Kommission, dagegen die Beschränkung in dem Vorschlage der Kommission auf „Verbrechen und Vergehen" im Reichstag abgelehnt worden (S. 438 f.). Die Allgemeinheit der Bestimmung „strafbaren Handlung" führt dahin, jede strafbare Handlung, auch die Übertretung einer polizeilichen Vorschrift, hierher zu rechnen.

8. „Öffentliche Bescheinigungen usw." Ein solcher Zusatz war bereits in der Kommission beantragt, daselbst aber von der Mehrheit abgelehnt worden; im Reichstag (S. 438) erachtete man dagegen diesen Zusatz als eine notwendige Vervollständigung.

9. Zu Abs. 2[186]). Einziehung. Es unterliegt nicht bloß das gesammelte, sondern auch das bereits dem Bedachten übergebene Geld der Einziehung.

Letzteres namentlich auch dann, wenn er es nicht von dem Sammler als Erlös der Sammlung empfangen hat, sondern wenn es ihm infolge des Aufrufs von Dritten unmittelbar gegeben worden ist[187]).

Gegenstand der Einziehung ist nicht bloß das Beigesteuerte, soweit es z. B. in denselben Geldstücken noch vorhanden ist, sondern auch, falls es in natura nicht mehr vorhanden ist

185) c. Delius S. 53, jedoch damit im Widerspruche, wie hier S. 54 Abs. 2.

186) Der Entwurf enthielt noch die Bestimmung: „Das zufolge solcher Aufforderungen Empfangene oder der Wert desselben ist dem Staate für verfallen zu erklären." Die Mehrheit der Kommission strich diesen Zusatz, weil er im Hinblick auf § 40 RStGB. überflüssig sei, dagegen wurde er in der jetzigen Fassung auf den Antrag des Abg. von Schwarze vom Reichstage (S. 439) wieder hergestellt.

187) So der Abg. v. Schwarze im Reichstag, s. die vorige Anmerkung.

oder nicht beigetrieben werden kann, der Wert, der von dem Richter, der das Urteil in der Hauptsache fällt, festzusetzen ist.

Das Empfangene bezieht sich nicht bloß auf Geld, sondern auf alle (geldwerten) Gegenstände, auch auf abgetretene Forderungen.

Wenn das Empfangene bereits an den Bedachten gelangt ist, so kann die Einziehung, die im Verfahren gegen denjenigen erkannt worden ist, der die öffentliche Aufforderung erlassen hat, nicht ohne weiteres auch gegen den Empfänger vollstreckt werden. Dieser muß in dem Falle vielmehr zum Verfahren zugezogen und mit seinen Einwendungen gehört werden.

10. Ist im Urteile versäumt worden, den Beschenkten zuzuziehen, so muß, um die Einziehung des Empfangenen oder des Wertes zu ermöglichen, ein besonderes Verfahren stattfinden, zu welchem er zuzuziehen und mit seinen Einwendungen zu hören ist (s. a. Löwe, StPO. Einleitung zu Buch VI Abschn. 5).

Aus dem Gesagten geht hervor, daß die Einziehung überhaupt nicht notwendig in dem nach § 18 ergehenden Strafurteil erfolgen muß[188]), sondern auch selbständig ausgesprochen werden kann[189]).

11. Der Armenkasse des Ortes der Sammlung oder der Armenkasse der Orte der Sammlung, soferne mehrere in Betracht kommen.

12. Die besonderen landesgesetzlichen Vorschriften über die Veranstaltung öffentlicher Sammlungen usw., insbesondere über die polizeiliche Erlaubnis zu solchen Sammlungen, werden durch das Reichsgesetz nicht berührt.

13. Strafbestimmung s. § 18 Nr. 1.

Über Konkurrenz mit dem Vergehen aus § 257 StGB. s. § 18.

§ 17.

Die Anklageschrift oder andere amtliche Schriftstücke eines Strafprozesses dürfen durch die Presse nicht eher veröffentlicht werden, als bis dieselben in öffentlicher Verhandlung kundgegeben worden sind oder das Verfahren sein Ende erreicht hat.

1. In den Motiven des Regierungs-Entwurfs findet sich folgende Ausführung:

> Die hier getroffenen Bestimmungen, welche in ähnlicher Art anderwärts teils in Preßgesetzen, teils in Strafprozeßordnungen sich vorfinden[190]), sollen die Unbe-

188) Wie anscheinend Koller S. 103 annimmt.

189) Nach § 477 StPO.

190) Sie sind der Vorschrift in Art. 10 FranzPrG. vom 27. Juli 1849 nachgebildet, woselbst gesagt ist: „il est interdit, de publier les actes d'accusation et aucune acte de procédure

fangenheit der bei Strafverhandlungen beteiligten Personen schützen.

Durch die Fassung des (2.) Absatzes ist Vorsorge getroffen, daß schon während des Ganges einer auf Tage oder Wochen sich erstreckenden Verhandlung der Presse die Erstattung vollständiger Referate möglich gemacht ist. Selbstverständlich bezieht sich die Bestimmung nur auf außeramtliche Veröffentlichungen, und die landesrechtlichen Vorschriften über Bewahrung des Amtsgeheimnisses und über Erteilung der Erlaubnis von seiten öffentlicher Behörden zur Veröffentlichung amtlicher Schriftstücke der hier fraglichen Art bleiben unberührt.

Hierzu bemerkt Ebner (S. 55), daß der Zweck durch die Vorschrift nicht erreicht wird, weil eine Übersicht über den Tatbestand auch ohne Verletzung von § 17 gegeben werden könne und der Versuch einer Beeinflussung der Richter sich überhaupt nicht verhindern lassen werde. Dies ist zuzugeben. Er hält demgemäß den § 17 für überflüssig. Dem kann nicht beigetreten werden. Es ist etwas anderes, ob eine solche Übersicht oder ob Schriftstücke aus den Akten veröffentlicht werden. Daß nach Kundgebung der Schriftstücke in der öffentlichen Verhandlung die Justizbehörden den Gerichtsberichterstattern Anklageschrift und sonstige Schriftstücke aus den Akten zur Veröffentlichung zugängig machen sollten, ist ein heute vielgehörter Wunsch, den auch Ebner vertritt. Manche unliebsamen Mängel der heutigen Berichterstattung würden sich vermeiden lassen.

Es ist bezeichnend, daß das Reichsgesetz die Veröffentlichung gestattet, sobald die Kundgebung der betreffenden Schriftstücke in der öffentlichen Sitzung stattgefunden hat, wogegen in anderen Gesetzgebungen als maßgebender Zeitpunkt der Schluß der mündlichen Verhandlung angenommen wurde, so daß z. B. im Falle der Vertagung einer Verhandlung auf einen späteren Termin auch die bereits verlesenen Schriftstücke erst nach dem Schlusse der (vertagten) Verhandlung veröffentlicht werden durften, wie dies z. B. wiederholt in der preußischen Praxis entschieden wurde[191]), wogegen es zweifelhaft war, ob dies auch von dem Falle gelte, wenn zwar die Verhandlung selbst geschlossen, die Urteilsverkündung aber ausgesetzt worden war[192]).

---

criminelle avant qu'ils aient été lus en audience publique". Über die Bedenken gegen § 17 vgl. Berner S. 260 f.

Der Entwurf enthielt noch die Bestimmung in § 18 (jetzt § 17): „Die Namen der Geschworenen und Schöffen dürfen in Zeitungen nur bei der Mitteilung über die Zusammensetzung des Gerichts genannt werden."

Die Kommission lehnte diese Bestimmung ab; vgl. noch die Erklärung des Referenten Abg. Marquardsen S. 455.

191) Vgl. GA. Bd. 3 S. 827, Bd. 14 S. 837.

192) Vgl. GA. Bd. 15 S. 334, Bd. 17 S. 854.

2. Das Gesetz spricht von Kundgeben, nicht von Vorlesen der Schriftstücke. Der Begriff des „Kundgebens“ ist weiter als Vorlesen, jedoch auch nicht gleichbedeutend mit Erwähnen, Erörtern, Besprechen. Wie das Reichsgericht ausgeführt hat, liegt die Kundgebung eines Schriftstücks in der Hauptverhandlung abgesehen von der eigentlichen Vorlesung dann, aber auch erst dann vor, wenn der Inhalt des Schriftstücks als solcher in prozeßordnungsmäßiger Weise, d. h. durch den Vorsitzenden selbst oder mit dessen Zulassung in der Sitzung den Beteiligten mitgeteilt, zur Kenntnis gebracht wird (RGE. Bd. 28 S. 411 und 416; vgl. GA. Bd. 44 S. 55 und Bd. 55 S. 110).

Das unter Ausschluß der Öffentlichkeit Verhandelte ist nicht kundgegeben (RGE. Bd. 15 S. 253).

Heute wird die Anklageschrift überhaupt nicht mehr verlesen; insoweit hat § 17 die Bedeutung verloren. Unter Kundgebung der Anklageschrift ist die Mitteilung des ganzen Inhalts der Anklageschrift in unveränderter Form zu verstehen. Daß eine solche heute überhaupt nicht mehr stattfindet, ist aber unerheblich. Es ist gleichgültig, ob die Veröffentlichung sich als eine solche der Anklageschrift äußerlich kennzeichnet, wenn nur der Inhalt erkennbar dem der Anklageschrift entspricht (RG. 4. November 1907; DJZ. Bd. 13 S. 307).

Die Tendenz der Vorschrift[193]), „die Unbefangenheit der bei Strafverhandlungen beteiligten Personen zu schützen“, bezieht sich nicht bloß auf die Geschworenen und die Schöffen, sondern auch auf die Zeugen. Denn auch diese werden durch Kenntnisnahme von dem Inhalte der übrigen Zeugenaussagen in ihrer Aussage leicht voreingenommen und verleitet, aus Mißtrauen gegen sich und die Sicherheit ihrer Wahrnehmungen ihre eigenen Aussagen zu berichtigen. Das Gebot, daß der Zeuge in der Hauptverhandlung bei der Abhörung vor ihm vernommener Zeugen nicht zugegen sei, ist dem gleichen Motiv entsprungen. Ebenso die in den meisten Gesetzgebungen bestehende Vorschrift, bezw. in der Praxis früher gültige Rechtsübung, die Anklage erst nach dem Abtreten der Zeugen zu verlesen. Die Bestimmung ist endlich durch die Gefahr geboten, daß die vorzeitige Kenntnisnahme Verwandte und Freunde des Angeklagten zu Einwirkungen auf die Zeugen und zur Herbeischaffung falscher Beweismittel verleitet.

3. Strafprozeß. Da das Gesetz von Strafprozessen schlechthin spricht, so ist keine Art derselben, also auch nicht das Strafverfahren wegen Übertretungen auszunehmen, wie dies z. B. in dem französischen Gesetze vom 29. Juli 1881 § 5 Art. 38

193) Berner S. 258 f. und das. d. Reichstagsverhandlungen.

geschieht. Bei dem Worte „Strafprozeß" ist streitig geworden, wann von einem solchen gesprochen werden könne. Die Erklärung muß seit dem 1. Oktober 1879 aus den Bestimmungen der RStPO. versucht werden. Berner § 95 Abs. 1 (S. 263); Liszt § 46 IV (S. 171); Marquardsen[194]) S. 102; Koller S. 107; Heilborn S. 37 sind der Meinung, daß erst mit der Erhebung der öffentlichen Klage von einem Strafprozesse geredet werden könne, sei es daß die öffentliche Klage mit dem Antrag auf Voruntersuchung oder ohne Voruntersuchung lediglich auf Grund des Ermittelungsverfahrens mit dem Antrag auf Eröffnung des Hauptverfahrens erhoben sei. Wenn man sich aber für diese Ansicht auf § 151 StPO. beruft, so ist das verfehlt. § 151 bestimmt nur, daß die Eröffnung einer gerichtlichen Untersuchung durch die Erhebung einer Klage bedingt ist. Die Begriffe Strafprozeß und gerichtliche Untersuchung sind aber nicht identisch.

Von einem Prozesse kann man schon da sprechen, wo Prozeßbeteiligte und ein Gegenstand des Prozesses vorhanden sind und wo über den Gegenstand des Prozesses unter den Beteiligten in einer von dem Gesetze geregelten Weise gestritten wird; ob der Prozeß, wie es zwar im allgemeinen üblich ist, mit einer Klage begonnen hat, ist für den Begriff nicht wesentlich; vielmehr sind die gesetzlichen Vorschriften für den Begriff des Prozesses maßgebend. Die StPO. gestattet ein staatsanwaltschaftliches Ermittelungsverfahren, es gestattet auch den Organen der Polizei, gewisse zur Aufklärung des Sachverhältnisses erforderliche Handlungen selbständig vorzunehmen. Man wird deshalb zwar dann noch nicht von einem „Strafprozesse" reden können, wenn lediglich formlose Ermittelungen im Gange sind, die noch keine bestimmte Gestalt gewonnen haben, wohl aber auch vor Erhebung der öffentlichen Klage schon dann, wenn das staatsanwaltschaftliche oder polizeiliche Ermittelungsverfahren der Art eine feste Gliederung gewonnen hat, daß man darin Prozeßbeteiligte und einen erkennbaren Gegenstand der Beschuldigung wahrzunehmen vermag (so **RGE.** Bd. 22 S. 273; vgl. auch Stenglein, RG. I, 308; von Mangoldt S. 26; Klöppel S. 197; Kayser S. 616). Daß der Beschuldigte bereits dem Namen nach bekannt oder schon vernommen ist oder etwas zu seiner Verteidigung getan hat, ist nicht erforderlich. Steht die Begehung eines Verbrechens objektiv fest, so richtet sich die Untersuchung gegen den (vielleicht noch unbekannten) Täter, er ist ein wenn auch noch nicht in

---

194) Berner und Marquardsen stehen auf dem Standpunkte vor der Geltung der RStPO.

Aktion getretener Prozeßbeteiligter. Ein gerichtliches Augenscheins- oder Sektionsprotokoll ist dann unzweifelhaft Bestandteil eines Strafprozesses, auch wenn noch nach der Person des Täters gefahndet wird. Im Ermittelungsverfahren ist außerdem dieselbe Gefahr vorhanden, daß durch vorzeitige Veröffentlichung amtlicher Schriftstücke die Erforschung der objektiven Wahrheit erschwert wird, wie im gerichtlichen Verfahren. Gerade durch Verdunkelung des Sachverhältnisses im Vorverfahren kann ein nicht wieder gut zu machender Schaden entstehen[195]).

Ob ein Strafprozeß vorliegt, muß eine Frage der tatsächlichen Feststellung im einzelnen Falle sein, und es ist zuzugeben, daß die Grenzen flüssige sind und deshalb zweifelhaft werden können. Unter einem Strafprozeß ist nur ein mit einer Kriminalsache sich beschäftigendes Verfahren zu verstehen: disziplinare, ehrengerichtliche und administrative Untersuchungen (z. B. auch wegen Steuerübertretungen durch die Verwaltungsbehörden bis einschließlich zum Erlaß eines Strafbescheides der Verwaltungsbehörde) gehören nicht dazu (s. a. **RGE.** Bd. 3 S. 42; **RGR.** Bd. 2 S. 444). Dagegen gehört zu den Strafprozessen im Sinne des § 17 auch das polizeiliche Ermittelungsverfahren, welches zum Zwecke des Erlasses einer polizeilichen Strafverfügung eingeleitet wird, sobald es die oben (S. 90) erwähnte Gestaltung angenommen hat, sowie die polizeiliche Strafverfügung selbst (**RGE.** Bd. 28 S. 141), da auch dieses Verfahren, wenigstens im gewissen Umfang in der Strafprozeßordnung (§§ 453 ff.) seine Regelung gefunden hat, vom Gesetze selbst also dem Strafverfahren zugezählt wird. Auch das objektive Verfahren nach § 42 StGB. ist als Strafprozeß anzusehen; der Rechtsirrtum hierüber schützt den Angeklagten nicht (**RGE.** Bd. 44 S. 281).

Daß das Verfahren, welches zu einem richterlichen Strafbefehle führt, einen Strafprozeß darstellt, ist selbstverständlich.

4. Die Grenze für den Begriff der amtlichen Schriftstücke ist sehr zweifelhaft. Negativ ist jedenfalls festzustellen, daß hierher nicht nur die von Behörden und Beamten in ihrer amtlichen Eigenschaft verfaßten Schriftstücke gehören. Auf die Urheberschaft des Schriftstücks kommt nichts an. Weiter wird nicht jedes von einer Privatperson zu den Akten eines schwebenden oder in der Entstehung begriffenen Strafprozesses eingereichtes und deshalb, vielleicht lediglich infolge der vorgeschriebenen bureaumäßigen Behandlung, zu

---

195) Man hat wohl gemeint, die Fassung des Gesetzes: „die Anklageschrift ..... eines Strafprozesses“ spreche dafür, daß das Gesetz erst die Veröffentlichungen nach Erhebung der Anklage treffen wolle. Dieser Schluß entbehrt jedoch jeder Begründung.

den Akten genommenes Schriftstück, dadurch zu einem amtlichen im Sinne dieses Gesetzes. Man wird vielleicht zutreffend das amtliche Schriftstück als ein solches bezeichnen, welches zur amtlichen Verwendung in einem Strafprozesse bestimmt ist. Für Privatschriften und Eingaben aller Art ist dabei die unerläßliche Vorbedingung, daß sie zu den Akten gebracht sind. Solange sie nichts anderes als Privatschriften sind, entbehren sie jeglichen amtlichen Charakters, auch wenn sie von einem bei dem Verfahren Beteiligten für die Zwecke des Verfahrens verfaßt sind.

Im einzelnen ist hiernach zu bemerken:

a) Die schriftliche Anzeige wegen einer strafbaren Handlung ist einstweilen kein amtliches Schriftstück eines Strafprozesses, auch wenn sie von einer Behörde oder einem Beamten ausgeht, sie wird es erst dadurch, daß der zuständige Beamte (Staatsanwalt usw.) mit einer Verfügung, aus der die Einleitung eines Ermittelungsverfahrens hervorgeht, das Schriftstück weitergibt oder selbständig daraufhin Ermittelungen vornimmt; denn damit ist erst ein Strafprozeß vorhanden (s. o. S. 90). Dagegen sind amtliche Schriftstücke eines Strafprozesses bereits die von der Polizei bei der Staatsanwaltschaft eingehenden Ermittelungsverhandlungen (Anzeige, Niederschrift über das Ergebnis von Recherchen, Protokolle über Zeugenvernehmungen, Leumundsberichte enthaltend), da diese nach dem oben S. 90 Gesagten selbst schon die Akten eines Strafprozesses darstellen und nicht erst durch das weitere staatsanwaltliche oder gerichtliche Verfahren dazu gemacht werden (vgl. auch **RGE.** Bd. 22 S. 273).

b) Amtliche Schriftstücke eines Strafprozesses sind ferner Augenscheins- und Sektionsprotokolle, Protokolle über die Vernehmung von Zeugen und Sachverständigen, Leumundsberichte und Vorstrafenverzeichnisse; Anträge der Staatsanwaltschaft und die gerichtlichen Entscheidungen; ebenso Verfügungen der mit der Untersuchung befaßten Behörden in derselben.

c) Ebenso und zwar, auch wenn sie noch nicht zu den Akten selbst gelangt sind, müssen den amtlichen Schriftstücken beigezählt werden, alle auf Grund eines Requisitionsschreibens zu der betreffenden Untersuchungssache gehörigen schriftlichen Verhandlungen anderer Behörden. Das Ersuchungsschreiben stellt einen Teil der Strafprozeßakten dar, und die dazu aufgenommenen amtlichen Verhandlungen bilden auch noch in der Hand der ersuchten Behörde einen Teil des Strafprozesses.

d) Schriftliche zu den Akten gebrachte Gutachten sind jedenfalls dann amtliche Schriftstücke eines Strafprozesses, wenn das Gutachten auf Erfordern des mit der Untersuchung befaßten Beamten eingereicht ist (s. a. **RGE.** Bd. 9 S. 193; **RGR.** Bd. 5 S. 493 und Bd. 9 S. 193). Zu den Akten gebracht ist aber das Gutachten z. B. auch schon dann, wenn es mit den Untersuchungsakten sich nach der Fertigstellung noch in der Wohnung des Sachverständigen befindet, denn das Gutachten wird zu den Akten erklärt. Davon wird der Fall zu unterscheiden sein, wenn der Sachverständige zur Vorbereitung seines demnächst zu Protokoll zu gebenden Gutachtens sich eine private schriftliche Ausarbeitung macht. Doch wird auch diese zu einem amtlichen Schriftstücke, wenn sie nachher, z. B. als Anlage zum Protokolle, zu den Akten gegeben ist.

e) Zweifelhaft erscheint, in welchem Umfange die zu den Akten eines schwebenden Strafverfahrens gebrachten Eingaben des Beschuldigten, des Verletzten, des Verteidigers und anderer Personen amtliche Schriftstücke eines Strafprozesses sind. Man wird die Frage aber lediglich dahin beantworten, daß sie ihrem Inhalte nach auf den Gegenstand der Untersuchung irgend welche Beziehung haben müssen; denn nur dann sind sie als zur amtlichen Verwendung in dem Strafprozesse bestimmt anzusehen. Hierher gehören: Beweisanträge, Anträge auf Ablehnung einer Gerichtsperson, Verteidigungs- und Rechtsmittelschriftsätze, auch Telegramme usw. (vgl. **RGE.** Bd. 35 S. 275).

Daß der § 17 alle gerichtlichen Aktenstücke in einem Strafprozeß ohne Ausnahme umfasse, ist in der Allgemeinheit nicht zuzugeben, ebensowenig, daß auf den Inhalt der Schriftstücke überhaupt nichts ankomme.

Dagegen kommt es auf das Maß der Erheblichkeit des Inhalts für die Untersuchung nicht an (z. B. sind auch Protokolle über Zeugenvernehmungen mit unerheblichem Ergebnisse trotzdem von der Veröffentlichung ausgeschlossen). Es genügt, daß die Schriftstücke sich auf das sachliche Gebiet des Strafverfahrens beziehen, mit der Frage der Schuld oder Nichtschuld eines Beschuldigten im Zusammenhange stehen, über eine Spur der Täterschaft, wenn auch negativ sich auslassen. Hierher gehören auch die Entscheidungen des Gerichts, die den Gang des Verfahrens betreffen (Beschlüsse über Verhaftung, Haftentlassung, Beschlagnahme, Anordnungen oder Ablehnungen von Beweiserhebungen usw.) — **RG.** GA. Bd. 44 S. 55 — dagegen ist es irrtümlich, einen Unterschied daraus zu entnehmen, ob das betreffende Schriftstück wirklich geeignet war, die Unbefangenheit der bei der Strafsache irgendwie beteiligten Personen, namentlich der Richter, Sachverständigen und Zeugen, zu beeinträchtigen oder nicht. Wenn daher die zit. **RGE.** erwähnt, die vorzeitige Veröffentlichung „des Beschlusses" (betr. Ablehnung der beantragten Haftentlassung) würde sich möglicherweise als geeignet erwiesen haben, die

Unbefangenheit der bei dem Strafprozesse beteiligten Personen zu beeinträchtigen, und dies zur Anwendung der §§ 17, 19 RPrG. für ausreichend erachtet, so darf diese Begründung doch nicht dahin verstanden werden, als wenn das als eine Voraussetzung für die Anwendung des Gesetzes hingestellt wäre. Wenn es auch der Zweck des § 17 ist, die Unbefangenheit der bei den Strafsachen Beteiligten zu schützen, so würde es doch zuweit führen, eine derartige Prüfung in jedem einzelnen Falle zu verlangen, oder, besser gesagt, praktisch undurchführbar sein, eine solche Prüfung dem Redakteur, der ein Aktenstück veröffentlichen will, zuzumuten und danach eventuell den dolus zu bestimmen. Das Motiv der gesetzlichen Bestimmung hat in dieser selbst keinen Ausdruck gefunden.

Ebenso ist es unerheblich, ob die Schriftstücke zur Vorlesung oder sonstigen Kundmachung in der Hauptverhandlung kommen können oder davon ausgeschlossen sind (s. **RGE.** Bd. 9 S. 193; **RGR.** Bd. 5 S. 493).

Nicht zu den amtlichen Schriftstücken, deren Veröffentlichung untersagt ist, gehören dagegen zweifellos die Verhandlungen, die nur gelegentlich eines Strafprozesses zu den Akten gelangen, aber zur amtlichen Verwendung in demselben eigentlich nicht bestimmt sind, nämlich die Verhandlungen über irgend welche zufällig entstehende Streitpunkte, z. B. über die Höhe der Gebühren eines Zeugen oder Sachverständigen u. dgl.

In § 17 wird die Veröffentlichung der Anklageschrift besonders erwähnt. Daß gegenwärtig die Anklageschrift in der Hauptverhandlung nicht verlesen wird (StPO. § 242), hat auf das Verbot des § 17 keinen Einfluß, wie dieser Umstand auch das Motiv des § 17 nicht berührt.

5. Es macht aber keinen Unterschied[196]), ob das Schriftstück in voller Ausdehnung oder nur auszugsweise veröffentlicht wird; auch auf den Auszug leidet die Wortfassung wie das Motiv des Gesetzes Anwendung[197]). Ebenso würde die Veröffentlichung des Inhalts unter § 17 fallen, auch wenn die Wiedergabe des Inhalts nicht wortgetreu erfolgte; es bleibt eine Veröffentlichung des Inhalts[198]).

Der § 17 enthält aber kein absolutes Schweigegebot über alle Vorgänge, welche inhaltlich Gegenstände eines Strafprozesses gewesen sind. Es gehört also nicht hierher die Veröffentlichung von Tatsachen, deren Kenntnis zwar

---

196) Für das folgende vgl. auch Klöppel S. 197 ff.; Koller S. 109; Stenglein, NG. I, 308.

197) S. a. **RGE.** Bd. 14 S. 342; **RGR.** Bd. 8 S. 570.

198) **RGR.** Bd. 7 S. 214, Bd. 9 S. 193; **RGE.** Bd. 22 S. 273; Bd. 26 S. 79; Bd. 28 S. 416.

den amtlichen Urkunden entstammt, deren Dasein jedoch auch unabhängig ist von den darüber aufgenommenen Verhandlungen (RGE. Bd. 22 S. 273) oder deren Veröffentlichung nach Form und Inhalt nicht die Veröffentlichung der amtlichen Urkunde, wie sie oben charakterisiert ist, darstellt.

Die Veröffentlichung kann auch durch eine Kritik erfolgen, wenn dabei der Inhalt einer amtlichen Urkunde ganz oder teilweise, eventuell wenigstens in einzelnen Sätzen, bekannt gegeben wird (vgl. RGE. Bd. 26 S. 79; RGR. Bd. 7 S. 214).

Ob eine solche nur teilweise Wiedergabe nach Art und Umfang als eine Veröffentlichung der Anklageschrift usw. im Sinne des § 17 anzusehen ist, unterliegt der tatsächlichen Prüfung, für die auch der Umstand sehr wohl in Betracht kommen kann, daß der veröffentlichte Auszug usw. sich dem Leser unmittelbar als Teil der Anklageschrift darstellt oder daß dies nicht der Fall ist. Dagegen kann diese Erkennbarkeit keineswegs in jedem Falle die Voraussetzung dafür bilden, daß das Tatbestandsmerkmal einer Veröffentlichung der Anklageschrift vorhanden ist. Vielmehr wird es Sache der Prüfung im einzelnen Falle sein, ob eine unzulässige Veröffentlichung vorliegt, obgleich jene Erkennbarkeit fehlt[199]).

Allein immerhin muß die Veröffentlichung eine solche Mitteilung aus der Anklageschrift oder sonstigen amtlichen Urkunden selbst enthalten. So ist die Bestimmung nicht angewendet worden (OLG. Dresden), als eine Zeitung die Notiz brachte, daß A. wegen des und des Verbrechens nach § ..... StGB. zur Hauptverhandlung verwiesen worden. Dem Wortlaute nach entsprach die Notiz genau dem Antrage des Staatsanwalts in der Anklageschrift; allein sie konnte um so weniger als ein Auszug aus der Anklageschrift angesehen werden, als sie nichts mehr enthielt als der Gerichtsanschlag, in welchem die Hauptverhandlung bekannt gemacht worden war.

Ferner findet (nach dem oben Ziff. 4 Gesagten) § 17 nicht Anwendung, wenn die Veröffentlichung der Abschrift eines erst zur Einreichung zu den Akten bestimmten Schriftstücks entnommen ist, auch wenn letzteres demnächst zu einem amtlichen Schriftstücke geworden ist (s. RGE. Bd. 25 S. 330).

Es ist ferner hervorzuheben, daß das Verbot sich auf jede Veröffentlichung durch die Presse bezieht, und nicht auf Zeitungen und Zeitschriften beschränkt ist.

Jede Veröffentlichung ist selbständige Verbotsübertretung; deshalb Wiederholung, selbst gleichlautend, erneut zu bestrafen (RGE. Bd. 14 S. 342).

---

199) RGR. Bd. 7 S. 214; RGE. Bd. 28 S. 416.

6. Das Verbot bleibt solange wirksam, bis das Schriftstück in öffentlicher Verhandlung kundgegeben worden und so zu allgemeiner Kenntnis gelangt ist oder das Verfahren sein Ende erreicht hat[200]). Tritt die Vornahme einer prozessualen Handlung an die Stelle jener Kundgebung, so gilt dasselbe; z. B. so kann das Zeugenprotokoll veröffentlicht werden, soweit dasselbe durch die Abhörung des Zeugen dem Inhalte nach kundgegeben ist[201]).

Alle Schriftstücke, die in einer öffentlichen Verhandlung zur Kundgebung nicht gelangt sind, dürfen erst veröffentlicht werden, wenn das Verfahren sein Ende erreicht hat; also auch nicht die Zeugenprotokolle, wenn auf Vernehmung der Zeugen verzichtet wurde! Ebenso dürfen, wenn die Verhandlung selbst eine nicht öffentliche gewesen, z. B. alle Schriftstücke erst nach Beendigung des Prozesses veröffentlicht werden. Es fehlt bei ihnen das Moment, daß sie bereits zur öffentlichen Mitteilung durch das Gericht gelangt waren. Dieses Motiv des Gesetzes führt andererseits zu der Auffassung, daß bei teilweiser Öffentlichkeit einer im übrigen geheimen Verhandlung für die im öffentlichen Verfahren kundgegebenen Schriftstücke auch das Moment der Öffentlichkeit wieder maßgebend ist. So wird das in der Öffentlichkeit der Sitzung verkündete Urteil der geheimen Verhandlung alsbald weiter bekannt gegeben werden können.

Im übrigen aber lauten die Schlußworte des § 17 ebenso allgemein als bestimmt.

Thilo S. 58 Anm. 12 und v. Mangoldt zu § 17 Note 5 sind der Ansicht, daß der Ausdruck öffentliche Verhandlung nicht den Gegensatz zur Verhandlung unter Ausschluß der Öffentlichkeit, zur geheimen Verhandlung ausdrücken solle, sondern für mündliche Verhandlung im Gegensatze zum schriftlichen Verfahren stehe. Sie begründen ihre Meinung damit, daß § 17 zu einer Zeit erlassen sei, zu der es in einzelnen Teilen Deutschlands noch geheimes, schriftliches Verfahren gab, daß daher die öffentliche Verhandlung das Kriterium des mündlichen Verfahrens im Gegensatze zum schriftlichen gewesen sei, daß der Grund des Gesetzes, die Unbefangenheit der Beteiligten zu schützen, ebenso entfalle, wenn das Schriftstück in geheimer, als wenn es in öffentlicher Verhandlung kundgegeben sei, daß endlich eine in allen Teilen geheime Verhandlung nicht mehr bestehe, da das Urteil jedenfalls in öffentlicher Sitzung verkündet werden müsse. Die Entstehungsgeschichte der Worte

---

200) Das französische Recht kennt nur den ersterwähnten Zeitpunkt. Der zweite Zeitpunkt ist bei der Beratung des preuß. Gesetzes durch Beschluß des Landtags eingeschaltet worden (vgl. Hartmann S. 248 f).

201) Liszt S. 171; Marquardsen S. 103.

„in öffentlicher Verhandlung“ widerspricht dieser Ansicht. Im Preuß. Preßgesetze lautete, wie oben erwähnt, die entsprechende Vorschrift „bevor die mündliche Verhandlung stattgefunden“. Der Ersatz des Wortes mündliche durch öffentliche ist offenbar absichtlich erfolgt, da schon zur Zeit des Erlasses RPrG. in den meisten deutschen Staaten mündliche öffentliche und mündliche Verhandlungen mit Ausschluß der Öffentlichkeit, sei es als Hauptverhandlung in unserem heutigen Sinne oder als Schlußverhandlung, stattfanden.

Daß der Ausdruck „öffentliche“ im Gegensatze zu der unter Ausschluß der Öffentlichkeit stattfindenden Verhandlung zu verstehen ist, ergibt auch die Tendenz der Vorschrift. Was einmal in öffentlicher Verhandlung vorgekommen ist, wird damit allgemein bekannt, anders dagegen, wenn die Verhandlung eine geheime, nicht öffentliche war. —

Über Beschränkung der Berichterstattung aus nicht öffentlichen Gerichtsverhandlungen s. das Reichsgesetz vom 5. April 1888, betr. die unter Ausschluß der Öffentlichkeit stattfindenden Gerichtsverhandlungen unten in dem Abschnitte zu Ziff. 9: Berichte über Gerichtsverhandlungen.

7. Was heißt nun: „sein Ende erreicht hat“? Damit ist die Beendigung des Verfahrens gemeint, und zwar die nicht mehr anfechtbare, die rechtskräftige[202]). Diese Bemerkung bezieht sich selbstverständlich nur auf die Fälle der zweiten Kategorie, — nicht also auf die, in denen das Schriftstück in öffentlicher Verhandlung kundgegeben worden. So wird durch den Beschluß auf Außerverfolgsetzung, gegen den die Staatsanwaltschaft nach § 209 StPO. sofortige Beschwerde einlegen kann, das Verfahren noch nicht mit der Bekanntmachung des Beschlusses beendet[203]). Dasselbe gilt von den Urteilen, gegen welche noch ein Rechtsmittel zulässig ist. Denn die Gründe, die für das Verbot in erster Instanz sprechen, leiden gleiche Anwendung auf die Verhandlung in den späteren Instanzen. Man kann gegen diese Ansicht auch nicht anführen, daß das Verfahren in erster Instanz beendigt sei und gleichsam in zweiter Instanz wieder anfange[204]), oder daß wenigstens

---

202) Diese Ansicht ist von v. Kerstorff in der Zeitschr. d. Anwaltvereins f. Bayern Bd. 16 Nr. 24 angefochten worden. Er übersieht, daß bei der in der öffentlichen Verhandlung erfolgten Kundgebung die Instanzenfrage nicht in Betracht kommt, während in den übrigen Fällen das Schriftstück nicht zur öffentlichen Kenntnis gelangt und, nach Befinden, erst in zweiter Instanz kundgegeben wird. — Übereinstimmend wie hier, jetzt **RGE.** Bd. 28 S. 411; Bd. 35 S. 275.

203) ObTrib. Berlin in GA. Bd. 18 S. 331.

204) Über die Revisionsinstanz vgl. Marquardsen S. 104; vgl. noch Kayser S. 616.

die Veröffentlichung dann erlaubt sei, wenn das Urteil nur noch mit der Revision anfechtbar sei, weil in der Revisionsinstanz nur über Gesetzesverletzungen geurteilt werde, die tatsächliche Feststellung aber nicht mehr angefochten werden könne. Durch das Revisionsgericht kann aber das angefochtene Urteil aufgehoben und zur nochmaligen Verhandlung zurückverwiesen werden.

Es ist auch die Meinung vertreten[205]), die Worte: „oder das Verfahren sein Ende erreicht hat" seien auszulegen mit: „oder das Verfahren auf andere Weise vor der mündlichen Verhandlung sein Ende erreicht hat." Dieser Zusatz „vor der mündlichen Verhandlung" ist aber gänzlich willkürlich; er kann weder durch die Entstehungsgeschichte (so Koller und Delius) noch durch den Sinn und Zweck der Bestimmung gerechtfertigt werden. Die Gesetzesworte lassen keine andere Erklärung zu, als die, daß die Veröffentlichung nur nach der Beendigung des Verfahrens erfolgen darf. Diese Beendigung bestimmt sich nach dem Prozeßrecht und begreift jede Art der endgültigen Erledigung; im Fall ein Urteil gesprochen ist, den Augenblick seiner Rechtskraft[206]).

8. Der § 17 bestimmt nur, in welchem Umfang zur Wahrung der Unbefangenheit der beteiligten Personen eine Veröffentlichung von Aktenstücken aus Strafprozessen verboten sein soll. Es wäre aber verfehlt, hieraus zu schließen, daß jegliche Veröffentlichung, soweit sie in § 17 nicht verboten ist, erlaubt sei. Es gelten neben § 17 im übrigen die allgemeinen Grundsätze über die Veröffentlichung von Schriftstücken, also, abgesehen von dem noch zu besprechenden Reichsgesetze vom 5. April 1888, die Vorschriften wegen Veröffentlichung unzüchtiger Schriften (s. § 184 StGB.), ferner die Vorschriften der Disziplinargesetze über Bruch der Amtsverschwiegenheit, verübt durch Veröffentlichung von Schriften usw. (s. darüber namentlich unten den Abschnitt über: „Berichte aus Gerichtsverhandlungen").

Auch kann nicht anerkannt werden, daß der Begriff des amtlichen Schriftstücks über das Anwendungsgebiet des § 17 RPrG. hinaus maßgebend sei. Im Rahmen anderer gesetzlicher und reglementarischer Vorschriften kann diesem Be-

---

205) So Koller S. 108; vgl. auch Berner § 95 Abs. 4; auch Delius S. 60.

206) Wie hier übrigens Stenglein, RG. I, 309; Liszt § 46 Abs. 4; vgl. auch **RGE.** Bd. 28 S. 413 und Bd. 35 S. 276; ebenso **RG.** 27. November 1902; DJZ. Bd. 8 S. 56; — daß das Verfahren wieder aufgenommen werden kann, ändert nichts. Das Verfahren hatte zuvor im Sinne des Gesetzes sein Ende erreicht. — Ein besonderes Verbot der Veröffentlichung s. Art. 3 RGes. vom 5. April 1888 unten S. 101.

griffe sowohl eine engere wie eine weitere Bedeutung zukommen.

Endlich ist zu erwähnen, daß § 17, obwohl seine Fassung ganz allgemein lautet, nur außeramtliche Veröffentlichungen im Auge hat[207]); amtliche Veröffentlichungen aus Strafprozessen können unter Umständen im Interesse der Sache liegen und fallen nicht unter § 17.

§ 17 bezieht sich nicht auf die äußere Ordnung der Presse, sondern regelt den Inhalt der Preßerzeugnisse. § 18 Ziff. 1 ist daher keine Ordnungsvorschrift; es gelten die allgemeinen Regeln über Täterschaft und Teilnahme; strafbar ist also auch der Einsender (**RGE.** Bd. 40 S. 360).

Strafbestimmung s. § 18 Ziff. 1.

9. Berichte aus Gerichtsverhandlungen. Durch die Vorschrift in § 17 wird die Frage über die Verantwortlichkeit für Referate über Gerichtsverhandlungen nicht gelöst. Die Vorschrift ist nur reglementärer Natur, und die Verletzung derselben zieht die in § 18 bestimmte Ordnungsstrafe nach sich; der Inhalt des Berichtes selbst kommt hierbei nicht in Betracht. Vielmehr bezweckt § 17 nur den Zeitpunkt festzustellen, von dem an derartige Veröffentlichungen in der Presse zulässig sind.

Die Frage selbst ist öfters zum Gegenstande richterlicher Entscheidung gemacht worden, insbes. in Preußen[208]).

Zunächst kann aus § 17 eine Vermutung für die absolute Straflosigkeit solcher Berichte nicht abgeleitet werden; § 17 hat, wie bemerkt, sich mit der Frage überhaupt nicht beschäftigt; spezielle Vorschriften enthält das Gesetz nicht. Ebenso können die Bestimmungen über die Privilegien der Berichte von Reichstags- und Landtags-Verhandlungen auf die Berichte über Gerichtsverhandlungen keine analoge Anwendung finden.

Die Frage selbst wird durch die Erfahrung angeregt, daß durch Mitteilungen aus den gerichtlichen Verhandlungen schwere Schädigungen des öffentlichen Interesses, wie Einzelner verursacht werden können, z. B. durch die Wiederholung der den Gegenstand der Verhandlung bildenden Majestätsbeleidigung, Beleidigung, Gotteslästerung oder der Aussage über die bei einer Notzucht usw. vorgekommenen besonderen Umstände[209]). Auch können in der Verhandlung selbst von Angeklagten und Zeugen

---

207) Thilo S. 60; s. auch den oben mitgeteilten Auszug aus den Motiven.

208) Vgl. auch GA. Bd. 11 S. 351, Bd. 12 S. 66.

209) Es ist interessant, daß das französische Gesetz (Art. 39) Mitteilungen in der Presse über Verleumdungsprozesse, in denen der Beweis der verleumderischen Tatsachen unstatthaft ist, verbietet. S. auch unten S. 101; § 184b StGB.

Äußerungen gebraucht, Beschuldigungen usw. erhoben worden sein, die, ohne Bezug auf den Gegenstand der Untersuchung zu haben, infolge ihres Inhalts das öffentliche Interesse oder Einzelne verletzen. Auch hier wird durch die Wiederholung im Zeitungsbericht eine Verletzung usw. bewirkt.

Es ist nun häufig behauptet worden, daß durch die Öffentlichkeit der gerichtlichen Verhandlung dem Bericht in öffentlichen Blättern Schutz gegen strafrechtliche Verantwortung gewährt werde. In dieser Behauptung liegt die Beschränkung der Straflosigkeit auf Berichte über *öffentliche* Verhandlungen ausgesprochen, und es würde daher nach dieser Ansicht die Mitteilung aus einer geheimen Verhandlung strafbar sein. *Allein diese Unterscheidung ist überhaupt nicht berechtigt.* Denn die Öffentlichkeit gewährt dem Publikum den Zutritt zu der Verhandlung und die Möglichkeit, von dem Gange und dem Inhalte derselben Kenntnis zu nehmen. Hierdurch wird noch nicht die Befugnis erteilt, *unbedingt* dasjenige weiter zu verbreiten, was in dieser Verhandlung vorgegangen ist. So wenig man unbedingt eine öffentlich ausgestoßene Beleidigung dritten, nicht anwesend gewesenen Personen mitteilen darf, so auch hier. Für das in der Verhandlung nicht anwesende Publikum ist deren Öffentlichkeit überhaupt nicht entscheidend. In der Öffentlichkeit allein kann daher jene Behauptung ihren Stützpunkt nicht finden. Ebensowenig liegt in der Nichtöffentlichkeit der Verhandlung ein Moment, durch welches der Preßbericht unbedingt strafbar wird. Die Pflicht zur Geheimhaltung der Vorgänge wird an sich keinem Beteiligten auferlegt. Insbesondere kann dem Angeklagten wie den Zeugen eine solche Verpflichtung nicht ohne weiteres auferlegt werden. Auch würde, wenn eine solche Verpflichtung vorhanden ist, in dem Referate selbst zwar eine — strafbare (s. u.) — Pflichtverletzung, nicht aber in dem *Inhalte* desselben notwendigerweise eine strafbare Handlung gefunden werden. Ob daher die Verhandlung öffentlich oder geheim gewesen, kann eine Unterscheidung *an sich* nicht begründen.

Die Mitteilung in dem Zeitungsbericht und die dadurch verursachte Verbreitung ist an sich nicht verboten. *Aber sie ist ebensowenig der Anwendung der allgemeinen Strafgesetze entzogen* (**RG.** 10. Dezember 1906; Recht Bd. 2 S. 139, 257). *Der Richter wird in jedem einzelnen Falle prüfen, ob durch das Referat ein Strafgesetz verletzt worden ist.* Einerseits ist hierbei dem Berichterstatter der Umstand günstig, daß die wiedergegebene Äußerung usw. nicht das selbständige Produkt des Referenten und, insoweit sie in einer öffentlichen Verhandlung Gegenstand der Erörterung und Aburteilung war, bereits öffentlich kundgegeben worden ist. Andererseits wird der Zweck des Berichts im einzelnen Falle die nötigen Grenzbestimmungen darüber gewähren, ob und inwieweit es erforderlich war, die Äußerung usw. in ihrer vollen Ausdehnung und namentlich in ihren verletzenden Teilen aufzunehmen und sie dadurch in größere Kreise hinauszutragen[210]). Keineswegs wird es hierbei des Nachweises eines besonderen dolus bedürfen; die Feststellung des dolus, wie er zum Tatbestande des betreffenden Delikts gehört, z. B. der Gotteslästerung, genügt hier, und der Beweis desselben richtet sich gleichfalls nach den allgemeinen Regeln. Wohl aber wird der erwähnte Gesichtspunkt über die Grenzen des Referats bei der Frage nach dem dolus des Berichterstatters Beachtung finden müssen, indem er sich sagen mußte, daß in der Weiterverbreitung eine schwere Schädigung des Rechtes liegen kann und daß sie daher auf das äußerste Maß zu beschränken ist. Ferner wird die Mitteilung über Vorgänge, die den Gegenstand der Aburteilung nicht betrafen, besondere Vorsicht erheischen, da die Mitteilung weder durch das Interesse der Rechtspflege, noch durch das berechtigte Interesse des Publikums an der Verhandlung und Entscheidung gerechtfertigt wird.

Endlich kann in dem Umstande, daß der Bericht die Verhandlung nicht vollständig wiedergibt, ein strafbares Moment insofern liegen, als durch die Abkürzung eine Wahrheitsentstellung erfolgt und durch diese ein anderer beleidigt wird, wie dies wiederholt in der Praxis anerkannt worden ist.

Eine Aufforderung zum Klassenkampf (§ 130 StGB.) kann dadurch begangen werden, daß der Aufruf, der eine solche Aufforderung enthält, als Teil des Berichts über eine Strafkammerverhandlung veröffentlicht wird, in der der Verfasser wegen des Aufrufs verurteilt wurde (**RGE.** Bd. 39 S. 87).

Wiederholung von Beleidigungen, die Gegenstand der Gerichtsverhandlung waren, im Preßberichte sind an sich strafbar, falls nicht § 193 StGB. einschlägt (**RG.** 3. April 1911; Recht Bd. 15 S. 1845; 18. Mai 1911; Recht Bd. 15 S. 2484 und 19. Juni 1911; Recht Bd. 15 S. 2780). Wahrheitsgetreue Berichte über den Rechtsstreit des Vormundes einer Ehefrau gegen ihren Ehemann bleiben als Beleidigung straflos (Ebner, Bericht 1911).

Die Berichterstattung aus Gerichtsverhandlungen usw. ist durch das Reichsgesetz vom 5. April 1888, betreffend die unter Ausschluß der Öffentlichkeit stattfindenden Gerichtsverhandlungen, beschränkt[211]).

210) GA. Bd. 3 S. 817, Bd. 11 S. 351, Bd. 12 S. 66; Oppenhoff, Rechtspr. Bd. 15 S. 678; s. a. **RGE.** Bd. 19

Die Berichterstattung der Presse über Gerichtsverhandlungen bedarf in verschiedenen Richtungen der Verbesserung. Es entspricht unserem modernen Empfinden nicht mehr, Angeklagte, die wegen geringerer Delikte verurteilt werden, mit ihrem vollen Namen in der Zeitung zu nennen. Das bedeutet ein Verfahren, das an den mittelalterlichen Pranger erinnert. Dabei entbehren solche Berichte meist jeden tatsächlichen und rechtlichen Interesses und enthalten oft nichts weiter als den Namen des Täters und die kurzen Tatsachen (vgl. Wulffen, Die Schäden in der Berichterstattung der Presse über Gerichtsverhandlungen; DJZ. Bd. 11 S. 1231 und Grund Bd. 12 S. 292). Unpassend sind ferner die Berichte in humoristischer Färbung, wie sie früher sehr beliebt waren. Am häßlichsten sind die Auswüchse der Berichterstattung über Sensationsprozesse, zumal in sexueller Hinsicht, mit fettgedruckten auffälligen Überschriften und eingerückten Stichworten.

Die Presse, die selber an der Verbesserung des Strafverfahrens und der Strafgesetze mitarbeitet, darf die Berichterstattung nicht zum Lockmittel für Abonnement oder sonstigen Ankauf der Zeitung machen; sie muß durch bessere Bezahlung befähigter Berichterstatter darauf hinwirken, daß ihre Berichte den Tatsachen entsprechen und nicht durch falsche Darstellungen tatsächliche und rechtliche Irrtümer im Volke verbreiten.

10. Berichte über Reichstags- und Landtags-Verhandlungen[212]). Die Reichsverfassung Art. 22 sagt: „Wahrheitsgetreue Berichte über Verhandlungen in den öffentlichen Sitzungen des Reichstags bleiben von jeder Verantwortlichkeit frei", sowie das StGB. § 12: „Wahrheitsgetreue Berichte über Verhandlungen eines Landtags oder einer Kammer eines zum Reiche gehörigen Staates bleiben von jeder Verantwortung frei", — beide Gesetze im Anschluß an die Bestimmungen über die Redefreiheit der Abgeordneten.

Diese gesetzlichen Bestimmungen schützen Berichte, erzählende Darstellungen der Verhandlungen in ihrem wesentlichen Ver-

---

S. 238. Anders liegt die Sache bei den Berichten über die Reichstags- und Landtags-Verhandlungen (vgl. unten).

211) Kommentare zu dem Gesetze von Klemm (Leipzig 1888) und von Kleinfeller (Gesetzgebung des Deutschen Reichs Tl. 3 Bd. 5 Heft 2).

212) Vgl. die Literatur bei Schwarze, KommzStGB. zu § 12 (S. 187 Ed. V) und John in Holtzendorffs Rechtslex. s. v. „Redefreiheit", sowie jetzt Binding, Die Privilegien der Straflosigkeit (Leipzig, 1885) S. 19 f. und Hubrich, Die parlamentarische Redefreiheit und Disziplin, Berlin 1899, Heymann. Vgl. auch Olshausen, Komm. zu § 12 StGB.; Kayser S. 564 f.; Liszt S. 162 f.; **RGE.** Bd. 18 S. 208; **RGR.** Bd. 10 S 627.

laufe, nicht also die Wiedergabe einzelner, aus dem Zusammenhange herausgerissener Äußerungen oder einzelner Reden der Abgeordneten.

Die Bestimmungen sind nicht auf die Berichte in der Presse beschränkt, finden aber an erster Stelle auf sie Anwendung; — sie können aber auch aus den Bestimmungen über die Redefreiheit der Abgeordneten nicht ergänzt oder ausgedehnt werden. Die Immunität der Abgeordneten bezieht sich nur auf die Abstimmungen und Äußerungen derselben, wogegen der Schutz der Berichte auf die gesamten Vorgänge und Vorkommnisse der Sitzung sich erstreckt[213]).

Das Wort „wahrheitsgetreue" in den erwähnten Bestimmungen ist besonders zu betonen.

Wahrheitsgetreu sind solche Berichte, die mit den Hergängen übereinstimmen. Ob ein Bericht hiernach wahrheitsgetreu ist, bleibt Sache der tatsächlichen Feststellung. Obwohl das Wort nicht als gleichbedeutend mit „wortgetreu" behandelt werden kann, so kann doch in der Unvollständigkeit des Referats eine Entstellung der Wahrheit liegen, die den Schutz ausschließt. Der Zweck der Ausnahmebestimmung in § 12 StGB. ist, dem Lande die Möglichkeit zu gewähren, von den Verhandlungen des Landtags genaue und getreue Kenntnis zu erhalten[214]). Die Unvollständigkeit kann auch das letztere Moment verletzen. Dies kann sowohl bei dem Auszug aus einer einzelnen Rede, als bei der Mitteilung einer Rede ohne gleichzeitige Mitteilung der Beantwortung durch andere Mitglieder usw. vorliegen, insbesondere wenn jene Rede verletzende Vorwürfe usw., die Beantwortung aber die Widerlegung derselben enthält[215]).

Auf die Kritiken einer Verhandlung, selbst wenn sie in den Bericht mit aufgenommen worden sind, leidet der Schutz des § 12 RStGB. nicht Anwendung[216]). — Das StGB. macht keinen Unterschied, ob die Verhandlung öffentlich oder geheim gewesen. — Ob die Bestimmung auf Abteilungs-, Kommissions-Sitzungen angewendet werden darf, ist streitig; jedenfalls bezieht sie sich nicht auf Fraktionssitzungen. Endlich kann die Redefreiheit des Abgeordneten nicht auf die Referate

213) „Persönliche Immunität der Abgeordneten und sachliche Immunität der Parlamentsberichte sind wesentlich verschiedene Dinge." (Liszt S. 163.) Heinze, Die Straflosigkeit parlamentarischer Rechtsverletzungen usw. (Stuttgart 1879) S. 41 f.

214) GA. Bd. 14 S. 436, Bd. 15 S. 421. Laband, Staatsrecht Bd. 1 S. 561.

215) Vgl. GA. Bd. 12 S. 494, Bd. 13 S. 696; vgl. noch ebend. Bd. 14 S. 436.

216) Vgl. Schwarze, KommzStGB. a. a. O., sowie Lienbacher Bd. 2 S. 44; Thilo, Nachtr. S. 29.

erstreckt werden, die der Abgeordnete über die Verhandlungen des Reichstags, bezw. Landtags in der Presse erstattet; hier kommt er nicht als Abgeordneter in Betracht; das Referat kann nur nach § 12 beurteilt werden [217]).

Im allgemeinen ist daran zu erinnern, daß die Straflosigkeit des Redners noch nicht die Straflosigkeit des Referats begründet, da das Privilegium des ersteren auf ihn und seine Tätigkeit in der betreffenden eximierten Stellung sich beschränkt. Allein andererseits ist der Zweck der gesetzlichen Bestimmung dem Publikum, das den Verhandlungen nicht beiwohnt, ein völlig getreues Bild zu gewähren, und es entscheidet daher die Treue der Wiedergabe, sodaß auch die Wiederholung von beleidigenden Äußerungen der Abgeordneten den Berichterstatter nicht strafbar macht [218]).

Hieraus folgt, daß auf wahrheitsgetreue Berichte §§ 41 und 42 StGB. nicht angewendet werden können, da der Inhalt jener im Gesetze für straffrei erklärt wird [219]).

§ 18.

Mit Geldstrafe bis zu eintausend Mark oder mit Haft oder mit Gefängnis bis zu sechs Monaten werden bestraft:

1. **Zuwiderhandlungen gegen die in den §§ 14, 15, 16 und 17 enthaltenen Verbote;**
2. **Zuwiderhandlungen gegen die Bestimmungen der §§ 6, 7 und 8, welche durch falsche Angaben mit Kenntnis der Unrichtigkeit begangen werden.**

Dieselbe Strafe trifft den Verleger einer periodischen Druckschrift auch dann, wenn er wissentlich geschehen läßt, daß auf derselben eine Person fälschlich als Redakteur benannt wird.

1. Zu Nr. 1 von § 18. a) Mit Strafe bedroht ist die Verbreitung einer auf Grund des § 14 verbotenen periodischen Druckschrift.

Über Verbreitung s. im allgemeinen § 3.

---

217) Vgl. Haager, Im Gerichtssaale, Bd. 25 S. 267 f., 274 und die daselbst referierten Entsch. des OHG. Mannheim.

218) Liszt S. 164; vgl. jedoch Binding S. 24. Eine ganz andere Frage ist es de lege ferenda, ob nicht die Verbreitung solcher Äußerungen, wenn solche außerhalb der Verhandlung geschieht, unter das Strafgesetz zu stellen sei (vgl. Heinze S. 42 f.).

219) ObTrib. Berlin in GA. Bd. 23 S. 190 f. Aus diesem Grunde verordnete das PreußPrG. § 51, daß die (dem § 42 StGB. entsprechenden) Bestimmungen in § 50 PreßG. auf die usw. Berichte von den Sitzungen beider Kammern nicht Anwendung leiden.

Strafbar ist vorsätzliches, aber auch jedes überhaupt schuldhafte Handeln. Dieser letzte Satz ist sehr bestritten[220]). Für denselben sprechen jedoch der Charakter der Bestimmung als einer polizeilichen Ordnungsvorschrift, bei der nur wegen der eventuellen Gefährlichkeit der Tat die Strafandrohung über das Strafmaß für Übertretungen hinausgerückt ist, wodurch aber die polizeiliche Natur der Gesetzesbestimmung nicht geändert wird, und der Gegensatz in der Fassung mit Nr. 2 und dem letzten Absatze, sowie dem § 28 Abs. 2. Deshalb wird die Unkenntnis des öffentlich bekannt gemachten Verbots, zumal die Verkündung im Reichsanzeiger immer sehr bald durch alle Zeitungen mitgeteilt werden wird, nur in den seltensten Fällen entschuldigen[221]), meist dagegen als Verschulden (Fahrlässigkeit) erscheinen.

Die Verbreitung ist strafbar, nicht aber der Abdruck von Artikeln aus der verbotenen Zeitschrift an sich; er kann aber wegen ihres Inhalts strafbar sein.

Zur Begründung der Verurteilung, ist der Nachweis erforderlich, daß erstens die verbotene periodische Druckschrift oder eine andere, die nur scheinbar eine andere, in Wirklichkeit jedoch dieselbe und nur zum Scheine mit anderem Namen versehen ist, verbreitet wurde, sowie zweitens Kenntnis des Verbots oder schuldhafte Unkenntnis desselben, endlich drittens

---

220) c. Thilo S. 49; Liszt § 32 II, und v. Schwarze in der 1. und 2. Auflage dieses Kommentars, sowie **RGE.** Bd. 23 S. 118, Bd. 9 S. 269; **RGR.** Bd. 5 S. 764; jedoch mit seltsamer Begründung. Daß die Strafvorschrift des § 18 Nr. 1 für die verschiedenen darin enthaltenen Delikte „gleichmäßig" zu behandeln sei, ist eine petitio principii, und daß die Bestrafung der Fahrlässigkeit im Preßrechte mit § 21 erschöpft sei, ist nur richtig, soweit strafbare Handlungen in Frage stehen, die durch den Inhalt der Druckschrift begangen werden. Damit ist für die Frage, ob die Zuwiderhandlung gegen § 14 auch fahrlässig begangen werden kann, nichts entschieden. Unbestimmt Koller S. 95 (Note 8), im Resultate mit der hier vertretenen Ansicht übereinstimmend Berner S. 249 und Kayser S. 610, aber mit der unhaltbaren Begründung, daß das Verbot als Bestandteil der Strafandrohung zu betrachten und deshalb die Nichtkenntnis des öffentlich bekannt gemachten Verbots der Nichtkenntnis des Strafgesetzes gleichzuachten sei. Aber die Unkenntnis des Verbots ist hier doch tatsächlicher Irrtum! Ähnlich wie hier Klöppel S. 247 ff., der jedoch auch ohne Verschuldung strafen will. Stenglein, NG. I, 310 fordert Vorsatz. Irrtum über Verbot und Identität der Druckschrift schließt Strafbarkeit nicht aus.

221) Dies gibt Klöppel zu, behauptet aber trotzdem, daß es für die Strafbarkeit auf den Nachweis eines Verschuldens nicht ankomme; s. a. a. O. S. 247 ff.

eventuell, daß der Verbreiter die Identität der verbreiteten mit der verbotenen Druckschrift gekannt habe, oder habe kennen müssen.

Enthält die verbotene Zeitung auch Artikel strafbaren Inhalts, so kann der Verbreiter auch nach den allgemeinen, durch den Artikel verletzten Strafgesetzen oder gegebenenfalls auch nach § 21 RPrG. wegen Fahrlässigkeit strafbar erscheinen.

Es wird dann jedoch Idealkonkurrenz (Handlungseinheit) des Strafgesetzes mit der Straftat aus § 18 vorliegen, da durch die eine Verbreitung beide Strafbestimmungen verletzt sind.

Mehrfache Verbreitungshandlungen werden eine fortgesetzte Handlung darstellen, doch ist dies je nach den Umständen des Falles zu entscheiden.

b) Zuwiderhandlungen gegen die §§ 15, 16, 17. Nach herrschender Ansicht haben die Zuwiderhandlungen gegen die §§ 15—17 gemeinsam, daß sie durch den Inhalt der Druckschrift strafbar werden[222]). Es kommt darauf an, welchen Sinn man mit den Worten des § 20 verbindet: „Die Verantwortlichkeit für Handlungen, deren Strafbarkeit durch den Inhalt einer Druckschrift begründet wird". Faßt man die Worte so, als wenn sie lauteten: die Verantwortlichkeit für den an sich strafbaren Inhalt einer Druckschrift usw., dann kann man wohl zu der Ansicht von Klöppel (s. u. Note 222) kommen. Es erscheint aber richtig, nicht von dem „strafbaren Inhalt" in dem eben erwähnten Sinne zu sprechen, sondern den „Inhalt" lediglich den Formvorschriften (Benennung des Druckers usw.) und den sonstigen Ordnungsvorschriften für die Presse entgegenzustellen[223]). Dann bedeuten die Worte im § 20 namentlich auch die Verantwortlichkeit für Handlungen, deren Strafbarkeit durch die Veröffentlichung eines bestimmten, an sich zwar nicht strafbaren, aber der Veröffentlichung unter Strafandrohung entzogenen Inhalts, und nicht etwa durch die bloße Verletzung gewisser Form- oder Ordnungsvorschriften, begründet wird usw.

Es handelt sich in den Fällen der Zuwiderhandlung gegen die §§ 15—17 um eine Veröffentlichung, die entweder infolge ihres Gegenstandes (§§ 15—16 Bericht über Truppenbeweg-

222) Klöppel (S. 203, 247 ff.) ist umgekehrt der Meinung, daß diese Zuwiderhandlungen sämtlich nicht durch den Inhalt der Druckschrift strafbar werden, daß es sich hier lediglich um Zuwiderhandlungen gegen Ordnungsvorschriften handele; wie hier Löning § 12; Koller S. 118 ff.; Marquardsen S. 167; Berner S. 278; von Mangoldt (S. 28) u. a.; **RGE.** Bd. 9 S. 269; **RGR.** Bd. 5 S. 764, Bd. 8 S. 560.

223) S. a. insbesondere Marquardsen S. 167; Berner S. 278 (s. a. unten S. 131 ff.).

ungen, Aufforderung zur Sammlung) oder infolge ihrer Verfrühung (§ 17, Veröffentlichung aus einem Strafprozeß) inhaltlich strafbar ist. In diesem Sinne hat auch die Praxis die Vorschriften aufgefaßt (vgl. **RG.** GA. Bd. 43 S. 402; Bd. 45 S. 262).

Täter nach § 17 ist jeder, der solche Veröffentlichung veranlaßt — Einsender, Redakteur, Verleger — (**RGE.** Bd. 40 S. 360).

Die Verantwortlichkeit für diese Zuwiderhandlungen gegen die §§ 15—17 regelt sich nach den Vorschriften der §§ 20 und 21; d. h. sie ist an sich nach den allgemeinen Grundsätzen über Täterschaft, Teilnahme usw. zu bestimmen. Wenn jedoch die Druckschrift eine periodische ist, so ist der verantwortliche Redakteur als Täter zu bestrafen, falls nicht durch besondere Umstände die Annahme seiner Täterschaft ausgeschlossen wird. Ferner sind der verantwortliche Redakteur, der Verleger, der Drucker, derjenige, welcher die Druckschrift gewerbsmäßig vertrieben oder sonst öffentlich verbreitet hat (Verbreiter), soweit sie nicht nach den §§ 18 bezw. 20 als Täter oder Teilnehmer zu bestrafen sind, wegen Fahrlässigkeit mit Geldstrafe bis zu 1000 Mk. oder mit Haft oder mit Festungshaft oder Gefängnis bis zu einem Jahre zu belegen, wenn sie nicht die Anwendung der pflichtmäßigen Sorgfalt oder Umstände nachweisen, die diese Anwendung unmöglich gemacht haben.

Die Bestrafung bleibt jedoch für jede der benannten Personen ausgeschlossen, wenn sie als den Verfasser oder den Einsender, mit dessen Einwilligung die Veröffentlichung geschehen ist, oder, wenn es sich um eine nicht periodische Druckschrift handelt, als den Herausgeber derselben, oder als eine der in obiger Reihenfolge vor ihr Benannten bis zur Verkündigung des ersten Urteils eine Person nachweist, die im Bereiche der richterlichen Gewalt eines deutschen Bundesstaats sich befindet oder, falls sie verstorben ist, zur Zeit der Veröffentlichung befunden hat; hinsichtlich des Verbreiters ausländischer Druckschriften außerdem, wenn sie ihm im Wege des Buchhandels zugekommen sind.

Endlich sind auch die §§ 41 und 42 StGB. hier anwendbar.

Über die Auslegung der Vorschriften in den §§ 20 und 21 s. die Anmerkungen zu denselben; über die Begriffe verantwortlicher Redakteur, Verleger, Drucker, Verbreiter s. die Anm. zu den §§ 7, 6, 3.

Nach § 18 ist bei den Zuwiderhandlungen gegen die §§ 15 bis 17 nur vorsätzliches Handeln strafbar, nicht aber Fahrlässigkeit. Auf letztere finden vielmehr die Vorschriften des mitgeteilten § 21 hier ausschließlich Anwendung, da er, soweit die Strafbarkeit durch den Inhalt der Druckschrift begründet wird, die Bestrafung der Fahrlässigkeit umfassend regelt (s. a. **RGE.** Bd. 9 S. 269; **RGR.** Bd. 5 S. 764; **RGE.** Bd. 36 S. 191).

c) Im Falle einer Zuwiderhandlung gegen § 15 ist zur Bestrafung nach § 18 erforderlich, daß der Angeklagte in Zeiten der Kriegsgefahr oder des Krieges, entgegen einem vom Reichskanzler öffentlich erlassenen Verbot, vorsätzlich Mitteilungen über Truppenbewegungen oder Verteidigungsmittel der deutschen oder verbündeten Armeen veröffentlicht hat.

Die Ausgabe, aber auch jede Verbreitungshandlung erfüllt das Delikt.

Die Kenntnis des Verbots ist gegen den Angeklagten festzustellen. Über den Fall, daß er als verantwortlicher Redakteur gemäß § 20 Abs. 2 belangt wird, s. § 20 Abs. 2 Anm.

Das Vergehen nach §§ 15, 18 kann mit anderen Straftaten dadurch ideell konkurrieren (begrifflich mit ihnen eine strafbare Handlung bilden), daß der Inhalt der Veröffentlichung zugleich andere Strafgesetze verletzt; so namentlich die §§ 89, 90 Nr. 4 StGB. oder die §§ 1, 2, 7 RGes. vom 3. Juli 1893, betr. den Verrat militärischer Geheimnisse. Besonderes ist dabei nicht zu bemerken.

Bei Zusammentreffen mit einer Zuwiderhandlung gegen eine Ordnungsvorschrift im engeren Sinne, z. B. § 6, ist Bestrafung wegen der letzteren an sich nicht ausgeschlossen. Wenn der Täter solche Veröffentlichungen gleichzeitig in verschiedenen Zeitschriften gebracht hat, so schließt die Bestrafung wegen der einen Veröffentlichung nicht notwendig die Bestrafung wegen der anderen aus, da sich jede als selbständige Straftat darstellen kann (vgl. auch **RGE.** Bd. 14 S. 342; **RGR.** Bd. 8 S. 570).

Falls der § 15 in derselben Druckschrift mehrfach übertreten wird, oder die Druckschrift in einem anderen Artikel noch ein anderes Strafgesetz verletzt, so wird nur nach den Umständen des Falles zu bestimmen sein, ob Real- oder Idealkonkurrenz (Mehrheit oder Einheit der strafbaren Handlungen) vorliegt (so z. B. Oppenhoff, Komm. zum StGB. 14. Aufl. § 73 Anm. 20; Merkel in Holtzendorffs HB. Bd. 4 S. 228; Liszt, Österr. Preßrecht S. 267 ff.; Binding, Handbuch des Strafrechts S. 581; **RGE.** Bd. 21 S. 276; **RGR.** Bd. 8 S. 305 und darüber Frank in Liszts Zeitschrift Bd. 14 S. 427; vgl. unten bei § 21 den Abschnitt Ziff. 18: Zusammentreffen mehrerer Straftaten in derselben Druckschrift).

d) Die Zuwiderhandlung gegen § 16 ist vollendet durch die Ausgabe einer Druckschrift, in der zur Aufbringung der erkannten Geldstrafe und Kosten öffentlich aufgefordert oder über den Empfang der gezahlten Beiträge quittiert wird. Strafbar ist aber auch jede Verbreitungshandlung.

Wegen Konkurrenz (Zusammentreffen mit anderen Straftaten) siehe oben unter c). Hier ist noch zu bemerken, daß die Zuwiderhandlung gegen § 16 noch keine Begünstigung des Verurteilten im Sinne des § 257 StGB. darstellt. Deshalb ist Realkonkurrenz (Annahme zweier selbständiger Straftaten) zwischen dem Vergehen nach §§ 16, 18 und der Begünstigung des Verurteilten durch Zahlung der Geldstrafe aus den aufgebrachten Mitteln (§ 257 StGB.) möglich[224]).

e) Die Zuwiderhandlung gegen § 17 wird durch die Ausgabe oder die weitere Verbreitung einer Druckschrift begangen, welche die Veröffentlichung amtlicher Schriftstücke eines Strafprozesses, bevor sie in öffentlicher Verhandlung kundgegeben worden sind oder das Verfahren sein Ende erreicht hat, enthält (s. hierzu die Bemerkungen zum § 17).

Insbesondere ist hier noch hervorzuheben: der Inhalt der Veröffentlichung kann den Tatbestand einer strafbaren Handlung des gemeinen Rechtes enthalten; dann wird Idealkonkurrenz vorliegen zwischen dieser und der Zuwiderhandlung gegen § 17.

2. Zu Nr. 2 vom § 18. Zuwiderhandlungen gegen die Bestimmungen der §§ 6, 7, 8[225]).

Das Gesetz bedroht mit Strafe diejenigen Zuwiderhandlungen, die durch falsche Angaben mit Kenntnis der Unrichtigkeit begangen werden.

Es müssen also falsche Angaben über den Namen oder Wohnort des Druckers oder des Verlegers oder des Verfassers oder des Herausgebers (§ 6) oder (bei periodischen Druckschriften) des verantwortlichen Redakteurs (§ 7 Abs. 1) oder (im Falle des § 7 Abs. 2) über die Teile, für welche die einzelnen der mehreren Redakteure die Redaktion besorgen, gemacht sein.

Da falsche Angaben gefordert werden, so fällt nicht unter § 18 die vollständige Unterlassung der Angabe der erwähnten Personen auf der Druckschrift.

Dem Wortlaut nach sollen auch falsche Angaben in Bezug auf § 8 hierher gehören. Da jedoch im § 8 lediglich bestimmt ist, daß verantwortliche Redakteure nur Personen sein dürfen, die verfügungsfähig, im Besitze der bürgerlichen Ehrenrechte sind und im Deutschen Reiche ihren Wohnsitz oder gewöhnlichen

---

224) Inwieweit überhaupt durch Zahlung einer Geldstrafe für einen Verurteilten eine Begünstigung im Sinne des § 257 StGB. vorkommen kann, ist streitig; s. darüber, abgesehen von den Bemerkungen von Olshausen, KommzStGB. zu § 257, noch die Abhandlungen von v. d. Decken in Liszts Zeitschrift Bd. 12 S. 97 ff., und Raff, Ist Zahlung von Geldstrafe für einen anderen Begünstigung? München 1892.

225) S. hier besonders Meves a. a. O. S. 23 ff., ferner Koller S. 120 ff.; von Mangoldt S. 28; Marquardsen zu § 18 (S. 108).

Aufenthalt haben, diese Eigenschaften aber nicht mit auf der Druckschrift angegeben werden, so kann auch von falschen Angaben hier keine Rede sein[226]). Man muß deshalb wohl sagen, daß § 8 hier infolge eines Redaktionsfehlers genannt ist (Liszt § 11 V; Thilo S. 63 Nr. 9; Stenglein, RG. I, 311; c. Marquardsen S. 108 Nr. 4). Die Annahme, daß die Angabe einer Person als verantwortlicher Redakteur, dem jene Eigenschaften fehlen, unter Strafe gestellt sei, weil sie als verantwortlicher Redakteur vom Gesetz überhaupt nicht anerkannt wird (s. auch Koller S. 123; Berner § 96; Kayser S. 617), ist in ihren Folgerungen unhaltbar. Denn es würde eine an sich wahre Angabe als falsche Angabe mit Strafe bedroht. Wenn einmal eine nach § 8 unfähige Person als verantwortlicher Redakteur auftritt, so ist sie an sich Redakteur und als solcher zu benennen; die Benennung eines anderen an seiner Statt wäre Zuwiderhandlung gegen §§ 7, 18. Die Benennung des unfähigen Redakteurs würde also nach § 7 geboten, nach §§ 8, 18 verboten sein. Diesen Widerspruch kann man dem Gesetze nicht zumuten. Voraussetzung der Strafbarkeit ist die Ausgabe der Druckschrift.

Wenn man nur den Redakteur für strafbar erklärt, bliebe der Widerspruch, daß er strafbar wäre, wenn er sich benennen läßt und wenn er sich nicht benennen läßt. — Daß ein nach § 8 unfähiger Redakteur überhaupt tätig ist, wird in § 19 unter Strafe gestellt. Man kann doch auch nicht seine Tätigkeit als Übertretung, die infolge der Tätigkeit aber notwendige Benennung als Vergehen und obendrein noch als falsche Angabe strafen wollen!

Die falschen Angaben nach Nr. 2 müssen mit Kenntnis ihrer Unrichtigkeit gemacht sein, d. h. es wird nur die wissentlich falsche Angabe mit Strafe bedroht (s. Meves S. 24; Kayser S. 595).

Die Kenntnis der Unwahrheit der Angabe ist Voraussetzung der Strafbarkeit nach § 18, und sie ist deshalb dem Angeklagten nachzuweisen.

Die Zuwiderhandlung ist regelmäßig vollendet und beendigt[227]) (d. h. abgeschlossen) mit der Ausgabe der Druckschrift; denn damit ist die Druckschrift mit der falschen Angabe in die Öffentlichkeit gekommen, und darin allein liegt das strafbare Moment.

Die Weiterverbreitung an Dritte ist demnach nicht strafbar. Die Verbreitung kommt vielmehr

---

226) Die falsche Angabe des Wohnsitzes, Wohnorts, des Redakteurs fällt schon unter §§ 7 Abs. 1; 18 Nr. 2.

227) Da sie nicht durch den Inhalt der Druckschrift strafbar sind, wie die Zuwiderhandlungen gegen die §§ 15, 16, 17.

nur insoweit in Betracht, als die Anwendbarkeit der Strafbestimmung naturgemäß von dem Erscheinen abhängig ist und eine Druckschrift erst mit einem Verbreitungsakt als ausgegeben und erschienen angesehen werden kann (vgl. **RGE.** Bd. 24 S. 350, Bd. 16 S. 409; **RGR.** Bd. 9 S. 668 und Celle in GA. Bd. 38 S. 231).

Aus dem Kreise derer, welche die Zuwiderhandlung gegen die §§ 6 ff. im Sinne des § 18 Nr. 2 begehen können, scheidet also der Verbreiter als solcher aus[228]), falls er nicht etwa als erster Verbreiter Teilnehmer an dem Delikte des mit der Herstellung der Druckschrift Befaßten (des Druckers) ist, von dem er die Druckschrift empfangen und zuerst anderen zugänglich gemacht, also das Erscheinen besorgt hat.

Täter kann nur sein, wer irgendwie die Ordnungswidrigkeit, auch wenn er sie nur an die Außenwelt treten ließ und so zur Vollendung brachte, mit hat verwirklichen helfen[229]). Die nachfolgenden Handlungen der Verbreiter stehen in keiner rechtlichen Beziehung zu der Kontravention mehr. Dem Verbreiter würde man auch keine Pflicht zur Kontrolle darüber haben auflegen können, ob den Vorschriften der §§ 6 ff. genügt ist.

Löning[230]) hat die Ansicht aufgestellt, daß nur der Verleger (und beim Selbstverlage der Herausgeber) nach § 18 Nr. 2 strafrechtlich haftbar sein könne, weil es für die Strafbarkeit nur und allein auf den Akt der Ausgabe der Druckschrift ankomme, und ihm stimmt anscheinend das Reichsgericht im Ergebnis bei, wenn es in **RGE.** Bd. 20 S. 430 ff. ausführt: daß (nicht der verantwortliche Redakteur einer periodischen Druckschrift, sondern) der Verleger des Blattes Zuwiderhandlungen gegen die Ordnung der Presse zu vertreten habe[231]). Bis zur Verausgabung durchläuft das Manuskript aber eine Reihe von verschiedenen Stellen, und es ist kein Grund ersichtlich, weshalb diejenigen, die bei der Herstellung mit dem Bewußtsein mitwirken, daß die Druckschrift zur Veröffentlichung bestimmt ist, nicht auch, soweit sie in Betracht kommen, für die vorsätzliche Verfehlung gegen die Ordnung der Presse mit

228) Vgl. auch die Rede des Abg. Parisius, Verhandlungen S. 404 zu § 7 des Entw., und Schwarze in der Allg. Sächs. Ger.-Zeitung Bd. 22 S. 293 f.; Koller S. 121; Liszt § 25 V.

229) S. auch **RG.** in GA. Bd. 39 S. 51; Celle in GA. Bd. 38 S. 231 und **RGE.** Bd. 27 S. 255; KG. 1. Oktober 1906; DJZ. Bd. 12 S. 241.

230) A. a. O. §§ 12 ff.; vgl. übrigens c. Meves in GA. Bd. 39 S. 23 ff.

231) Zu vgl. auch ObTrib. in GA. Bd. 24 S. 374.

verantwortlich sein sollen. Es würde demnach jedenfalls auch der Drucker strafrechtlich haftbar sein.

Eine ausdrückliche Vorschrift über die Personen, welche für § 18 Nr. 2 strafrechtlich in Betracht kommen können, mangelt; das richtigste wird sein, hier überhaupt von der Untersuchung, wer für die korrekte Benennung der betreffenden Personen, Drucker, Verleger, Redakteur usw. zu sorgen hat, abzusehen; denn in ihrem tatsächlichen Erfolge kann eine solche vorsätzliche Zuwiderhandlung von jedem verübt werden, der mit der Herstellung und Ausgabe der Druckschrift irgendwie, wenn auch als untergeordnetes Organ, befaßt ist. Es kann deshalb auch nicht der Wille des Gesetzgebers sein, eine solche Person von der strafrechtlichen Haftung für vorsätzliches Handeln auszuschließen[232]), weil sie nicht in den Kreis der bei der Herstellung berufsmäßig, als Inhaber der Druckerei, Verleger usw., Beteiligten gehören.

Es gilt vielmehr der Satz, daß nach § 18 Nr. 2 jeder strafbar ist, der den Tatbestand einer Zuwiderhandlung gegen die §§ 6 f. durch wissentlich falsche Angabe verwirklicht hat[233]) und daß auch Personen, die in besonderem Verhältnisse zu der Druckschrift stehen, wie z. B. der Verleger, nur unter der gleichen Voraussetzung einer wissentlich falschen Angabe sich gegen § 18 Nr. 2 vergehen können.

Im einzelnen ist jedoch zu bemerken:

Der Verleger ist für wissentlich falsche Angabe des verantwortlichen Redakteurs auf der Druckschrift auch nach § 18 Nr. 2, und nicht etwa bloß nach § 18 letzter Absatz strafbar[234]); denn durch die Aufnahme dieser Sonderbestimmung hat die Haftung des Verlegers nicht abgeschwächt, sondern erweitert werden sollen.

Der Verleger wird Täter, wenn ihm eine Druckschrift seines Verlags vorgelegt wurde, die falsche Angaben über die §§ 6 und 7 zu benennenden Personen enthält, und er, obwohl er die Unrichtigkeit der Angaben erkannte, die Ausgabe der Druckschrift veranlaßt hat.

Ist die Zuwiderhandlung gegen § 7 schon erfüllt, wenn der benannte verantwortliche Redakteur bei einer

---

232) Die Frage, wer zu den einzelnen Angaben auf der Druckschrift verpflichtet und deshalb für unrichtige Angabe oder Unterlassung strafrechtlich haftbar gemacht werden kann, hat an sich nur Sinn und Zweck bei den nach § 19 Nr. 1 strafbaren Zuwiderhandlungen.

233) S. Celle in GA. Bd. 38 S. 231; **RG.** in GA. Bd. 39 S. 51; **RGE.** Bd. 16 S. 144; **RGR.** Bd. 9 S. 374; auch **RGR.** Bd. 4 S. 212, 438.

234) Meves S. 26 c.; Marquardsen S. 106.

Nummer die Geschäfte nicht geführt hat? Das Reichsgericht hat in **RGE.** Bd. 21 S. 23 erklärt, eine Zuwiderhandlung gegen § 7 liege wohl nicht schon immer dann vor, wenn der Redakteur, der als verantwortlicher genannt ist, sich einmal vorübergehend nicht an den Geschäften der Redaktion beteiligt hat. Wenn jedoch für Abwesenheits- oder Krankheitsfälle eine bestimmte andere Person zum Vertreter bestellt sei, so sei diese gegebenenfalls, d. h. wenn sie als solcher tätig gewesen ist, auch auf der Zeitung zu benennen. Der letzte Satz ist zutreffend, aber die ganze Ausführung leidet an Unbestimmtheit und Unsicherheit. Hält man an dem Grundsatze fest, daß, wer tatsächlich die Geschäfte des verantwortlichen Redakteurs geführt hat, auf der Druckschrift zu benennen ist, dann liegt eine Zuwiderhandlung gegen § 7 vor, sobald derjenige, der als verantwortlicher Redakteur tätig war, als solcher nicht benannt ist, auch wenn die Behinderung oder Abwesenheit des gewöhnlichen verantwortlichen Redakteurs sich nur auf eine Nummer bezogen hat.

3. Letzter Absatz von § 18.

Hier ist eine besondere Strafvorschrift gegen den Verleger einer periodischen Druckschrift festgesetzt, der wissentlich geschehen läßt, daß eine Person als Redakteur bezeichnet wird, die überhaupt die Geschäfte eines solchen nicht wahrnimmt, die Redaktionstätigkeit nicht ausübt.

Der Gegensatz zu der in Nr. 2 unter Strafe gestellten Zuwiderhandlung gegen § 7 liegt in einem Doppelten: Während in Nr. 2 die falsche Angabe bezüglich des verantwortlichen Redakteurs mit Strafe bedroht ist, einerlei, ob der Benannte wenigstens ein Redakteur oder nicht einmal das ist, setzt die Schlußbestimmung voraus, daß der Benannte nicht einmal Redakteur, sondern irgend eine untergeordnete Person ist. Während Abs. 2 wissentlich falsche Angaben, also ein positives Tun voraussetzt, trifft der letzte Absatz auch ein vorsätzliches Unterlassen.

Der Verleger ist deshalb strafbar, weil er gewöhnlich die Redakteure überhaupt und für ihre einzelnen Funktionen bestellt oder doch wenigstens auf ihre Tätigkeit einen maßgebenden Einfluß auszuüben in der Lage ist.

Man wollte mit der Bestimmung dem Institute der Stroh- oder Sitzredakteure entgegenwirken[235]).

Zur Bekämpfung des Instituts der Stroh- oder Sitzredakteure soll der Verleger schon wegen vorsätzlicher Unterlassung strafbar sein, d. h. falls er absichtlich nicht verhindernd einschreitet, wenn die benannte Person überhaupt nicht Redakteur ist.

235) Vgl. übrigens einerseits Klöppel S. 163; andererseits Löning S. 40: Die Fassung des letzten Absatzes rührt von dem Abgeordneten Klöppel her.

4. Da die Straftat nach § 18 Vergehen ist, so ist das Mindestmaß der Geldstrafen gemäß § 27 StGB. 3 Mk.

Über den Gerichtsstand s. die Ausführungen zu Ziff. 17 bei § 21; über den Gerichtsstand in Preßsachen überhaupt: ebendaselbst.

Über Verjährung s. § 22 und Anm. daselbst.

§ 19.

Mit Geldstrafe bis zu einhundert und fünfzig Mark oder mit Haft werden bestraft:

1. Zuwiderhandlungen gegen die §§ 6, 7 und 8, welche nicht durch § 18 Ziff. 2 getroffen sind;

2. Zuwiderhandlungen gegen den § 9;

3. Zuwiderhandlungen gegen die §§ 10 und 11.

In den Fällen der Ziffer 3 tritt die Verfolgung nur auf Antrag ein, und hat das Strafurteil zugleich die Aufnahme des eingesandten Artikels in die nächstfolgende Nummer anzuordnen. Ist die unberechtigte Verweigerung in gutem Glauben geschehen, so ist unter Freisprechung von Strafe und Kosten lediglich die nachträgliche Aufnahme anzuordnen.

1. Zu Nr. 1 von § 19. Hier werden die Zuwiderhandlungen gegen die §§ 6, 7, 8, die nicht durch § 18 Ziff. 2 getroffen werden, behandelt[236]).

a) Über die Bedeutung der Worte, „welche nicht durch § 18 Ziff. 2 getroffen sind", herrscht Streit. Man hat dieselbe dahin verstehen wollen, daß unter § 19 Abs. 1 nur die Fälle, in denen auf der Druckschrift die in den §§ 6, 7 angeordneten Angaben überhaupt nicht oder ungenügend bewirkt worden sind, gehören sollen; man hat aber auch gesagt, daß unter § 19 Abs. 1 jede Art der Zuwiderhandlung gegen die §§ 6 ff. falle, die nicht durch wissentlich falsche Angaben begangen ist, so daß namentlich § 19 auch die Fahrlässigkeitsstrafe für die Zuwiderhandlungen gegen die §§ 6—8 enthalte, die wegen vorsätzlicher Begehung in § 18 mit Strafe bedroht sind[237]).

Die letztere Ansicht dürfte den Vorzug verdienen, da nach dem Wortlaute § 19 Nr. 1 jede Art der Zuwiderhandlung gegen §§ 6 ff. umfaßt, die nicht durch falsche Angaben mit Kenntnis der Unrichtigkeit begangen wird.

Es fällt unter § 19 Nr. 1 also vorsätzliches und fahrlässiges Verhalten, nämlich Zuwiderhandlungen gegen die §§ 6 und 7 durch schuldhafte falsche Angaben, die nicht vorsätzlich falsche sind, und Zuwiderhand-

---

236) S. die mehrfach genannten Kommentare des RPrG. zu § 19 und Meves a. a. O. Bd. 1 S. 23 ff.

237) S. a. **RGE.** Bd. 16 S. 144; **RGR.** Bd. 9 S. 374; vgl. übrigens Liszt, ÖsterrPrG. S. 251 ff.; Thilo S. 61; Kayser S. 594.

lungen gegen die §§ 6 und 7, welche schuldhaft (und zwar vorsätzlich oder fahrlässig) durch Unterlassung der Angabe und durch unvollständige Angaben verübt werden (vgl. **RGE.** Bd. 25 S. 181), und endlich Zuwiderhandlungen gegen § 8, wenn sie schuldhaft, vorsätzlich oder fahrlässig, begangen sind[238]).

b) Zuwiderhandlungen gegen die §§ 6 und 7 durch vorsätzliche unvollständige oder ungenaue Angabe oder durch vorsätzliches Weglassen jeglicher Angabe kann ein jeder begehen, der bei der Herstellung der Druckschrift mitwirkt und deshalb imstande ist, den Tatbestand einer solchen Zuwiderhandlung zu verwirklichen. Es gelten auch hier — wie bei den Zuwiderhandlungen im Sinne des § 18 Nr. 2 — insoweit die allgemeinen strafrechtlichen Grundsätze. Jeder Setzerlehrling, der den Teil der Druckschrift zu setzen hat, der die Angabe des Druckers, Verlegers oder Redakteurs enthält, kann dadurch, daß er die Benennung vorsätzlich ungenau gibt oder, z. B. durch Entfernen der betreffenden Stellen des Satzes, die Benennung überhaupt verhindert, der Übertretung sich schuldig machen. Das hier Ausgeführte ist jedoch bestritten, denn es wird behauptet[239]), das bei der Herstellung verwendete Hilfspersonal hafte überhaupt nach § 19 nicht. Ein Grund für die Behauptung ist jedoch nicht einleuchtend (wie hier Stenglein, NG. I, 310).

c) Für jedes schuldhafte Verhalten bei der Zuwiderhandlung gegen die §§ 6 und 7 ist nur derjenige strafrechtlich haftbar, der zur Beobachtung der Aufmerksamkeit, deren Außerachtlassung zur Schuld gerechnet wird, verpflichtet ist. Hier kommen nur die drei Hauptbeteiligten bei einer Druckschrift: der Drucker, der Verleger (an seiner Statt beim Selbstbetriebe der Verfasser oder der Herausgeber) und der verantwortliche Redakteur in Betracht. Denn nur diese Personen sind verpflichtet, eine Zuwiderhandlung gegen die preßrechtlichen Ordnungsvorschriften zu verhindern. Nicht dagegen haftet eine sonstige Person, welche die Herstellung der Druckschrift nur veranlaßt hat (vgl. **RG.** GA. Bd. 46 S. 25).

d) Der Drucker, d. h. der Inhaber der Druckerei, hat dafür zu sorgen, daß sein Name und sein Wohnort auf der Druck-

---

238) Es würde außerhalb des Rahmens des Kommentars eines Spezialgesetzes liegen, wollte ich hier erörtern, weshalb ich nicht der neuerdings wieder von Klöppel S. 247 ff. aufgestellten Ansicht folge, daß bei Zuwiderhandlungen gegen Vorschriften polizeilichen Charakters die Tatsache der Zuwiderhandlung, ohne Rücksicht auf die subjektive Verschuldung, zur Bestrafung genüge. Diese alte Streitfrage mag an anderer Stelle ausgetragen werden.

239) S. Löning a. a. O. §§ 12 ff. und Marquardsen S. 105.

schrift benannt ist. Bestritten ist, ob er damit den Kreis seiner Pflichten gemäß §§ 6, 7 erfüllt hat[240]).

Man verneint, daß er auch für die Benennung des Verlegers oder des Verfassers oder des Herausgebers haftbar sei, mit folgender Begründung[241]). Das Gesetz lege ihm die Pflicht nicht auf, den Druckbesteller auf die Bestimmung des § 6 aufmerksam zu machen und bei dem Mangel der betreffenden Angaben die Übernahme des Druckes abzulehnen: eine solche Verpflichtung hätte einer ausdrücklichen Bestimmung im Gesetze bedurft; es könne um so weniger eine solche Verpflichtung angenommen werden, als dem Drucker eine Beurteilung nicht zustehe, zu welchem Zwecke (zum buchhändlerischen Betrieb oder zum Selbstbetrieb oder nur zum Privatgebrauche) die Schrift gedruckt werde.

Von anderer Seite wird behauptet, der Drucker sei wenigstens dann auch für die Benennung des Verlegers haftbar, wenn er die Bestimmung der Druckschrift zur Verbreitung gekannt habe[242]).

Beiden Ansichten dürfte nicht beizutreten sein. Der Drucker, der die Druckschrift unmittelbar herstellt, ist dafür verpflichtet zu erachten, daß sie die Förmlichkeiten erfüllt, die das Gesetz im § 6 verlangt. Er muß sich deshalb unter allen Umständen vergewissern, zu welchem Zwecke die Schrift gedruckt wird, und zwar muß er das nicht etwa wegen etwaiger Benennung des Verlegers oder des Herausgebers, sondern seiner eigenen Benennung wegen. Ist die Schrift nicht zur Verbreitung, sondern nur zum Privatgebrauche des Bestellers bestimmt, so bedarf es auch der Benennung des Druckers nicht, denn dann ist sie (nach § 2)[243]) überhaupt keine Druckschrift im Sinne des Preßgesetzes. Wer also den Drucker zu seiner eigenen Benennung für verpflichtet erklärt, und das geschieht fast[244]) allgemein, der muß auch davon ausgehen, daß er in

240) Bejahend ObTrib. Stuttgart in Kübels Gerichtsblatt Bd. 14 S. 57; Schwarze in der Sächs. Ger.-Zeitung Bd. 22 S. 297 ff.; Marquardsen S. 105 f.; Berner S. 266; ObTrib. in GA. Bd. 24 S. 630; verneinend OLG. Dresden in Sächs. Ger.-Zeitung Bd. 25 S. 49 f.; Liszt S. 83; s. auch **RGE.** Bd. 16 S. 144; **RGR.** Bd. 9 S. 374; **RGE.** Bd. 39 S. 302; München, 22. März 1906, 383 (Druckpersonal); vgl. auch Ebner S. 62.

241) So z. B. v. Schwarze in der 1. und 2. Auflage dieses Kommentars.

242) ObTrib. in GA. Bd. 26 S. 354; Koller S. 125; Meves S. 25.

243) S. oben zu § 2.

244) Mit Ausnahme von Löning § 12, der (vgl. darüber § 18 Anm.) überhaupt nur den Herausgeber bezw. den Verleger haften lassen will.

jedem einzelnen Falle wissen d. h. feststellen muß, zu welchem Zwecke die Druckschrift hergestellt wird, und dann auch dafür sorgen muß, daß sie den Formerfordernissen des Gesetzes, soweit § 6 in Frage kommt, entspricht[245]).

Bei periodischen Druckschriften ist der Drucker ferner dafür verantwortlich, daß Name und Wohnort des verantwortlichen Redakteurs angegeben sind, sowie ferner, daß bei Benennung mehrerer verantwortlicher Redakteure mit Bestimmtheit zu ersehen ist, für welchen Teil der Druckschrift jeder Benannte die Redaktion besorgt.

Dieser Satz bedarf näherer Erläuterungen. Während Koller[246]) u. a., der Ansicht sind, daß der Drucker, dem bekannt ist, daß es sich um eine periodische Druckschrift handle, auch für die richtige und vollständige Benennung des verantwortlichen Redakteurs hafte, sind andere, z. B. Meves[247]) der Meinung, daß er für Angabe des Namens und Wohnorts des verantwortlichen Redakteurs nicht zu sorgen habe, weil das Gebot des § 7 mehr in das materielle Gebiet des Preßrechts übergreife und mit der technischen Tätigkeit des Druckers nichts zu schaffen habe.

Geht man aber davon aus, daß der Drucker als der Hersteller der Druckschrift den Formvorschriften des Gesetzes genügen muß, so hat er auch sich zu vergewissern, ob er eine periodische Druckschrift herstellt (tatsächlich wird er das ohnehin wissen), und dafür zu sorgen, daß der Benennung des verantwortlichen Redakteurs genügt wird. Da er aber gar nicht immer bestimmt wissen kann, wer tatsächlich die Geschäfte des verantwortlichen Redakteurs für die einzelne Nummer geführt hat, so würde man ihm zuviel zumuten, wollte man ihm auch stets zur Schuld anrechnen, wenn seine Angabe unrichtig ist. Er darf sich darauf berufen, daß er keinen Grund gehabt, der ihm von dem Verleger oder durch das Manuskript der Zeitung gewordenen Mitteilung über die Person und den Wohnort des verantwortlichen Redakteurs zu mißtrauen. Eine Untersuchung darüber anzustellen, ob die Angabe zutreffend ist, ist der Drucker nicht verpflichtet; die Interna des Redaktionsbureaus liegen eben außerhalb seiner Sphäre.

Mit dieser Einschränkung ist der oben aufgestellte Satz zu verstehen.

---

245) Man kann auch nicht einwenden, der Drucker brauche nicht zu wissen, wer Verleger bezw. Herausgeber sei. Diese sind seine Auftraggeber und der Drucker vermag deshalb leicht zu erfahren, mit wem er zu tun hat. Inwieweit ihn bei einer unrichtigen Angabe ein Verschulden trifft, ist im einzelnen Falle nach den Umständen festzustellen (vgl. **RG.** Bd. 39 S. 202).

246) S. 125.

247) S. 25, gestützt auf die Ansicht in der 1. und 2. Auflage dieses Kommentars.

Wenn mehrere Drucker selbständig die verschiedenen Teile der Druckschrift für eigene Rechnung herstellen, so muß jeder Drucker seinen Namen und Wohnort unter Bezeichnung des Teiles, den er gedruckt hat, angeben, und jeder Drucker haftet, für sein Verschulden, wenn die Zeitung ohne die richtigen und vollständigen Angaben der anderen Beteiligten erscheint (s. a. **RGE.** Bd. 21 S. 360).

Über die Entlastung des Druckers durch Bestellung eines Stellvertreters und durch Arbeitsteilung mit einem Kompagnon s. u. Anm. 245.

e) Der Verleger (oder beim Selbstbetriebe der Verfasser oder Herausgeber, s. § 6) ist dafür verantwortlich, daß die Druckschrift die in §§ 6 und 7 vorgeschriebenen Angaben enthält. Denn wie er in der Regel den Druck bestellen und sonach dem Drucker die nötigen Anweisungen zu geben haben wird, so geht von ihm auch die Verbreitung aus. Vor dieser Verbreitung hat er zu prüfen, ob die vorgeschriebenen Angaben auf der Druckschrift sich finden.

f) Bei periodischen Druckschriften haftet der verantwortliche Redakteur dafür, daß sein Name und Wohnort auf der Druckschrift richtig angegeben werde; wenn mehrere verantwortliche Redakteure (s. § 7 Abs. 2) vorhanden sind, so hat jeder dafür zu sorgen, daß die Angabe ihres Namens und Wohnorts in einer Weise erfolgt, die mit Bestimmtheit ersehen läßt, für welchen Teil der Druckschrift jeder Benannte die Redaktion besorgt[248]). Die Haftbarkeit kann nicht damit abgelehnt werden, daß der Redakteur nachweist, er habe für sich den Teil richtig angegeben, für welchen er die Redaktion führt. Der einzelne Redakteur macht sich strafbar, wenn er ohne Rücksicht, ob die Mitredakteure dem Gesetze genügen, für den ihm zugewiesenen Teil zeichnet. Für weiteres, insbesondere für Benennung des Druckers und des Verlegers haftet der verantwortliche Redakteur als solcher jedoch nicht, denn es ist ihm eine Mitwirkung weder bei der technischen Leitung, noch bei der gewerblichen Verbreitung der Schrift eingeräumt; er wird von dem Verhältnis des Druckers zum Verleger ebensowenig, wie von den Maßregeln des letzteren bei der Veröffentlichung und Versendung der Druckschrift berührt.

Für Zuwiderhandlungen gegen § 8 haftet derjenige verantwortliche Redakteur, der den Vorschriften des § 8 zuwider in Tätigkeit ist, und der Verleger, welcher dessen Tätigkeit geduldet hat[249]).

---

248) **RGE.** in GA. Bd. 39 S. 51; **RGE.** Bd. 21 S. 23, Bd. 25 S. 181, Bd. 6 S. 368 ff., Bd. 20 S. 430 ff.; Liszt S. 83, 84; Koller S. 121; c. Klöppel S. 226. (Der Redakteur hafte für die Befolgung des § 7 überhaupt nicht.)

249) Vgl. auch Berner S. 267; Kayser S. 618; Kah S. 145.

Die Bestellung eines verantwortlichen Redakteurs entbindet den Verleger (und die sonst haftbaren Personen, wie Drucker usw.) nicht von der Pflicht über die Gesetzmäßigkeit der Druckschrift zu wachen und namentlich auch ihre Aufmerksamkeit darauf zu richten, daß sie durch ihre äußere Gestaltung nicht gegen die gesetzlichen Vorschriften verstößt[250]).

Dagegen kann für den Inhaber der Druckerei und für den Verleger eine wenigstens teilweise Entlastung eintreten, wenn sie zur Leitung des Betriebs oder des in Frage stehenden Teiles eine Person als ihren Stellvertreter bestellt haben. Dann haftet nämlich zunächst der Beauftragte als der Leiter des Betriebs. Der Inhaber der Druckerei und der Verleger sind aber neben dem Beauftragten strafbar, wenn eine Zuwiderhandlung mit ihrem Vorwissen begangen ist oder wenn sie bei der nach den Verhältnissen möglichen und erforderlichen eigenen Beaufsichtigung des Betriebs oder des Stellvertreters oder bei der Auswahl desselben es an der erforderlichen Sorgfalt haben fehlen lassen[251]), da die Haftung für schuldhaftes Handeln durch die Bestellung eines Vertreters nicht ohne weiteres aufgehoben werden kann.

Wenn die Druckerei oder der Verlag in Händen mehrerer Inhaber sich befindet, so haften sie an sich alle für schuldhafte Zuwiderhandlungen. Wenn sie jedoch eine Teilung der Geschäfte vorgenommen haben, danach der eine allein den Geschäftszweig bearbeitet, in dessen Bereich Herstellung oder Verlag der Druckschrift fällt, während die anderen sich entweder um den Geschäftsbetrieb gar nicht kümmern, oder einem anderen Teile des Geschäfts vorstehen, so haftet der zuständige Teilhaber so, wie ein Alleininhaber, die anderen nur wie Gewerbtreibende, die einen Beauftragten bestellt haben.

Befinden sich Druck und Verlag in den Händen einer Aktiengesellschaft und dgl., so ist der Betriebsleiter, der Direktor, in seiner Eigenschaft als Stellvertreter des Druckers oder Verlegers allein strafrechtlich haftbar.

Der Druckergehilfe, der vertragsmäßig Anweisungen seines Arbeitgebers befolgt, wird hierdurch von Verantwortung nicht frei (**RG.** IV 29. April 1904; Recht Bd. 8 S. 318).

Über Aufmerksamkeit, die dem Drucker obliegt, vgl. auch **RGE.** Bd. 39 S. 202 und Ebner S. 62.

Über die Vollendung der Straftat und die Haftung des Verbreiters s. § 18.

Über Konkurrenz mehrerer Zuwiderhandlungen untereinander und mit anderen Straftaten s. oben § 18 zu 1c u. d.

---

250) S. **RGE.** Bd. 20 S. 430.

251) Der § 151 GewO. gilt nur für Gewerbepolizeidelikte im engeren Sinne. Doch sind seine Grundsätze wohl auch hier analog anwendbar.

2. Zu Nr. 2 von § 19. Zuwiderhandlungen gegen § 9.

Der Verleger haftet allein für die im § 9 vorgeschriebene Ablieferung des Pflichtexemplars (einschließlich aller Beilagen), da ihm allein im § 9 die Verpflichtung auferlegt ist.

Der Verleger kann die Zuwiderhandlung sowohl vorsätzlich wie fahrlässig begehen, doch muß ihm ein Verschulden nachgewiesen sein[252]). Ein anderer, soweit nicht einer der in § 19 Anmerkung 245 besprochenen Fälle der Stellvertretung in Betracht kommt, kann sich der Zuwiderhandlung nicht schuldig machen, doch kann wegen Anstiftung ein Dritter strafbar werden[253]).

Wenn der Austräger, der das Pflichtexemplar abliefern sollte, dies unterläßt, so haftet der Verleger strafrechtlich, sofern ihn ein Verschulden dabei trifft. Die Straftat ist vollendet, sobald die Austeilung oder Versendung der Druckschrift begonnen hat, ohne daß die Ablieferung des Pflichtexemplars erfolgt ist.

3. Zu Nr. 3 von § 19. Zuwiderhandlungen gegen die §§ 10 und 11.

Hierher gehören

a) Die unterlassene Aufnahme der amtlichen Bekanntmachung einer öffentlichen Behörde in eine der beiden nächsten Nummern des Blattes.

b) Die Verletzung der Vorschriften über den Berichtigungszwang.

Zur Aufnahme der Bekanntmachung oder der Berichtigung ist der verantwortliche Redakteur verpflichtet, er kann deshalb auch nur für die Zuwiderhandlung strafrechtlich verantwortlich gemacht werden. Neben ihm kann eine dritte Person eventl. als Anstifter in Betracht kommen.

Verpflichtet ist derjenige verantwortliche Redakteur, der die Geschäfte bei der Nummer geführt hat, in welcher die Aufnahme im spätesten Falle erfolgen mußte. An der Verpflichtung ändert nichts, daß der verantwortliche Redakteur die Nummer des Blattes nicht redigiert hat, in welcher der zu berichtigende Artikel gestanden hat.

Die Zuwiderhandlung ist objektiv vollendet, wenn entweder

a) die der Einsendung der amtlichen Bekanntmachung folgende zweitnächste Nummer erschienen ist, ohne daß jene darin Aufnahme gefunden hat (§ 10) oder

b) wenn die dem Eingange der Berichtigung nächstfolgende, für den Druck nicht bereits abgeschlossene Nummer erschienen

---

252) Liszt S. 89; Koller S. 77; Stenglein, RG. I, 311.

253) Stenglein a. a. O. I, 311.

ist, ohne daß jene darin Aufnahme gefunden hat, oder wenn sie zwar Aufnahme gefunden hat, aber nicht in demselben Teile des Blattes, oder mit anderer (kleinerer oder ostentativ mit größerer) Schrift, wie der Abdruck des zu berichtigenden Artikels, oder mit Einschaltungen oder Weglassungen (§ 11).

Wenn man gesagt hat, die Zuwiderhandlung werde auch durch Verweigerung des Abdrucks der Bekanntmachung oder der Berichtigung begangen[254]), so ist das meist wohl nur ein ungenauer Ausdruck, nicht aber etwa so zu verstehen, als ob die Zuwiderhandlung auch schon vollendet sein könnte vor Erscheinen der Nummer, in welcher die Aufnahme erfolgen mußte, sobald nur eine ausdrückliche Weigerung erfolgt ist. Das Kammergericht in Berlin (GA. Bd. 37 S. 87) hat allerdings erklärt: „Die Zuwiderhandlung ist durch die ausdrückliche Verweigerung der Berichtigung vollendet". Es wird aber wohl kein Gericht den verantwortlichen Redakteur schon wegen der Weigerung allein verurteilen, wenn er zunächst die Aufnahme weigert, sich dann aber eines Besseren besinnt und sie noch rechtzeitig bringt; während er unzweifelhaft den §§ 10 und 11 zuwidergehandelt hat, wenn er die Bekanntmachung verspätet bringt. Nach Ansicht des Kammergerichts müßte aber schon die Bestrafung wegen der voraufgegangenen Weigerung eintreten; für diese Auffassung bietet das Gesetz nicht den geringsten Anhalt.

An sich begründet jedes schuldhafte Zuwiderhandeln die Strafbarkeit; jedoch jeder Irrtum, der sich als tatsächlicher — z. B. nicht über den gesetzlichen Umfang der Berichtigungspflicht — darstellt, schließt kraft positiver gesetzlicher Vorschrift (s. letzten Abs.) die Strafbarkeit, nicht zugleich die Berichtigungspflicht, aus[255]).

Durch die einmal begangene Zuwiderhandlung und auch durch die erfolgte Bestrafung ist die Verpflichtung zur Aufnahme der Bekanntmachung oder der Berichtigung nicht erloschen, sie dauert vielmehr fort[256]). Nachdem einmal die Aufnahme im Urteile rechtskräftig angeordnet ist, macht sich der verantwortliche Redakteur einer erneuten Zuwiderhandlung schuldig, wenn er trotzdem die Aufnahme unterläßt oder in gesetzwidriger Weise bewirkt.

Das Recht des Einsenders, die Aufnahme einer Bekanntmachung oder Berichtigung zu verlangen, ist an keine Frist gebunden (c. KG. GA. Bd. 47 S. 461).

---

254) Z. B. Koller S. 126 ff.; vgl. auch **RGE.** Bd. 24 S. 278; KG. in GA. Bd. 37 S. 87.

255) **RGE.** Bd. 24 S. 278; OLG. München (Sammlung Bd. 3 S. 214); Darmstadt (Archiv f. prakt. Rechtswissenschaft Bd. 13 S. 260); KG. in GA. Bd. 38 S. 460.

256) KG. in GA. Bd. 37 S. 87; c. Meves, Berichtigungszwang in GA. Bd. 45 S. 346.

4. Zum Schlußsatze des § 19.

Der Schlußsatz des § 19 beruht auf den Vorschlägen der Kommission und ist in seinem ersten Satze bestimmt, eine Lücke des Gesetzes auszufüllen.

Im ersten Satze ist zunächst bestimmt, daß die Bestrafung wegen § 19 Nr. 3 nur auf Antrag eintreten soll. Man ging davon aus, daß bei diesen Gesetzesverletzungen das öffentliche Interesse nicht gefährdet sei, zumal auch — genau genommen — durch die Bestimmungen in §§ 10, 11 der „Ordnung der Presse", namentlich in Bezug auf die strafrechtliche Verantwortlichkeit der bei der Druckschrift Beteiligten, nicht berührt wird. Der Antragsberechtigte ist die „beteiligte öffentliche Behörde oder Privatperson" (vergl. oben zu §§ 11 und 12). Im übrigen ist der Antrag selbst nach den allgemeinen Bestimmungen des Strafgesetzbuchs zu behandeln. Insbesondere wird die Bestimmung in § 61 StGB. über die Antragsfrist zur Anwendung zu bringen und dieselbe von dem Tage, an dem der Beteiligte von der Nichtaufnahme der Bekanntmachung bezw. Berichtigung Kenntnis erhalten hat, zu berechnen sein. Bis zum Beweise des Gegenteils wird diese Kenntnis mit dem Ablaufe des Aufnahmetermins (§§ 10 und 11 Abs. 2) eingetreten sein und dieser den Anfangspunkt bilden. War von dem Redakteur die Berichtigung abgedruckt, jedoch hierbei gegen die Bestimmungen in § 11 Abs. 2 („in demselben Teile usw.") gefehlt worden, so wird mit Erscheinen der betreffenden Nummer bis zum Beweise des Gegenteils die Kenntnis des Verletzten beginnen.

Die Verjährung der Zuwiderhandlung nach § 19 Ziff. 3 beginnt nicht schon mit dem Erscheinen der Nummer, in der die Bekanntmachung oder die Berichtigung hätte aufgenommen werden müssen, oder, wenn die Berichtigung in fehlerhafter Weise (§ 11 Abs. 2) abgedruckt ist, mit dem Erscheinen dieser Nummer; da die Verpflichtung des Redakteurs dem fortdauernden Rechte des Einsenders auf Aufnahme der Bekanntmachung oder Berichtigung entspricht, kann auch der Lauf der Verjährung der Strafverfolgung nicht beginnen, solange die Verpflichtung nicht in gesetzlicher Weise erfüllt ist, oder der verpflichtete verantwortliche Redakteur nicht aus seiner Stellung ausgeschieden oder verstorben ist[257)] [258)].

In einer Entscheidung bekämpft das KG. (GA. Bd. 47 S. 461) die Annahme eines sog. Dauerdelikts, weil die Ver-

---

257) S. a. KG. in Johow Bd. 5 S. 278; c. KG. in GA. Bd. 37 S. 87.

258) Dies hat auf den Lauf der Strafantragsfrist keinen Bezug, diese beginnt mit der Kenntnis von der Zuwiderhandlung. — Der neueintretende Redakteur kann erneut zur Berichtigung aufgefordert werden.

pflichtung des Redakteurs mit dem Erscheinen der Nummer, in welcher der Abdruck hätte erscheinen müssen, erloschen sei. Das kann nicht für richtig erachtet werden (s. oben die Bemerkung zu § 11).

Ferner ist im Schlußsatze von § 19 bestimmt, daß das Strafurteil zugleich die Aufnahme des eingesendeten Artikels in die nächstfolgende Nummer anzuordnen hat. Es ist der Fall der Verurteilung („Strafurteil") vorausgesetzt. Die Bestimmung leidet jedenfalls auch dann Anwendung, wenn der Redakteur zwar die Berichtigung aufgenommen, hierbei aber die Vorschriften in § 11 Abs. 2 verb.: „und zwar in demselben Teile usw." nicht beobachtet hat. Dagegen wird diese Bestimmung gegenstandslos sein, wenn die Zuwiderhandlung sich darauf beschränkt, daß die Aufnahme erst nach Ablauf der in § 10 und in § 11 Abs. 2 festgesetzten Frist erfolgt ist. Endlich wird dieser Bestimmung keine Folge zu geben sein, wenn der Beteiligte auf die nachträgliche Aufnahme verzichtet[259]).

Das zit. RG. stellt sich auf den Standpunkt, daß auch bei nachträglicher, verspäteter Aufnahme der Bekanntmachung oder Berichtigung, in dem Urteile doch der nochmalige Abdruck angeordnet werden müsse. Es ist das eine Wortinterpretation des Gesetzes, danach der verspätete Abdruck vor dem Gesetze nicht gilt. Vor Bestrafung schützt er allerdings nicht; im übrigen ist auch ein verspäteter Abdruck — ein Abdruck.

Der zweite Satz des Schlußsatzes von § 19 ist erst bei der dritten Lesung von den Kommissarien beantragt und vom Reichstag angenommen worden (S. 1101 f.). Er soll ein Ersatz für den Wegfall der Bestimmung sein, die von der Kommission bei § 11 beantragt und vom Reichstag in der zweiten Lesung angenommen, später aber von den Kommissarien aufgegeben und deshalb vom Reichstag in der dritten Lesung wieder beseitigt worden war. Diese (weggefallene) Bestimmung sicherte dem Redakteur das Recht, vor Aufnahme der Berichtigung die Entscheidung des Gerichts über die Verpflichtung zur Aufnahme herbeizuführen. Bei der Beratung der Kommissarien war von einem Kommissionsmitgliede darauf hingewiesen worden, daß die Befürchtung nahe liege, daß der Strafrichter den Redakteur auch dann verurteilen werde, wenn er zwar unberechtigterweise die Aufnahme verweigert, hierbei jedoch in gutem Glauben gehandelt habe; der Richter werde an die bestimmte Strafbestimmung sich halten und einen Unterschied zwischen **dolus** und **culpa** bei der Natur dieser den Ordnungsstrafen beizuzählenden Strafen nicht machen. Vom Bundesrat

---

259) c. OLG. München (Sammlung Bd. 4 S. 334), im Laufe des Verfahrens sei der Verzicht des Berichtigers überhaupt wirkungslos.

wurde diesem Amendement widersprochen. Es sei selbstverständlich, daß die allgemeinen strafrechtlichen Grundsätze über die Voraussetzung des widerrechtlichen Vorsatzes und über den Irrtum bei Anwendung des § 11 einzutreten haben. Dagegen würde es unzulässig sein, dem Redakteur eine weitergehende materielle Kritik über diese allgemeinen Grundsätze und über die Voraussetzungen der Berichtigungspflicht nach § 11 einzuräumen.

Hieraus folgt, daß der Irrtum (der gute Glaube) über die gesetzlichen Voraussetzungen zur Ablehnung der Berichtigung[260]) dem Redakteur nicht zustatten kommt; wohl aber soweit es sich um Irrtum über die tatsächlichen Voraussetzungen im einzelnen Falle handelt, z. B. ob der Antragsteller die „beteiligte" Person sei[261]), andererseits, wenn er die Aufnahme verweigert, weil er den Inhalt der Berichtigung für strafbar hält.

Über den örtlichen und sachlichen Gerichtsstand der Zuwiderhandlungen nach §§ 18, 19 s. u. den Abschnitt: Gerichtsstand in Preßsachen Ziff. 17 bei § 21.

III. Verantwortlichkeit für die durch die Presse[262]) begangenen strafbaren Handlungen.

Vorbemerkungen.

Die strafrechtliche Verantwortlichkeit für die Abfassung, Herstellung und Verbreitung von Druckschriften, deren Inhalt den Tatbestand einer strafbaren Handlung begründet, wird in Gesetzgebung und Wissenschaft hauptsächlich nach drei Systemen beurteilt. Bei dem Verlauf, den die Vorarbeiten

260) Denn darauf findet die Bestimmung im wesentlichen nur Anwendung.

261) So hat das OLG. München (Sammlung III S. 214 f.) den guten Glauben für unbeachtlich erklärt, als der Redakteur die Weigerung auf seine Überzeugung von der Wahrheit der „berichtigten Tatsachen" gestützt hatte; vgl. noch Celle in GA. Bd. 39 S. 375; Darmstadt im Archiv f. prakt. Rechtswissenschaft Bd. 13 S. 260; KG. in GA. Bd. 38 S. 460; **RGE.** Bd. 24 S. 278; und München, Jur. Zeit. VI S. 391.

262) Vgl. Barth S. 54 f.; Hartmann S. 162 f.; Thilo, PreußPrR. S. 89 f.; Schwarz S. 88 f.; Lienbacher Bd. 1 S. 160 f.; Biedermann, Lex. S. 756 und Biedermanns Ref. S. 11 f.; Jaques S. 66 f.; Lentner S. 66 f.; Marquardsen S. 113 f.; Thilo S. 75 f. Vgl. die Gutachten des Dr. Glaser und des Dr. John in den Ju-

zum Reichspreßgesetz und die Verhandlungen genommen haben, ist ein näheres Eingehen auf diese Systeme nicht zu vermeiden.

1. Das System der sog. stufenweisen (sukzessiven) und ausschließenden Verantwort-

---

ristentagsverh. Bd. 6 S. 68 f. und 318 f.; die Verhandlungen des Juristentags zu Frankfurt a. M. (S. 118 f.); — die Petition des Buchdruckervereins usw. S. 661 f. — Liszt, Strafrecht, 10. Aufl. S. 191; derselbe, Reichspreßrecht §§ 47 ff.; derselbe, Preßstrafrecht und Redakteur in Holtzendorffs Rechtslex. 3. Aufl.; Baumgarten, System der preßr. Verantwortlichkeit in Liszts Zeitschrift Bd. 5 S. 491 ff.; Koller S. 129 ff.; Löning, Die strafrechtliche Haftung des Redakteurs; Honigmann, Die Verantwortlichkeit des Redakteurs; Oetker, Die strafrechtliche Haftung des verantwortlichen Redakteurs; derselbe, Verantwortlichkeit des Zeitungsredakteurs, Preuß. Jahrbücher Bd. 76 S. 385 ff.; derselbe, Zur Lehre von den Preßvergehen in GA. Bd. 26 S. 249 ff.; v. Bülow, Die strafrechtliche Haftung des verantwortlichen Redakteurs, in Liszts Zeitschrift Bd. 14 S. 643; derselbe, Der verantwortliche Redakteur und seine strafrechtliche Haftung in GA. Bd. 40 S. 241 ff.; derselbe, Zur Frage der strafrechtlichen Haftung des verantwortlichen Redakteurs in GA. Bd. 43 S. 324 ff.; Meves, Bemerkungen zum Preßgesetz in GA. Bd. 39 S. 15 ff.; Jolly in v. Stengels Wörterbuch des Verwaltungsrechts Bd. 2 S. 299 ff.; Rehm, im Handwörterbuche der Staatswissenschaften Bd. 5 S. 266 ff.; Stenglein, RG. I, 312; Kah, RPrR. S. 148 ff.; Schmid, Die strafrechtliche Verantwortlichkeit für Preßvergehen (Zürich 1895); Klöppel, PrR. S. 299 ff.; Delius S. 69 ff.; Groschuff in GA. Bd. 23 S. 27; vgl. auch Kronecker, Der Umschwung der reichsgerichtlichen Rechtsprechung im Deutschen Wochenblatte Bd. 4 S. 594. Ferner Grüttefien, Die Täterschaft des verantwortlichen Redakteurs, Berlin 1896, O. Liebmann; Sládeček, Zur Lehre der Preßdelikte, in GA. Bd. 43 S. 348; Miřička, Der verantwortliche Redakteur (GA. Bd. 57 S. 133); Binding, Das Wesen der strafrechtlichen Haftung des verantwortlichen Redakteurs unter besonderer Berücksichtigung des Reichspreßgesetzes vom 7. Mai 1874 §§ 20 und 21 (SeuffBl. Bd. 76 S. 333; Binding unterscheidet Verfasserdelikte und Redakteurdelikte; der Redakteur bewirkt die Verbreitung des Verfasserdeliktes); Neuberger, Die strafrechtliche Haftung des verantwortlichen Redakteurs, 1912; Stenglein, Verjährung von Preßdelikten, Jur. Zeit. I S. 331; derselbe, Der ambulante Gerichtsstand der Presse, Jur. Zeit. III S. 500; v. Bar, Zur Frage des Gerichtsstandes der Presse, Jur. Zeit. IV S. 96; Birckmeyer, Gerichtsstand der begangenen Tat bei Preßbeleidigungen, Jur. Zeit. IV S. 301; Marquardsen, Verjährung von Preßdelikten, Jur. Zeit. I S. 457; Groschuff, Jur. Zeit. I S. 235; Appelius, Verjährung von Preßdelikten, Jur. Zeit. I S. 214; Kitzinger, Ort und Zeit der Handlung im Strafrechte, München, 1902 b. Bach, S. 270 ff.; vgl. auch die Zitate bei dem Abschnitt über den Gerichtsstand der Presse, Ziff. 17 bei § 21.

lichkeit[263]). Dieses System, das vorzugsweise in der belgischen Gesetzgebung zur Geltung kommt und in Deutschland namentlich von der Weimarschen (Weimarsches Preßgesetz vom 25. Juli 1868), sowie mit erheblichen Abänderungen von der Badenschen (Badensches Preßgesetz vom 28. Dezember 1831; s. jedoch ferner die Gesetze vom 15. Februar 1851; 2. April 1868 und Art. 4 des Badenschen Vollzugsgesetzes zum Reichsstrafgesetzbuche vom 28. Dezember 1871) Gesetzgebung angenommen worden war[264]), sieht in dem einzelnen Falle von jedem besonderen Nachweise krimineller Verschuldung ab. Es findet bereits in der Tatsache der Abfassung, beziehentlich der Mitwirkung des einzelnen Beteiligten das die Strafbarkeit begründende Moment, und belegt den Beteiligten mit der Strafe des Täters bezw. Teilnehmers, ohne daß es eines weiteren Beweises seiner Mitschuld bedarf. Die Strenge dieser Auffassung wird dadurch wieder abgeschwächt, daß die Verantwortlichkeit eine ausschließliche und für alle Beteiligten eine sukzessive sein soll, und zwar in dem Maße, daß in der gesetzlich festgestellten Reihenfolge nur einer der Beteiligten haftet. Die Verantwortlichkeit wird zunächst demjenigen zugeschoben, der zunächst bei der Verbreitung der Druckschrift beteiligt ist und zur Verantwortung gezogen werden kann; aber jeder der Beteiligten darf die strafrechtliche Verantwortlichkeit unbedingt wieder von sich abwenden, wenn er einen Vormann zu benennen vermag, der zur gerichtlichen Verantwortung gezogen werden kann (la responsabilité par cascades)[265]).

Von verschiedenen Seiten ist schon nachgewiesen worden, daß auf diese Weise eine kriminelle Schuld fingiert wird, die sehr häufig in Widerspruch mit den wirklichen Tatsachen tritt. Mit diesem Systeme wird dem Verleger und dem Drucker, namentlich dem letzteren, eine Verantwortlichkeit angesonnen, deren Gewährleistung nach den Verhältnissen der Beteiligten oft eine direkte, jedoch unverschuldete Unmöglichkeit ist. Aber dadurch, daß der Verpflichtete die Haftung durch Benennung seines Vormanns von sich abwenden und auf letzteren übertragen darf, wird der Gedanke, aus dem jene Fiktion entsprungen ist, wieder durchbrochen und ein Strafausschließungsgrund geschaffen, der weder in den allgemeinen strafrechtlichen Grundsätzen noch in dem Umstande, daß ein anderer haftbar gemacht

---

263) Löning § 21; Berner § 99, 2; Klöppel S. 84, 130.

264) Vgl. Jaques S. 74 f.; Behaghel S. 23 f.; Lentner S. 74 f.; Petition der Buchdrucker usw. S. 661.

265) Das System hat seine Grundlage in der belgischen Verfassung vom 7. Februar 1831. Art. 18:

Lorsque l'auteur est connu et domicilé en Belgique l'éditeur, l'imprimeur ou le distributeur ne peut être poursuivé.

werden kann, eine Stütze findet. Denn die Nichtbenennung eines Vormanns hängt mit der Schuldfrage nicht zusammen, ist vielmehr rein formeller und zufälliger Natur.

In diesem System ist überall nur der Gedanke maßgebend gewesen, einen Beteiligten, sei es auch lediglich infolge einer Fiktion und ohne Rücksicht auf die materielle Wahrheit, als schuldig zu erklären und zur Bestrafung zu ziehen; es soll ein Straffälliger geschaffen werden.

Ganz besonders ist gegen dieses System der Einwand erhoben worden, daß durch solche nachträgliche Befreiung dessen, der zunächst verantwortlich gemacht worden war, zugleich die Verschuldung beseitigt wird, die auf allgemeinen strafrechtlichen Grundsätzen beruht. So wird z. B. der Verbreiter, selbst wenn er die Druckschrift mit voller Kenntnis von ihrem strafbaren Inhalte verbreitet hat und daher nach allgemeinen strafrechtlichen Grundsätzen der Teilnahme an dem Delikte schuldig ist, von jeder kriminellen Haftung dadurch wieder befreit, daß er seinen Vormann, z. B. den Drucker, benennt und auf ihn die Verantwortlichkeit abwälzt.

Hierzu kommt ferner, daß das System nicht folgerichtig durchgeführt worden ist. Denn die Benennung des Vormanns entlastet nicht unbedingt den Beteiligten, sondern erst dann, wenn sie in einer Weise erfolgt, daß der Benannte vor den Gerichten des Landes zur Verantwortung gezogen werden kann[266]).

Weiter ist geltend gemacht worden, daß jeder Unterschied der verschiedenen Teilnahmeformen beseitigt und ohne Rücksicht auf die materielle Wahrheit lediglich zur Erleichterung der strafrechtlichen Verfolgung und ohne Unterscheidung der einzelnen Fälle eine Haftung geschaffen wird, deren Berechtigung weder aus den allgemein-strafrechtlichen Grundsätzen, noch auch unbedingt und für alle Fälle aus der Natur der Preßdelikte sich erklären läßt.

2. Wiederholt ist das System vertreten worden, daß es besonderer Bestimmungen in der hier fraglichen Materie nicht bedürfe, sondern die Anwendung der allgemeinen strafrechtlichen Grundsätze vollkommen ausreiche[267]).

Während das belgische System in der geschäftlichen Beziehung zu dem Preßerzeugnisse die Grundlage und die Rechtfertigung der Verantwortlichkeit findet, ist das System der Verantwortlichkeit nach den allgemeinen Strafgesetzen unabhängig von dieser geschäftlichen Beziehung, die vielmehr hier nur soweit noch in Betracht kommt, als preß-

266) Lorsque l'auteur est connu et domicilé en Belgique s. o.

267) S. hierzu Koller S. 147 ff.

polizeiliche Vorschriften verletzt sind. Diesem Systeme hatten sich die Preßgesetze Bayerns vom 17. Mai 1850 und Lübecks vom 25. September 1869, sowie, aber nicht mit voller Klarheit, das Preßgesetz Sachsens vom 5. Februar 1844 angeschlossen.

Die Praxis hat bewiesen, daß die Anwendung der allgemeinen strafrechtlichen Grundsätze nicht hinreicht, um das Interesse der Strafrechtspflege vollständig zu befriedigen. Obgleich selbstverständlich der Tatbestand der Delikte dadurch nicht geändert werden kann, daß sie mittelst der Presse verübt werden, und ebenso an sich die strafrechtlichen Bestimmungen über die Schuldformen der Teilnahme eine Abänderung nicht erleiden würden, so vollzieht sich doch die notwendige Mitwirkung verschiedener Personen bei der Abfassung, Herstellung und Verbreitung eines Preßerzeugnisses vielfach in einer Weise, die unter den gewöhnlichen Begriff der gemeinschaftlichen Täterschaft nicht gestellt werden kann, so daß bei den verschiedenen Personen nicht jene subjektive Einheit vorhanden ist, welche in der Teilnahme, wie sie das Strafgesetzbuch auffaßt, zum Anerkenntnis gelangt. Dazu kommt, daß die Gerichte, unter Nichtbeachtung dieser besonderen Erscheinung, sehr häufig den Beweis der Schuld, namentlich bei dem Redakteur einer periodischen Druckschrift, in einer Weise aufgefaßt und behandelt haben, daß die Straflosigkeit des Beteiligten, insbesondere des Redakteurs, die Folge war. In den Ländern, wo die Vorschriften der Preßgesetzgebung sich auf die Anwendung der allgemeinen strafrechtlichen Grundsätze beschränkt haben, ist die Klage allgemein erhoben worden, daß der Beweis der Schuld gegen den Redakteur einer periodischen Druckschrift deshalb nicht zu erbringen sei, weil in der Regel die Anklage den Nachweis zu liefern nicht vermöge, daß der Redakteur vom Inhalte der Druckschrift, bezw. des strafbaren Artikels bereits vor oder bei Aufnahme des Artikels durch Einsicht oder auf andere Weise Kenntnis erlangt habe, daß aber die Behauptung des Redakteurs unbegründet sei, er habe von dem Inhalte des Artikels erst bei der Ausgabe des Blattes, gleichwie das übrige Publikum, Kenntnis erlangt. Es war eine gewöhnliche Einwendung der Redakteure, daß sie das Manuskript des Artikels ungelesen in die Druckerei gegeben hätten, weil sie sofort aus der Handschrift den Verfasser erkannt und im Hinblick auf dessen Persönlichkeit den Artikel zum Abdrucke gebracht hätten. Es sind Fälle vorgekommen, in denen der Verdacht begründet war, daß der Redakteur eine Verabredung über den Inhalt des Artikels mit dem Verfasser getroffen und beim Eingange des Manuskripts absichtlich die Lektüre unterlassen habe, um später mit Bestimmtheit behaupten zu können, daß er den Artikel nicht gelesen und daher auch von dem strafbaren Inhalte Kenntnis nicht gehabt habe. Von einigen Gerichtshöfen Deutschlands[268]) ist zwar aus der Stellung und Aufgabe des Redakteurs einer periodischen Druckschrift eine tatsächliche Vermutung dafür abgeleitet worden, daß der Redakteur vor dem Abdrucke Kenntnis vom Inhalte genommen habe. Allein man hat diese Vermutung im Mangel weiterer tatsächlicher Unterstützung nicht für ausreichend erachtet, um auf dieselbe eine Verurteilung zu gründen.

3. Das dritte System ist das System der sog. Fahrlässigkeits- bezw. Ordnungsstrafe[269]). Man ist einig darin, daß diese Bestrafung nur in Frage kommen kann, wenn nach den allgemeinen strafrechtlichen Grundsätzen eine kriminelle Bestrafung des Beteiligten nicht eintritt. Man hat die einzelne, bei der Herstellung eines Preßerzeugnisses beteiligte Person mit dieser besonderen Strafe belegt, wenn ihr eine kriminelle Verschuldung bei der Herstellung und Verbreitung der strafbaren Druckschrift nicht nachgewiesen werden konnte. In solchem Falle sollte ohne weiteres die Ordnungsstrafe verwirkt sein.

Von der anderen Seite hat man den Gedanken der Fahrlässigkeit schärfer betont. Man hat ein neues, dem Preßgewerbe eigentümliches Fahrlässigkeitsdelikt geschaffen[270]). An die Spitze wird der Satz gestellt, daß in der Herausgabe, bezw. Verbreitung einer strafbaren Druckschrift eine Fahrlässigkeit insofern sich kundgibt, als sie nicht erfolgt sein würde, wenn der Beteiligte einen höheren Grad von Aufmerksamkeit auf den Inhalt verwendet hätte, da er dann zu der Überzeugung oder der Vermutung gelangt wäre, daß er gegen die Strafgesetze verstoße.

Die Bestrafung stützt sich auf die Erwägung, daß diese Fahrlässigkeit es gewesen ist, die in einzelnen Fällen die Schädigung des öffentlichen Interesses durch die Druckschrift möglich gemacht und letztere sogar vergrößert hat. Das Preßgewerbe zieht, wie jedes andere Gewerbe, die Verpflichtung nach sich, daß die Beteiligten die nötige Aufmerksamkeit aufwenden, damit nicht das öffentliche Interesse geschädigt wird.

---

268) So Plenarentscheidung des bayerischen obersten Gerichtshofs, Sammlung d. Entsch. d. bayer. Kassationshofs Bd. 4 S. 331.

269) Vgl. für dasselbe die Petition des Buchdruckervereins S. 662. — Vgl. noch die Verhandl. d. sächs. Landtags bei Bausch S. 118 f. Gegen das System auch der Bericht der früheren Reichstagskommission S. 8. Vgl. noch Herzog in den Bl. f. Rechtspflege in Thüringen usw., n. F. Bd. 3 S. 62 f. — Löning § 22; Koller S. 150; s. a. Liszt § 47 III, § 52; Honigmann S. 108 ff.; Berner § 99, 3; Marquardsen S. 175 ff.; Kayser S. 594; — namentlich aber die Ausführungen von Grüttefien a. a. O. § 18. Ein Vorschlag de lege ferenda (S. 63 ff.).

270) S. aber Liszt § 47 III, § 52 und Honigmann S. 108ff.

In dieser Betonung der besonderen Fahrlässigkeit liegt nun gegenüber der oben vorgetragenen Anschauung über die Bedeutung der Fahrlässigkeitsstrafen die Regel ausgesprochen, daß im einzelnen Falle der Vorwurf der Fahrlässigkeit durch den Nachweis besonderer Umstände wieder ausgeschlossen werden kann, wenn der Verpflichtete trotz der angewendeten Sorgfalt den strafbaren Inhalt der Druckschrift nicht erkannte, oder die Veröffentlichung, bezw. die Verbreitung wider sein Wissen und seinen Willen erfolgte.

Als besondere Entschuldigung des Verpflichteten, durch die der Vorwurf der Fahrlässigkeit beseitigt wird, ist endlich die Bezugnahme auf den Vormann behandelt worden. Die Bestrafung fällt weg, wenn der Verpflichtete einen Vormann bezeichnet, der nunmehr zur Verantwortung gezogen werden kann. Für diese Auffassung wird geltend gemacht, daß durch die Sicherung eines Vormanns der Beweis der Sorgfalt geliefert und der Vorwurf der Fahrlässigkeit ausgeschlossen werde. Denn der Nachmann finde in der Sicherung eines Vormanns eine Gewähr dafür, daß dieser nicht ohne vorherige Prüfung des Inhalts der Druckschrift sich bei Herstellung derselben beteiligt haben würde.

Auch die Vertreter des Grundsatzes, daß tunlichst der Verfasser als der eigentliche Urheber des Delikts ermittelt und bestraft werde, erklären sich für die Zulässigkeit dieses Rückgriffes auf den Vormann. Denn ist der Drucker angegeben, von dem überdies eine Nachricht, wer den Druck bestellt hat, erwartet werden kann, so werden der Verleger bezw. der Herausgeber und durch diesen wieder der Verfasser festzustellen und somit durch das Zurückgreifen auf die Vormänner schließlich der eigentliche Urheber des Delikts zu ermitteln sein.

4. Entstehungsgeschichte der §§ 20, 21. Der von der preußischen Regierung dem Bundesrate vorgelegte Entwurf vertrat das oben unter 2 geschilderte System, jedoch mit der Einschränkung, daß in § 22 des Entwurfs bestimmt war:

> „Ist die strafbare Handlung durch eine periodische Druckschrift begangen, so ist der verantwortliche Redakteur mit der Strafe des Täters zu belegen."

Im Bundesrate wurde die Annahme des Entwurfs abgelehnt. In den Motiven zu dem Entwurfe des Bundesrats wurde die Annahme dieser Vorschläge in der Hauptsache nur damit gerechtfertigt, daß aus dem ihnen zugrunde liegenden Systeme „für die Justiz der große praktische Vorteil erwachse, nicht nur in jedem Falle einen Haftbaren sicher zu haben, sondern ihn auch leicht und ohne langwierige, dennoch oft unfruchtbare Nachforschungen haftbar machen zu können".

Der dem Reichstage vorgelegte Entwurf des § 21 enthielt folgende Bestimmungen:

Begründet der Inhalt einer Druckschrift den Tatbestand einer strafbaren Handlung, so sind

1. der Verfasser,
2. der Redakteur oder Herausgeber,
3. der Verleger oder Kommissionsverleger,
4. der Drucker,
5. der Verbreiter

mit der Strafe des Täters zu belegen, ohne daß es eines Beweises ihrer Mitschuld bedarf.

Ist die Veröffentlichung ohne den Willen des Verfassers geschehen, so trifft statt seiner den Redakteur oder Herausgeber die Verantwortlichkeit.

Es kann jedoch jede der in obiger Reihenfolge nachstehenden Personen die Strafverfolgung von sich abwenden, wenn sie eine der ihr in der Reihenfolge vorhergehenden Personen bei ihrer ersten gerichtlichen Vernehmung oder innerhalb 24 Stunden nach derselben nachweist und der Nachgewiesene in dem Bereiche der richterlichen Gewalt eines deutschen Bundesstaats ist.

Diese Bestimmung steht der gleichzeitigen Verfolgung derjenigen nicht entgegen, in Ansehung derer außer der bloßen Handlung der Herausgabe, des Verlags, oder der Übernahme der Kommission, des Druckes und der Verbreitung noch andere Tatsachen vorliegen, welche nach allgemeinen strafrechtlichen Grundsätzen eine Teilnahme an der durch die Druckschrift begangenen strafbaren Handlung begründen.

Die Reichstagskommission konnte sich mit diesem Systeme nicht befreunden. Insbesondere wurde bei den Verhandlungen die Härte betont, die darin liege, daß selbst die Personen mit der Strafe des Täters belegt werden, welche in den meisten Fällen von dem Inhalte der Druckschrift keine Kenntnis nehmen, vielmehr bei ihrer Herstellung und Verbreitung nur eine mechanische Tätigkeit entwickeln.

Die Kommission war der Meinung, daß die Verantwortlichkeit nach den allgemeinen strafrechtlichen Grundsätzen zu regeln, eine Ausnahme aber nur insoweit zuzulassen sei, als ein Bedürfnis hierzu besonders nachgewiesen werden könne. Ein solches hat sich in den Fällen herausgestellt, in denen die Haftung des Redakteurs einer periodischen Druckschrift für den Inhalt Gegenstand der gerichtlichen Entscheidung geworden ist. Die Kommission hat hierbei vorzugsweise die früheren Verhandlungen in dem preußischen Landtag über den Entwurf vom Jahre 1849[271]), der die Verantwortlichkeit des Redakteurs besonders vertrat, und die sich anschließenden Ausführungen von John in dem Juristentagsgutachten usw.[272]) berücksichtigt, sowie den bei jenen Verhandlungen aufgestellten Satz, daß der Redakteur einer periodischen Druckschrift als Verfasser anzusehen sei, angenommen. Es wurde ausgesprochen, daß der Zeitungsredakteur vermöge seiner Stellung, gleich dem Verfasser selbst, für den Inhalt seiner Zeitung verantwortlich gemacht werden müsse, weil er dem Wortlaut und der Sache nach Herr über den Inhalt der Zeitung sei, ja bei der Anonymität der Zeitungsartikel äußerlich gleichsam als Verfasser erscheine[273]). Endlich hat der Juristentag des Jahres 1872 die Anwendung der gewöhnlichen Grundsätze über Verantwortlichkeit für strafbare Handlungen, ergänzt durch eine Fahrlässigkeitsstrafe, gebilligt[274]).

5. Allgemeine Bemerkungen zu Abschnitt III. Das Gesetz beschäftigt sich in Abschnitt III mit der preßrechtlichen Verantwortlichkeit für die durch die Presse begangenen strafbaren Handlungen.

Unter diesen Handlungen sind hier strafbare Gedankenäußerungen — (im weitesten Sinne) — in Druckschriften gemeint. Es gehört daher z. B. die Anfertigung falschen Papiergeldes usw. durch Druck usw. nicht hierher (siehe Hartmann S. 158; Schwarz S. 89). Da die Handlung durch den Inhalt einer Druckschrift begangen sein muß, so scheidet auch der Nachdruck hier aus. Er ist kein Preßdelikt, da bei ihm die Straftat durch den Abdruck begangen wird. Strafbar ist die Veranstaltung des Nachdrucks[275]).

---

271) Schwarz S. 102; Thilo, PreußPrG. S. 106 und besonders Hartmann S. 176 f., 179 f., 198, 217 f., 191 f.

272) (Gutachten f. d. Juristentag VI Bd. 1 S. 347 f.) „Der verantwortliche Redakteur ist der Verfasser der ganzen Zeitung", ohne jedoch die sämtlichen von ihm gezogenen Schlußfolgerungen, insbesondere den Satz zu billigen, daß die Strafbarkeit des Verfassers durch die Bestrafung des Redakteurs getilgt werde.

273) Hartmann S. 197. Das System ist auch in anderen Gesetzgebungen, wenn auch nicht völlig durchgeführt, so doch in seinen Grundgedanken anerkannt worden.

274) Jaques, Abhandl. Bd. 1 S. 66 f.; — des Näheren ist hierzu noch zu vergleichen der Kommissionsbericht sowie die Reden des Abgeordneten v. Schwarze im Reichstage (Sten. Bericht S. 469 ff.).

275) §§ 36 ff. RGes. vom 19. Juni 1901, betreffend das Urheberrecht an Werken der Literatur und der Tonkunst, RGBl. S. 227 ff.; und vordem § 18 RGes. vom 11. Juni 1870. — Vgl. **RGE.** Bd. 20 S. 430; GA. Bd. 38 S. 436; Stenglein, im Gerichtssaal Bd. 38 S. 1 ff.

Es sind ferner die in diesem Gesetze selbst mit Strafe bedrohten Zuwiderhandlungen (mit Ausnahme der Zuwiderhandlungen gegen die §§ 15—17 und 28, letztere soweit sie durch Abdruck der beschlagnahmten Stellen während der Beschlagnahme geschieht)[276]) auszuscheiden, da bei ihnen die Strafbarkeit nicht durch den Inhalt der Druckschrift[277]) begründet wird.

Was nach diesen Ausscheidungen übrig bleibt, also alle diejenigen Delikte, welche mittelst einer Gedankenäußerung in einem Preßerzeugnis begangen werden, sind die Preßdelikte, auf welche sich die §§ 20, 21 beziehen.

Diese Ansicht ist sehr bestritten. Man hat namentlich behauptet[278]), der Inhalt einer Druckschrift

---

276) Vgl. einerseits die Bemerkungen zu den §§ 15—17 und 18 Nr. 2 und andererseits § 28.

277) S. darüber oben § 18 Anm. und Schmid S. 15; Berner S. 278; Marquardsen S. 167.

278) Vgl. z. B. Löning §§ 12 ff.; Klöppel S. 299 ff.; Koller S. 130 ff.; auch Liszt, Preßr. S. 141 ff.; der letztere scheint jedoch in seinem Lehrbuche des Strafrechts seit der 6. Aufl. S. 158 die hier vertretene Auffassung zu teilen, wenn er sagt, daß Preßdelikte diejenigen strafbaren Handlungen seien, deren Wesen in dem Mißbrauche des Rechtes der freien Meinungsäußerung durch Verbreitung von Druckschriften besteht; s. a. Liszts Zeitschr. Bd. 6 S. 405.

Stenglein, RG. I, 313 stellt an den Begriff des strafbaren Inhalts keine weitere Anforderung als die, daß in der Druckschrift diejenigen Tatbestandsmerkmale, in denen Kundgebung der Begehungshandlung besteht, enthalten sind. Er zählt auf Zuwiderhandlungen gegen §§ 49a, 85, 92 Ziff. 1, 95, 97, 99, 101, 103, 104, 110, 111, 112, 126, 130, 131, 164, 184, 185, 186, 187, 189, 201, 241, 286, 360 Ziff. 1, 8 und 11 RStGB.; §§ 1 und 2 Gesetz gegen den Verrat militärischer Geheimnisse; § 88 Börsengesetz; § 313 HGB. Stenglein scheidet aus Delikte gegen Vermögen, Freiheit, Gesundheit und Leben, sowie alle sonstigen Veranstaltungen, in deren Zusammenhang die Presse zwar Mittel zur Begehung, die Strafbarkeit aber erst durch Hinzutritt eines Erfolges begründet wird. So **RGE.** Bd. 33 S. 230. Ebenso scheiden aus Nachdruck (**RGE.** Bd. 20 S. 430) und Fälschungen, insbes. von Papiergeld, Nachbildungen von Warenbezeichnungen und Warenausstattungen (**RGE.** Bd. 42 S. 87), Offenbarungen eines Geheimnisses in den Fällen der §§ 300, 353a, 355 StGB. usw.

Handlungen, deren Strafbarkeit durch eine Eigenschaft des Täters bedingt ist (z. B. § 130a Abs. 2 StGB.) können nach Stenglein möglicherweise Preßdelikte sein, wenn nämlich der Inhalt die erforderliche Eigenschaft des Autors als vorhanden erscheinen läßt.

und seine Veröffentlichung müßten den Tatbestand einer strafbaren Handlung völlig herstellen, sodaß daneben für andere Tatbestandsmerkmale kein Raum mehr bleibe, oder man hat, was ungefähr auf dasselbe hinausläuft, das Preßvergehen als die an sich normwidrige öffentliche Gedankenäußerung, durch Verbreitung von Druckschriften begangen, erklärt. Es würde damit eine größere Anzahl von Straftaten, bei denen sehr wohl die Presse als Mittel der Begehung in Betracht kommen kann, aus der Reihe der Preßvergehen, auf die §§ 20 und 21 Anwendung finden, ausgeschieden werden. Die Anhänger dieser Ansicht haben auch Aufzählungen der Delikte vorgenommen, die ihrer Meinung nach als Preßdelikte vorkommen können, oder wenigstens diejenigen aufgezählt, die als Preßdelikte nicht vor-

---

Betrug, Erpressung, Nötigung können durch die Presse weder vollendet noch versucht werden (Stenglein a. a. O. S. 314).

Das OLG. Hamm hat die Verurteilung eines Redakteurs wegen fahrlässiger Körperverletzung, begangen durch einen Preßartikel, bestätigt, nachdem festgestellt war, daß der Redakteur der vorsätzlichen Veröffentlichung des Artikels auch ohne die Vermutung des § 20 RPrG. überführt war. Die Verurteilung des Redakteurs als mutmaßlichen Täters nach § 20 wurde für unzulässig erklärt, weil der Tatbestand der fahrlässigen Körperverletzung nicht, wie § 20 Abs. 1 verlange, durch den Inhalt der Presse begangen werden könne. Diese letztere Ansicht vertreten Dr. Hamm und Rudorff; dagegen streitet Gadow. Letzterer vertritt auch die Anwendbarkeit von Abs. 2 des § 230 StGB., weil die Verbreitung von Nachrichten zum Berufe des Redakteurs gehöre und deshalb von ihrer Anwendung besondere Sorgfalt verlangt werden müsse. Die deutsche Presse hat das Urteil als „weltfremd" mit Unrecht bekämpft. Mit Recht betont Hamm, daß nicht zu beanstanden sei, wenn in Übereinstimmung mit Rechtsprechung und Theorie das Urteil zu den Beschädigungen an der Gesundheit i. S. der §§ 223, 230 StGB. auch eine durch psychische Einwirkung hervorgerufene Krankheit rechnet. Die tatsächlichen Feststellungen rechtfertigen die Verurteilung. Der Angegriffene erlitt durch einen ersten Artikel des Redakteurs einen Schlaganfall. Der Redakteur hatte hiervon Kenntnis und veröffentlichte gegen den kaum Genesenen einen zweiten beleidigenden Artikel, dessen ehrenrührige Vorwürfe grundlos waren. Der Angegriffene fiel aufs neue in Krankheit, nach dem Gutachten der Ärzte durch den neuen Artikel verursacht. Das Urteil nahm an, daß der Redakteur sich nach dem Vorausgegangenen einen solchen neuen Erfolg habe vor Augen halten müssen. Es wurde also keineswegs angenommen, daß jede Gesundheitsstörung, die durch Aufregung über einen beleidigenden Preßartikel hervorgerufen wird, ohne weiteres dem verantwortlichen Redakteur zur Last zu legen sei (DJZ. Bd. 13 S. 1331; Bd. 14 S. 374 und S. 1198).

kommen können. Im einzelnen weichen sie wieder voneinander ab.

Diese Meinung findet jedoch weder in der Entstehungsgeschichte, noch im Wortlaut und dem Sinne des Gesetzes eine genügende Unterstützung. Zwar beruft man sich auf die Motive[279]) in denen es heißt, es verstehe sich von selbst, daß die preßrechtliche Verantwortlichkeit nur insoweit Platz greife, als der Tatbestand ohne Zuhilfenahme anderer subjektiver Belastungsmomente schon objektiv aus dem Inhalte der Druckschrift erkennbar sei. Aber mit diesen Worten ist doch nicht ausgedrückt, daß der Inhalt der Druckschrift den Tatbestand des Delikts objektiv völlig herstellen müsse; und dann darf nicht übersehen werden[280]), daß die Motive zu einer Vorlage geschrieben sind, in der die preßrechtliche Haftung auf einer Art von Fiktion der Schuld gewisser Personen aufgebaut war und daß eine solche naturgemäß nur bei einem wenigstens objektiv vollständigen Tatbestande möglich ist.

Im Gesetze selbst ist es die Wendung, daß die Strafbarkeit durch den Inhalt der Druckschrift begründet werde, mit der die Ansicht unterstützt wird. Der Ausdruck „begründen" ist jedoch mit vollenden nicht gleichzustellen[281]), und man trägt etwas in das Gesetz hinein, wenn man jene Worte auslegt: „durch den Inhalt allein begangen wird". Der Sinn der Worte im § 20: „Handlungen, deren Strafbarkeit durch den Inhalt einer Druckschrift begründet wird", die in §§ 21 und 22, wenn auch nicht wörtlich, wiederholt werden, ergibt sich vielmehr aus folgendem: Eine große Anzahl von Delikten kann durch das Mittel des gesprochenen Wortes begangen werden, dergestalt, daß bei ihnen die Äußerung des Gedankens den Begehungsakt, die strafbare Handlung darstellt: z. B. wörtliche Beleidigung, Beschimpfung der Kirche, Aufforderung zu strafbaren Handlungen usw. Insoweit bei diesen Delikten im Tatbestande das gesprochene Wort eine Rolle spielt, in demselben Umfange kommt bei dem Preßdelikte der Inhalt der Druckschrift in Betracht, — nicht mehr und nicht weniger. Der Inhalt der Druckschrift tritt lediglich an die Stelle des gesprochenen Wortes. Damit soll allerdings nicht gesagt sein, daß jede Gedankenäußerung, die als wörtliche strafbar ist, deshalb auch als Preßdelikt begangen werden könnte. Soweit vielmehr eine wegen einer wörtlichen Gedankenäußerung strafbare Handlung mit Rücksicht auf die übrigen Tatbestandsmerkmale die Begehung durch den Inhalt einer Druckschrift ausschließt (z. B. in der Kirche — s. im StGB. § 166 dritter Tatbestand — vor

---

279) GA. Bd. 22 S. 173.
280) Wie z. B. Löning § 12 tut.
281) S. z. B. Schmid S. 14, 15.

einer Menschenmenge — § 110 erster Tatbestand — usw.), kann natürlich die Tat auch nicht als Preßdelikt vorkommen, da jene speziellen Tatbestandsmerkmale eben ausschließlich ein gesprochenes Wort, und zwar ein unter gewissen Bedingungen gesprochenes Wort, erfordern.

Beschimpfung einer Religionsgesellschaft nach § 166 StGB. kann Preßdelikt, durch den Inhalt der Druckschrift begründet sein (**RGE.** Bd. 5 S. 354). Die Gotteslästerung im Sinne von § 166 StGB. erfordert, daß ein Ärgernis gegeben worden ist. Bei solchen zur öffentlichen Kundgebung hinzutretenden Erfolge nehmen **RGE.** Bd. 30 S. 194, Bd. 32 S. 69 und Bd. 36 S. 145 den Tatbestand als erfüllt an; ebenso **RGE.** Bd. 40 S. 358.

Es ist notwendig, daß der Inhalt an sich etwas Strafbares ist (§ 18 zu 1^b); es genügt, ist aber auch notwendig, daß er im einzelnen Falle durch Hinzutreten der sonstigen Umstände mit diesen zusammen die strafbare Handlung darstellt (s. z. B. §§ 15—17 PreßG.; §§ 131, 166 (1) StGB.).

Es können deshalb auch als Preßdelikte vorkommen Gedankenäußerungen mit besonders gestaltetem Vorsatz[282]), oder strafbare Handlungen, bei denen die Gedankenäußerung nur das Mittel zur Herbeiführung eines anderweiten rechtswidrigen Erfolges ist[283]), immerhin allerdings, und das muß streng festgehalten werden, unter der Voraussetzung, daß die Gedankenäußerung den Begehungsakt, die strafbare Handlung darstellt.

Auch diejenigen Gedankenäußerungen, die nur bei Begehung durch Täter mit besonderen Eigenschaften strafbar sind, und bei denen deshalb die Strafbarkeit erst aus der Person des zu ermittelnden Täters festgestellt werden muß, können als Preßdelikte begangen werden[284]).

---

282) Z. B. §§ 131, 187, 189 StGB.

283) Z. B. §§ 253, 263 StGB. u. a. Über die Delikte gegen §§ 131, 253, 263 StGB. s. insbesondere Löning § 12. — Wenn man übrigens auch hervorgehoben hat, bei jenen Delikten und ferner z. B. bei den Vergehen gegen die §§ 187, 189, 164 StGB. könne von der strafrechtlichen Haftung des verantwortlichen Redakteurs aus § 20 Abs. 2 keine Rede sein wegen des besonders gearteten dolus, der nicht vorausgesetzt werden könne, sondern nur im einzelnen Falle bewiesen werden müsse, so trifft der Grund hier nicht zu, wo (das Nähere s. Bemerkung zu § 20 Abs. 2) die Ansicht vertreten wird, daß § 20 Abs. 2 Satz 1 der Untersuchung nicht entgegensteht, mit welchem Vorsatze der Redakteur gehandelt hat.

284) Das ist sehr bestritten, vgl. z. B. ObTrib. Berlin in GA. Bd. 23 S. 575, Bd. 25 S. 594; Löning a. a. O. u. a. (auch die 1. und 2. Auflage dieses Kommentars).

Aus dem Dargestellten ergibt sich, daß eine Aufzählung der einzelnen Preßdelikte, wie sie von verschiedenen Schriftstellern versucht wird, zwecklos und unnötig ist[285]).

Das Reichsgericht hat sich seither im wesentlichen auch auf den hier vertretenen Standpunkt gestellt und in verschiedenen Urteilen (vgl. **RGE.** Bd. 5 S. 355 f., Bd. 9 S. 270 u. a.) ausgesprochen, es sei für den Begriff des Preßdelikts nicht erforderlich, daß schon der Inhalt der Druckschrift an sich eine strafbare Handlung darstelle. Der 2. Strafsenat hat (vgl. **RGE.** Bd. 32 S. 69 f.) ausgeführt, daß zum Begriffe des Preßdelikts nichts anderes gehöre, als daß die Strafbarkeit „in dem Inhalte der Druckschrift ihren Grund haben muß". Es seien damit alle in den Strafgesetzen vorgesehenen Handlungen getroffen, „die ihrer Natur nach mittelst der Presse verübt werden können, soferne sie im Einzelfalle mittelst der Presse verübt seien".

Eine durch Druckschrift (Zeitung) verkörperte schwindelhafte Reklame i. S. von § 4 des Gesetzes zur Bekämpfung des unlauteren Wettbewerbs ist Preßdelikt (**RGE.** Bd. 35 S. 375; Bd. 42 S. 87).

Man hat für die Preßdelikte die Öffentlichkeit der Begehung als charakteristisch und wesentlich bezeichnet[286]), jedoch mit Unrecht; sie wird die Regel sein, aber die Druckschrift kann auch von vornherein für einen individuell beschränkten, wenn auch größeren Personenkreis bestimmt sein, ohne daß dadurch der Charakter des Preßdelikts irgend geändert wird.

Am Schlusse dieses Abschnitts soll die Frage nicht unerörtert bleiben, ob auch grober Unfug (im Sinne des § 360 Nr. 11 StGB.) durch die Presse verübt werden kann; dies wird von vielen Seiten verneint und die Bejahung als eine unzulässige Ausdehnung des § 360 Nr. 11 bezeichnet[287]).

Es ist richtig, daß die Strafandrohung des § 360 Nr. 11 zunächst die polizeiliche Ordnung, die äußere Ruhe auf Straßen

285) Mit der hier vorgetragenen Ansicht stimmen im Ergebnisse, wenn auch nicht überall in der Begründung, im allgemeinen überein: Schmid und Honigmann a. a. O., und zum Teil auch Oetker. Oetker und Honigmann machen den Versuch, die möglichen Preßdelikte zusammenzustellen.

286) Honigmann, Oetker, Liszt a. a. O. u. a. wie hier Schmid; vgl. auch die Ausführungen zu § 3 über den Begriff der Verbreitung.

287) Gegen die Ansicht s. besonders Frank in GA. Bd. 34 S. 145 ff., Bd. 36 S. 267 ff.; v. Bar, Das Delikt des groben Unfugs, Im Gerichtssaal Bd. 40 S. 429; Ernst Müller, Gegen den „groben Unfug" in der heutigen Rechtsprechung, insbesondere der Preß- und politische Unfug (Leipzig 1895); s. auch Haake, Der grobe Unfug, 1892.

und Plätzen zu schützen bestimmt ist; doch ist die Störung der äußeren Ruhe auf Straßen und Plätzen kein unbedingtes Erfordernis für die Anwendung des § 360 Nr. 11. Denn das Gesetz spricht allgemein von „grobem Unfug", ohne eine Beschränkung zu erwähnen.

Wenn deshalb der Inhalt einer Druckschrift sich als eine den Bestand der öffentlichen Ordnung unmittelbar verletzende Ungebührlichkeit darstellt, durch die das Publikum schlechthin, nicht nur ein individuell begrenzter Personenkreis gefährdet oder belästigt wird, so ist der Tatbestand des groben Unfugs auch durch die Presse gegeben. Die Straftat ist durch den Inhalt der Druckschrift begangen und es finden deshalb die §§ 20 ff. Anwendung.

Von Einwendungen der Gegner ist als richtig anzuerkennen, daß man aus dem § 360 Nr. 11 StGB. keine subsidiäre Strafvorschrift allgemeiner Art machen darf[288]).

Die nach §§ 18, 19 verwirkten Strafen wegen Zuwiderhandlung gegen die Ordnungsvorschriften des Preßgesetzes in den §§ 6—11 werden dadurch noch nicht beseitigt, daß auch eine Verurteilung nach §§ 20 oder 21 erfolgt. Vielmehr kann hier eine Realkonkurrenz der Ordnungswidrigkeit und des Delikts, das durch den Inhalt der Druckschrift begründet wird, sowie nach Befinden der Fahrlässigkeit i. S. von § 21 vorliegen.

§ 20.

Die Verantwortlichkeit für Handlungen, deren Strafbarkeit durch den Inhalt einer Druckschrift begründet wird, bestimmt sich nach den bestehenden allgemeinen Strafgesetzen.

Ist die Druckschrift eine periodische, so ist der verantwortliche Redakteur als Täter zu bestrafen, wenn nicht durch besondere Umstände die Annahme seiner Täterschaft ausgeschlossen wird.

1. Zu § 20 Abs. 1. Die „Verantwortlichkeit". Das Preßgesetz beschäftigt sich nur mit der strafrechtlichen Verantwortlichkeit; die zivilrechtliche wird hier nicht berührt.

2. Durch den Inhalt der Druckschrift s. oben die Allg. Vorbemerkungen zu Abschnitt III.

---

288) Übereinstimmend wie hier **RGE.** Bd. 19 S. 294, Bd. 23 S. 208, Bd. 25 S. 404; vgl. auch München, Jur. Zeit. I S. 428, welches noch etwas weiter zu gehen scheint, indem es die nicht ganz klare Bemerkung vom groben Unfuge durch Verletzung des öffentlichen Interesses hinzufügt. — Eine andere ganz unbedenklich zu bejahende Frage ist die, ob durch die Art und Weise der Verbreitung von Druckschriften grober Unfug begangen werden kann, z. B. durch lärmendes Ausbieten, durch unanständige Kleidung der Ausrufer u. dgl. Solche Fälle gehören zu dem speziellsten Anwendungsgebiet des § 360 Nr. 11 StGB.

Das Wort Inhalt ist hier lediglich gegensätzlich zu „Form" gebraucht. Nicht durch den Inhalt der Druckschrift begangen sind die Zuwiderhandlungen gegen die Ordnungsvorschriften der §§ 6 ff. bis 11 (s. oben die Allg. Vorbemerkungen zu Abschnitt III) oder der Nachdruck.

Der Inhalt der Druckschrift stellt den Gedanken dar, der zur Gedankenäußerung an die Außenwelt durch den Begehungsakt der Verbreitung wird. Daß der Inhalt nicht selbst den vollständigen Tatbestand des Delikts darstellen muß, wurde bereits mehrfach (s. oben die Allg. Vorbemerkungen zu Abschnitt III) betont.

3. „Nach den bestehenden allgemeinen Strafgesetzen". Das Gesetz verweist auf die bestehenden, d. h. die jeweilig bestehenden allgemeinen Strafgesetze. Selbstverständlich sind unter ihnen nicht bloß die Reichsgesetze, insbesondere das Strafgesetzbuch, sondern alle Strafgesetze zu verstehen, wie in gleichem Sinne das Wort „Strafbarkeit" zu verstehen ist. Es gehören hierher auch die noch in Kraft bestehenden Landesstrafgesetze, insbesondere Polizeistrafgesetze[289]) und die rechtsgültigen Verordnungen. Die Frage über den Tatbestand, wie über die sonstigen Voraussetzungen der Strafbarkeit richtet sich ebenfalls lediglich nach den einschlagenden, die Straftat betreffenden Vorschriften, deren Anwendbarkeit dadurch, daß das Delikt mittelst der Presse begangen worden ist, nicht geändert wird.

4. Teilnahme[290]). Aus gleichem Grunde ist die Frage, ob und inwieweit die bei einer strafbaren Druckschrift Beteiligten durch ihre Beteiligung in dem Verhältnisse der Teilnehmer zueinander stehen und zu beurteilen sind, nach der Gestaltung des einzelnen Falles den allgemeinen strafgesetzlichen Vorschriften gemäß, zu beantworten. Mit diesem Hinweis ist die Annahme eines eigentümlichen, aus der besonderen Natur eines Preßerzeugnisses gewonnenen Schuldverhältnisses der Beteiligten ausgeschlossen. Die verschiedenen Tätigkeitsakte der Beteiligten beziehen sich zwar auf dieselbe Druckschrift; allein durch die Identität des Objekts wird noch nicht eine subjektive Einheit der Beteiligten

---

289) So hat man den Redakteur wegen Insertion einer Aufforderung zu Sammlungen usw. bestraft, weil er das Inserat aufgenommen hatte, ohne daß ihm der Nachweis der polizeilichen Erlaubnis vorgelegt worden war. Vgl. ObTrib. Berlin in GA. Bd. 10 S. 838, Bd. 11 S. 197, S. 350. OLG. München, Sammlung Bd. 6 S. 226, Bd. 8 S. 314, Bd. 9 S. 15.

290) Schmid a. a. O. S. 44 ff. und namentlich 61 ff.; Löning §§ 14 ff.; v. Mangoldt S. 32; Koller S. 162; Heilborn S. 45 ff.; Delius S. 70.

geschaffen und nicht die Verschuldung der einzelnen zur Teilnahme an demselben Delikt erhoben[291]).

Obgleich durch die Druckschrift nur ein Tatbestand geschaffen wird, so gewinnt er doch nur erst durch die Tätigkeit praktische Bedeutung, die mit der Herstellung und Verbreitung der Druckschrift sich beschäftigt. Zwar sind alle Beteiligte zu dem Zwecke tätig, die Druckschrift zu verbreiten; dies ist das Ziel ihrer Tätigkeit. Allein die Übereinstimmung des Zweckes ist ebenfalls nicht ohne weiteres geeignet, die Beteiligten zu einer subjektiven Einheit zu erheben und die Verschiedenheiten, die aus der äußeren, wie inneren Selbständigkeit der einzelnen Akte entspringen, zu beseitigen. Anders würde die Frage zu behandeln sein, wenn das Gesetz die sukzessive, aber ausschließliche Verantwortlichkeit der verschiedenen beteiligten Personen angenommen hätte. Denn diese steht allerdings mit einer solchen fingierten Teilnahme der Beteiligten im Einklang, ja sie ist die Grundlage einer solchen Teilnehmerschaft. Aber das Gesetz hat diese Verantwortlichkeit und somit auch den Gedanken nicht angenommen, daß unbedingt nur ein einziges Delikt vorliege, bei dem die Beteiligten, die verantwortlich sind, als Teilnehmer auftreten. Das Gesetz sieht daher auch nicht in der Bestrafung des durch die Druckschrift verwirkten Tatbestandes eine vollständige Sühne des Delikts, gleich als ob es nur in seiner äußeren Erscheinung in Betracht käme, sondern es beurteilt die Frage der Verschuldung und der Bestrafung nach den besonderen Tatumständen, die bei jedem einzelnen Beteiligten in objektiver wie in subjektiver Beziehung vorhanden sind.

Abgesehen von dem Redakteur einer periodischen Druckschrift wird der Verfasser des Artikels, bezw. der Druckschrift als Täter anzusehen sein, falls nicht die Veröffentlichung wider seinen Willen geschehen ist[292]). Neben dem Verfasser können auch der Redakteur, wie der Verleger und der Drucker, ja selbst der Verbreiter Mittäter sein. Wird die Tätigkeit des Einzelnen von der Willensrichtung getragen, die ein wesentliches Kennzeichen der Mittäterschaft ist, so wird die gesamte Tätigkeit aller Beteiligten sich auch in der subjektiven Einheit zusammenfassen lassen, bei der die einzelnen Tätigkeitsakte nur als die Ausführung der gemeinsamen Absicht sich darstellen; es entscheidet über die Bestimmung der Schuldform bei dem einzelnen Beteiligten nicht das Maß seiner Tätigkeit, sondern der Wille, aus dem sie

291) GA. Bd. 3 S. 75 f.
292) Behaghel S. 25.

hervorgegangen ist[293]). Beschränkt sich sonach dieser Vorsatz darauf, dem Verfasser bei Verübung des Delikts, das er beschlossen hat, Hilfe zu leisten, so ist die Mitwirkung nur Beihilfe, während sie zur Mittäterschaft sich erhebt, wenn das Delikt auf einer Verabredung der Beteiligten zu gemeinschaftlicher Ausführung beruht.

Die Frage, ob eine Teilnahme vorliegt und der einzelne Beteiligte als Täter, Mittäter oder Gehilfe bei dem Delikte zu beurteilen ist, wird daher lediglich nach den gegenüber den Beteiligten und ihrer Verschuldung sich ergebenden Tatumständen zu beantworten sein[294]).

Ebenso können mehrere, selbständige Tatbestände bezüglich derselben Druckschrift angenommen werden. Es kann z. B. der Verbreiter als Mittäter oder als Gehilfe[295]) oder selbst — obgleich wohl nur selten[296]) — als Begünstiger eines der Vormänner angesehen werden, je nach der Richtung seiner Absicht bei der Verbreitung bezw. der Verabredung mit einem Vormann. Es kann aber auch in seiner Person und Tätigkeit ein selbständiger Tatbestand zum Ausdrucke gelangen[297]).

Man kann eine weitere allgemeine Regel über den rechtlichen Charakter der Verbreitung nicht aufstellen. Die Haftung ist vielmehr im einzelnen Falle nach der allgemeinen Vorschrift des § 20, „nach welcher die Verantwortlichkeit sich nach den bestehenden allgemeinen Strafgesetzen bestimmt", festzustellen[298]).

Die Selbständigkeit des Delikts hat noch insofern besondere Bedeutung, als dann z. B. der Strafantrag des Verletzten wider den Verfasser usw. der Druckschrift nicht genügt, um auch den Verbreiter haftpflichtig zu machen[299]); — ebenso sind die Bestimmungen über Berechnung der Antrags-

---

293) S. a. **RGE.** Bd. 3 S. 181, Bd. 18 S. 282; **RGR.** Bd. 10 S. 692; Olshausen, KommzStGB. § 47; Rüdorff-Stenglein, KommzStGB. zum 3. Abschnitte; vgl. auch Birckmeyer, Lehre von der Teilnahme.

294) S. hier namentlich auch **RGE.** Bd. 23 S. 392.

295) Mittäter oder Gehilfe kann der Verbreiter natürlich nur sein, soweit nicht die strafbare Handlung, die mittelst der Druckschrift begangen ist, zur Zeit seiner Tätigkeit schon beendigt war. Über Vollendung und Beendigung der durch die Presse begangenen strafbaren Handlungen s. unter dem besonderen Abschnitt.

296) Vgl. noch Schwarze, KommzStPO. S. 128.

297) Vgl. noch **RGE.** Bd. 1 S. 321; **RGR.** Bd. 1 S. 485, Bd. 7 S. 107.

298) Schwarze, in der Sächs. Ger.-Ztg. a. a. O.

299) Vgl. § 63 StGB.

frist und der Verjährungsfrist, Wahrheitsbeweis, Kompensation usw. über prozessuale Konsumtion selbständig anzuwenden[300]).

Gibt es eine besondere Grenze der Teilnahme bei Preßdelikten? Da die allgemeinen Grundsätze über Teilnahme hier Anwendung finden, so ist ein jeder, bei dem die Merkmale der Teilnahme nachgewiesen sind auch wegen Teilnahme an der Straftat zu verurteilen. Es sind Urteile lebhaft angefochten worden, die gegen den Drucker, den Korrektor und den Setzer einer Zeitung ergangen sind. Vom rechtlichen Standpunkt ist gegen die Verurteilung dieser Personen wegen Teilnahme an sich keine Einwendung zu erheben, insbesondere ist die Einwendung, die gegen die Verurteilung des Setzers gemacht wird, er sei durch sein Dienstverhältnis genötigt, alles zu setzen, was ihm vorgelegt werde, hinfällig; das zivilrechtliche Verhältnis, in dem jemand zu einem anderen steht, kann ihn niemals wegen der Begehung strafbarer Handlungen straflos machen. Auch bei anderen Gewerbebetrieben gelten solche Ausnahmen nicht. Ebenso ist der Einwand, das Gesetz habe in § 20 Abs. 2 durch die Verantwortlichkeit des verantwortlichen Redakteurs die Haftung solcher untergeordneter Organe beseitigen wollen, nicht stichhaltig. Der Redakteur haftet nur als mutmaßlicher Täter, und er kann die Annahme seiner Täterschaft gegebenenfalls widerlegen[301]) und dann frei ausgehen. Die Haftung des Redakteurs nach § 20 Abs. 2 entlastet niemanden, der nach allgemeinen Grundsätzen haftbar ist.

Es kann sich also nur fragen, ob im einzelnen Falle etwa die tatsächliche Feststellung, auf der die Teilnahme des Angeklagten ruht, Bedenken unterliegt.

Erwähnt mag folgendes werden: Man verkennt die Tätigkeit des Korrektors, wie des Setzers, wenn man den Satz als Regel aufstellt, daß sie den Inhalt dessen, was sie korrigieren oder setzen, kennen lernen und deshalb den Sinn und die Bedeutung des Artikels erkennen müssen; man wird vielmehr von dem Gegenteil als Regel ausgehen müssen. Gewöhnlich wird sowohl von dem Korrektor einer Druckerei, wie von dem Setzer die Arbeit rein mechanisch verrichtet. Beide

---

300) Vgl. noch hierüber Liszt a. a. O. S. 157, sowie Schwarze, in der Sächs. Gerichtszeitung Bd. 23 S. 227 f.; — nach gleichen Grundsätzen, wie oben erörtert, ist auch der Wiederabdruck eines Artikels zu behandeln; doch wird hier regelmäßig eine selbständige Straftat angenommen werden müssen. S. hierzu noch Koller S. 139 ff.; Berner § 107; Liszt § 43 (S. 156); Kayser S. 596; Thilo S. 75 Nr. 5; Schmid S. 41.

301) S. das Nähere hierüber in den Bemerkungen zu § 20 Abs. 2.

bekümmern sich um das einzelne Wort und in Zweifelsfällen höchstens um den Sinn des einzelnen Satzes; darüber hinaus sich auch um den Inhalt des ganzen Artikels zu bekümmern, fehlt beiden regelmäßig die Zeit. Man darf auch nicht sagen, daß die beiden durch das Lesen oder durch das Setzen der einzelnen Worte des ganzen Artikels, auch den Sinn desselben schließlich verstehen müßten. Ausnahmen kommen gewiß vor; aber es sind eben Ausnahmen. Man wird deshalb, wenn es sich um die Frage nach der Teilnahme des Korrektors oder des Setzers handelt, stets sorgfältig prüfen müssen, ob ausreichende Beweise für ihre Schuld vorhanden sind. Man darf insbesondere nicht ohne weiteres davon ausgehen, daß sie mit dolus eventualis (unbestimmten strafbaren Vorsatz) gehandelt haben. Der sog. dolus eventualis darf nicht dazu benutzt werden, im Ergebnisse die Vermutung der Täterschaft, die im § 20 Abs. 2 PreßG. gegen den verantwortlichen Redakteur aufgestellt ist, im verstärkten Maße auf alle bei der Herstellung und Verbreitung beteiligte Personen zu übertragen. Von dolus eventualis kann hier kaum, oder nur in seltenen Fällen die Rede sein.

Daß der Setzer zum Verleger usw. in einem Abhängigkeitsverhältnisse steht, befreit ihn nicht von seiner gesetzlichen Haftung; seine Verpflichtung erstreckt sich nicht auf strafbare Handlungen (**RG.** 29. April 1904; JW. Bd. 34 S. 479).

Was hier bezüglich des Korrektors und des Setzers gesagt ist, gilt in noch höherem Maße für den Maschinenmeister, der nur den fertigen Satz, nicht aber das Manuskript zu sehen bekommt und zum Studium des Satzes auch regelmäßig keine Zeit haben wird.

Lösung einer früheren Streitfrage: Wenn der Verfasser die Veröffentlichung des Artikels mit in den Kreis seiner Erwägung gezogen und sie durch Abgabe an die Redaktion beabsichtigt hat, so verschmilzt die Einsendung mit der Veröffentlichung zu einer Einheit. Die Einsendung an die Redaktion war das notwendige Mittel zur Begehung der gewollten Tat der Veröffentlichung des Artikels, aber keine selbständige Straftat für sich, neben der mit der Veröffentlichung begangenen. Einsender (Verfasser) und Redakteur sind Mittäter bei der einen Tat (s. auch **RGE.** Bd. 24 S. 270; **RGR.** Bd. 5 S. 688 und das frühere OLG. München in Sammlung Bd. 6 S. 226).

5. Vollendung und Versuch. Vgl. oben zu § 3 die Bemerkungen über Verbreitung.

Das Reichs-Preßgesetz hat eine besondere Vorschrift über Versuch und Vollendung nicht gegeben und damit auf die allgemeinen Bestimmungen verwiesen.

Die herrschende Ansicht[302]) hält jedoch mit dem Hinweis auf die allgemeinen Bestimmungen für vereinbar: daß die Vollendung und die Beendigung des Preßdelikts mit dem Anfange der Verbreitung, mit dem Erscheinen der Druckschrift, zusammenfalle.

Die Richtigkeit der Ansicht in dieser Allgemeinheit kann jedoch nicht zugegeben werden. Soweit bei einer Gedankenäußerung der Tatbestand einer strafbaren Handlung mit dem gesprochenen Worte vollendet ist, ohne daß ein weiteres erfordert wird, ist auch mit dem Anfange der Verbreitung der Druckschrift, welche die Gedankenäußerung enthält, die Straftat als Preßdelikt vollendet[303]); soweit zu dem gesprochenen Worte noch die Kenntnisnahme durch dritte Personen hinzukommen muß, damit die strafbare Handlung vollendet wird[304]), bedarf es dieses Umstandes auch dann, wenn eine solche Straftat in der Form eines Preßdelikts in Frage steht; und soweit endlich außer der Kenntnisnahme auch die Einwirkung auf das Gefühl, das Empfinden dritter Personen und eine besondere Erregung derselben[305]) oder ein bestimmter materieller Erfolg zum Tatbestande gehören[306]), muß dasselbe auch zur Vollendung der Straftat in der Form des Preßdelikts gefordert werden.

Allerdings kann, auch in den Fällen, bei denen zur Vollendung der strafbaren Handlung außer der ersten Verbreitung der Druckschrift noch etwas anderes hinzutreten muß, schon durch die erste Verbreitung eine Straftat, ein Preßvergehen begangen sein, sofern nämlich im einzelnen Falle „der Versuch“ strafbar ist. So wird zum Beispiel die Verteilung einer

302) Klöppel S. 317: „Die Tat, durch welche das Preßvergehen als öffentliche Gedankenäußerung strafbaren Inhalts begangen wird, ist diejenige Handlung, durch welche die hergestellte Druckschrift mit Kenntnis ihres Inhalts veröffentlicht wird“. (S. a. Berner S. 168; Marquardsen S. 58; Kayser S. 567; Liszt S. 145—152; v. Schwarze in der 1. und 2. Auflage dieses Kommentars; ferner Groschuff, Jur. Zeit. I S. 235; Marquardsen, daselbst I S. 457; c. Löning § 13; Schmid S. 33 ff.; Honigmann S. 93 ff.; Appelius, Jur. Zeit. I S. 214.)

303) Wie z. B. bei der strafbaren Aufforderung aus § 110 StGB. und des § 16 PrG.; — s. **RGE.** Bd. 5 S. 60 ff. (besonders S. 71), Bd. 7 S. 113 ff. (besonders S. 115) und H. Meyer, Lehrbuch des Strafrechts; c. Olshausen zu § 110; Liszt Lehrbuch.

304) Z. B. §§ 185, 241 StGB. u. a.

305) Z. B. Gotteslästerung aus § 166 StGB.; **RGE.** Bd. 16 S. 247; **RGR.** Bd. 9 S. 490.

306) Z. B. § 253 oder § 263 StGB.

Druckschrift betrügerischen Inhalts sich schon als Betrugsversuch darstellen, während zur Vollendung des Vergehens der volle Tatbestand des §§ 263 StGB. erforderlich ist.

Für den Versuch einer mittelst der Presse begangenen strafbaren Handlung gelten überhaupt die allgemeinen Grundsätze des Strafrechts, gilt in keiner Weise etwas besonderes. Alle die[307]) freilich, welche allein mit dem Anfang der Verbreitung ein Preßdelikt annehmen und jede Handlung vor der Herausgabung straflos lassen, weil das Preßdelikt grundsätzlich nur das eine strafbare Moment des Erscheinens kenne, müssen überhaupt auch jeden strafbaren Versuch bei ihm leugnen[308]).

Wer aber in dem Preßdelikte nichts besonderes, sondern eine gewöhnliche, dem gemeinen Strafrecht unterstellte Straftat erblickt, bei der nur das Mittel der Begehung die Gedankenäußerung durch die Presse ist, der wird auch nicht zweifeln, daß Versuchshandlungen strafbar sein können, die als Anfang der Ausführung des Vergehens vor der Veröffentlichung liegen. Verwirrend hat gewirkt, daß von einem Versuche des Preßdelikts gesprochen und dabei dann fälschlich an einen Versuch der Verbreitung gedacht worden ist. Diesen kann es allerdings nicht geben, denn schon der Versuch der Verbreitung ist Verbreitung selbst. Wie Liszt[309]) es zutreffend ausdrückt: „schon am ersten Orte, im ersten Zeitteilchen, an und in welchem die Verbreitungstätigkeit ihren Anfang genommen hat, ist verbreitet worden, also, soweit die Tat schon mit der Verbreitung begangen wird, die Tat vollendet.“ Deshalb ist auch oben absichtlich von dem Versuche der mittelst der Presse begangenen strafbaren Handlung gesprochen worden.

Wenn z. B. der Verfasser das Manuskript dem Redakteur sendet, so beginnt damit für jenen die Ausführungshandlung, die durch die Verbreitung der fertig gestellten Druckschrift vollendet ist. Wenn durch irgend ein Ereignis, das außerhalb des Willens des Verfassers liegt, die Verbreitung oder schon die Drucklegung verhindert wird, so erfüllt die Übersendung

307) Eine Ausnahme macht Löning (§ 13). Es erklärt sich das bei ihm aus seiner Auffassung der Verbreitung nicht sowohl als einer Tätigkeit, sondern wesentlich als eines Erfolges; vgl. hiergegen oben zu § 3 und auch **RGE.** Bd. 16 S. 245; **RGR.** Bd. 9 S. 490.

308) Früher war das (z. B. PreußPrG. § 32, BayerPrG. Art. 1, sowie BadPrG. von 1851 § 24) allerdings so rechtens. Von dieser Bestimmung ist aber in das RPrG. nichts übergegangen; trotzdem beruft man sich immer noch auf diese längst außer Kraft getretenen Gesetze zur Unterstützung der gegnerischen Ansicht.

309) A. a. O. S. 145.

des Manuskripts den Tatbestand des Versuchs — z. B. des Verbrechens gegen § 92 Nr. 1 StGB. — durch den Verfasser.

Dieser strafbare Versuch der Straftat ist allerdings kein Preßvergehen — ein solches kann erst mit der Verbreitung der Druckschrift gegeben sein —, sondern äußerlich nur die Vorbereitungshandlung zu einem Preßvergehen.

Ein Inserat, das eine Majestätsbeleidigung oder eine Beleidigung enthält, würde, sobald es zur Kenntnis des Redakteurs oder des Druckereipersonals gelangt wäre, als vollendetes Delikt der Majestätsbeleidigung, bezw. Beleidigung sich darstellen, obwohl es nicht abgedruckt, sondern zurückgewiesen, oder zwar abgedruckt, aber noch vor der Ausgabe der Zeitung usw. wieder entfernt worden war[310]). Zwar ist das Preßdelikt nicht zur Erscheinung gekommen, aber die strafbare Handlung bereits begangen und vollendet, so daß sie durch die Nichtveröffentlichung der Druckschrift nicht wieder beseitigt werden kann. Hier würde daher auch die Frage der Verjährung, wie die des Gerichtsstandes selbständig nach dem rechtlichen Charakter dieser Handlung zu beurteilen sein.

Ein Versuch des Delikts aus § 21 PreßG. ist nicht möglich.

Mit der Vollendung ist die strafbare Handlung noch nicht immer beendigt[311]); auch dies wird vielfach bestritten und deshalb behauptet, daß die auf das erste Erscheinen der Druckschrift folgenden Verbreitungshandlungen der Person, die das Erscheinen der Druckschrift bewirkte, strafrechtlich ohne Bedeutung seien. Aber auch hier muß mangels einer besonderen gesetzlichen Bestimmung gelten, daß das Preßrecht keine abweichenden Vorschriften gegenüber Delikten des gemeinen Strafrechts kennt.

6. Zu Abs. 2 von § 20. Die Haftung des verantwortlichen Redakteurs[312]).

---

310) John, KommzStPO. Bd. 1 S. 221, 223. — Der oben § 20 Ziff. 4 besprochene Fall steht dieser Ansicht nicht entgegen, da in jenem das Vergehen durch die Presse zur Vollendung gekommen war.

311) Das Nähere hierüber s. unten Ziff. 17 bei § 21 über den örtlichen Gerichtsstand.

312) Löning §§ 24 ff.; Liszt §§ 49 II, 50 I (S. 184 f., 187); und Rechtslexikon III 1, S. 310 ff.; John, Gutachten für den 6. Juristentag, I S. 318 ff.; v. Buri, Kritische Vierteljahrsschrift Bd. 18 S. 381; v. Bülow in GA. Bd. 40 S. 241 ff.; Bd. 43 S. 324; Liszts Zeitschrift Bd. 14 S. 643 ff.; Honigmann S. 105 ff.; v. Mangoldt S. 33; Groschuff in GA. Bd. 23 S. 27; Heilborn S. 49 ff.; Stenglein, RG. I, 314; Koller S. 164 ff.; Oetker, Die strafrechtliche Haftung des verantwortlichen Redakteurs; derselbe, Die Verantwortlich-

Die in § 20 Abs. 2 vorgesehene Haftung trifft den verantwortlichen Redakteur, d. h. denjenigen, der bei der betreffenden Nummer der Druckschrift tatsächlich die Geschäfte des verantwortlichen Redakteurs wahrgenommen hat. Dieser ist auf der Druckschrift gemäß § 7 zu benennen. Aber wenn auch statt seiner eine andere Person, welche die Geschäfte des verantwortlichen Redakteurs nicht geführt hat, auf der Druckschrift benannt sein sollte, oder wenn ausnahmsweise und gegen die Vorschrift des Gesetzes die Benennung überhaupt unterblieben ist, so haftet doch derjenige, der tatsächlich verantwortlicher Redakteur gewesen ist[313]).

Da aber die Benennung der Wahrheit entsprechen und denjenigen angeben soll, der die Geschäfte des verantwortlichen Redakteurs besorgt hat, so kann stets zunächst davon ausgegangen werden, daß der Benannte der verantwortliche Redakteur gewesen ist[314]).

Der verantwortliche Redakteur haftet an sich für die ganze Druckschrift, falls nicht gemäß § 7 Abs. 2 mehrere verantwortliche Redakteure je für einen bestimmten Teil tätig gewesen sind. Auch diese Teilung der Redakteurgeschäfte ist nach § 7 Abs. 2 auf der Druckschrift anzugeben. Über die Haftung ist für diesen Fall nichts besonderes zu bemerken; jeder der mehreren haftet für den Teil der Druckschrift, für den er tatsächlich als verantwortlicher Redakteur tätig gewesen ist. Sollte eine Teilung der Tätigkeit nach der äußeren Einrichtung der Druckschrift nicht stattgefunden haben, dann fehlt es unzulässigerweise an einem verantwortlichen Redakteur, und es würde aus § 20 Abs. 2 keiner haften. Es haftet dann derjenige, der an Stelle des Redakteurs die Veröffentlichung des strafbaren Artikels verursacht hat, wenn er ermittelt wird, gemäß Abs. 1. Sind nach § 7 Abs. 2 mehrere verantwortliche Redakteure für äußerlich getrennte Teile tätig

---

keit des Zeitungsredakteurs, in den Preuß. Jahrbüchern Bd. 76 S. 385 ff.; Kronecker, Umschwung d. reichsgerichtl. Rechtsprechung betr. die Presse im deutschen Wochenblatte Bd. 4 S. 594; Katz S. 148 ff.; Schmid S. 44 ff.; Klöppel S. 359 ff.; Delius S. 74 ff.; Grüttefien, Die Täterschaft des verantwortlichen Redakteurs, Berlin 1896.

313) Das Nähere s. § 7 S. 45 ff. — c. **RGE.** Bd. 23 S. 9 und BayerOLG. 24. September 1910; BayerOLGSt. Bd. 10 S. 244, die strafrechtliche Haftung des verantwortlichen Redakteurs könne auf § 20 nur unter der Voraussetzung gegründet werden, daß er auf der Druckschrift benannt sei; auch hierüber s. § 7, wo die verschiedenen Ansichten über den verantwortlichen Redakteur eingehend dargestellt sind.

314) Die Benennung auf der Nummer ist ein Beweismoment dafür, daß jemand verantwortlicher Redakteur ist; s. auch **RGE.** Bd. 25 S. 404.

gewesen, so kann keiner die Haftung für einen einzelnen, zu seinem Anteil gehörigen Artikel ohne weiteres mit der Behauptung ablehnen, daß für diesen Artikel ein anderer die Verantwortung trage. Die Vermutung, die § 20 Abs. 2 aufstellt, umfaßt das gesamte Gebiet der Tätigkeit des verantwortlichen Redakteurs. Der andere kommt eventuell als Mittäter in Betracht. Es wird jedoch zu berücksichtigen sein, ob nicht in der Behauptung, daß für einen bestimmten Artikel ein anderer die Verantwortung trage, der Einwand enthalten ist, der andere habe die Veröffentlichung veranlaßt, ohne daß der verantwortliche Redakteur davon wußte (so **RG.** GA. Bd. 44 S. 144).

7. Der Sinn der Worte „der verantwortliche Redakteur ist als Täter zu bestrafen" ist sehr streitig; wenn man aber von dem richtigen Begriffe des „verantwortlichen Redakteurs" ausgeht, bereitet er keine Schwierigkeiten.

Wenn der verantwortliche Redakteur „den für eine Nummer bestimmten Stoff auf seine Strafbarkeit geprüft und über seine Aufnahme oder Veröffentlichung entschieden hat"[315]), so erscheint er für etwa durch den Inhalt begangene strafbare Handlungen an sich ebenso als Täter, wie der Verfasser und Einsender selbst. Damit ist aber noch nicht ohne weiteres festgestellt, mit welchem Vorsatz er dabei gehandelt hat, obgleich das in vielen Fällen sich ohne weiteres ergeben wird, während es in anderen Fällen einer besonderen Untersuchung und Feststellung bedarf; es steht noch nicht fest, ob er nicht vielleicht nach § 59 StGB. freizusprechen ist, oder ob ihm vielleicht der § 193 oder der § 199 StGB. strafbefreiend zur Seite steht usw.

Daß der verantwortliche Redakteur den gesamten Inhalt der Druckschrift geprüft und über seine Aufnahme bezw. Veröffentlichung entschieden habe, nimmt das Gesetz an und vermutet deshalb die Täterschaft des verantwortlichen Redakteurs für den strafbaren Inhalt der Druckschrift[316]).

Abs. 2 des § 20 stellt sich sonach nicht als eine Ausnahme, sondern als eine weitere Ausführung des Abs. 1 dar; es soll für die Anwendung der allgemeinen Strafgesetze auf den Redakteur die

---

315) S. oben S. 53. — Mit Recht hebt **RGE.** Bd. 35 S. 316 hervor, daß auch derjenige verantwortliche Redakteur Täter ist, der die Ausgabe einer Zeitung mit einem ohne sein Wissen aufgenommenen, und ihm erst kurz vor der Ausgabe der Zeitung bekannt gewordenen strafbaren Artikel vorsätzlich geschehen läßt.

316) Daß es sich hier um eine vermutete Täterschaft handele, bestreitet Klöppel S. 359 ff.; was er aber selber darlegt, läuft schließlich doch auf eine Präsumtion der Täterschaft im einzelnen Falle hinaus.

Grundlage geschaffen werden, die seiner besonderen Tätigkeit bei der periodischen Druckschrift entspricht[317]).

Eine verbreitete Ansicht geht jedoch weiter[318]). Sie findet in den Worten: „so ist der verantwortliche Redakteur als Täter zu bestrafen" die Annahme der vollen Verantwortlichkeit, sodaß damit ohne weiteres alle Tatbestandsmerkmale, auch der Vorsatz, festgestellt seien, und nur der Nachweis, daß die Voraussetzungen des Schlußsatzes, „wenn nicht usw." vorliegen, diese Verantwortlichkeit aufheben könne.

Es läßt sich nicht verkennen, daß diese Ansicht den Wortlaut für sich zu haben scheint. Sie ist jedoch unhaltbar. Denn damit würde der verantwortliche Redakteur mit einer Vermutung des strafbaren Vorsatzes belastet, die ihn erheblich schlechter stellt, als nach allgemeinen Grundsätzen den Verfasser und Einsender des Artikels[319]).

Gegenüber diesen beiden Meinungen, welche die Strafbarkeit aus der vermuteten Täterschaft herleiten, wird auch behauptet[320]), die Haftung sei die Folge, daß der Redakteur die ihm obliegende Verhinderung des Delikts unterläßt, d. h. also seine Überwachungspflicht verletzt. In dieser Ansicht wird dolose Begehung und schuldhaftes, rein fahrlässiges Verhalten gleichwertig nebeneinander gestellt (vgl. auch BayerOLG. 3. April 1906; BayerOLGSt. Bd. 6 S. 402). Es würde damit der Abs. 2 also gleichmäßig das vorsätzliche wie das fahrlässige Delikt um-

317) S. RGE. Bd. 22 S. 65 ff., 221 ff.; Bd. 25 S. 404, Bd. 26 S. 21; Bd. 31 S. 211. Wenn das Reichsgericht sagt, der Redakteur hafte als bewußter, mit Kenntnis und Verständnis des Inhalts handelnder Verursacher der Veröffentlichung, so entspricht dem ungefähr das im Texte Ausgeführte. Nur muß mit Entschiedenheit betont werden, daß diese Präsumtion nicht aus der Stellung des Redakteurs und einer damit verbundenen Übernahme der Verantwortlichkeit (so ungenau RGE. Bd. 22 S. 76) entspringt, sondern daß sie das als im einzelnen Falle geschehen annimmt, was sich regelmäßig tatsächlich so zutragen wird.

318) Löning § 24, auch Kloeppel S. 359 ff. u. a.; s. auch RGE. Bd. 16 S. 16; RGR. Bd. 9 S. 272 und ObTrib. Berlin in GA. Bd. 24 S. 144 ff.; — mit Recht hebt übrigens Kloeppel a. a. O. hervor, daß Löning mit seiner Begriffsbestimmung des verantwortlichen Redakteurs (s. o. § 7) folgerichtig zu einer Garantiehaftung des Redakteurs für fremde Schuld auf Grund eigener Verantwortlichkeitserklärung hätte kommen müssen. Dasselbe gilt auch von Marquardsen, von Mangoldt u. a.

319) S. RGE. Bd. 22 S. 65 ff.

320) Z. B. Berner S. 279 ff.; auch Kayser S. 597 ff., vgl. ObTrib. Berlin in GA. Bd. 24 S. 146 ff., Bd. 25 S. 596; auch in einige Entscheidungen des RG. spielt diese Auffassung mit hinein.

fassen und neben dieser Art der Haftung für die Vorschrift des § 21 kein Raum mehr bleiben, da die Grenzen der von § 20 Abs. 2 und der von § 21 getroffenen Arten der Fahrlässigkeit ganz unbestimmbar sein würden. Dieser Auffassung nähert sich in bedenklicher Weise **RGE.** Bd. 35 S. 315, wenn es den § 20 für anwendbar erklärt, weil sich der verantwortliche Redakteur der Prüfung eines Artikels auf die Gefahr hin enthalten habe, daß er eine strafbare Handlung begründe. Allerdings hat der Redakteur den Artikel vorsätzlich veröffentlicht, aber ohne Kenntnis seines Inhalts. Die Entscheidung wäre allerdings dann richtig, wenn sich wenigstens der eventuelle Vorsatz auf den bestimmten Inhalt richtete. Aber davon sagt das Urteil nichts.

Die Geschichte der Gesetzesbestimmung spricht ebenfalls für die hier vertretene Auffassung: das Gesetz sagt „ist als Täter zu bestrafen", während der Regierungsentwurf die Fassung enthielt: „mit der Strafe des Täters zu belegen" und die Kommissionsvorschläge diese Fassung annahmen, auch der Reichstag sie bei der zweiten Beratung genehmigte. Bei der Beratung der Kommissarien vor der dritten Lesung einigte man sich auf den Antrag des Abg. Dr. Schwarze, die jetzige Fassung „ist als Täter zu bestrafen" vorzuschlagen, was die Zustimmung des Reichstags fand. Mit der jetzigen Fassung des Gesetzes hat nach der Ansicht der Kommissarien der Gedanke einen noch schärferen Ausdruck erhalten sollen, daß der Redakteur dem Verfasser gleichzustellen und daher als Urheber der strafbaren Tat anzusehen sei. Andererseits wird durch diese Fassung die volle Anwendung der allgemeinen Grundsätze über die Täterschaft gesichert, so daß die Umstände, welche nach diesen Grundsätzen die kriminelle Haftung ausschließen, auch dem Redakteur zustatten kommen[321]).

§ 20 Abs. 2 begründet nicht eine Fiktion der Täterschaft, sondern nur eine Beweisvermutung, die durch festgestellten Eventualdolus des Redakteurs nicht widerlegt wird. Eventualdolus liegt nur dann vor, wenn der Redakteur sich vorstellt, daß in der von ihm redigierten Zeitung ein Beitrag mit einem in bestimmter rechtlicher oder tatsächlicher Beziehung strafbaren Inhalt erscheint, und er dessen Veröffentlichung im voraus billigt (Jena 8. Oktober 1908; ThürBl. Nr. 36 S. 54).

8. Die subjektive Schuldfrage. Regelmäßig wird zur Anklageerhebung gegen den verant-

---

321) Vgl. hierzu die Rede des Abgeordneten Dr. von Schwarze bei der dritten Beratung im Reichstage S. 1095 der Verhandlungen.

wortlichen Redakteur eine besondere Begründung seiner Schuld nicht erforderlich sein, sondern der Nachweis genügen, daß er verantwortlicher Redakteur der Zeitungsnummer gewesen ist, in der der Artikel zum Abdrucke kam[322]). Auch in dieser Beziehung steht der verantwortliche Redakteur im wesentlichen nicht anders, als jeder andere wegen einer strafbaren Gedankenäußerung Angeklagte, bei dem regelmäßig der Nachweis, daß er der Gedankenäußerung sich schuldig gemacht hat, für die Anklage genügt; denn in einer großen Anzahl von Fällen wird die nachgewiesene Urheberschaft einer Gedankenäußerung strafbaren Inhalts zugleich auch das Vorhandensein des strafbaren Vorsatzes mit dartun[323]). Da jedoch die Norm des § 20 Abs. 2 sich auf den strafbaren Vorsatz nicht mit erstreckt, so muß auch der verantwortliche Redakteur mit dem Einwand, ohne strafbaren Vorsatz gehandelt zu haben, gehört werden. Deshalb ist auch bei allen den Delikten, die je nach Beschaffenheit des Tätervorsatzes einen verschiedenen Charakter annehmen oder bei denen das Gesetz eine besondere Gestaltung des Vorsatzes — wie z. B. im Falle der §§ 131, 187, 263 StGB. u. a. — verlangt, von vorneherein in der Anklage der Vorsatz des angeschuldigten verantwortlichen Redakteurs darzulegen[324]).

Die gesamte subjektive Seite der Täterschaft des Redakteurs ist überhaupt nicht

322) Die Bezugnahme auf die Redakteureigenschaft ist nur im Falle des § 20 Abs. 2 ausdrücklich erforderlich, nicht dann, wenn die Schuld des Redakteurs schon nach allgemeinen Grundsätzen behauptet oder nachgewiesen werden kann.

323) Zuweit ging das frühere OLG. Dresden, wenn es den Satz aufstellte, die Anklage nach § 20 Abs. 2 bedürfe formell überhaupt niemals eines weiteren Schuldnachweises als des Beweises, daß der Angeklagte der verantwortliche Redakteur sei, — da es doch andererseits eine Erörterung über die Art des Vorsatzes, ebenso wie eine ausdrückliche Entscheidung darüber sehr wohl zuließ; s. Sächs. Gerichtszeitung Bd. 20 S. 177 ff., Bd. 21 S. 172 ff.

324) Es erscheint nicht überflüssig, hier nochmals ausdrücklich hervorzuheben, daß zwar die Vermutung im § 20 Abs. 2 sich auf den Vorsatz nicht erstreckt, daß jedoch durchaus nicht in jedem Falle ein besonderer Nachweis des Vorsatzes — (wohl aber die Entscheidung, mit welchem Vorsatze der Redakteur gehandelt hat, in jedem Fall) — notwendig ist; s. auch **RGE.** Bd. 22 S. 79 ff. — **RGE.** Bd. 35 S. 316 verkennt anscheinend, daß der Vorsatz sich auf den Inhalt beziehen muß und daß die vorausgesetzte Annahme der Täterschaft wegfällt, falls der Redakteur den Inhalt, wenn auch in Verletzung seiner Redakteurpflicht, nicht gekannt hat und auch keinen eventuellen Vorsatz in Beziehung auf den Inhalt gehabt hat.

anders zu beurteilen, wie die irgend eines anderen Täters[325]).

Die subjektiven Momente können verschiedenartig sein. Zunächst gehören hierher diejenigen, durch welche ihrer Natur nach in jedem Falle nach allgemeinen Grundsätzen die Haftung des Täters ausgeschlossen ist, selbst wenn die äußeren den Tatbestand erfüllenden Umstände vorliegen. Hier gelangt nicht das Preßgesetz, sondern die allgemeinen Vorschriften kommen zur Anwendung. Wird der Redakteur dem Täter gleichgestellt, so wird die Gleichstellung nur dann zur Wahrheit, wenn zu seinen Gunsten alle die vorstehend bezeichneten Momente berücksichtigt werden.

Auch die Ausschließungsgründe, die aus dem speziellen Tatbestand oder überhaupt aus den das spezielle Delikt betreffenden Bestimmungen entspringen, kommen dem Redakteur ebenso wie dem Täter zustatten.

Im einzelnen ist dazu zu bemerken:

Der Verfasser des Artikels und der verantwortliche Redakteur des Blattes, in dem er erschienen ist, sind als regelmäßige Mittäter an sich gleich zu behandeln, vorbehaltlich natürlich der lediglich in der Person des Redakteurs oder des Verfassers vorhandenen Strafausschließungsgründe[326]) und der selbständigen Beurteilung der Verschuldung des einzelnen. Es kann z. B. sehr wohl der Schutz des § 193 StGB. dem Verfasser zustehen, während er dem Redakteur vielleicht versagt werden muß[327]); andererseits ist der Redakteur wegen Beleidigung nicht verantwortlich, obgleich der Zeitungsartikel eine solche enthält, weil ihm die besonderen, dem Verfasser des Artikels wohl bekannten Verhältnisse und Beziehungen, aus denen der beleidigende Charakter sich ergibt, nicht bekannt

325) In diesem Sinne sprach sich z. B. auch das Preuß. ObTrib. in einer Plenarentscheidung (GA. Bd. 24 S. 497 ff.) aus, indem es dem verantwortlichen Redakteur einer periodischen Druckschrift, der nach § 20 Abs. 2 wegen eines strafbaren Artikels als Täter zur Untersuchung gezogen war, den Einwand zugestand, daß er das Vorhandensein eines Tatumstandes nicht gekannt habe, der zum gesetzlichen Tatbestande gehöre; vgl. aber z. B. dagegen das Urteil desselben Gerichtshofs in GA. Bd. 24 S. 144 ff. — Wie hier auch das **RG.**, außer in der mehrerwähnten Entsch. Bd. 22 S. 65 ff. noch **RGE.** Bd. 22 S. 221; GA. Bd. 37 S. 56; u. a. **RGE.** Bd. 18 S. 145.

326) Der vom **RG.** einmal aufgestellte Satz (GA. Bd. 37 S. 56, vgl. auch **RGE.** Bd. 10 S. 229), Schuld- und Strafausschließungsgründe gehören zu den besonderen Umständen, kann als richtig nicht anerkannt werden; s. darüber unten zu § 21.

327) Das Nähere hierzu und über die Anwendung des § 193 cit. bei Preßdelikten überhaupt s. unten zu Ziff. 9.

waren, als er die Aufnahme des Artikels verfügte[328]). Ebenso wird der Redakteur nicht haftbar, wenn der Artikel unter § 131 StGB. fällt, dem Redakteur aber nicht bekannt gewesen ist, daß die Behauptungen vom Verfasser erdichtet oder entstellt sind.

Wenn die in einem Artikel enthaltene Beleidigung sofort erwidert wird, so steht der Einwand nach § 199 StGB. sowohl dem Redakteur wie dem Verfasser zur Seite[329]). Auch das Erlöschen oder die Zurücknahme des Strafantrags kommen dem Verfasser und dem Redakteur gleichmäßig zustatten[330]).

Wenn eine strafbare Handlung in Frage steht, bei der zum Tatbestand eine besondere Beschaffenheit oder Eigenschaft des Täters — wie z. B. in den Fällen des § 300 StGB. — verlangt wird[331]), so kann der Redakteur, dem diese Eigenschaft fehlt, nicht als Täter im Sinne des Abs. 2 Satz 1 haften[332]). Es fehlt bei dem Redakteur ein wesentliches zum subjektiven Tatbestande notwendiges Moment und er kann deshalb auch nicht mit dem Vorsatze des Täters gehandelt haben. Dagegen kann nach Lage des Falles sowohl eine Haftung wegen Beihilfe als eventuell auch nach § 21 eintreten.

Durch eine dem Artikel beigesetzte Verwahrung etwa des Inhalts, daß der Redakteur die Verantwortlichkeit für die Mitteilung nicht übernehme oder daß dem Einsender die Verantwortung überlassen bleibe, kann der verantwortliche Redakteur seine strafrechtliche Haftung nicht ablehnen.

Ebenso wird die Haftung nicht dadurch ausgeschlossen, daß der Redakteur die mitgeteilte Notiz als zweifelhaft bezeichnet oder mit einem Fragezeichen (?) versieht. Denn damit ist nicht in entschieden

---

328) S. ObTrib. Berlin in GA. Bd. 6 S. 99 ff., aber auch **RGE.** Bd. 9 S. 272.

329) v. Schwarze in der Sächs. Gerichtszeitung Bd. 20 S. 165 ff.

330) **RGE.** Bd. 9 S. 186; **RGR.** Bd. 5 S. 688.

331) S. hierzu oben S. 137, 138. Ähnlich liegt der Fall, wenn ein anderer, wie der Redakteur, in der Zeitung z. B. durch Preisaufgaben, ohne obrigkeitliche Erlaubnis eine öffentliche Ausspielung veranstaltet oder Lose verbotswidrig feilbietet. Auch hier kann der Redakteur nicht als Selbsttäter (nach § 20 Abs. 2), wohl aber wegen Beihilfe in Betracht kommen; da er nicht Täter sein kann (s. hierzu unten „Haftung für Inserate“, zu Ziff. 12).

332) Wie schon oben S. 133 bemerkt, verneinen manche, daß solche Straftaten, auch wenn sie durch die Presse begangen sind, Preßdelikte sein könnten, mit der irrtümlichen Behauptung — weil die Präsumtion des § 20 Abs. 2 auch hierbei keine Anwendung finden könne.

klarer Form die Nachricht als unwahr gekennzeichnet, sondern die Möglichkeit der Wahrheit offen gelassen[333]).

Auch durch die Benennung des Verfassers oder etwa des Anstifters[334]) kann sich der Redakteur nicht von seiner Haftung befreien; sie beruht auf einem selbständigen Rechtsgrunde, da er aus eigener Verschuldung[335]) haftet. Von gleicher Ansicht gehen übrigens sowohl Gesetzgebung und Rechtsansicht in England[336]), als auch das französische Recht in dem Institute des „Gérant" der Zeitung aus[337]). Eine Freilassung des Redakteurs auf Grund der Benennung des Verfassers würde mit den allgemeinen Grundsätzen unvereinbar sein; er gibt mit der Benennung nur seinen Mittäter (in diesem Verhältnisse stehen Verfasser und Redakteur) kund.

Das Gleiche gilt von der Ansicht, daß der Verfasser durch die Bestrafung des Redakteurs von der Haftung befreit werde. Die Bestrafung des einen Komplizen befreit nicht seinen Genossen[338]).

Ebenso ist es für die strafrechtliche Haftung des Redakteurs gleichgültig, wenn aus irgend einem in der Person des Verfassers liegenden Grunde (z. B. §§ 51, 193 StGB.) dessen Strafbarkeit ausgeschlossen ist. Die Strafbarkeit des Redakteurs bleibt an sich trotzdem bestehen[339]).

9. Auf die Frage, ob und in welchem Umfange der § 193 StGB. auch bei Preßdelikten Anwendung findet und namentlich, in welchem Umfange der nach § 20 Abs. 2 PreßG. angeklagte verantwortliche Redakteur den Schutz des § 193 in Anspruch nehmen kann, ist wegen ihrer praktischen Bedeutung näher einzugehen. Die Ansichten des Herausgebers der 5. Auflage vergleiche am Schlusse dieser Ziffer. Hier folgt zunächst der Text Schwarze-Appelius.

---

333) **RG.** in GA. Bd. 41 S. 269.

334) Vgl. noch ObTrib. Berlin in GA. Bd. 24 S. 220 f.; OAG. München (Samml. usw. Bd. 8 S. 314, Bd. 9 S. 432); OAG. Dresden (Sächs. Gerichtszeitung Bd. 21 S. 172 f.).

335) Vgl. noch ObTrib. Berlin in GA. Bd. 24 S. 632, Bd. 25 S. 354, S. 462; Groschuff, Über die Verantwortlichkeit des Redakteurs period. Schriften, ebend. Bd. 23 S. 27 f.

336) Marquardsen S. 117.

337) Vgl. über das ältere Recht Marquardsen S. 120 f. Über das neue französische Recht (Gesetz vom 29. Juli 1881, Art. 42 f.), welches den Grundgedanken beibehält, jedoch ihn nicht unerheblich modifiziert; vgl. Garraud in Dochows Zeitschrift Bd. 1 S. 547 f.; Kayser, Vortrag a. a. O.

338) Reichstagsverhandl. S. 471 (Marquardsen S. 171, S. 173).

339) S. **RGE.** Bd. 26 S. 21.

Ein Recht der Presse, wirkliche oder vermeintliche Übelstände mit Verletzung der Ehre anderer öffentlich zu besprechen, ist nicht anzuerkennen[340]. Man wird vielmehr davon auszugehen haben, daß die „Presse“ zwar ein Rechtsbegriff geworden ist, das Strafrecht aber nur mit bestimmten physischen Personen rechnen kann. Das Strafrecht kann deshalb nur mit Vorsicht Rechte der Presse abwägen, Pflichten der Presse anerkennen; denn für das Strafrecht kommt nur der hinter der Presse stehende Mensch, der verantwortliche Redakteur, sowie der Verfasser des einzelnen Artikels in Betracht und nur in der Weise, wie jeder andere Mensch, der eine Gedankenäußerung auf andere Weise wie durch die Presse, von sich gibt. Der selbstgewählte Redakteurberuf hat dem Redakteur keine besonderen Befugnisse im Rechtsleben gegeben, ebenso wie die Veröffentlichung in der Presse als solche vom Rechte in keiner Weise begünstigt ist. Deshalb ist es strafrechtlich durchaus richtig, wenn auch in Beziehung auf den Schutz des § 193 der verantwortliche Redakteur (sowie der Verfasser des Artikels)[341] an sich nicht anders behandelt wird, wie jeder andere Angeklagte, nicht schlechter, aber auch nicht besser.

Hiernach können sich der Verfasser des Artikels, wie der verantwortliche Redakteur nach allgemeinen Grundsätzen nur dann darauf berufen, daß sie berechtigte Interessen wahrgenommen haben, wenn es sich um die Wahrung von sie selbst angehenden Rechten und Interessen handelt; dabei ist es dann gleichgültig, ob solche Interessen eigene oder fremde sind (vgl. auch **RGE.** Bd. 25 S. 355; Bd. 31 S. 195; Bd. 30 S. 41). Die Besprechung der Angelegenheiten von allgemeinem Interesse stellt nicht ohne weiteres die Besprechung einer den Redakteur angehenden Angelegenheit dar, für die er sich auf den Schutz des § 193 berufen könnte; und zur Vertretung der Allgemeinheit ist er ebensowenig berufen, wie eine beliebige andere Person. Insbesondere hat der Redakteur kein Privilegium, „vermeintliche Übelstände, die ihn selbst gar nicht berühren, straflos durch Verbreitung ehrenrühriger und nicht erweislich wahrer Tatsachen über andere Personen zu bekämpfen“ (**RGE.** Bd. 30 S. 42). Ein derartiges Recht, im angeblich öffentlichen Interesse nicht nachweislich wahre oder geradezu unwahre Tatsachen öffentlich zu besprechen und dadurch die Ehre anderer zu verletzen, steht grundsätzlich niemandem zu.

---

340) Diesen Satz hat auch das **RG.** mehrfach ausgesprochen, so namentlich in **RGE.** Bd. 24 S. 223; s. a. Internationale Literaturberichte, 2. Jahrgang 1895 S. 412.

341) Auch der Verleger und bei nichtperiodischen Druckschriften Verfasser und Herausgeber.

Darüber, wann die öffentlichen Interessen bezw. die Interessen der Allgemeinheit zugleich den Täter persönlich angehen, läßt sich eine allgemein gültige Norm nicht aufstellen; auch die Praxis des Reichsgerichts, wie sie sich in den verschiedenen veröffentlichten Urteilen kundgibt, ist in dieser Beziehung nicht immer eine gleichmäßige gewesen (vgl. z. B. **RG.** GA. Bd. 45 S. 53; Bd. 46 S. 45; ferner **RGE.** Bd. 15 S. 15; Bd. 23 S. 425; Bd. 24 S. 224; Bd. 30 S. 41; **RGR.** Bd. 6 S. 615; Bd. 8 S. 681). Wenn es sich dagegen um die Wahrnehmung der Interessen eines abgegrenzten Personenkreises (einer Religionsgemeinschaft, eines Vereins oder eines sonstigen Verbandes) handelt und nach den Umständen des Falles die persönlichen Interessen des Redakteurs, der Angehöriger jenes Personenkreises ist, mit berührt werden, dann sind jedenfalls diese Interessen des Redakteurs solche, zu deren Vertretung er deshalb auch berufen ist[342]). Fremde Interessen werden zu Interessen des Redakteurs, wenn ihm das Recht zu ihrer Vertretung zusteht, oder sie ihm sonst zur Wahrung[343]) anvertraut sind; endlich auch, wenn die fremden Angelegenheiten, z. B. wegen besonders naher persönlicher Beziehungen (naher Verwandtschaft, Verlobung, Verehelichung mit der unmittelbar interessierten Person) ihn dergestalt berühren, daß ihre Wahrnehmung als die Wahrnehmung der eigenen Interessen des Redakteurs oder, auch ohne daß ihre Wahrnehmung ihm aufgetragen, als eine sittliche Pflicht bezw. als ein anzuerkennendes sittliches Gebot erscheint. Ein allgemeines Recht zur Wahrnehmung oder Vertretung fremder Interessen hat aber der Redakteur ebensowenig, wie eine andere Person (vgl. auch Braunschweig, Jur. Zeit. VII S. 300). Ob im

342) Das Reichsgericht hat angenommen, daß die Zugehörigkeit zu einem solchen Personenkreise oder die Tendenz der Zeitung nicht ohne weiteres die Berufung auf § 193 StGB. in der Auseinandersetzung mit der Gegenpartei gestatte (vgl. darüber **RGE.** Bd. 15 S. 15; Bd. 23 S. 425; **RGR.** Bd. 8 S. 681). Doch wird man für das anerkannte Organ einer bestimmten politischen oder religiösen Partei regelmäßig ein berechtigtes Interesse zur Wahrnehmung ihrer Angelegenheiten anzunehmen haben (vgl. auch **RGE.** Bd. 24 S. 307), denn in solchem Falle handelt es sich um Angelegenheiten, welche den Redakteur unmittelbar berühren und deren Vertretung ihm daher auch besonders anvertraut sein wird. Eine derartige Vertretungsbefugnis wird man bei der bestehenden politischen und sozialen Gliederung nicht wohl bestreiten dürfen. Eine andere Frage ist es aber, ob der Redakteur in Wahrung solcher Interessen wirklich gehandelt hat, oder um unter diesem Deckmantel ungestraft zu beleidigen!

343) Vgl. **RGE.** Bd. 30 S. 42; auch Braunschweig, Jur. Zeit. VII S. 300.

einzelnen Falle ein Recht zur Vertretung fremder Interessen vorhanden ist, oder ob der Redakteur die Vertretung der Interessen als ihm anvertraute in Anspruch nehmen kann, hängt von den Umständen ab; keinesfalls läßt sich aber ein solches Recht oder das Anvertrauen der Interessen allein schon aus der Einsendung des Artikels durch den Dritten oder aus dem Zutragen des Stoffes zum Zwecke der Veröffentlichung folgern (RGE. Bd. 30 S. 42). Daraus würde eine Ausnahmestellung des Redakteurs folgen, die ihm als solchem grundsätzlich nicht zukommt. Dies ist im wesentlichen der Standpunkt der Praxis. Daß man aber auch unter Umständen in einem weiteren Umfang, als oben angegeben wurde, für den verantwortlichen Redakteur als solchen, wenn er aus sittlichen Beweggründen fremde Interessen wahrnimmt, eine ihn als Redakteur selbst angehende Angelegenheit, und damit ein berechtigtes, weil schutzwertes, Interesse anerkennen muß, wird kaum zu verneinen sein. Denn der immer steigenden Bedeutung der Öffentlichkeit und dem Umstande, daß ihre tatsächliche und im Leben anerkannte Vertretung die Presse ist, wird sich auch der Strafrichter nicht verschließen dürfen. Allerdings ist hier Vorsicht geboten, denn der sittlichen Pflicht, schutzbedürftige Interessen anderer wahrzunehmen, steht die andere sittliche Pflicht gegenüber, die Ehre eines Dritten nicht ohne triftigen Grund zu verletzen. Es bedarf deshalb in einem jeden einzelnen Falle einer sorgfältigen Abwägung dieser Pflichten gegeneinander[344]).

344) Vgl. RGE. Bd. 23 S. 285, 422; Bd. 24 S. 304; Bd. 25 S. 67, 355; GA. Bd. 46 S. 45. — Ein Irrtum des Redakteurs darüber, ob er berechtigte Interessen wahrnimmt, kann ihn nicht entschuldigen, soweit es sich dabei um einen Irrtum über den strafrechtlichen Begriff in Anwendung auf den konkreten Fall handelt. Doch liegt ein entschuldbarer tatsächlicher Irrtum vor, wenn er sich auf dies Vorliegen der Tatsachen bezieht, welche die Interessen als berechtigte und ihn als zur Wahrung berufen erscheinen ließen (vgl. dazu RG. GA. Bd. 45 S. 53; RGE. Bd. 13 S. 38; Bd. 24 S. 304; Bd. 34 S. 222; Darmstadt, GA. Bd. 47 S. 456).

Dem Redakteur, der in der ernstlich gemeinten Absicht handelt, „ein fremdes allgemeines Interesse" zu wahren, steht nicht der Schutz des § 193 StGB. zur Seite. Aus der Tatsache allein, daß Mitteilungen in einer Tageszeitung Sensation erregt haben oder solche zu erregen geeignet sind, kann die Frage, ob sie zur Wahrnehmung berechtigter Interessen gemacht sind, nicht verneint werden; aber die Erregung von Sensation als alleiniger Zweck einer Kundgebung bildet auch für einen Zeitungsredakteur kein berechtigtes Interesse i. S. von § 193 (RGE. Bd. 36 S. 423).

Ein Redakteur, der beleidigende Vorwürfe gegen die Dienstführung öffentlicher Behörden und Beamten veröffentlicht,

Selbstverständlich kann der Redakteur sich nicht damit rechtfertigen, daß er verpflichtet sei, seinen Abonnenten Berichte über alle Vorgänge des öffentlichen Lebens zu bringen[345].

Wenn bei einem Artikel tatsächlich berechtigte Interessen behandelt werden, so kann der Schutz des § 193 nicht schon deshalb versagt werden, weil es noch einen anderen Weg zur Beseitigung des gerügten Übelstandes (z. B. Beschwerde) gegeben hätte, als die Veröffentlichung des Vorkommnisses oder Zustandes in der Presse; es ist nicht erforderlich, daß der Verfasser oder der verantwortliche Redakteur nachweist, daß er den Weg der Veröffentlichung als den letzten gewählt hat, um zu seinem Ziele zu gelangen, nachdem er alle anderen gangbaren vergeblich betrat.

Doch kann sehr wohl im einzelnen Falle der Umstand, daß der Weg der Veröffentlichung gewählt wurde, bevor andere zu Gebote stehenden Mittel (wie z. B. Beschwerde bei einem Vorgesetzten über das Verhalten eines Beamten) versucht, geschweige denn erschöpft waren, zu der tatsächlichen Feststellung führen, daß der Angeklagte überhaupt nicht oder nicht lediglich zur Wahrung berechtigter Interessen gehandelt hat, sondern daß es ihm nur oder doch auch nebenbei darauf ankam, jemanden zu beleidigen[346]. Nicht alle Angelegenheiten gehören vor das Forum der Öffentlichkeit.

Im Zusammenhange damit steht, daß der Schutz des § 193 nicht schon deshalb versagt werden kann, weil der Weg der Ver-

---

handelt nicht in Wahrnehmung berechtigter Interessen. Die Fortschritte und Erfolge der Wissenschaft, der Kunst und des Gewerbes hängen wesentlich damit zusammen, daß ihre Leistungen öffentlich besprochen werden. Das gedeihliche Wirken der öffentlichen Behörden und Beamten steht nicht in einem derartigen Zusammenhange mit der fachmännischen oder nichtfachmännischen Beurteilung ihrer Leistungen. Die Ordnung und Gliederung der Behörden, die Verbreitung und Auswahl der Beamten, das Verhältnis der Unterordnung zu den Vorgesetzten und der Aufsicht, die aus Gesetzen, Verordnungen und Gebräuchen sich ergebenden Rechte und Pflichten, die Erörterungen amtlicher Maßnahmen in politischen Körperschaften, die Befugnis der Privatpersonen zu Anträgen und Beschwerden bilden eine genügende Gewähr für eine sachgemäße Wirksamkeit der öffentlichen Behörden und Beamten (**RGE.** Bd. 39 S. 312). Dieses Urteil ist ebenso gekünstelt als weltfremd. Es gibt — leider — zuweilen Fälle, in denen alle im Urteile aufgeführten Maßnahmen versagen und deshalb nur eine Rüge in der Presse den Mißständen abhelfen könnte!

345) **RG.** und GA. Bd. 41 S. 369. — Doch sind wahrheitsgetreue Berichte über Kammerverhandlungen unter allen Umständen straffrei (Art. 22 RVerf. und § 12 StGB.; vgl. **RGE.** Bd. 18 S. 207; **RGR.** Bd. 10 S. 627.

346) S. über den ganzen Absatz **RGE.** Bd. 24 S. 223.

öffentlichung nicht zum Ziele führen werde; es muß in dieser Beziehung genügen, daß der Verfasser oder der Redakteur ihn für einen geeigneten, zur Wahrung der berechtigten Interessen gehalten hat.

Im Falle des § 187 StGB. ist der Schutz des § 193 StGB. nicht begrifflich ausgeschlossen (**RGE.** Bd. 16 S. 139; **RGR.** Bd. 9 S. 361); doch kann § 193 StGB. nicht zur Anwendung kommen, wenn zur Verleumdung gegriffen wird, um dadurch die strafrechtliche oder disziplinare Verfolgung eines anderen zu bezwecken (so **RGE.** Bd. 34 S. 222). Vgl. auch S. 165.

Veröffentlichungen, welche zur Wahrnehmung berechtigter Interessen geschehen sind, können trotzdem strafbar sein, wenn das Vorhandensein einer Beleidigung (die Absicht zu beleidigen) aus der Form[347]) der Äußerung, oder den Umständen, unter welchen sie geschah, hervorgeht[348]).

Ob die Absicht der Beleidigung vorhanden, ist Tatfrage (Darmstadt, GA. Bd. 47 S. 456). Dadurch, daß der Redakteur den Artikel zur Abwehr gegen einen Angriff geschrieben hat, wird die Absicht der Beleidigung nicht ausgeschlossen (**RG.** in GA. Bd. 47 S. 163).

Die Form ist nicht zu identifizieren mit dem Inhalte der Äußerung. Unter den Umständen, unter welchen die Äußerung geschehen ist, sind nur solche zu verstehen, die „in naher Beziehung zu der gebrauchten Äußerung selbst stehen", „sie zeitlich oder örtlich umgeben". Sog. begleitende Umstände (**RGE.** Bd. 34 S. 80).

Wenn § 193 für anwendbar erklärt wird, so ist damit nicht nur ein subjektives Schuldmoment verneint, sondern ausgesprochen, daß auch objektiv eine Beleidigung nicht vorliegt. Denn mit der Annahme, daß die Äußerung zur Wahrung berechtigter Interessen gemacht worden ist, wird die Rechtswidrigkeit verneint. Es kann deshalb in einem solchen Falle auch nicht auf Unbrauchbarmachung oder Einziehung erkannt werden (**RGE.** Bd. 29 S. 401).

Aus dem Ausgeführten folgt, daß im einzelnen Falle der § 193 dem Verfasser und dem Redakteur nicht notwendig gleichmäßig zustatten kommen muß, sondern daß wegen der Verschiedenheit ihrer persönlichen Beziehungen der eine strafbar erscheinen kann, während es der andere auf Grund des § 193 nicht ist.

---

347) Form nicht zu identifizieren mit dem Inhalte der Äußerung. **RG.** Bd. 3 S. 328, Bd. 4 S. 316, Bd. 21 S. 1; **RGR.** Bd. 3 S. 404.

348) § 193 am Schlusse.

Ausführungen des Herausgebers der 5. Auflage. Ich habe die vorstehenden Ausführungen von Appelius unverändert wiedergegeben, weil sie den bisherigen Stand der Rechtsprechung über die Wahrnehmung berechtigter Interessen gut veranschaulichen. Hinzuzufügen habe ich folgendes: Es ist interessant zu lesen, wie der Kammergerichtsrat Appelius bereits vor zehn Jahren den schüchternen Versuch macht, auf die Bedeutung der Presse als einer Vertreterin der Öffentlichkeit hinzuweisen und anzuerkennen, daß „unter Umständen" der Redakteur, der „aus sittlichen Beweggründen fremde Interessen wahrnimmt, eine ihn als Redakteur selbst angehende Angelegenheit und damit ein berechtigtes, weil schutzwertes Interesse" vertritt. Damit durchbricht Appelius eigentlich seine vorher aufgestellten, im wesentlichen mit der Ansicht des Reichsgerichts übereinstimmenden Lehrsätze. Er hat das offenbar selbst gefühlt und fügt dann unter der Ermahnung Vorsicht zu üben hinzu, daß der sittlichen Pflicht, schutzbedürftige Interessen anderer zu wahren, die andere sittliche Pflicht gegenüber stehe, die Ehre eines Dritten nicht ohne triftigen Grund zu verletzen.

Die „Bedeutung der Öffentlichkeit" und der Umstand, „daß ihre tatsächliche und im Leben anerkannte Vertreterin die Presse ist", haben nun in den zehn Jahren, seit Appelius diese Sätze schrieb, eine ganz außerordentliche Steigerung erfahren. In einem Volke, das sich seiner Freiheit bewußt wird, erhebt sich die Öffentlichkeit im guten Sinne des Wortes zur immer mächtigeren Lenkerin der Ereignisse und Meinungen, und die Leistungen der Presse haben einen ungeahnten Aufschwung genommen, wenn auch nebenherlaufende Mißstände nicht ausgeblieben sind. Die oben zitierten Sätze von Appelius sind also heute noch viel mehr berechtigt als vor zehn Jahren. Demselben Gedanken tragen nun auch interessanter Weise eine Reihe von Entscheidungen deutscher Gerichte Rechnung, die sich nicht an die Präjudizien des Reichsgerichts und der Oberlandesgerichte gehalten, sondern den Mut gefunden haben, ihre eigenen aus dem wirtschaftlichen Leben selbst geschöpften Überzeugungen zu vertreten.

In dem Fachblatt „Der Kunstgewerbezeichner" war ein Versammlungsbericht abgedruckt worden, der sich mit den Zuständen in einer kunstgewerblichen Anstalt beschäftigte. Der Inhaber der Anstalt erhob Privatklage wegen Beleidigung, aber der Redakteur wurde vom Amtsgerichte Plauen i. V. mit folgender Begründung freigesprochen: „Der Kunstgewerbezeichner" vertritt die Interessen der Zeichner. Der Redakteur hat mit dem Abdrucke des Versammlungsberichtes berechtigte Interessen wahrgenommen.

Dagegen wurde der Redakteur der „Allgemeinen deutschen Gärtnerzeitung" vom Amtsgericht Berlin-Mitte wegen Beleidigung des Besitzers einer Gärtnerei, deren Zustände er scharf kritisiert hatte, verurteilt, weil eine persönliche nähere Beziehung zu den wahrgenommenen Interessen der Gärtnergehilfen nicht schon in der Eigenschaft des Angeklagten als Redakteurs des Organs des Allgemeinen deutschen Gärtnervereins zu finden sei.

Der Redakteur eines freisinnigen Blattes wurde vom Landgericht Thorn von der Anklage der Beleidigung freigesprochen, weil er als Redakteur eines freisinnigen Blattes das Recht habe, zur Vertretung und Verteidigung seiner und seiner Partei Ansichten Eigenschaften der Junker, also der politischen Gegner, in der Parteipresse kritisch zu beleuchten, wenn sie auf politischem Gebiet liegen. Das Reichsgericht hob das Urteil (20. Oktober 1911) auf, weil der Redakteur eines Parteiblattes kein anderes Recht habe, als jeder Staatsbürger.

Dem Redakteur eines Fachblattes des Buchdruckergewerbes wurde an sich als dem Redakteur eines Fachblattes der Schutz des § 193 grundsätzlich zugesichert, der sowohl die Handelsinteressen der Buchdrucker, als auch seine eigenen Interessen wahrnahm.

Der Redakteur einer Zeitung, der die Tätigkeit einer Bankfiliale bei Emission einer Anleihe scharf angegriffen hatte, wurde vom Amtsgericht Straßburg i. E. freigesprochen, weil anerkanntermaßen ein Bedürfnis vorliege, daß die Presse, wenn auch nur in Ausnahmefällen, bei Besprechung von öffentlichen Angelegenheiten das Recht haben muß, die Interessen ihres Leserkreises oder derjenigen, die sich an die Redaktion wenden, wahrzunehmen (Amtsgericht Straßburg vom 30. September 1911).

Ein Redakteur wurde von der Anklage der Beleidigung des Gemeinderats freigesprochen, weil er für seine zwei Artikel unter der Überschrift „Glückliche und unglückliche Hausbesitzer in Sablon" den Wahrheitsbeweis geführt hatte. Die Tatsachen, die er mitgeteilt, hatten die Gemeinde in Beunruhigung versetzt. Das Gericht führte aus, die Presse sei berufen, öffentliche Schäden und Mängel zu besprechen; der Redakteur habe im öffentlichen Interesse gehandelt (Amtsgericht Metz vom 7. Februar 1911).

Ebenso wurde ein Redakteur freigesprochen, der mitgeteilt hatte, daß bei einem Bäckermeister die weiblichen Angestellten menschenunwürdige Schlafräume und ungesetzlich lange Arbeitszeit hätten. Dem Redakteur wurde der Schutz des § 193 StGB. zugebilligt. Es sei Pflicht der Presse, auf Mißstände hinzuweisen, um die Behörden zum Einschreiten zu veranlassen (Amtsgericht Hamburg vom 21. Januar 1911). Dagegen führte das Reichsgericht im Urteile vom 26. Mai 1911 (Das Recht, Bd. 15 S. 2485) aus, eine über das Gebiet sachlicher Erörterungen hinausgehende beleidigende Kritik gerichtlicher Urteile, sei, selbst wenn nicht die Absicht der Beleidigung aus der Form und den Umständen der Äußerung hervorgehe, nicht nach § 193 straflos. Die in gerichtlichen Urteilen enthaltenen Straffestsetzungen seien keine wissenschaftlichen Leistungen im Sinne dieser Gesetzesstelle, auch sonst liege ein Fall nicht vor, der einem tadelnden Urteil über eine solche Leistung ähnlich wäre (vgl. zu den zitierten Urteilen Ebner, Bericht über Rechtsprechung und Literatur auf dem Gebiete des Zeitungsrechtes für das Jahr 1911; weitere Urteile des Reichsgerichts siehe Anm. 342—344).

Nach der Rechtsprechung des Reichsgerichts (**RGE.** Bd. 5 S. 121) muß, wer fremde berechtigte Interessen wahrnimmt, ein eigenes berechtigtes Interesse an der Wahrnehmung jener fremden Interessen haben. Es wird also eine konkrete nähere Beziehung erfordert, danach die Wahrnehmung von fremden Interessen eine den Täter selbst nahe angehende Sache ist. Eine solche Beziehung liegt vor, wenn jemand Interessen Dritter kraft seines Amtes oder Berufes zu vertreten hat, wie der Seelsorger, Rechtsanwalt, Volksanwalt, Vormund, Vereinsvorstand, Handlungsbevollmächtigter usw. (vgl. hierzu Olshausen, Kommentar 9. Aufl. 1912 zu § 193 Anm. 6c). Ganz allgemein kann man sagen, daß jeder Berufsangehörige in Angelegenheiten seines Berufszweiges zur berechtigten Wahrnehmung fremder berechtigter Interessen gelangen kann. Ausgesucht nur beim Redakteur soll der Beruf eine solche Beziehung nicht herstellen. Dies führt zu jenem Widerspruch, daß z. B. zwar der Gärtnergehilfe, über die ungesetzlichen Zustände in einer Gärtnerei öffentlich Klage führend, berechtigte Interessen wahrnehmen kann, nicht aber der Redakteur der Gärtnerzeitung, der doch ausdrücklich vom Eigentümer dazu bestellt ist, in der Fachzeitung die Rechte der Berufsgenossen zu vertreten.

Dieser Widerspruch liegt so sehr auf der Hand, daß man erkennt, es müssen für die Rechtsprechung des Reichsgerichts noch andere Momente maßgebend gewesen sein.

Der Gesetzgeber hat nicht ausdrücklich gesagt, was er unter den „berechtigten Interessen" im Sinne von § 193 versteht. Theorie und Praxis, auch beim Reichsgericht selbst, sind in ihren Ansichten weit auseinander gegangen (vgl. Kohler, GA. Bd. 47 S. 44 ff.; Bd. 49 S. 147 und Rotering, GS. Bd. 62 S. 44 ff.).

Nach Olshausen (a. a. O.) soll die Praxis aller Strafsenate des Reichsgerichts jetzt übereinstimmend der Ansicht huldigen, daß der Begriff der „berechtigten Interessen" nicht aus Rechtsnormen außerhalb des Strafgesetzbuches, sondern als wesentlich strafrechtlicher Begriff unter Berücksichtigung des

Einzelfalles auf Grund billiger, verständiger Beurteilung der Sachlage aus dem Strafgesetz selbst zu schöpfen sei.

Es wird nun vom Reichsgerichte verwertet, daß Gesetz und Recht selbst keine Bestimmungen darüber enthalten, daß der Redakteur einer Zeitung dazu bestellt sei, die Interessen Dritter wahrzunehmen. Es ist richtig, daß solche Bestimmungen im Reichs-Preßgesetze und im Bürgerlichen Gesetzbuche, das z. B. für den Vormund Bestimmungen gibt, fehlen, während die Rechtsanwaltsordnung das Verhältnis zwischen Anwalt und Klient regelt. Es fehlt ein positiver Rechtssatz im Gesetze, daß der Redakteur berechtigt und verpflichtet ist, die Rechte Dritter zu vertreten. Das Reichs-Preßgesetz schweigt sich hierüber in den einschlagenden §§ 7 und 8 aus. Hier hätte eine künftige Gesetzgebung die Lücke auszufüllen.

In Ermangelung der besonderen Bestimmung war weiter zu fragen, ob auf Grund allgemeiner billiger verständiger Beurteilung der Sachlage dem Redakteur zuzubilligen ist, daß er zufolge seines Berufes ein eignes berechtigtes Interesse an der Wahrnehmung fremder berechtigter Interessen hat.

Das Reichsgericht verneint und stellt den Rechtssatz auf, daß ein Recht der Presse nicht bestehe, wirkliche oder vermeintliche Übelstände mit auch nur unabsichtlicher Verletzung der Ehre anderer, öffentlich zu besprechen.

Weder aus dem Strafgesetze noch aus anderen Gesetzen kann dieser Rechtssatz positiv abgeleitet werden. Er ist eine Rechtsfiktion aus Zweckmäßigkeitsgründen, veranlaßt durch eine Unklarheit des Gesetzes (§ 193).

Würde der Presse jenes Recht zugestanden, so bliebe zunächst kein Gebiet des öffentlichen Lebens übrig, das von jenem Rechte nicht ergriffen werden könnte. Aber selbst das Privatleben des einzelnen bliebe nicht frei, wenn es, wie beim Beamten, Geistlichen, Lehrer usw. im engen Zusammenhange mit der öffentlich-rechtlichen Eigenschaft stünde. Damit würde der Presse die ungeheure Macht eines allgemeinen öffentlichen Zensors eingeräumt, deren Mißbrauch Beunruhigung und Gefährdung in sich birgt. Die Auswüchse der Presse (Sensations- und Revolverblätter) sind bekannt. Es bedeutete tatsächlich eine außerordentliche Besonderheit, einem ganzen Berufsstande — gewährleisten seine Angehörigen die erforderliche intellektuelle und sittliche Tüchtigkeit? — eine solche Berechtigung zur Wahrnehmung fremder Rechte einzuräumen, während der Einzelne auf den Kreis der ihn persönlich angehenden Rechte beschränkt sein soll. Selbst der Schriftsteller und Dichter von größtem Rufe und glänzendsten Fähigkeiten, dies darf nicht übersehen und muß hier zum Vergleiche herangezogen werden, genießen die Rolle solchen allgemeinen Zensors nicht. Auch wenn sie es sich zur Aufgabe machen, Mißstände der Gegenwart im Kunstwerke zu geißeln, sind sie an die geltenden Gesetze und ihre Auslegung gebunden. Jene Rechtsfiktion besteht also nicht nur gegenüber der Presse, sie ist eine allgemeine; *auch in dieser Gestalt und allgemeinen Ausdehnung kann sie aus keinem Gesetze als positiver Rechtssatz abgeleitet werden.*

Es fragt sich, ob diese Rechtsfiktion dem Rechtsbewußtsein der Allgemeinheit entspricht? Jene zitierten, vom Standpunkte des Reichsgerichts abweichenden Urteile sprechen zu einem Teile dagegen. Diese Durchbrechungen der Rechtsfiktion wiederholen sich immer von neuem und nehmen zu.

Es handelt sich im letzten Ende nicht mehr um eine juristische, sondern um eine *ethische Frage.* Ist es wirklich, wie das Reichsgericht mit seiner Rechtsprechung behauptet, ein Maßstab unseres gegenwärtigen Kulturzustandes, daß grundsätzlich niemandem gestattet sein soll, fremde Rechte unter — wenn auch nur unbeabsichtigter — Verletzung der Ehre anderer wahrzunehmen?

Wäre solcher Standpunkt nicht in gewissem Sinne eine Schwäche unserer heutigen Kultur, geboren aus ihren eigenen gesellschaftlichen und öffentlich-rechtlichen Schwächen, die keine Kritik vertragen wollen? Dieser Standpunkt wird aber zu einem Hemmnis der gesellschaftlichen und sozialen Entwickelung, indem er zahlreichen offenen und geheimen Schäden die Existenz fristet. Wenn wir gegenüber dem ungeheuren Aufschwung der Gegenwart auf technischem Gebiete in gewissen öffentlich-rechtlichen, sozialen und ethischen Dingen nur schwerfällig von der Stelle kommen, woran liegt das anders, als daß das Strafgesetz bezw. seine Auslegung in zahlreichen und wichtigen Fällen uns hindert, *die Wahrheit öffentlich zu sagen,* weil sie nicht ohne Verletzung der einen oder anderen Persönlichkeit gesagt oder weil sie in einzelnen, vielleicht über das Ziel schießenden Behauptungen nicht bewiesen werden kann? *Dieser Standpunkt ist mit einer wahren Preßfreiheit, die wir deshalb überhaupt gar nicht besitzen, unvereinbar.*

Der *Vorentwurf* zu einem *deutschen Strafgesetzbuch* von 1909 hat den Inhalt des jetzigen § 193 übernommen und nur etwas anders formuliert. Es wird gesprochen von „Aeußerungen, die in Erfüllung von Rechtspflichten, in Ausübung rechtlicher Befugnisse oder zur Wahrnehmung von Rechten oder berechtigten Interessen gemacht sind, oder ähnlichen Fällen" (§ 263 Vorentw.). Die Begründung (besonderer Teil S. 718) weist darauf hin, daß sich fast in keiner ausländischen

Gesetzgebung eine im Schutze der freien Meinungsäußerung „zur Wahrnehmung berechtigter Interessen" ebensoweit gehende Vorschrift finde. Auf die besonderen Verhältnisse der Presse kommt die Begründung nicht zu sprechen und sagt nur unter Berufung auf die bekannten Reichsgerichtsentscheidungen: „Es besteht in der Rechtsprechung darüber kein Zweifel, daß die Interessen nicht notwendig eigene sein müssen, daß vielmehr auch fremde genügen, sofern sie nur nach billiger Beurteilung der Sachlage als den „Täter nahe angehende Interessen anzuerkennen sind." Die Entstehungsgeschichte des § 193 ergebe, daß bei Einfügung der im Regierungsentwurf fehlenden „berechtigten Interessen" durch den Reichstag ausdrücklich nur beabsichtigt wurde, denjenigen zu schützen, der für eine ihn selbst nahe angehende Sache kämpft.

Der Vorentwurf bringt aber Einschränkungen; er gewährt Straflosigkeit nur bei Beleidigung und übler Nachrede, nicht mehr aber, wie nach der herrschenden Meinung das geltende Recht, bei Verleumdung (wider besseres Wissen) und der verleumderischen Beschimpfung des Andenkens Verstorbener. Dem darf unbedenklich zugestimmt werden. Uebrigens wird nach § 262 Vorentw. auch die nichtverleumderische Beschimpfung des Andenkens eines Verstorbenen, wenn sie eine gröbliche und böswillige war, ebenfalls mit Strafe bedroht.

Abgesehen von den verschärften Strafandrohungen trägt der Vorentwurf dem Verlangen nach erhöhtem Schutz der Ehre noch besonders dadurch Rechnung, daß er in § 260 (§ 186 des geltenden Gesetzes) den Wahrheitsbeweis dann überhaupt nicht zuläßt, „wenn die Beleidigung öffentlich oder durch Verbreitung von Schriften, Abbildungen oder Darstellungen begangen ist und lediglich Verhältnisse des Privatlebens betrifft, die das öffentliche Interesse nicht berühren." Auch diese vor allem der Presse geltende Beschränkung ist vielleicht zu billigen; das Privatleben soll geschützt werden, sofern öffentliche Interessen nicht berührt werden. Gegenüber dieser Beschränkung sollte aber die Preßfreiheit in Angelegenheiten öffentlichen Interesses in billiger Weise erweitert werden.

Die Rechtsprechung des Reichsgerichts hat gegen früher sogar einen Rückschritt zu verzeichnen. So nahm Olshausen in früheren Auflagen an, daß zwar „nicht jeder sittlich zu rechtfertigende Grund auch das Einschreiten für fremde Interessen zu einem sittlich (ethisch) berechtigten macht, daß dabei vielmehr ferner die Richtung und die Art des Vergehens nicht unberücksichtigt bleiben dürfen (**RGR.** Bd. 9 S. 395), daß aber immerhin sittlich (ethisch) berechtigte Gründe die Wahrnehmung fremder Interessen zu einem berechtigten im Sinne des § 193 machen können (RGE. Bd. 5 S. 121)." Diese Ausführungen haben Ähnlichkeit mit den Sätzen von Appelius, die wir zum Ausgangspunkte nahmen. In der neuesten Auflage hingegen sagt Olshausen: „dagegen machen sittlich (ethisch) zurechtfertigende oder selbst berechtigte Gründe die Wahrnehmung fremder Interessen, auch falls der Täter in der ernstlich gemeinten Absicht handelte, dieses fremde Interesse wahrzunehmen, noch nicht zu einem berechtigten im Sinne des § 193, es sei denn, daß sie im Einzelfalle ein mittelbar eigenes Interesse des Täters zu begründen imstande sind (RG. GA. Bd. 46 S. 45 und RGE. Bd. 36 S. 422)." Ein solches Verhältnis wird bezüglich der Presse nur angenommen, wenn der von einem Verbande oder von einem Vereine angestellte Redakteur im Vereinsorgan die Interessen seines Auftraggebers wahrnimmt. Der Redakteur der Tagespresse bleibt nach wie vor ausdrücklich ausgeschlossen.

Die Bestrebungen, den Schutz von § 193 StGB. im angedeuteten Sinne zu erweitern — bei Absicht der Beleidigung soll die Strafbarkeit natürlich bestehen bleiben —, sind deshalb gerechtfertigt, weil sie eine Schärfung des sozialen Gewissens und eine Erhöhung der öffentlichen Tüchtigkeit zur Voraussetzung haben. Die Zeit wird kommen, da die Rechte der Allgemeinheit so hoch stehen, daß gewisse Rechte des Einzelnen dagegen zurücktreten müssen. Dann ist die Zeit für jenen allgemeinen öffentlichen Zensor reif, den sie jetzt zum größten Teile noch fürchtet. Dann darf unumwunden zugestanden werden, daß der Redakteur in seinem Berufe die Rechte der Öffentlichkeit vertritt.

Die Presse selbst aber kann den Weg ebnen, der zu diesem Ziele führt, indem sie im ernsthaften Streben nach Objektivität von Sensation, Gehässigkeit und Gewinnsucht sich frei hält und unter Steigerung der intellektuellen und sittlichen Eigenschaften ihrer Berufsangehörigen, gewissermaßen wie eine große öffentliche Behörde, einzig und allein von sittlichen Grundsätzen ausgehend der Allgemeinheit mit der Treue einer Behörde dient. Je offener die Presse diese Grundsätze betätigt, desto mehr wird sie selbst das Auftreten des neuen Rechts beschleunigen.

Denn das neue Recht kommt wohl nur deshalb noch nicht, weil man gegenüber dem großen Nutzen, den der öffentliche Zensor der Allgemeinheit bringen wird, einen vielleicht noch größeren Schaden fürchtet, den der Mißbrauch der öffentlichen Kritik im Gefolge haben kann. Meiner Ansicht nach wird der künftige Rechtszustand im Wege der allmählichen Entwickelung errungen werden. In der uns nächsten Entwickelungsphase müßte z. B. allgemein, nicht nur der Presse, Straffreiheit zugestanden werden, wenn im Verhältnisse zu dem gelungenen Wahrheitsbeweis der Beweis nur in wenigen und nebensächlichen Punkten mißlungen und die mit untergelaufene Ehrverletzung im Mißverhältnisse zu dem ethischen Siege der Wahrheit steht. Dieses „neue Recht" stünde mit den oben angeführten und gebilligten Forderungen der Gegenwart nach einem erhöhten Strafschutz der Ehre durchaus nicht im Widerspruche. Erweiterte Freiheit und erhöhte Verantwortlichkeit sollen Hand in Hand gehen.

10. Durch die Bestrafung des Redakteurs nach § 20 wird die Anwendung des § 21 von selbst ausgeschlossen.

Ist der Redakteur selbst der Verfasser des Artikels, so tritt die redaktionelle Tätigkeit, die in der Aufnahme des Artikels in die Zeitung sich äußert und der Beurteilung nach § 20 Abs. 2 zu unterstellen wäre, zurück, indem die Autorschaft sich als das maßgebende Moment kennzeichnet und die Redakteurstätigkeit nur das im Artikel liegende und beschlossene Delikt zur Ausführung bringt. Es kommen sodann die allgemeinen strafrechtlichen Grundsätze unbeschränkt zur Anwendung[349]).

Insbesondere kann in diesem Falle die Schlußklausel in Abs. 2 nicht in Betracht kommen, da auch sie nur auf den Fall sich bezieht, daß der Redakteur als solcher nach § 20 Abs. 2 in Anspruch genommen wird[350]), wie es denn solchenfalls einer Feststellung, daß der Verfasser der verantwortliche Redakteur ist, nicht bedarf[351]).

Wenn ausgeführt worden ist, daß der erste Satz des Abs. 2 eine Rechtsvermutung zum Nachteile des verantwortlichen Redakteurs enthält, so darf doch nicht etwa aus deren Wesen gefolgert werden, daß unter Abänderung der strafprozessualen Beweislast nunmehr dem Redakteur, der gegen die formelle Vermutung ankämpfen und seine Freisprechung erreichen will, auch die formelle Beweislast für seine Unschuld aufzubürden sei. Die Vermutung, daß der Redakteur die Veröffentlichung des Artikels in Kenntnis und mit Verständnis des Inhalts verursacht hat, durchbricht allerdings den Grundsatz, daß jedem Angeklagten alle die Momente, aus denen sich seine Schuld zusammensetzt, bewiesen werden müssen und weicht vor allem auch von dem Grundsatz der freien Beweiswürdigung ab; im weiteren Umfang ist der letztere jedoch nicht eingeschränkt. Zwar wird der Redakteur regelmäßig gegenüber der Vermutung nicht mit einer einfachen Verneinung durchkommen. Wenn er aber die Tatsachen angibt, welche gegen die Richtigkeit der An-

349) Vgl. übrigens noch ObTrib. Berlin in GA. Bd. 26 S. 463 f.

350) Vgl. auch ObTrib. Berlin in GA. Bd. 24 S. 632.

351) OLG. Dresden (Sächs. Gerichtszeitung Bd. 21 S. 172 ff.)

nahme im konkreten Falle sprechen und die Beweismittel benennt, so ist das Gericht eben auf Grund der freien Beweiswürdigung völlig unabhängig in der Würdigung der erhobenen Beweise.

Es wird deshalb wohl denkbar sein, daß im einzelnen Falle der angeklagte verantwortliche Redakteur freigesprochen wird, weil das Gericht die Vermutung gegen ihn für widerlegt hält, ohne daß der wirkliche Täter ermittelt ist. Der Richter wird auch Umstände, welche die Vermutung entkräften, ohne daß sie vom Redakteur ausdrücklich geltend gemacht sind, doch zu berücksichtigen verpflichtet sein. Insoweit kommt jedoch immer der Charakter der Vermutung zur Geltung, daß hier in zweifelhaften Fällen nicht das in dubio pro reo gilt; in zweifelhaften Fällen hat der Richter sich vielmehr auf den Standpunkt der Vermutung zu stellen.

Man mag vielleicht gegen die hier vertretene Ansicht einwenden, daß sie die Ermittelung eines Haftbaren aus dem Redaktionsbureau in Frage stellt; sie hat jedoch den Vorteil, daß sie den Schuldigen zu ermitteln sucht und von Fiktionen und geschraubten Vermutungen absieht, mit denen früher der Verurteilung eines vielfach ganz unbeteiligten verantwortlichen Redakteurs auf die Beine geholfen wurde.

Nach der Vorschrift des Gesetzes ist die Vermutung entkräftet, wenn durch besondere Umstände die Annahme der Täterschaft (i. e. die Vermutung) ausgeschlossen wird.

11. Zu § 20 Abs. 2. Zweiter Satz. Die Schlußworte: „wenn nicht durch besondere Umstände die Annahme der Täterschaft ausgeschlossen wird". Die Entstehungsgeschichte.

Über die Bedeutung dieser Worte ist viel gestritten worden; insbesondere hat man sie dahin erklären wollen, daß die Haftung des verantwortlichen Redakteurs nur durch außerordentliche, außergewöhnliche Umstände ausgeschlossen werde[352]). Dieser Erklärungsversuch ist schon um deswillen unmöglich, weil er ganz unbestimmt läßt, durch welche Momente nun eigentlich die Haftung ausgeschlossen werden soll, da es an jedem Anhalte dafür fehlt, was im einzelnen außerordentliche, außergewöhnliche Umstände sind. Muß man aber unter solchen außergewöhnlichen Umständen jedenfalls etwas anderes verstehen, als beliebige Momente, welche geeignet sind,

---

352) Berner S. 280 f., Kayser S. 598, Groschuff in GA. Bd. 23 S. 29; v. Schwarze in der 1. und 2. Auflage dieses Kommentars, sowie die ältere Praxis des Reichsgerichts, vor der Plenarentsch. **RGE.** Bd. 22 S. 65; Stenglein, NG. I, 315; über die Entstehungsgeschichte namentlich auch Grüttefien a. a. O.

die allgemein aufgestellte Vermutung im einzelnen Falle zu entkräften, so würde das zur Folge haben, daß man mit der Strafe vorsätzlicher Täterschaft auch ein nur fahrlässiges Verhalten belegen müßte.

Man hat zwar an diesem Einwand durchaus keinen Anstoß genommen, sondern seine Richtigkeit ausdrücklich zugegeben. Aber man hat dabei die Frage unbeantwortet gelassen, in welchem Verhältnisse § 21, soweit er die Bestrafung des Redakteurs wegen Fahrlässigkeit androht, zu § 20 Abs. 2 stehe, — oder es würden diese „außerordentlichen, außergewöhnlichen Umstände" die Haftung des verantwortlichen Redakteurs aus § 20 Abs. 2 wieder auf das Gebiet der vermuteten Schuld hinüberschieben, wenn man daran festhalten will, daß § 20 Abs. 2 an sich die Haftung für vorsätzliches Handeln, im Gegensatze zu § 21 umfassen soll.

Zur Unterstützung der Ansicht ist auch herangezogen worden, daß der Reichstag die Worte: „besondere Umstände" im engeren Sinne der außergewöhnlichen, außerordentlichen Umstände verstanden habe, da er den Antrag Banks, zu sagen: „den vorliegenden Umständen nach", schließlich abgelehnt hat. Dieser Umstand beweist jedoch nichts. Man hat Löning[353]) einen Vorwurf daraus gemacht, daß er häufig bemerkt, man sei sich im Reichstage wie in der Reichstagskommission über die Bedeutung und Tragweite der einzelnen Bestimmungen des Preßgesetzes nicht immer völlig klar gewesen. Die Behauptung muß bestätigt werden, wenn man die Verhandlungen über den § 20 PreßG. mit Aufmerksamkeit liest. Mindestens hat über die Bedeutung und Tragweite dieser Bestimmungen keine Übereinstimmung geherrscht. Die Entstehungsgeschichte der Gesetzesworte kann also hier zur Auslegung nicht verwertet werden.

12. Sonach wird als richtige Ansicht gelten müssen, die unter den besonderen Umständen alle die Umstände umfaßt, welche geeignet sind die Vermutung zu entkräften, daß der verantwortliche Redakteur die Veröffentlichung in Kenntnis und mit Verständnis ihres Inhalts veranlaßt habe[354]). Die besonderen Umstände sind also die Umstände des einzelnen Falles, durch welche die Annahme der Täterschaft hinfällig wird.

In der Praxis sind noch Zweifel darüber entstanden, ob unter den „besonderen Umständen" nur solche zu

---

353) Z. B. Meves und Klöppel.

354) Löning § 24; Honigmann S. 112 ff., 129 ff.; v. Buri, Krit. Vierteljahrsschrift, Bd. 18 S. 381; GA. Bd. 24 S. 525 ff. und **RGE.** Bd. 22 S. 65.

verstehen sind, die speziell auf die Besorgung der Redaktionsgeschäfte, aus der die Haftung des Redakteurs abgeleitet wird, sich beziehen, oder auch solche, deren Berechtigung sich auf die allgemeinen Vorschriften und Grundsätze des Strafrechts gründet. In der Kommission wie im Reichstag ist die Frage nicht scharf genug ins Auge gefaßt worden. Die Schlußklausel („besondere Umstände") hat ebenso wie die Bestimmung des Abs. 2 selbst die eigentümliche Stellung des Redakteurs und auch die tatsächlichen Grundlagen der Bestimmung vor Augen. Auf das Vorhandensein der allgemeinen gesetzlichen Vorbedingungen und Voraussetzungen der Strafbarkeit und die besonderen strafgesetzlichen Tatbestandsmomente des Delikts bezieht sich die Klausel nicht. Vielmehr werden jene Vorbedingungen und diese Tatbestandsmomente bereits durch die Gleichstellung des Redakteurs und des Täters getroffen; und mit der Gleichstellung wird die Berücksichtigung derselben auch gegenüber dem Redakteur — ohne daß es einer Spezialbestimmung bedurfte — angeordnet. Mit Recht ist daher verneint worden, daß die Klausel in Abs. 2 auf die Frage, ob der Redakteur mit strafrechtlichem Bewußtsein gehandelt habe, sich mit erstrecke; sie ist bereits durch die Vorfrage, die in der Hauptbestimmung des § 20 beantwortet wird, erledigt. Die allgemeinen Vorbedingungen liegen außerhalb der Klausel; die Klausel kann gar nicht in Betracht kommen, wenn bereits feststeht, daß eine Strafbarkeit aus allgemeinen Gründen nicht vorhanden ist.

Was im einzelnen geeignet ist, die Vermutung zu entkräften, läßt sich nicht erschöpfend aufzählen; es bedarf dessen aber auch nicht. Aber der Nachweis, daß der Redakteur den Artikel vor der Veröffentlichung nicht gelesen hat, entkräftet die Vermutung nicht ohne weiteres. Der verantwortliche Redakteur kann z. B. den Inhalt des Artikels vom Verfasser oder einem Redaktionsmitgliede durch Mitteilung erfahren und er daraufhin die Aufnahme angeordnet oder zugelassen haben; auch dann würde seine Haftung als Täter gerechtfertigt sein. Wenn der verantwortliche Redakteur sich absichtlich der Prüfung des Artikels entzieht oder sie einem anderen überläßt, so wird es Tatfrage sein, ob der Umstand, daß er den Wortlaut des Artikels nicht kennen gelernt hat, geeignet ist, die Vermutung zu entkräften. Die mehrfach zitierte Plenarentscheidung des Reichsgerichts[355]) hat auf die Grundsätze vom sog. dolus eventualis bei der Haftbarmachung des verantwortlichen Redakteurs hingewiesen, und

355) **RGE.** Bd. 22 S. 65 ff.

es ist nicht zu verkennen, daß ein Redakteur, der sich absichtlich der Wahrnehmung der ihm obliegenden Geschäfte entzieht, den Verdacht erweckt, er habe die Veröffentlichung eines Artikels von bestimmtem strafbaren Inhalt ermöglichen, sich selbst aber den Rücken decken wollen. Man wird deshalb in solchen Fällen besonders sorgfältig prüfen, ob die Vermutung wirklich als entkräftet anzusehen ist[356]). Eine Verurteilung wegen dolus eventualis dürfte aber doch nur dann gerechtfertigt sein, wenn der verantwortliche Redakteur sich die Straftat in ihrer wirklichen Gestaltung als möglich vorgestellt und trotzdem die Veröffentlichung geduldet hat, ohne eine selbständige Prüfung vorzunehmen[357]).

---

356) Vgl. **RGE.** Bd. 39 S. 87. Der „Nachweis" im Sinne von § 20 Abs. 2 muß zugleich den Eventualdolus ausschließen. **RG.** 22. Dezember 1911 BayZ. Bd. 8 S. 160 nennt besondere Umstände nicht besonders geartete Umstände, sondern die Umstände des Einzelfalles; auch ein allgemeiner Gebrauch kann ein besonderer Umstand sein. **RG.** 29. Januar 1912, SächsA. 1912 S. 255 läßt als „besondere Umstände" alle Tatmomente gelten, welche die Annahme vorsätzlicher mit Kenntnis und Verständnis des Inhalts bewirkter Veröffentlichung nach allgemeinen strafprozessualen Grundsätzen widerlegen. Die älteren Entscheidungen des Reichsgerichts (z. B. **RGE.** Bd. 11 S. 316; **RGR.** Bd. 6 S. 756; **RGE.** Bd. 1 S. 14, Bd. 2 S. 28, Bd. 10 S. 229; **RGR.** Bd. 1 S. 65, 673, Bd. 6 S. 463 u. a.) haben, auf dem Boden der außergewöhnlichen Umstände, — „wenn der Redakteur nachweist, daß ihm der strafbare Inhalt unbekannt geblieben und diese Unkenntnis nicht auf seinem Verschulden beruhte", — in Fällen, wie die im Texte erörterten, stets die Haftung des Redakteurs ausgesprochen. Bei diesen Entscheidungen hat offenbar noch die Vorschrift des Preuß. Preßgesetzes (§ 37 Abs. 2): „Diesen Bestimmungen bleibt der Redakteur auch dann unterworfen, wenn er durch Abwesenheit oder andere Gründe an der Besorgung der Redaktion gehindert ist, solange nicht ein anderer verantwortlicher Stellvertreter . . . . bestellt worden", ihre verspätete Wirkung geäußert.

357) Ähnlich, aber nicht ganz klar, drückt sich das Reichsgericht (**RGE.** Bd. 22 S. 221) aus, wenn es ausführt, eine generelle Ermächtigung des Redakteurs an einen anderen zur Wahrnehmung einzelner Redaktionsgeschäfte begründe nicht notwendig die strafrechtliche Verantwortlichkeit des ersteren für alle nur denkbaren dolosen Delikte, welche der andere infolge der Ermächtigung verübt habe, vielmehr sei auch hier erforderlich, daß der Täter sich den gesetzwidrigen Erfolg, wenn auch nicht in allen Einzelheiten, so doch mehr **oder weniger** bestimmt, mindestens als möglich vorgestellt hat. In den Worten „mehr oder weniger bestimmt" liegt die Unklarheit, die eine zu weite Ausdehnung des dolus eventualis-Begriffs zuläßt! Zutreffend dagegen **RGE.** Bd. 31 S. 214 ff., andererseits aber wieder **RGE.** Bd. 35 S. 315.

Das untergeordnete Verhältnis des verantwortlichen Redakteurs zum Verleger oder Eigentümer der Zeitung oder zum Einsender ist nicht geeignet, seine Täterschaft auszuschließen. Auch wenn der Redakteur im einzelnen Falle in besonderer Abhängigkeit steht, ist das kein Umstand, der eine besondere Behandlung rechtfertigen würde (vgl. **RGE.** Bd. 27 S. 338). Ebenso ist der Nachweis, daß der verantwortliche Redakteur erklärt hat, mit seinem Willen erscheine der Artikel nicht, kein die Täterschaft ausschließender Umstand, wenn er das Erscheinen nicht verhindert hat, wo er es gekonnt hätte (**RGE.** Bd. 35 S. 315).

Bei der früher herrschenden Ansicht über das Wesen der besonderen Umstände war es zweifelhaft, in welchem Umfange Krankheit den Redakteur von der strafrechtlichen Haftung befreit[358]). Wenn der kranke Redakteur sich der Prüfung des Artikels unterzogen hat oder sonst Kenntnis von dem Inhalte desselben gehabt hat, so ist die Vermutung nicht widerlegt; wenn er den Artikel nicht geprüft hat und wenn er von dem Inhalte desselben nicht auf andere Weise vor der Veröffentlichung Kenntnis erhalten hat, so daß also die Veröffentlichung ohne jede vorsätzliche Mitwirkung von seiner Seite erfolgt ist, dann muß die Vermutung als widerlegt gelten. Ob er einen anderen an seiner Statt zum Stellvertreter hätte bestellen sollen, ob er die Prüfung des Artikels nicht doch trotz der Krankheit hätte vornehmen können, das sind alles Fragen, die für die hier vertretene Ansicht nebensächlich bleiben. § 21 wir allerdings Anwendung finden können.

Berufung auf Überhäufung mit Geschäften kann den Redakteur nicht entlasten (**RGE.** Bd. 39 S. 87).

Ist Mangel an Bildung und Verstand, der den Redakteur tatsächlich gehindert hat, die Tragweite des Artikels zu erkennen, ein besonderer Umstand, der die strafrechtliche Haftung des Redakteurs als Täter ausschließt? Die Frage ist wohl zu bejahen[359]), da der Teil der Präsumtion fällt, daß der Redakteur die Veröffentlichung mit Verständnis des Inhalts bewirkt habe.

---

358) S. z. B. **RGE.** Bd. 10 S. 82; **RGR.** Bd. 6 S. 87, 759; aber neuerdings **RGE.** Bd. 24 S. 391.

359) Nein dagegen das Reichsgericht in **RGE.** Bd. 16 S. 16; **RGR.** Bd. 9 S. 272; vom Standpunkte der außergewöhnlichen Umstände mit sehr eingehender Begründung. Delius S. 77, der im allgemeinen den Standpunkt des **RG.** in **RGE.** Bd. 22 S. 65 ff. bezüglich der besonderen Umstände vertritt, scheint die erstere Entscheidung damit vereinbar zu finden; er zitiert sie deshalb ohne weitere Bemerkung als Ausspruch der Praxis. Auch Ebner S. 94 verneint die Frage, weil mangelnde

Die Haftung des verantwortlichen Redakteurs für Inserate bietet nichts besonderes. Wo ein besonderer verantwortlicher Inseratenredakteur tätig ist, haftet dieser für den Inseratenteil[360]). Es kommt dann darauf an, ob die Veröffentlichung auch im Inseratenteile steht, nicht darauf, ob sie etwa ihrem Inhalte nach zu den Inseraten zu zählen ist[361]).

In der Praxis versagt nicht selten der Inseratenredakteur. Sogenannte Schwindelreklamen finden sich selbst in sonst sorgfältig redigierten Amtsblättern. Hier muß die Presse den finanziellen Standpunkt mehr zurückstellen. Der Inseratenredakteur kann sich als Gehilfe des inserierenden Schwindlers strafbar machen.

Wenn ein Inserat den Tatbestand einer strafbaren Handlung enthält, zugleich aber aus dem Inhalte desselben hervorgeht, daß die Veröffentlichung ausschließlich das strafbare Unternehmen eines Dritten, also ein dem verantwortlichen Redakteur fremdes darstellt, so kann der letztere nicht als Täter im Sinne des § 20 Abs. 2 in Betracht kommen, da er nicht mit dem Tätervorsatze gehandelt haben kann, — sofern nicht zugleich die Veröffentlichung als solche ausdrücklich unter Strafe gestellt ist[362]).

Wenn also jemand unter seinem Namen ein Preisrätsel mit der Notiz veröffentlicht, daß eine Anzahl Preise denen, die eine richtige Lösung einsenden, zufallen sollen, so ist, wenn obrigkeitliche Erlaubnis nicht eingeholt wurde, der Tatbestand des § 286 StGB. erfüllt. Hier kann der verantwortliche Redakteur nicht selbst Täter sein, da er die Ausspielung erkennbar nicht veranstaltet hat, auch nicht hat mitveranstalten wollen, sondern nur dem anderen den Raum im Blatte zur Veröffentlichung hergegeben hat. Doch kann er wohl wegen Beihilfe haftbar sein, wenn er gewußt oder als möglich angenommen hat, daß der Inserent keine obrigkeitliche Erlaubnis hatte[363]).

13. Weitere Haftung des Redakteurs usw.

Welche Wirkung hat es, wenn das Gericht die Anwendbarkeit des § 20 Abs. 2 gegenüber dem Redakteur verneint,

---

Erkenntnis der Strafbarkeit nur bei Jugendlichen erheblich sei. — Die hier erörterte Frage ist übrigens verschieden von dem oben § 20 Ziff. 8 besprochenen Falle, daß der Redakteur die Strafbarkeit des Artikels wegen Unkenntnis der zugrunde liegenden tatsächlichen Verhältnisse nicht erkannt hat.

360) Über die Art der Benennung auf der Zeitung s. § 7 Abs. 2.

361) S. **KG.** in Johow Bd. 11 S. 340.

362) Der Fall liegt ähnlich wie der bereits oben mehrfach erörterte, daß die Veröffentlichung nur wegen besonderer Eigenschaft des Täters strafbar ist, die dem Redakteur fehlt.

363) S. **RGE.** Bd. 26 S. 226; die Entsch. behandelt den oben besprochenen Fall.

und welche, wenn es ihn auf Grund dieser Vorschrift verurteilt? Die Verneinung, daß der Redakteur nach § 20 Abs. 2 als Täter zu bestrafen sei, schützt an sich

a) ihn nicht gegen die Verurteilung wegen Beihilfe oder Begünstigung, sowie wegen Anstiftung;

b) ihn nicht gegen die Verurteilung nach § 21. Jedoch kann die Verneinung der Anwendbarkeit des § 20 Abs. 2 aus Gründen erfolgen, die auch den Vorwurf der Fahrlässigkeit ausschließen, und deshalb die völlige Freisprechung rechtfertigen. Wenn z. B. der beleidigende Inhalt des Artikels so versteckt war, daß der Unbeteiligte ihn zu erkennen nicht imstande war, so wird den Redakteur auch nicht der Vorwurf der culpa treffen;

c) die Freisprechung des Redakteurs schützt nicht die übrigen Beteiligten, und zwar weder gegen die Bestrafung nach § 20 Abs. 1, noch gegen § 21.

Die Verurteilung des Redakteurs nach § 20 schützt ihn gegen die Bestrafung aus § 21. Die übrigen Beteiligten werden durch die Verurteilung des Redakteurs

a) gegen die Bestrafung nach § 20 Abs. 1 nicht geschützt, wogegen

b) die Bestrafung derselben nach § 21 Abs. 1 insoweit in Wegfall kommen kann, als der Nachweis des Redakteurs, als des Vormanns, bereits durch die Bestrafung selbst geliefert werden kann. Vgl. zu § 21 „Nachweis des Vormanns".

§ 20 Abs. 2 verpflichtet den verantwortlichen Redakteur zur strafrechtlichen Vertretung der Zeitung. Das Gesetz gibt ihm aber kein Recht zur Vertretung, insbesondere kann ein solches nicht aus der Vertretungspflicht gefolgert werden.

Wenn sich daher in einer Zeitung beleidigende Angriffe gegen eine andere Zeitung finden, so ist nicht ohne weiteres der verantwortliche Redakteur zum Strafantrag berechtigt. Eine Zeitung als solche kann nicht beleidigt werden. Welche Person aber beleidigt wird und deshalb Strafantrag stellen kann, das ist eine wesentlich tatsächliche Frage, die nur nach den Umständen des Falles entschieden werden kann. Wenn der Redakteur einer Zeitung deren Haltung bestimmt und daher aus der Haltung auf die Persönlichkeit und Gesinnung des Redakteurs geschlossen werden kann, so kann deshalb ein aus der Haltung hergeleiteter Vorwurf gegen den Redakteur gerichtet sein.

Wenn es sich dagegen um einen Angriff nur wegen eines einzelnen Artikels handelt, so kann dem Inhalte des Angriffs nach der Verfasser strafantragsberechtigt sein, oder aber auch zugleich oder allein der verantwortliche Redakteur, der den Artikel nach Kenntnisnahme veröffentlicht hat[364]).

---

364) Vgl. **RGE.** Bd. 13 S. 126; **RGR.** Bd. 7 S. 718; **KG.** in Johow Bd. 5 S. 231.

Unter Umständen wird aber auch der Verleger oder aber der Chefredakteur — der mit dem verantwortlichen Redakteur nicht identisch zu sein braucht (s. § 7 zu Ziff. 8) — wegen eines gegen eine Zeitung gerichteten beleidigenden Artikels zum Strafantrag berechtigt sein.

§ 21[365]).

Begründet der Inhalt einer Druckschrift den Tatbestand einer strafbaren Handlung, so sind

der verantwortliche Redakteur,

der Verleger,

der Drucker,

derjenige, welcher die Druckschrift gewerbsmäßig vertrieben oder sonst öffentlich verbreitet hat (Verbreiter),

soweit sie nicht nach § 20 als Täter oder Teilnehmer zu bestrafen sind, wegen Fahrlässigkeit mit Geldstrafe bis zu Eintausend Mark oder mit Haft oder mit Festungshaft oder Gefängnis bis zu einem Jahre zu belegen, wenn sie nicht die Anwendung der pflichtgemäßen Sorgfalt oder Umstände nachweisen, welche diese Anwendung unmöglich gemacht haben.

Die Bestrafung bleibt jedoch für jede der benannten Personen ausgeschlossen, wenn sie als den Verfasser oder den Einsender, mit dessen Einwilligung die Veröffentlichung geschehen ist, oder wenn es sich um eine nichtperiodische Druckschrift handelt, als den Herausgeber derselben, oder als einen der in obiger Reihenfolge vor ihr Benannten eine Person bis zur Verkündigung des ersten Urteils nachweist, welche in dem Bereich der richterlichen Gewalt eines deutschen Bundesstaats sich befindet, oder falls sie verstorben ist, sich zur Zeit der Veröffentlichung befunden hat; hinsichtlich des Verbreiters ausländischer Druckschriften außerdem, wenn ihm dieselben im Wege des Buchhandels zugekommen sind.

1. Zu Abs. 1 von § 21. Allgemeine Bemerkungen.

Keineswegs wird hier eine fahrlässige Begehung des im Inhalte der Druckschrift begriffenen Delikts aufgestellt und für strafbar erklärt und somit der Tatbestand über die Vorschriften des einschlagenden Strafgesetzes hinaus auf fahrlässige Begehung desselben ausgedehnt. Vielmehr wird hier außer-

365) Löning § 26; Kayser S. 594 ff.; Marquardsen S. 174 ff.; Koller S. 181 ff.; Liszt §§ 47, 51 ff.; Berner §§ 105 ff.; Delius S. 78 ff.; Stenglein, RG. I, 316; Kloeppel S. 384 ff.; von Mangoldt S. 37 ff.; Kah S. 172 ff.; Honigmann S. 105 ff.; Heilborn S. 55 ff.; Born, RPrG. zu § 21.

halb des Rahmens des StGB. ein neues, dem Preßrecht eigentümliches und auf die Fälle des § 21 beschränktes Delikt geschaffen, indem man die Fahrlässigkeit in der Herstellung, bezw. Verbreitung einer Druckschrift mit strafbarem Inhalt erblickte, die aber gleichwohl vom Angeschuldigten hergestellt bezw. verbreitet wurde (so namentlich auch Löning und Koller a. a. O.).

Auf dieses Delikt leiden die allgemeinen Grundsätze über die strafrechtliche Natur der Fahrlässigkeit gleichfalls Anwendung.

Liszt[366]) und Honigmann[367]) vertreten abweichend die Ansicht, daß dem Angeklagten das durch den Inhalt der Druckschrift begründete Delikt selbst als ein fahrlässiges zugerechnet werde; sonach würde es eine fahrlässige Beleidigung, eine fahrlässige Bedrohung usw. geben. Das Reichsgericht teilt die hier vertretene Ansicht, indem es folgendes ausgeführt hat[368]). Das Gesetz lege den im § 21 genannten Personen, die an der Übermittlung von Preßerzeugnissen an das Publikum sämtlich beteiligt sein können, als Berufspflicht auf, darauf zu achten, daß kein Preßerzeugnis strafbaren Inhalts ins Publikum gelange. Jede fahrlässige Hintansetzung dieser Pflicht, insbesondere auch des öffentlichen Verbreiters, den Inhalt der Druckschrift zu prüfen, stelle sich durch die fahrlässige Verausgabung und Verbreitung als ein mittelst der Presse begangenes Fahrlässigkeitsvergehen dar, das außerhalb des Rahmens der ordentlichen Strafgesetze zu bestrafen und mit dem ein besonderes dem Preßgewerbe eigentümliches Fahrlässigkeitsdelikt geschaffen sei. Das Gesetz habe also die Mitwirkung der im § 21 genannten Personen, nicht zur Begehung der Straftat, sondern lediglich zur Herstellung und Verbreitung einer Druckschrift strafbaren Inhalts unter dem Gesichtspunkte der Fahrlässigkeit mit Strafe bedacht[369]).

---

366) A. a. O. §§ 47 III, 52 (hier bes. S. 198).

367) A. a. O. S. 108 ff., 130 ff.

368) **RGE.** Bd. 18 S. 293, Bd. 13 S. 319, Bd. 32 S. 220; **RGR.** Bd. 10 S. 704, Bd. 8 S. 107.

369) Eine Folge der hier vertretenen Auffassung ist z. B. die, daß Nebenstrafen des vorsätzlichen Delikts hier nicht verhängt werden drüfen. So darf die Strafe des § 200 StGB. bei einer Verurteilung aus § 21 nicht verhängt werden. Die öffentliche Bekanntmachung hat den Charakter der Strafe nur für die Beleidigung, wenn sie öffentlich oder durch Verbreitung von Schriften begangen ist, nicht wenn sie als Fahrlässigkeitsdelikt nach § 21 PrG. bestraft wird; s. auch **RGE.** Bd. 13 S. 319, Bd. 6 S. 180; **RGR.** Bd. 8 S. 107, Bd. 4 S. 333.

2. Zur Anklage nach § 21 genügt der Nachweis, daß der Inhalt der Druckschrift eine strafbare Handlung begründet und daß der Angeschuldigte zu der Druckschrift in einem der in § 21 bezeichneten Verhältnisse steht[370]). Denn zur Begründung der Anklage bedarf es eines Nachweises, worin die Fahrlässigkeit zu finden sei, an sich nicht. Wenn aber der Angeklagte das seiner Ansicht nach zum Nachweise der pflichtmäßigen Sorgfalt oder der Unmöglichkeit ihrer Anwendung Erforderliche in glaubhafter Weise dargelegt hat, dann ist es Sache des Gerichts auszuführen, worin es die Fahrlässigkeit findet. Unrichtig würde es sein, wie auch das Reichsgericht (**RGE.** Bd. 32 S. 220) erklärt, wenn man eine Fahrlässigkeit eines in § 21 Nachbenannten etwa schon darin finden wollte, daß er sich den Nachweis eines im Bereich der deutschen Gerichte befindlichen Vormanns nicht gesichert habe. Eine Verpflichtung zu solchem Nachweise besteht nicht; vielmehr ist es dem Ermessen des Angeklagten überlassen, ob er einen Vormann nachweisen und sich dadurch von der Haftung wegen Fahrlässigkeit befreien will. Die Fahrlässigkeit, um welche es sich hier handelt, ist die Außerachtlassung der nach der Stellung des einzelnen bei der Herstellung und Verbreitung der Druckschrift verschiedenen Verpflichtung, mit der dem einzelnen möglichen Sorgfalt einen strafbaren Inhalt der Druckschrift zu vermeiden (vgl. noch **RGE.** Bd. 29 S. 143).

3. Der Zweck des § 21 ist keinesfalls darauf beschränkt, den Verfasser des betr. Artikels oder der betr. Druckschrift zu ermitteln, so daß durch die Ermittelung die Tendenz des Gesetzes vollständig gedeckt und erledigt wäre.

4. Auch hier wird eine Druckschrift vorausgesetzt, deren Inhalt den Tatbestand einer strafbaren Handlung begründet[371]); sonach sind Druckschriften, deren Erscheinen nur gegen eine der Ordnungsvorschriften des Preßgesetzes in den §§ 6—11 verstößt, nicht hierher zu zählen.

5. Dagegen wird nicht überall vorausgesetzt, daß der Tatbestand des Delikts, das der Inhalt der Schrift begründet, auch im subjektiven Schuldmoment vollständig erschöpft wird. Soweit der Tatbestand einer strafbaren Handlung objektiv angenommen werden kann, ohne daß es zum Nachweise des vollen Tatbestandes auf eine Erörterung des ursprünglichen Vorsatzes des Verfassers oder verantwortlichen Redakteurs und

370) Vgl. v. Schwarze in der Sächs. Gerichtszeitung Bd. 18 S. 143 f. Das Nähere s. unten in dem Abschnitte: zum Schlußsatz in Abs. 1 des § 21 i. f. und die daselbst Zitierten, sowie **RGE.** Bd. 26 S. 45.

371) S. a. **RGE.** Bd. 18 S. 145.

der ihnen etwa zur Seite stehenden Schuldausschließungsgründe anzukommen braucht[372]), genügt es vielmehr für die Anwendung des § 21, daß der objektive Tatbestand völlig nachgewiesen ist. § 21 bleibt also nicht deshalb außer Anwendung, weil z. B. der dolus des Verfassers des Artikels nicht nachgewiesen werden kann. Vielmehr wird in solchen Fällen regelmäßig der Vorwurf der culpa selbständig zu konstruieren sein, ohne daß er von dem dolus des Täters erst abhängig gemacht werden müßte. Bei solchen Delikten jedoch, die eine besondere Gestaltung des Vorsatzes erfordern (z. B. eine bestimmte Absicht — § 263 StGB. —), ist zur Verurteilung nach § 21 auch der Nachweis in subjektiver Beziehung[373]) erforderlich, daß mindestens der Verfasser oder der Einsender in seiner Person auch die eigenartige Gestaltung des subjektiven Schuldmoments erfüllt habe. (Diese Feststellung kann aber in dem Verfahren gegen eine der nach § 21 angeklagten Person getroffen werden, z. B. auch wenn der Verfasser oder Einsender gar nicht bekannt ist, aber sonst ausreichende Anhaltspunkte für die Feststellung vorhanden sind.) Deshalb kann auch bei Delikten, welche für den subjektiven Tatbestand positiv das Bewußtsein der Unwahrheit gewisser tatsächlicher Behauptungen voraussetzen (§§ 131, 164, 187 StGB.), von einer Verurteilung nach § 21 nicht die Rede sein, wenn die für den Inhalt der Druckschrift verantwortlichen Personen sämtlich in gutem Glauben an die Wahrheit der Behauptung gehandelt haben. Eine Bestrafung aus Fahrlässigkeit (§ 21) ist z. B. bei dem Delikt aus § 131 StGB. überhaupt nur möglich, wenn ein Dritter, z. B. der Verfasser oder Einsender des Artikels, Tatsachen erdichtet oder entstellt und wissend, daß sie erdichtet oder entstellt waren, in dem Artikel öffentlich behauptet oder verbreitet hätte[374]).

Ebenso ist auch in objektiver Beziehung, wenn das Gesetz zum Tatbestande der strafbaren Handlung außer der in der Druckschrift verkörperten Gedankenäußerung — und von der Kenntnisnahme durch Dritte — noch irgend eine Wirkung bei Dritten erfordert (Ärgernis bei jemandem — z. B. § 166 —, Vermögensbeschädigung durch Täuschung — z. B. § 263[375]) —), das Vorliegen des vollen Tatbestandes des Delikts zu fordern, wenn eine Verurteilung nach § 21 erfolgen soll. Es muß jedoch das Preß-

---

372) S. auch **RGE.** Bd. 5 S. 354; **RGR.** Bd. 9 S. 572.

373) Besondere Erfordernisse in objektiver Beziehung s. unten am Ende dieser Ziffer.

374) S. a. **RGE.** Bd. 23 S. 151; Delius S. 79, hat offenbar die zitierte Entscheidung mißverstanden, wenn er behauptet, auf die Fälle der §§ 131, 164, 187 StGB. könne § 21 niemals Anwendung finden.

375) Wegen der Erfordernisse in subjektiver Beziehung bei § 263 s. den Text zu Note 373.

vergehen nicht notwendig den Tatbestand einer vollendeten Straftat darstellen, es genügt, auch hierin zeigt sich die selbständige Natur des Fahrlässigkeitsdelikts, daß es einen strafbaren Versuch (z. B. des § 263) durch Verbreitung der Druckschrift darstellt. Doch findet § 21 nicht Anwendung, wenn der in Frage stehende Versuch der Straftat vor der Verbreitung liegt und also kein Preßdelikt darstellt.

Ist die Strafbarkeit selbst wieder erloschen, z. B. durch Verjährung, Rücknahme des Strafantrags, so erledigt sich auch die Verfolgung aus § 21.

Vgl. noch nachstehend Nr. 10.

6. Die Anwendung des § 21 ist nicht auf periodische Druckschriften beschränkt, wie schon die allgemeine Fassung ausweist[376]). Der Abs. 2 enthält nur noch eine besondere, auf die nichtperiodischen Druckschriften bezügliche Vorschrift.

7. Jede der in § 21 genannten Personen ist selbständig für die ihr zur Last fallende Fahrlässigkeit verantwortlich, ohne daß sie durch die nach § 21 erfolgte Bestrafung einer der übrigen Personen von ihrer Haftung befreit wird, insoweit nicht mit der Bestrafung der Nachweis des Vormanns von selbst erbracht ist.

8. Die kriminelle Bestrafung einer der genannten Personen nach § 20 schließt die Anwendung des § 21 auf dieselbe von selbst aus[377]), wogegen es zweifelhaft und streitig ist[378]), ob, nachdem eine solche Person nach § 21 wegen Fahrlässigkeit bestraft worden ist, sie nachträglich wegen neu ermittelter Verdachtsgründe nach § 20 als Täter oder Teilnehmer nochmals zur Verantwortung gezogen werden darf, ohne daß sie sich dagegen mit der Einrede ne bis in idem schützen kann. Dabei bildet noch eine besondere Frage, ob und inwieweit die bereits nach § 21 erkannte und verbüßte Strafe auf die nunmehr nach § 20 zu erkennende anzurechnen wäre. Allein nach richtiger Ansicht dürfte jene Hauptfrage überhaupt zu verneinen sein. Zwischen den Tatbeständen der §§ 20 und 21 ist Identität der Tat anzunehmen; es ist derselbe äußere Vorgang, wegen dessen die Anklage aus dem einen oder dem anderen Gesichtspunkt erhoben wird, die Ver-

---

376) S. **RGR.** Bd. 9 S. 573.

377) **RGE.** Bd. 41 S. 49; vgl. auch Hartmann S. 221; v. Schwarze a. a. O. S. 145 f.

378) Die Frage wird bejaht z. B. von Berner § 105; Kayser S. 599 und v. Schwarze in der 1. und 2. Auflage dieses Kommentars, ebenso jetzt von Stenglein, NG. I, 318. Dagegen verneint von Koller S. 186; Liszt § 52 I u. a. zum Teil mit verschiedener Begründung.

urteilung aus dem einen oder dem anderen Gesichtspunkt erfolgt. Es bleibt auch Identität der Tat, trotzdem man erwägen muß, daß unter Umständen der Tatbestand der Straftaten nach § 20 Abs. 2, wie nach § 21 lediglich aus an sich grundverschiedenen Vermutungen aufgebaut werden kann. Immer ist es derselbe äußere Vorgang, das Erscheinen des strafbaren Artikels, bei welchem der Angeklagte, mindestens vermutetermaßen als Täter oder wegen Fahrlässigkeit beteiligt war.

Blickt man vom Gebiete der gesetzlichen Vermutung im § 20 Abs. 2 auf die übrigen von vorneherein auf realem Boden stehenden Fälle des § 20, so kann an der Identität der Tat hier ebensowenig Zweifel herrschen, wie in dem Falle, daß eine Tat den Tatbestand einer strafbaren Handlung und nach Wegfall eines Tatbestandsmoments noch immer den Tatbestand einer anderen strafbaren Handlung erfüllt, oder wie bei einer Straftat, bei welcher sowohl Vorsatz wie Fahrlässigkeit strafbar ist. Liegt aber Identität der Tat bei den Tatbeständen aus § 20 und § 21 vor, dann umfaßt die Strafklage den gesamten Tatbestand nach allen möglichen Gesichtspunkten, und es würde demnach einer späteren Anklage aus einem anderen als dem früheren Gesichtspunkt der Einwand des Verbrauchs der Strafklage wegen der Tat entgegengesetzt werden können. Dann schafft aber auch die Verurteilung nach § 21 res judicata wegen der Tat, die ein nochmaliges Verfahren aus § 20, auch auf Grund neu ermittelter Tatsachen, unter allen Umständen ausschließt, sofern nicht die Wiederaufnahme des Verfahrens ausnahmsweise gerechtfertigt erscheint. (Wie hier jetzt auch **RGE.** Bd. 29 S. 143.)

Nach dem Ausgeführten ist es auch unzulässig, daß nach Freisprechung aus § 20 noch Anklage gegen den Freigesprochenen aus § 21 erhoben wird und Bestrafung eintritt. Vielmehr hat der Richter, der findet, daß die Voraussetzungen des § 20 nicht vorliegen[379]), in demselben Verfahren zu prüfen, ob die Voraussetzungen von § 21 gegeben sind (**RGE.** Bd. 29 S. 143).

9. Der Antrag des Verletzten in den Fällen des § 21.

Es fragt sich, ob in den Fällen, in denen die strafrechtliche Verfolgung des Delikts selbst von dem Antrage des Verletzten abhängig ist, die strafrechtliche Verfolgung und Bestrafung nach § 21 ohne Antrag des Verletzten erfolgen darf.

Die Frage ist bejaht vom Reichsgerichte (**RGE.** Bd. 29 S. 143), verneint von Koller (S. 189), Marquardsen (S. 180), Liszt (§ 52 I), Delius (S. 82) und in den früheren

379) S. oben § 20 Ziff. 12.

Auflagen dieses Kommentars. Es wird sich nicht bestreiten lassen, daß die Ansicht des Reichsgerichts als die folgerichtigere erscheint, wenn man von der auch hier vertretenen Ansicht ausgeht, daß in § 21 ein besonderes dem Preßrecht eigenes Delikt der „Fahrlässigkeit" geschaffen ist. Trotzdem unterliegen die praktischen Ergebnisse der reichsgerichtlichen Auffassung nicht unerheblichen Bedenken. Folgt man der Ansicht des Reichsgerichts, so muß die Staatsanwaltschaft, während sie wegen Beleidigung (§ 20 RPrG.) nur auf Antrag und bei vorhandenem öffentlichen Interesse einschreiten kann, im Falle des § 21 von Amts wegen ohne den Antrag des Verletzten vorgehen, obgleich dieser vielleicht seine guten Gründe hatte, von einem Strafantrag Abstand zu nehmen, oder ihn jedenfalls nicht stellen wollte[380]).

Es wäre dann auch die Verfolgung aus § 21 ausgeschlossen, wenn der Verletzte den Strafantrag zulässigerweise zurückgenommen hat. Die Praxis folgt übrigens dem Reichsgericht.

Über den Zeitpunkt, mit dem die Antragsfrist bei der Verfolgung nach § 21 beginnt, ist nichts besonderes zu bemerken, es gelten vielmehr die allgemeinen Grundsätze. Namentlich ist die Ansicht[381]) nicht haltbar, erst wenn feststehe daß der Beschuldigte nicht als Täter oder Teilnehmer nach § 20 zu bestrafen sei, beginne die Antragsfrist für die Verfolgung aus § 21 zu laufen. Der wegen des Preßdelikts gestellte Strafantrag genügt auch zur Verurteilung aus § 21; einer ausdrücklichen Bezugnahme auf § 21 bedarf es nicht.

Die Verfolgung nach § 21 ist auch im Wege der Privatklage zulässig[382]), da auch in diesem Fall die Beleidigung den Gegenstand der Klage bildet.

10. Die nach § 21 verantwortlichen Personen[383]).

Die in Abs. 1 aufgeführten Personen sind solche, die gewöhnlich berufsmäßig mit der Presse zu tun haben und denen deshalb die Verpflichtung zur Fürsorge mit Recht auferlegt werden konnte.

a) An erster Stelle wird der verantwortliche Redakteur genannt. Auch hier ist nur der

---

380) Auf demselben Boden bewegt sich die Frage, ob die Verfolgung nach § 21 mit Privatklage zulässig ist oder nicht.

381) Die auch in der 1. und 2. Auflage dieses Kommentars vertreten ist. Es hing dies mit der ebenfalls nicht haltbaren Auffassung von der subsidiären Natur der Anklage aus § 21 zusammen, die erst beginnen könne, nachdem die Nichtanwendung des § 20 als Vorfrage (gleichsam als Prozeßvoraussetzung) entschieden sei.

382) S. Löwe, KommzStPO. 10. Aufl. § 414; ebenso Koller; dagegen Stenglein, RG. I, 318; v. Kries, Lehrbuch des StPrR. S. 203 und StK. Mainz 23. Februar 1912, Hess. Rechtspr. Bd. 13 S. 51.

383) Über den Begriff Verleger und Drucker s. § 6.

in §§ 7, 8 genannte Redakteur einer periodischen Druckschrift gemeint. Was dagegen den sogenannten Redakteur einer nichtperiodischen Schrift anlangt, so kann er zwar nach § 20 Abs. 1, nicht aber nach § 21 in Betracht kommen. Er wird meistens mit dem Herausgeber zusammenfallen und sodann gleich diesem zu behandeln sein[384]).

b) An zweiter Stelle wird der Verleger genannt. Der Verleger wird einfach als solcher auf der Druckschrift bezeichnet; die Tätigkeit, die er bei der Herstellung und Ausgabe einer Druckschrift entfaltet, ist zugleich der Grund seiner Haftung. Diese Tätigkeit ist es, welche auch die Haftung aus § 21 Abs. 2 nach sich zieht. Hieraus folgt, daß bei dem Verleger das tatsächliche Verhältnis entscheidet. Nicht die Inhabung oder das Eigentum des Verlagsgeschäfts, unter dessen Firma die Druckschrift erscheint und verbreitet wird, entscheidet allein, sondern die wirkliche Besorgung der Verlagsgeschäfte. Es wird daher auch den Firmeninhaber der Nachweis, daß er diese Branche des Geschäfts ausschließlich einem von ihm hierzu bestellten Geschäftsführer (Prokuristen) als Stellvertreter überlassen habe, regelmäßig, soweit ihn nicht selbst eine Vernachlässigung der den Umständen nach gebotenen Beaufsichtigung des Vertreters trifft, von der Haftung aus § 21 befreien[385]).

Auch bei dem Verleger ist zunächst zu fragen, ob er nach § 20 haftbar ist, und nur wenn diese Frage verneint wird, kann die Haftung aus § 21 in Betracht kommen. Dagegen wird der Verleger durch die Bestellung des Redakteurs einer periodischen Druckschrift (aus § 20) nicht ohne weiteres, wohl aber bei einem sehr großen Verlag und einem großen Zeitungsunternehmen (s. **RGE.** Bd. 23 S. 275), von der eigenen Haftung nach § 21 befreit, obschon er nur selten vom Inhalt und Aufnahme der einzelnen Artikel sich Kenntnis verschaffen oder Veranstaltungen treffen wird, sich eine Notiz von der Person eines jeden Inserenten oder Verfassers zu sichern. Bei den Zeitschriften, die nicht zu der periodischen Presse gehören, werden für den Verleger Schwierigkeiten und Härten entstehen können. Bei solchen nichtperiodischen Druckschriften, die auch Inserate aufnehmen, kann es dem Verleger nicht stets zugemutet werden, jedes Inserat usw. zu prüfen, oder der Person des Inserenten sich zu vergewissern; gleichwohl schützt ihn die etwaige Bestellung eines Redakteurs oder eines sonstigen Beauftragten hier schon deshalb nicht unbedingt vor der Haftung nach § 21, weil § 21 die Abwälzung der Haftung

384) Marquardsen S. 177.

385) **RGE.** Bd. 19 S. 357, Bd. 5 S. 354; **RGR.** Bd. 3 S. 830.

auf den Redakteur nur in dem Falle gestattet, wenn der Redakteur verantwortlich, d. h. eine periodische Druckschrift in Frage ist. Jedoch wird in solchen Fällen zugunsten des Verlegers die Schlußbestimmung in Abs. 1 § 21 in Frage zu ziehen sein (s. unten Ziff. 11).

Bei anderen Druckschriften als Zeitungen wird der Verleger zumeist ohne Schwierigkeit den Verfasser deshalb benennen können, weil er mit ihm vor der Übernahme des Verlags über die Schrift verhandelt hat.

In **RGE.** Bd. 19 S. 357 hat das Reichsgericht ausgesprochen, daß auch derjenige, der einen Verlag kauft, sich über den Inhalt der verlegten Werke unterrichten müsse und, wenn er das unterlassen, für Fahrlässigkeit nach § 21 hafte, — es sei denn, daß bei ihm die Unmöglichkeit, sich über den Inhalt zu unterrichten, vorgelegen hat —, falls er die Verlagstätigkeit an Werken strafbaren Inhalts weiter ausübe. Diese Entscheidung ist von Kloeppel[386]) und auch von Delius[387]) angefochten worden, da der Begriff des Verlegers und der Rechtssatz verkannt sei, daß die Handlung, aus der die Rechtsfolge der §§ 20 und 21 entspringe, mit dem Erscheinen der Druckschrift vollendet sei. Der Angriff gegen die reichsgerichtliche Auffassung geht jedoch fehl. Verlagstätigkeit übt derjenige aus[388]), der das Werk (für eigene Rechnung vervielfältigen und) erscheinen läßt und gewerbsmäßig absetzt, dem Publikum zugänglich macht. Daß die Verlagstätigkeit nur von einer und derselben Person ausgeübt werden könne, daß es keine Rechtsnachfolge in dieselbe gebe, kann nicht behauptet werden, es kann vielmehr sehr wohl der eine die Verlagstätigkeit beginnen, ein anderer sie fortsetzen und beendigen. Der Erwerber eines Verlags setzt die Verlagstätigkeit an dem verlegten Werke in der noch nicht vergriffenen Auflage fort; namentlich indem er das Werk weiter absetzt, dem Publikum zugänglich macht. Ganz abgesehen ferner davon, ob die Ansicht haltbar ist[389]), nach der alle Preßdelikte mit dem Erscheinen vollendet sind, so ist jedenfalls die vollendete strafbare Handlung damit noch nicht immer beendigt. Die Verlagstätigkeit, die den Absatz an das Publikum vom ersten Erscheinen, dem Beginne der Verbreitung an, zum Inhalt hat, besteht aus einer Reihe gleichartiger Akte, die erst in ihrer Ge-

386) A. a. O. S. 395.
387) A. a. O. S. 80.

388) S. o. zu § 6; vgl. auch § 28 RGes. vom 19. Juni 1911, über das Verlagsrecht (RGBl. S. 217). — Wer in die Rechte des Verlegers eintritt, übernimmt auch dessen Pflichten.

389) S. oben § 20 Abs. 1 über Vollendung und Versuch.

samtheit die Verübung der Tat in ihren zeitlichen Grenzen bilden und beendigen[390]).

c) An dritter Stelle erscheint der Drucker (vgl. oben § 6). Die Ansicht, daß der Drucker eine nur mechanische Tätigkeit leiste und keineswegs den Inhalt kenne, ist als ausnahmslose Annahme nicht begründet. Allerdings wird in den meisten Fällen der Drucker eine spezielle Kenntnis von dem Inhalte sich nicht verschaffen, und daher nur selten eine Anklage wider ihn auf Grund des § 20 Abs. 1 zu begründen sein. Dagegen finden auch bei dem Drucker die allgemeinen Gründe, auf denen die Haftung für Fahrlässigkeit beruht, ebenso wie die Befreiung beim Nachweise des Vormanns Anwendung. Bei Abmessung nach § 21 verwirkter Strafen wird auf die untergeordnete Tätigkeit des Druckers billige Rücksicht zu nehmen und er keinesfalls dem Redakteur gleichzustellen sein.

Über den Maßstab, der an die Sorgfalt des Druckers für Ausschluß der Fahrlässigkeit zu legen ist, hat das Reichsgericht bemerkt, daß der Drucker nicht in jedem Falle eine Kontrollpflicht habe, lediglich die Lage des einzelnen Falles sei für ihn maßgebend. Je nach den Umständen müsse er jedoch in eine selbständige Prüfung eintreten, ob die Druckschrift nicht, wie z. B. bereits in einer früheren Nummer, einen strafbaren Inhalt erhalten solle (vgl. **RGE.** Bd. 32 S. 220).

d) Zuletzt, an vierter Stelle, erscheint der Verbreiter (vgl. oben § 3 Anm.). Es wird ausnahmsweise nicht jeder Vertrieb, bezw. jede Verbreitung für ausreichend erklärt. Auch bei dem Verbreiter treten zunächst die allgemeinen strafrechtlichen Grundsätze über die Haftung ein. Wo dieselben nicht Platz greifen, wird § 21 in Frage kommen. Die in § 21 aufgestellte Fahrlässigkeit fällt aber nur dem gewerbsmäßigen Vertriebe, bezw. der öffentlichen Verbreitung zur Last[391]).

e) Der Verfasser und Einsender werden in Abs. 1 nicht mit benannt; daher leidet auf sie Abs. 1 des § 21 nicht Anwendung. Sie sind lediglich nach § 20 Abs. 1 zu beurteilen, wie dies in der Natur ihrer Tätigkeit begründet ist.

---

390) S. oben ebenda.

391) S. a. KG. in Johow Bd. 5 S. 289. **RGE.** Bd. 39 S. 317 erklärt, daß den Kolporteuren, „im allgemeinen eine Prüfungspflicht bezüglich der von ihnen feilgebotenen Druckschriften obliege". Unterlassene Prüfung begründet nicht ohne weiteres Fahrlässigkeit, besonders dann nicht, wenn der Kolporteur mit Rücksicht auf die Qualität der Buchwerke oder die allgemeine Tendenz der Zeitung keinen Anlaß habe, den Inhalt auf § 184 StGB. hin zu prüfen. Ebenso KG. 23. November 1905, DJZ. 1906 S. 150.

„soweit sie nicht als Täter oder Teilnehmer zu bestrafen sind." S. die allgem. Bemerkungen zu § 21 Nr. 8.

Bei Abmessung der Strafe nach § 21 werden der Einfluß, den die Tätigkeit des Angeklagten auf die Verbreitung der Druckschrift ausübte, und insbesondere seine Persönlichkeit und Stellung im Leben zu berücksichtigen sein. Wie manchem Kolporteur, Hausierer usw. kann schwerlich das Verständnis, über den Inhalt der Druckschrift sich zu vergewissern, zugeschrieben werden.

11. Zum Schlußsatze in Abs. 1 des § 21.

Die Reichstagskommission hatte bei ihrem Vorschlage über die Fahrlässigkeitsstrafen folgenden Zusatz mit Mehrheit angenommen:

„wenn nicht durch besondere Umstände die Annahme der Vernachlässigung der pflichtmäßigen Sorgfalt ausgeschlossen wird"

und zwar in Übereinstimmung mit den Vorschlägen über die Ablehnung der kriminellen Haftung bei dem Redakteur einer periodischen Druckschrift (§ 20 Abs. 2). Bereits in der Kommission hielt jedoch die Minderheit diesen Zusatz für bedenklich, nicht weil er an sich unrichtig, sondern nur weil er den Richter über die Tragweite der Fahrlässigkeitsstrafe irre führen könne[392]).

Man einigte sich dahin, diesen Zusatz zu streichen und dafür im Eingange des Paragraphen die Worte: „wegen Fahrlässigkeit" einzuschalten[393]). Von anderer Seite fand man dagegen bedenklich, diesen Zusatz zu streichen, weil die irrige Meinung in der Praxis erweckt werden könnte, daß die Fahrlässigkeitsstrafe eine absolute Strafe sein solle, gegen welche selbst der Beweis der Unmöglichkeit nicht schützen dürfe. Infolgedessen wurde schließlich vom Abg. v. Forcade der Antrag gestellt: die Worte „wegen Fahrlässigkeit" nach dem Vorschlage der Kommission einzuschalten, hierüber aber noch folgenden Zusatz beizufügen: „wenn sie nicht die Anwendung der pflichtgemäßen Sorgfalt oder Umstände nachweisen, welche diese Anwendung unmöglich machen." Dieser Antrag wurde vom Reichstag angenommen und ist mit in das Gesetz übergegangen.

Es ist nötig, zu erwähnen, daß in der Hauptsache alle Stimmen einig waren[394]), und daß sich die Meinungsverschiedenheit

---

392) Insbesondere wurde dies von dem Abg. Hullmann (Mitglied der Kommissionsminorität) geltend gemacht (S. 477).

393) Vgl. noch Marquardsen S. 178 f.

394) Vgl. die Ausführungen der Abgg. Dr. Schwarze (S. 1095 Col. 2 und S. 1111), Dr. Lasker (S. 1103), Wiggers (S. 1105), Dr. Meyer (S. 1106), Dr. Windthorst (S. 1106), sowie des Regierungsvertreters (S. 1096, 1104); vgl. noch Marquardsen (S. 178 f.).

darauf beschränkte, ob es angemessen sei, in dem Gesetze dem Gedanken besonderen Ausdruck zu geben, daß die Haftung wegen Fahrlässigkeit wegfalle, wenn der Beschuldigte besondere Umstände nachweist, durch welche der Vorwurf ausgeschlossen werde[395]). Es müsse — sagte man — der Gefahr entgegengewirkt werden, daß die Praxis die Bestimmung des § 21 so auffasse, als ob das Gesetz unbedingt eine Fahrlässigkeit aufstellen und einen Gegenbeweis ausschließen wolle[396]). Hierbei mag noch darauf hingewiesen werden, daß das Strafhöchstmaß von einjähriger Freiheitsstrafe mit ihrer Auffassung als einer Ordnungsstrafe unvereinbar sein würde; wohl aber wäre dieses Strafmaß bei einem selbständigen Delikt und hierdurch auch die Nachlassung des Gegenbeweises gerechtfertigt. Man wird namentlich Fälle hierher rechnen, in denen nach Abschluß der Tätigkeit des Redakteurs durch fremde Schuld der Artikel geändert wurde. Überhaupt können unter diese Bestimmung Fehler, wie Ungehörigkeiten usw. der Stellvertreter, die auch bei Sorgfalt weder zu bemerken, noch in ihren Folgen zu beseitigen waren, gestellt werden. Es wird also der Beweis von Hindernissen verlangt, welche die Anwendung der Sorgfalt unmöglich machten; der Fall soll getroffen werden, daß zwar die geforderte Sorgfalt nicht angewendet wurde, der Beteiligte aber für die Nichtanwendung nicht haftbar gemacht werden kann. Man kann hierher auch plötzliche Erkrankungen des Redakteurs, Verlegers usw. rechnen, durch welche die Geschäftsführung augenblicklich in Unordnung und in unberufene oder ungeschickte Hände gekommen ist[397]), und die es den genannten Personen unmöglich gemacht

395) Auch hier wurde der Fall genannt, daß der Beschuldigte den beleidigenden Charakter des Artikels nicht zu erkennen vermochte, sowie namentlich auf die Bestimmung in § 59 Abs. 2 StGB. verwiesen, durch welche das Bedürfnis gedeckt werde.

Der Redakteur, der die versteckte unsittliche Richtung eines eingesandten Artikels nicht erkannt hat, kann nicht wegen Fahrlässigkeit nach § 21 bestraft werden (**RG.** 6. Februar 1906, Recht Bd. 10 S. 321).

396) Wiederholt ist auf § 37 PreußPrG. (vgl. Schwarck S. 103) Bezug genommen und die Notwendigkeit einer Bestimmung, wie der aufgenommenen, behauptet worden, da das preußische Gesetz die fraglichen Strafen nicht vom Gesichtspunkte der Fahrlässigkeit auffasse.

397) Die Fassung weicht von der des Schlußsatzes in Abs. 2 des § 20 ab. Allein es liegt in der Spezialität des Beweisthemas die Rechtfertigung dieser Abweichung, wie andererseits unzweifelhaft auch hier die oben vorgetragenen Grundsätze Platz greifen.

hat, auf die Geschäfte selbst einzuwirken oder für geeignete Vertretung Sorge zu tragen[398]).

Die Fahrlässigkeit, von der § 21 spricht, kann nur innerhalb des Tätigkeitskreises der Personen gefunden werden, die bei Herstellung und Erscheinen der Druckschrift beteiligt sind, und der Nachweis, daß eine Fahrlässigkeit nicht vorliegt, ist erbracht, wenn die Anwendung pflichtmäßiger Sorgfalt innerhalb des Tätigkeitskreises der betr. Person dargetan ist. Bei Annahme oder Verneinung der Fahrlässigkeit sind also die besonderen Pflichten des Redakteurs[399]), Verlegers[400]) oder des Druckers stets zu berücksichtigen.

Die Fahrlässigkeit, die § 21 straft, ist begrifflich dieselbe wie in den allgemeinen Strafgesetzen (**RGE.** Bd. 32 S. 220, 223; Bd. 38 S. 379). Die Fahrlässigkeitsschuld liegt in der Nichtbeobachtung der mit dem Preßgewerbe verbundenen Pflichten (**RGE.** Bd. 23 S. 151, 154). Der verantwortliche Redakteur hat alle erforderlichen Maßregeln zu treffen, um die Veröffentlichung eines Artikels mit strafbarem Inhalt zu verhindern, und zwar solange, als diese Verhinderung überhaupt möglich ist (**RGE.** Bd. 35 S. 315). Pflichtwidrig handelt der Redakteur, der einen Teil der ihm als solchem obliegenden Redaktionsgeschäfte auf einen anderen übertrug und überdies entgegen dem mit diesem getroffenen Übereinkommen nicht nur die Korrekturfahnen, sondern sogar die Zeitungsnummer selbst vor ihrem Erscheinen nicht gelesen hat. Es ist zu prüfen, ob für den Redakteur die Möglichkeit, daß der Vertreter einen Artikel strafbaren Inhalts in die Zeitung

398) S. **RGE.** Bd. 24 S. 391; eine strafbare Fahrlässigkeit kann übrigens schon bei culpa in eligendo (Nachlässigkeit in der Auswahl) bezüglich des Personals der Redaktion, der Gehilfen im Verlag, in der Druckerei, der Korrektoren gefunden werden, so z. B. **RGE.** Bd. 26 S. 45.

399) So ist der verantwortliche Redakteur für die gesamte druckmäßige Herstellung der Zeitung nicht so verantwortlich, daß jede Säumnis in persönlicher Beaufsichtigung eine Fahrlässigkeit darstellt. Es kann deshalb auch nicht ohne weiteres für untergelaufene, sinnentstellende Druckfehler, die der Korrektor übersehen hat, als fahrlässig verschuldet, haften. Denn die Überwachung der Korrektur, oder ihre Besorgung liegt ihm nicht ob (s. **RGE.** Bd. 26 S. 45).

400) Bei dem Verleger werden ebensowohl die Verhältnisse des Falles zu berücksichtigen sein. Die Größe des Verlagsgeschäfts, der Umfang der Zeitschrift, die Persönlichkeit des Verlegers und des verantwortlichen Redakteurs. Doch hat der Verleger nicht unter allen Umständen gesetzlich die Verpflichtung zur Prüfung des Inhalts; vielmehr nur soweit ihm das nach den Umständen zugemutet werden kann (s. **RGE.** Bd. 23 S. 275).

aufnehmen würde, so fern lag, daß deren Nichtberücksichtigung ihm nicht als Verschulden angerechnet werden kann (**RGE.** Bd. 38 S. 379).

Von einer formalen Verteilung der Beweislast in dem Sinne, daß ein strenger Entlastungsbeweis den in Betracht kommenden Personen aufgebürdet wird, kann keine Rede sein, da § 21 keine Rechtsvermutung zuungunsten der genannten Personen aufstellt. Doch bedarf es, wenn die Strafbarkeit des Artikels und die Stellung der Angeklagten zu der Druckschrift feststeht, zunächst keines besonderen Beweises der Fahrlässigkeit; vielmehr wird abgewartet werden können, was der Angeklagte zu seiner Entlastung vorbringt und unter Beweis stellt[401]); jedoch ist auch zu berücksichtigen, was sich Entlastendes etwa schon aus der amtlichen Erhebung oder sonst im Verfahren ergeben hat.

12. Zum Abs. 2 des § 21. Vorbemerkungen. Die Frage, ob der nach § 21 Beschuldigte, der sich auf Abs. 2 des Paragraphen beruft, gegen den Mangel des Nachweises eines Vormanns durch den besonderen Beweis sich schützen könne, daß er diesen Mangel nicht selbst verschuldet habe, der Mangel vielmehr z. B. nur durch rein zufällige Umstände herbeigeführt worden sei, ist zu verneinen. Der Nachweis des Vormanns hat vielmehr unbedingt so zu erfolgen, wie ihn das Gesetz in Abs. 2 vorschreibt; der Zufall schützt den Beschuldigten nicht, und eine Ausdehnung des Schlußsatzes in Abs. 1 auf die Bestimmungen in Abs. 2 ist unzulässig[402]).

Daher wird die Bestimmung „welche sich — befindet" in der Weise auszulegen sein, daß der Zeitpunkt des Nachweises entscheidet und der Nachmann mit der Glaubhaftmachung nicht gehört wird, daß zur Zeit des Vertragsabschlusses mit dem Vormann oder des Druckes oder der Veröffentlichung usw. der Vormann sich im Bereiche der richterlichen Gewalt eines deutschen Staates befunden, seit jener Zeit aber z. B. Deutschland verlassen hat[403]). Diese Härte wird dadurch nicht ausgeglichen, daß der Nachmann frei wird, wenn der Vormann, gleichviel wo er sich während

---

401) S. oben: Allgemeine Bemerkungen zu § 21 Nr. 2 und Koller S. 192; Kayser S. 600 ff.; Berner § 107, 3; Marquardsen S. 179. — c. Liszt § 51 II. Dem Angeklagten liege der Entlastungsbeweis „unter passiver Assistenz des Gerichts" ob.

402) Berner § 108; Thilo S. 84; Marquardsen S. 183; Koller S. 193; Kayser S. 601.

403) S. a. **RGE.** Bd. 24 S. 321; anders jedoch, wenn der Vormann verstorben ist.

des Druckes usw. befand, zur Zeit der gerichtlichen Untersuchung gegen den Nachmann in Deutschland sich befindet, bezw. dahin zurückgekehrt ist. Man wird jedoch die Härte mit der Erwägung rechtfertigen müssen, daß bei der entgegengesetzten Bestimmung der Vormann mit dem Nachmanne das Gesetz umgehen könnte, wenn der Vormann nach Abschluß des Vertrags, des Druckes usw. Deutschland verläßt und so dem Nachmanne die Straflosigkeit sichert[404]).

13. Benennung des Verfassers oder Einsenders als Vormann. Der Beschuldigte kann die Bestrafung aus § 21 abwenden, wenn er den Verfasser oder den Einsender, mit dessen Einwilligung die Veröffentlichung erfolgte, oder bei nichtperiodischen Druckschriften als den Herausgeber eine der vorbezeichneten Personen nachweist[405]).

Der Verfasser, wie der Einsender und der Herausgeber werden in Abs. 1 nicht mit aufgeführt (vgl. oben Ziff. 10e); sie haften nicht wegen Fahrlässigkeit aus § 21. Jede der in Abs. 1 genannten Personen wird für haftbar erklärt, aber andererseits wieder von dieser Haftung durch den Nachweis des Verfassers oder Einsenders, bezw. des Herausgebers befreit. Dagegen hat der Nachweis des Verfassers (Einsenders), bezw. des Herausgebers, auf den hierdurch nach Abs. 2 die Haftung übertragen wird, nicht die Wirkung, daß nunmehr der Verfasser usw. nach § 21 Abs. 1 wegen Fahrlässigkeit zur Verantwortung gezogen werden könnte. Vielmehr sind der Verfasser und der Einsender, wie der Herausgeber bei dem Beweis ihrer kriminellen Schuld nach § 20 Abs. 1 zu bestrafen. § 21 bleibt ihnen gegenüber außer Anwendung.

Dabei wird hier vorausgesetzt, daß derselbe strafbare Artikel es ist, bei dem die Verantwortlichkeit des Verfassers usw. und die Abwälzung der Verantwortung auf ihn in Frage kommt. Dies ist regelmäßig nicht der Fall, wenn der Redakteur einen strafbaren Artikel aus einer anderen Zeitung übernommen hat; — hier ist der Artikel in der Wiedergabe gewöhnlich (s. Anm. 300) ein selbständiges Preßerzeugnis geworden, bei dem dann der ursprüngliche Verfasser, wie die bei dessen Herstellung beteiligten Personen nicht mehr in Frage kommen.

---

404) Von dem Abg. Struckmann war auch der Antrag eingebracht worden (Verhandl. S. 473), zu sagen: „eine Person nachweist, welche in dem Gebiete des Deutschen Reichs einen persönlichen Gerichtsstand hat oder zur Zeit der Veröffentlichung hatte“ und von dem Abg. Hullmann (S. 476) der Antrag, die Bestrafung auszuschließen, „wenn es ihr ohne eigenes Verschulden unmöglich ist, diesen Nachweis zu liefern.“ Beide Anträge wurden abgelehnt (S. 480).

405) Über die Bedeutung des Ausdrucks „nachweist“ s. die folgende Ziffer 14.

Das Preßgesetz hat endlich in Abs. 2 die Abwälzung der Verantwortlichkeit auf den Verfasser und Einsender dadurch beschränkt, daß es die Worte beigefügt hat: „mit dessen Einwilligung die Veröffentlichung geschehen ist"; sie beziehen sich ebensowohl auf den Verfasser, als den Einsender. Die Verschiedenheit der Bezeichnung (Verfasser — Einsender) hängt nicht mit der hier behandelten Frage zusammen und will nicht eine wirkliche Verschiedenheit ausdrücken. Man wird vielmehr nur eine sprachliche Verschiedenheit annehmen und in der Regel bei einem Inserate beide Bezeichnungen, dagegen bei einer besonderen Druckschrift und bei dem Beitrage zu einer Zeitung nur die Bezeichnung „Verfasser" gebrauchen.

Wenn die Veröffentlichung zwar wider Wissen und Willen des Verfassers usw. erfolgt ist, ihm aber hierbei der Vorwurf einer Fahrlässigkeit im allgemeinen gemacht werden könnte, würde er auch in diesem Falle nicht nach § 21 verantwortlich sein, da er, wie bemerkt, überhaupt nicht zu den Personen gehört, die nach § 21 wegen Fahrlässigkeit haften.

Eine andere Frage ist es, ob der Nachmann, der nach § 21 den Verfasser nachweist, zu beweisen hat, daß die Veröffentlichung mit Einwilligung des Verfassers geschah. Im allgemeinen wird hier den Nachmann die Vermutung schützen, daß die Veröffentlichung mit Einwilligung des Verfassers geschehen ist. Ist die Veröffentlichung wider Willen des Verfassers erfolgt, dies aber dem Nachmann unbekannt geblieben, so kann der Irrtum diesen nicht schützen[406]).

14. Über den Nachweis des Vormanns.

a) Der Beschuldigte kann sowohl bei periodischen wie bei nichtperiodischen Druckschriften (**RGE.** Bd. 23 S. 313) auf jede der vor ihm genannten Personen die Haftung wegen Fahrlässigkeit übertragen, er ist nicht an die Reihenfolge gebunden; er kann per saltum Regreß nehmen. Denn das Gesetz sagt ganz allgemein: „einen der in obiger Reihenfolge vor ihm Benannten".

b) Die „Bezeichnung", die einfache Angabe des Vormanns, reicht nicht aus; das Gesetz verlangt den Nachweis des Vormanns. Dies zeigt sich in zwei Richtungen. Erstens muß die Angabe des Vormanns, welcher leugnet, mit den nötigen Beweisen unterstützt sein, da ohne solche nicht ein „Nachweis" geliefert, sondern nur eine Benennung bewirkt ist. Zweitens muß der Nachweis so geschehen, daß durch ihn die Gestellung des Benannten vor ein

406) Koller S. 194; Delius S. 86.

deutsches Gericht ausführbar ist, mithin müssen Person und Wohnort so bezeichnet werden, daß jene ohne Schwierigkeit durch die gewöhnlichen Gestellungsmittel herbeigeführt werden kann.

c) Der Nachweis des Vormanns liegt zunächst dem Beschuldigten ob; denn der Richter wird den Vormann nicht kennen. Keineswegs ist aber hierbei ein strenggeführter Beweis zu verstehen, vielmehr wird auch hier genügen, wenn das Nötige aus den Akten sich ergibt, sodaß es eines besonderen Beweises nicht bedarf. Ebensowenig wird erfordert, daß der Beschuldigte sich bestimmt und ausdrücklich auf diesen Akteninhalt beruft; — eine so formelle Vorschrift hat hier das Gesetz nicht erteilen wollen, wie in der Unterlassung auch kein Verzicht des Angeschuldigten gefunden werden kann und die gegenteilige Meinung[407]) durch die Absicht des Gesetzes nicht unterstützt wird. Der Nachmann soll in dem Vormanne seine Sicherheit finden dürfen, wenn dieser in dem Bereiche der richterlichen Gewalt eines Bundesstaats ist, und es ist der Zweck des Gesetzes nicht dahin gerichtet, sämtliche in § 21 benannte Personen wegen Fahrlässigkeit gleichzeitig oder nacheinander zu bestrafen. Vielmehr muß es genügen, wenn möglichst einer der Vormänner, sei es aus § 20, sei es aus § 21, bestraft worden ist. Hierdurch ist sodann für den Nachmann die Verpflichtung erledigt, da durch die Bestrafung der „Nachweis" geliefert ist, zumal auch das Gesetz beide Fälle (in den Worten des Abs. 1 „insoweit sie nicht nach § 20 als Täter usw. zu bestrafen sind" und in der Bestimmung des Abs. 2) gleichgestellt hat (vgl. ObTrib. Berlin in GA. Bd. 24 S. 39 ff.; **RGE.** Bd. 5 § 354 ff.; **RGR.** Bd. 3 S. 826 ff.). Der Zweck des Gesetzes ist jedenfalls erfüllt, sobald der Vormann verurteilt wurde, und es genügt, wenn dies bei den Akten bekannt ist. Es liegt kein Grund vor, diese Tatsache geflissentlich unbeachtet zu lassen, weil der Angeklagte auf sie sich nicht beruft. Ebenso würde ihm die Wohltat des Gesetzes ohne Anlaß entzogen, wenn man die Verurteilung des Vormanns für unerheblich erachten wollte, weil sie früher geschah, als der Angeschuldigte sich auf seinen Vormann hat berufen können, er also gleichsam nicht einen Einwand gebrauchen könne, da er zu dessen Angabe und Nachweis zu spät komme. Man kann die Befreiung des Nachmanns von der Haftung nicht als eine Prämie seiner Tätigkeit auffassen; nicht die Sorgfalt wird belohnt, sondern die Haftung verliert ihren Boden, wenn der Vormann gesichert ist.

---

407) Vgl. z. B. ObTrib. Berlin in GA. Bd. 23 S. 140. Dagegen für die richtige Ansicht derselbe Gerichtshof ebendas. Bd. 24 S. 36 ff. und **RGE.** Bd. 24 S. 391; vgl. auch Kayser S. 603; Koller S. 196.

Der im § 21 Abs. 2 vorgesehene Nachweis wird aber nicht nur durch Benennung oder Verurteilung des Vormanns geliefert, sondern auch durch jede Kenntnis der Behörde von der Existenz desselben ersetzt, mag diese Kenntnis durch ein anhängiges Strafverfahren oder sonst auf irgend eine Weise erlangt sein. Dem Nachweise steht dann auch zeitlich der frühere Augenblick gleich, in dem die Strafverfolgungsbehörde von dem erreichbaren Vormann Kenntnis erlangt hat, d. h. im Augenblicke der erlangten Kenntnis muß der Vormann, wenn er nicht nach der Veröffentlichung gestorben ist, im Bereiche der richterlichen Gewalt eines deutschen Bundesstaats sich befunden haben[408]). Ist der Vormann der Behörde bekannt, so muß sie ihn anklagen, nicht den Nachmann.

d) Der Nachweis soll bis zur Verkündigung des ersten Urteils, d. h. bis zur ersten Verkündung eines Urteils in der Sache[409]), erfolgt sein. Es ist erforderlich, daß der Nachweis in dem vollen Maße, wie vorstehend ausgeführt wurde, bis zu diesem Zeitpunkte geliefert wird; ein bis dahin nur teilweise geführter Nachweis würde die befreiende Wirkung nicht haben. Ebenso würde hier von einer Verlängerung der Frist oder von einer Wiedereinsetzung gegen ihren Ablauf nicht die Rede sein können, weil jede benannte Person sich schon bei Beginn ihrer Beteiligung an Herstellung und Verbreitung der Druckschrift über einen Vormann vergewissern soll.

e) Dagegen ist mit einem solchen Nachweise die Voraussetzung der Befreiung erfüllt. Würde durch Schuld der Behörde oder durch andere zufällige Umstände nachträglich die Gestellung vereitelt (z. B. durch Tod, Abwesenheit des Genannten), so wird die bereits mit dem Nachweise eingetretene Befreiung nicht wieder wirkungslos.

Das Gleiche gilt von dem Falle, wenn aus irgend einem anderen Grunde zu einer Aburteilung der nachgewiesenen Person nicht zu gelangen ist oder auch eine Freisprechung des Nachgewiesenen eintritt, ja schon rechtskräftig erfolgt ist (**RGE.** Bd. 39 S. 408). Könnte insbesondere der Nachgewiesene den Vorwurf der Fahrlässigkeit von sich ablehnen oder selbst wieder einen Vormann nachweisen, so würde hierdurch die Wirkung des Nachweises für den Nachmann selbst nicht beeinträchtigt werden.

---

408) S. **RGE.** Bd. 24 S. 321.

409) **RGE.** Bd. 22 S. 86. Wenn das erste Urteil in der Revisionsinstanz aufgehoben ist und nun in erster Instanz neu verhandelt wird, ist der Nachweis nicht mehr zulässig.

Namentlich findet die Befreiung des Nachmanns durch Nachweisung des Vormanns auch dann statt, wenn *zur Zeit des Nachweises* (dem die sonst erlangte Kenntnis der Behörde gleichsteht) die *Verjährung der Strafverfolgung des Vormanns eingetreten ist*[410]).

War der *Vormann* zur Zeit der Veröffentlichung der Druckschrift noch am Leben, *später* jedoch *gestorben*, so entfällt — nach der ausdrücklichen Bestimmung des Gesetzes — die Haftung aus § 21[411]). — Es fragt sich nun, ob diese Bestimmung auch Anwendung findet, wenn der Vormann zur Zeit der Veröffentlichung noch im Bereiche der deutschen Gerichtsbarkeit sich befunden, späterhin aber ins Ausland sich begeben hat. Bereits oben zu Ziff. 12 sind die Gründe entwickelt worden, aus denen die Frage zu verneinen ist. Der Befreiungsgrund des nachfolgenden Todes, den das Gesetz ausdrücklich aufstellt, kann nicht analog auf ähnliche Vorgänge ausgedehnt werden[412]).

Der *Nachweis* des Vormanns *befreit* den *Nachmann* von der Haftung nach § 21 *wegen Fahrlässigkeit, gleichviel ob dem Vormanne die Haftung nach § 20 oder nach § 21 zugeschrieben wird.* Dagegen kann der Nachmann durch den Nachweis des Vormanns sich nicht von etwaiger eigener *auf § 20 gestützter* Haftung befreien, und zwar selbst dann nicht, wenn der nachgewiesene Vormann der Verfasser oder Inserent des Artikels usw. ist. Denn der im § 21 Abs. 2 aufgestellte Befreiungsgrund bezieht sich nur auf die Befreiung von der Strafe wegen Fahrlässigkeit, nicht auch auf die Anklage wegen Vorsatzes.

Das Verfahren nach § 21 wird dadurch nicht ausgeschlossen, daß das besondere Verfahren nach § 42 StGB. eingeleitet und auf Vernichtung usw. erkannt worden ist[413]).

15. *Zum Schlußsatz in Abs. 2 des § 21.* Zu den Worten: „*hinsichtlich des Verbreiters ausländischer Druckschriften außerdem, wenn ihm dieselben im Wege des Buchhandels zugekommen sind.*"

---

410) Denn im Bereiche der richterlichen Gewalt eines deutschen Bundesstaats ist jeder, der sich in einem deutschen Bundesstaat aufhält und bei dem also infolge seiner persönlichen Anwesenheit an sich nur die *Möglichkeit* gegeben ist, ihn vor Gericht zu stellen (s. *Koller* S. 195; *Marquardsen* S. 182; *Löning* S. 301; *Berner* S. 292; *Thilo* S. 84 und **RGE.** Bd. 22 S. 431).

411) Vgl. auch *Barth* S. 59.

412) Ebenso auch *Marquardsen* S. 183; *Thilo* S. 84. Vgl. dagegen PreußPrG. §§ 35, 36 und dazu *Hartmann* S. 214.

413) *Behagel* S. 27.

Die Haftpflicht wegen Fahrlässigkeit soll außerdem bei dem Verbreiter ausländischer Druckschriften dann wegfallen, wenn sie ihm im Wege des Buchhandels zugekommen sind.

Es handelt sich hier hauptsächlich um die Sicherstellung des Buchhändlers d. h. der Person, die selbständig auf eigene Rechnung mit dem gewerbsmäßigen Vertriebe von Erzeugnissen des Buchhandels sich befaßt[414]), in solchen Fällen, in welchen er eine ausländische Druckschrift ohne Kenntnis von ihrem strafbaren Inhalte verbreitet hat. In dieser Bestimmung liegt für den Buchhändler eine besondere, aber notwendige Begünstigung. Denn man kann von ihm nicht verlangen, daß er vor der Verbreitung alle die zahlreichen Druckschriften, die aus dem Ausland ihm zuströmen und eine rasche Weiterbeförderung erheischen, durchliest und mit Rücksicht auf das Strafgesetz prüft[415]).

Bei der Verbreitung einer ausländischen Druckschrift trifft also den Buchhändler die Haftpflicht nach § 21 nicht, wenn er entweder einen Vormann nachweist, oder wenn ihm die ausländische Druckschrift im Wege des Buchhandels zugekommen ist; immer jedoch unter der Voraussetzung, daß die Anwendung des § 20 selbst wider ihn nicht in Frage kommt. Ist die ausländische Druckschrift dem Verbreiter auf anderem Wege als durch den Buchhandel zugekommen, so wird er nach den allgemeinen Bestimmungen des § 21 Abs. 1 und Abs. 2 zu behandeln sein.

Wenn diese Begünstigung des Buchhändlers mehrseitig davon abhängig gemacht worden ist, daß der Name und Wohnort des Verlegers auf der Druckschrift angegeben sein müsse, so hat das gegenwärtige Gesetz eine derartige Bedingung nicht angenommen, weil die Bestimmung in § 6 nur auf inländische Druckschriften sich bezieht (vgl. oben § 6 Ziff. 1), und eine Ausdehnung auf ausländische Druckschriften die Schlußbestimmung in § 21 in der Hauptsache vereiteln würde.

Es handelt sich aber in den vorliegenden Fällen lediglich um die Anwendung des § 21. Daher würde z. B. der Buchhändler, der wissentlich ein nach § 14 erlassenes Verbot übertritt, gegen die Bestimmung in § 18 Nr. 1 mit der Berufung auf die Schlußbestimmung des § 21 sich nicht schützen können.

---

414) Der Gehilfe des Buchhändlers im Laden steht hier dem Buchhändler gleich. Auch ist er nicht selbst der Verbreiter, sondern das ist der Geschäftsinhaber. Der Verbreiter, der die Druckschrift erst vom Buchhändler bezogen hat, kann sich auf den Schlußsatz des § 21 nicht berufen (s. **RGE.** Bd. 23 S. 111; s. a. Liszt S. 197).

415) In Frage könnte kommen, ob diese Bestimmung auch auf die dem Buchhändler im Wege des Buchhandels zugehenden inländischen Druckschriften auszudehnen gewesen wäre. Diese Ausdehnung war angeregt worden, hatte jedoch Beifall nicht gefunden; andererseits ist unzweifelhaft, daß der Kommissions-

16. Zeugnispflicht des Redakteurs usw.[416]). Die Auffassung des Bearbeiters der 5. Auflage vgl. am Schlusse dieser Ziffer. Die Kommission hatte einen Paragraphen aufgenommen, durch den bestimmt wurde: „Der Redakteur, Verleger und Drucker sind berechtigt, das Zeugnis über die Person des Verfassers, Herausgebers und Einsenders zu verweigern." Gegen diesen Vorschlag wurde vom Bundesrat entschiedener Widerspruch erhoben und von seiner Beseitigung die Annahme des Kommissionsentwurfs abhängig gemacht. Überdies war man der Meinung, daß die Frage erst in der Strafprozeßordnung zu regeln sei. Infolgedessen wurde der Paragraph wieder gestrichen.

Es gelten deshalb die allgemeinen Grundsätze des Strafprozeßrechts (§§ 48 ff. RStPO.). Insbesondere darf nicht aus § 20 Abs. 2 PreßG. gefolgert werden, daß der verantwortliche Redakteur, weil er als Täter zu bestrafen ist, wenn nicht durch besondere Umstände die Täterschaft ausgeschlossen ist, und weil er sonach als Genosse der übrigen Beteiligten auftritt, damit ohne weiteres von der Zeugnispflicht befreit sei. Es kommt nur darauf an, ob der Redakteur als Zeuge oder ob er als Mitbeschuldigter vernommen wird[417]), ein Recht darauf, wegen § 20 Abs. 2 als Beschuldigter vernommen zu werden,

---

Buchhändler gegen die Verantwortlichkeit geschützt ist, wenn er verschlossene Pakete empfängt und sie ohne Einsicht und Kenntnis des Inhalts an die Adressaten weiter befördert (vgl. oben S. 14).

416) Reichstagsverhandl. S. 480 f. Vgl. ebenso die Denkschrift des sechsten deutschen Journalistentags (S. 24). Koller S. 180; s. jedoch Reichstagsverhandl. S. 99 (vgl. auch S. 481) sowie die Verhandl. des Reichstags bei Marquardsen S. 184 f. — Vgl. ferner Barth S. 68; Behaghel S. 31; Hartmann S. 224 f.; Thilo, PreußPrG. S. 111 f., sowie die Abh. i. d. Zeitschr. f. Gesetzg. und Rechtspfl. in Bayern Bd. 9 S. 421 f.; Oetker, in GA. Bd. 26 S. 113 f.; Heinze, Strafprozess. Erörterungen S. 112 f. (Beilageheft zum Gerichtssaale Bd. 27). Besonders ist die Frage noch behandelt worden: in den Verhandl. des Juristentags XII (Nürnberg) sowie in den Streitschriften Rubos (1878), Dochows (Jena, 1877), Kaysers (in der „Gegenwart" vom 24. Juni 1877, und in der Schrift: „Der Zeugniszwang in s. rechtsgesch. Entwickelung"1879); Delius S. 66; Delius, Zeugniszwang in Disziplinarsachen; DJZ. 1911 Nr. 3; Abegg, Zeugnispflicht und Zeugniszwang nach den deutschen Strafprozeßordnungen, Straßburg; Böttger, Zeugniszwang der Presse, Jungliberales Jahrbuch 1904; ferner s. Ebner S. 85.

417) Natürlich kann der Redakteur auf Grund des § 54 StPO. sein Zeugnis verweigern, soweit er durch die Auskunft sich (oder Angehörige) der Gefahr strafgerichtlicher Verfolgung aussetzen würde.

hat er nicht. Steht dem Redakteur ein Strafausschließungsgrund zur Seite oder schließen die Umstände des Falles seine Täterschaft aus, so kann er sogar nur als Zeuge in Betracht kommen. Ob aber der Redakteur als Zeuge oder als Beschuldigter zu vernehmen ist, wird nach den Umständen des Falles zu entscheiden sein.

Der Redakteur kann auch ebensowenig wie ein anderer Beteiligter die Befreiung von der Zeugnispflicht mit der Berufung darauf begehren, daß er nach § 21 verantwortlich gemacht sei und deshalb als Mitbeschuldigter des Verfassers gelten müsse[418]). Denn das in § 21 geschaffene Delikt ist ein selbständiges, das mit dem durch den Inhalt des Preßerzeugnisses begangenen Delikte in unmittelbarer materieller Verbindung nicht steht, sodaß eine Komplizität unter den nach § 20 und nach § 21 verantwortlichen Personen nicht anzunehmen ist; vielmehr wird die Verantwortlichkeit nach § 21 gerade darauf gestützt, daß der Beteiligte nicht als Täter oder Teilnehmer nach § 20 zu beurteilen ist. Sehr oft wird jedoch in den Fällen des § 21 die Frage durch das praktische Interesse sich von selbst erledigen. Denn der Beteiligte setzt bei Ablehnung des Zeugnisses sich der Strafe nach § 21 aus, da die Ablehnung in der Regel mit einer Weigerung, den Vormann zu nennen, gleichbedeutend sein wird[419]).

Die Behauptung des zum Zeugnisse Aufgerufenen, z. B. auch des Verlegers oder Druckers, daß er eventuell als Teilnehmer an dem Delikt anzusehen und daher berechtigt sei, das Zeugnis zu verweigern, genügt nicht; vielmehr muß er bereits als Teilnehmer zur Untersuchung gezogen sein. Allerdings können alle das Zeugnis verweigern, soweit sie sich durch dasselbe als strafbar bezeichnen würden.

Bei der Beratung des Entwurfes der StPO., der eine hierher gehörige Bestimmung nicht enthielt, wurde von der Justizkommission des Reichstags folgende Bestimmung vor-

418) Dochow, Zeugniszwang (Jena, 1877) S. 37 f.; Jaques, Abhandl. Bd. 1 S. 80; vgl. auch oben S. 179.

419) Es war eingewendet worden, daß das Prozeßgesetz auch den Beichtvater, Arzt usw. bei anvertrauten Mitteilungen, bezw. Wahrnehmungen von der Zeugnispflicht entbinde, und daß ein gleiches Verhältnis zwischen dem Redakteur und dem Korrespondenten obwalte. Allein diese Analogie trifft nicht zu. Denn die Mitteilungen an den Beichtvater usw. werden in der Absicht gemacht, daß ihr Inhalt verschwiegen bleibe, während sie hier mit diesem Vorbehalte nicht gemacht werden, ja gerade in der Absicht erfolgen, daß sie bekannt gemacht werden. Vor allem aber sind die Verhältnisse des Beichtvaters zu seinem Beichtkinde von denen des Redakteurs zu seinem Gewährsmanne grundverschieden. S. aber den Text des Herausgebers.

geschlagen[420]): „Wird der Gegenstand einer Strafverfolgung durch den Inhalt einer periodischen Druckschrift gebildet, für welche nach § 20 Abs. 2 PreßG. vom 7. Mai 1874 der verantwortliche Redakteur als Täter haftet, so sind Verleger, Redakteure und Drucker, sowie deren zur Herstellung der Druckschrift verwendetes Hilfspersonal berechtigt, das Zeugnis über die Person des Verfassers und Einsenders zu verweigern." Die Regierungskommissare behaupteten, daß die Zeugnispflicht nur soweit wegfalle, als eine strafgesetzliche Verantwortlichkeit begründet sei, daß aber durch diese Verantwortlichkeit des Redakteurs die Zeugnispflicht nicht auch des Hilfspersonals beseitigt werde[421]). Der Bericht der Kommission enthielt zur Rechtfertigung des von der Kommission angenommenen Antrags eine ausführliche Begründung[422]).

Der Reichstag beschloß in zweiter Lesung die Annahme des Kommissionsantrags. Allein die Beseitigung dieses Beschlusses gehörte zu den sogenannten Kompromißpunkten; so wurde er in dritter Lesung aufgegeben.

Schließlich mag noch folgendes erwähnt werden:

Der zum Zeugnis Aufgerufene kann selbstverständlich, wie bereits hervorgehoben wurde, die Aussage über alle Tatsachen ablehnen, durch deren Angabe er sich selbst einer strafrechtlichen Verfolgung aussetzen würde. Allein dies berechtigt ihn nicht, das Zeugnis überhaupt zu verweigern, sondern berechtigt ihn nur, die betreffenden Umstände zu verschweigen und einen Vorbehalt abzugeben, letzteres deshalb, damit die Eidesleistung nicht später wegen Verschweigens erheblicher Umstände als Meineid angefochten werde.

Die Ablegung des Zeugnisses befreit den Zeugen an sich nicht von der Haftung nach § 20 oder § 21. Jedoch kann das Zeugnis seinem Inhalte nach geeignet sein, den Vorwurf des dolus wie der culpa zu beseitigen. Ebenso kann in ihm der in § 21 Abs. 2 geforderte Nachweis des Vormanns liegen und dadurch die Verurteilung nach § 21 abgewendet werden.

Anmerkungen des Herausgebers der 5. Auflage.

Auch auf dem Gebiete des Zeugnisverweigerungsrechtes des Redakteurs usw. hat die Entwickelung des Preßrechtes Fortschritte zu verzeichnen.

---

420) Vgl. Protokolle der Justiz-Kommission S. 44 f. (Sitzung 39), S. 809 f. (Sitzung 243).

421) Protokolle der Kommission S. 812, Reichstagsverhandl. S. 430.

422) Kommissions-Bericht S. 16 f.; Schwarze, Komm. z. StPO. S. 184 f.

Gegen den Zeugniszwang werden vor allem folgende Gründe vorgebracht.

Die Presse ist dazu berufen, als eine Vertreterin der Öffentlichkeit Mißstände usw. zu besprechen und zu rügen. Diese Aufgabe kann sie teilweise nur dadurch erfüllen, daß die Anonymität ihrer Gewährsleute gewahrt bleibt. Der Zeugniszwang beschneidet die Presse in dieser wichtigen Obliegenheit. Durch die Haftung des verantwortlichen Redakteurs nach §§ 20, 21 RPrG. bleibt die Strafverfolgung, soweit nicht die Ausnahmefälle Platz greifen, in der Hauptsache gesichert. Jemanden nach Willkür bald als Täter bald als Zeugen heranzuziehen, widerspricht den strafprozessualen Grundsätzen. Das Redaktionsgeheimnis zu wahren, betrachten die Angehörigen der Presse als Ehrenpflicht. Deshalb sind auch die weitaus meisten Anwendungen des Zeugniszwanges völlig ergebnislos geblieben. Dadurch erfährt die staatliche und behördliche Autorität nur eine Schwächung. Es ist unpolitisch, die Berufsehre eines so weit verbreiteten Standes zu gefährden. Der anonyme Verfasser des Zeitungsartikels wünscht zwar dessen Inhalt veröffentlicht zu sehen, er will aber ausdrücklich oder stillschweigend seinen Namen ungenannt wissen. Hier liegt tatsächlich ein Vertrauensverhältnis vor, ähnlich demjenigen zwischen Klient und Rechtsanwalt; die anzuerkennende öffentlich-rechtliche Stellung der Presse rechtfertigt einen solchen Vergleich.

Ich habe deshalb unter Anerkennung dieser Gründe schon früher (W u l f f e n, Das Zeugniszwangverfahren gegen die Presse, DJZ. Bd. 12 S. 383) folgende Fassung vorgeschlagen:

> „Soweit den Gegenstand einer Strafverfolgung der Inhalt einer periodischen Druckschrift bildet, für welche nach §§ 20 und 21 des Gesetzes über die Presse vom 7. Mai 1874 der verantwortliche Redakteur an sich haftet, sind Redakteure, Verleger und Drucker sowie deren bei Herstellung der Druckschrift verwendetes Hilfspersonal berechtigt, das Zeugnis über die Person des Verfassers oder Einsenders zu verweigern."

Der E n t w u r f e i n e r S t r a f p r o z e ß o r d n u n g von 1908 hat folgendermaßen formuliert:

> § 49. „Redakteur, Verleger und Drucker einer periodischen Druckschrift, sowie die bei der technischen Herstellung der Druckschrift beschäftigten Personen dürfen die Auskunft über die Person des Verfassers und Einsenders eines darin enthaltenen Artikels strafbaren Inhalts verweigern, sofern rechtlich und tatsächlich kein Hindernis besteht, wegen des Inhalts des Artikels die Bestrafung eines Redakteurs der Druckschrift als Täter herbeizuführen.
>
> Diese Vorschrift findet keine Anwendung, wenn der Inhalt des Artikels den Tatbestand eines Verbrechens begründet."

Die B e g r ü n d u n g d e s E n t w u r f s (S. 159) weist darauf hin, daß eine solche Ausnahmestellung der Presse in ausländischen Gesetzgebungen, auch in der französischen unbekannt ist. Die Erfahrung habe aber gelehrt, daß die gerichtliche Praxis in Anwendung ihrer Zwangsbefugnisse gegenüber der Presse zuweilen „des richtigen Augenmaßes“ entbehrt habe. „Um den hieraus sich ergebenden, unliebsamen Erörterungen für die Zukunft vorzubeugen, will die Vorlage in der Verpflichtung zum Zeugnis eine grundsätzliche Aenderung eintreten lassen.“ An anderer Stelle heißt es ebenda: „Der Entwurf geht davon aus, daß das öffentliche Interesse an der Ermittlung des Verfassers oder Einsenders hinter dem Interesse, das sich an der Wahrung des Redaktionsgeheimnisses knüpft, zurückgestellt werden darf, soweit durch die Bestrafung auf Grund von § 20 des PrG. eine Sühne eintritt, daß aber andererseits das Interesse der Wahrheitsermittlung überwiegen muß, wenn es sich um die schwersten Straftaten handelt.... Die Ausnahme für Verbrechen ist bei Beratungen mit Sachverständigen aus den Kreisen der Presse allseitig als eine solche anerkannt worden, welche die berechtigten Interessen der Presse nicht verletzt.“ Die Fortschritte des Entwurfs zu Gunsten der Presse zeigen deutlich, daß bei uns sehr wohl lebendige Kräfte zur Fortbildung des Preßrechtes wirksam sind.

Anders liegt die Frage, soweit den Gegenstand der Strafverfolgung nicht der Inhalt einer periodischen Druckschrift, sondern eine der Veröffentlichung vorausgegangene strafbare Handlung, z. B. ein Diebstahl von Akten, Briefen usw. oder die Verletzung der Pflicht zur Amtsverschwiegenheit oder dergleichen bildet. Hier tritt dem gern anerkanntem Rechte der Presse zur freien Meinungsäußerung eine andere sittliche Forderung entgegen, daß der Staat niemals strafbare Handlungen seiner Untertanen, am allerwenigsten seiner Beamten gutheißen oder gar zu deren Verübung Antrieb geben darf. Ob die Anwendung der Strafprozeßordnung auf das Disziplinarverfahren gerechtfertigt ist, bleibt zwar nicht ganz zweifelsfrei (vgl. Giesen, Der Zeugniszwang gegen die Presse, 1906); allein die herrschende Ansicht bejaht sie.

Soweit der Redakteur als Begünstigter oder Hehler in Frage käme, wäre der Zeugniszwang selbstverständlich auch hier ausgeschlossen.

17. Die Zuständigkeit der Gerichte in Preßstrafsachen.

a) Der örtliche Gerichtsstand[423]). Früherer Rechtszustand. Bei Beratung über das Reichs-Preß-

423) Bulling, Der örtliche Gerichtsstand in Preßstrafsachen, Berlin 1894; Koller S. 137; Kloeppel S. 324 ff., 440 ff.; Delius S. 64; Löwe, StPO. 8. Aufl. S. 947; v. Schwarze, StPO. S. 129; Stenglein, StPO. § 7 Note 6; Berner S. 279; Marquardsen S. 235; Thilo S. 203. (Vgl. auch Abschnitt III dieses Buches Anmerkung 262.)

gesetz wurde die Frage des Gerichtsstandes für die durch die Presse begangenen Delikte ausdrücklich der Strafprozeßordnung vorbehalten, jedoch in den Regierungsentwurf der letzteren eine Bestimmung nicht aufgenommen. Auf den Vorschlag der Kommission für die Reichsjustizgesetze nahm der Reichstag folgende Vorschrift in den Entwurf der StPO. auf:

„Begründet der Inhalt einer Druckschrift den Tatbestand einer strafbaren Handlung, so gilt, soweit die Verantwortlichkeit des Verfassers, Herausgebers, Redakteurs, Verlegers und Druckers in Frage steht, die Handlung nur an dem Orte begangen, an welchem die Druckschrift erschienen ist.

Ausdrücklich wurde bei den Verhandlungen der Verbreiter ausgenommen: diesem gegenüber soll es bei den allgemeinen Vorschriften bewenden. Der Beschluß des Reichstags fand bei dem Bundesrate lebhaften Widerspruch; die Beseitigung gehörte zu den sogen. Kompromißpunkten; — die StPO. enthält daher keine besondere Bestimmung über den Gerichtsstand bei Preßdelikten.

Es traten daher die allgemeinen Bestimmungen und Grundsätze ein. Die Vorschriften der StPO. in den §§ 7 ff. kamen zur Anwendung, dergestalt, daß nach ihnen für die Preßdelikte auch der Gerichtsstand des Wohnorts begründet war; während jener Beschluß des Reichstags nur den Gerichtsstand des Tatorts regeln wollte, ohne den Gerichtsstand des Wohnorts zu berücksichtigen, jedoch auch (wie in den Verhandlungen S. 393 bemerkt worden) ohne ihn auszuschließen.

Der Gerichtsstand der Tat ist nach § 7 StPO.[424]) bei demjenigen Gerichte begründet, in dessen Bezirke die strafbare Handlung begangen ist. Nachdem das Reichsgericht in mehrfachen Entscheidungen erklärt hat, daß für die Preßdelikte irgend welche Besonderheiten nicht gelten, mußte es folgerichtig auch zur Anerkennung des (fälschlich sogenannten) fliegenden Gerichtsstands der Presse kommen[425]). Denn, um zu bestimmen, wo eine strafbare Handlung durch den Inhalt einer Druckschrift begangen ist, muß man zurückgehen auf die oben gegebenen Ausführungen darüber, wie sie begangen ist. Die

---

424) Nach der Fassung vor dem Reichsgesetze vom 13. Juni 1902, betr. die Abänderung des § 7 StPO. (RGBl. S. 227).

425) So namentlich **RGE.** Bd. 23 S. 155; vgl. auch **RGE.** Bd. 20 S. 146; — Meves in GA. Bd. 39 S. 28 Anm. 21. — Der sog. fliegende Gerichtsstand der Presse hat eine starke Literatur hervorgerufen; hervorzuheben sind: Kitzinger, Der ambulante Gerichtsstand der Presse, München 1901; Derselbe, Ort und Zeit der Handlung im Strafrecht, München 1902, 270 ff.; die Gutachten von v. Liszt, Kronecker, zum 25. Juristentag, 1900; Birkmeyer, Die Novelle über den fliegenden Gerichtsstand, Jur. Zeit. VII S. 181 u. a.

hier bekämpfte Ansicht, daß das Preßdelikt (in dem oben erwähnten Sinne) begangen, vollendet und beendet ist mit der Veröffentlichung der Druckschrift, muß allerdings behaupten, daß der Tatort mit dem Orte des Erscheinens zusammenfällt.

Gelten jedoch nach der hier vertretenen Ansicht für die Begehung der Preßdelikte die allgemeinen Grundsätze, so wird das Preßdelikt da begangen, wo die Tat unmittelbar durch den Täter oder durch von ihm bewegte Kräfte zur Ausführung gelangt.

Für den Verleger beginnt die Verübung an sich allerdings noch nicht mit der Abgabe des Manuskripts an die Druckerei, sondern erst mit der Ausgabe der Druckschrift, für den Drucker mit der Abgabe der Druckschrift an den Verleger, falls nicht schon ihre früheren Handlungen als Teilnahme (Mittäterschaft, Beihilfe) an den Ausführungshandlungen des Verfassers oder verantwortlichen Redakteurs in Betracht kommen.

Alle diese Tätigkeitsakte der Beteiligten bezwecken von ihrem Standpunkte unmittelbar das Erscheinen der Druckschrift, aber auch weiter darüber hinaus die Vollendung der strafbaren Handlung *bis zu ihrer Beendigung*.

Bei den strafbaren Handlungen durch die Presse ist die Handlung der Verbreitung, der Zugänglichmachung an Dritte regelmäßig nicht mit der Verausgabung der Schrift in einem Akte beendigt, sondern in eine Reihe einzelner Akte zerlegt, die in ihrer Gesamtheit erst die Tätigkeit der Verausgabung *zeitlich beendigen*; sie dauert aber auch räumlich (und zeitlich) fort, bis durch den Willen des Versenders die nach auswärts bestimmten Exemplare mit Hilfe der Post oder der sonstigen Faktoren ihren Bestimmungsort erreicht haben.

Der *Tatort* ist *danach* auch weiter *nicht nur, wo die Druckschrift erscheint, sondern auch da, wohin sie mit dem Willen der Beteiligten* Verleger, verantwortlicher Redakteur, Verfasser usw. *versandt, und* wohin sie mit dem Willen derselben *gelangt ist*.

Dieselben Grundsätze müssen auch für die *preßgesetzlichen* Vergehungen gelten, bei denen die Strafbarkeit durch den Inhalt der Druckschrift begründet wird, da sie zu denjenigen Delikten gehören, bei denen der Tatbestand schon mit der Veröffentlichung gegeben ist.

Bei denjenigen Delikten, deren Tatbestand nicht schon durch die Gedankenäußerung allein erfüllt ist, sondern die irgend eine Einwirkung auf Dritte, also mindestens die Kenntnisnahme durch einen Dritten erfordern, ist die Verübung der Straftat erst da vollendet, wo die strafbare Äußerung Dritten zur Kenntnis gebracht, oder eventuell noch wo die vom Gesetze zum Tatbestand verlangte Wirkung eingetreten ist, also überall da, wo im Wege der Verbreitung Exemplare der Druckschrift mit dem Willen des Täters hingelangt sind und Dritte von dem Inhalte Kenntnis genommen haben, oder bei denjenigen Delikten, welche außerdem eine weitere Wirkung bei Dritten verlangen (§ 263 StGB. u. a.), auch da, wo durch Verbreitung der Druckschrift mit dem Willen des Täters die Wirkung als das vorgesteckte Ziel erreicht ist.

Zwei Versuche zur Begründung der gegnerischen Ansicht sind gemacht worden; von v. Liszt (in seinem Gutachten zum 25. Juristentag) und von Stenglein (in der Juristenzeitung Bd. 3 S. 500). Ersterer meint, daß für Preßdelikte eine besondere Art der Begangenschaft gelte, wonach alle Tatbestandsmerkmale mit dem Erscheinen der Druckschrift erfüllt seien. Letzterer sagt, die Verbreitungshandlungen könnten um deswillen für die Begangenschaft der Tat durch den Verfasser, Redakteur, Verleger nicht in Betracht kommen, weil die Beteiligten eine zu unbestimmte Vorstellung davon hätten, an welche Personen als Abnehmer die Druckschrift gelange. Der Verleger habe mit den Postabonnenten direkt nichts zu schaffen und die Post, wie der Sortimenter seien nicht vom Verleger in Bewegung gesetzte Kräfte[426]).

b) Das geltende Gesetz. Die oben erwähnte, hier verteidigte Praxis des Reichsgerichts und der sog. fliegende Gerichtsstand der Presse hatten jedoch soviele Gegnerschaft gefunden, daß man auf dem 25. deutschen Juristentag, im Reichstag und anderwärts Beschlüsse dagegen faßte, daß sich auch viele Schriftsteller dagegen erklärten, und das führte endlich zu einer teilweisen gesetzlichen Regelung der Frage in dem

Reichsgesetz,
betreffend die Abänderung des § 7 StPO.,
vom 13. Juni 1902 (RGBl. von 1902 S. 227; ausgegeben zu Berlin am 18. Juni 1902).

Einziger Artikel.

Der § 7 StPO. erhält folgende Fassung:

§ 7.

Der Gerichtsstand ist bei demjenigen Gerichte begründet, in dessen Bezirk die strafbare Handlung begangen ist.

Wird der Tatbestand der strafbaren Handlung durch den Inhalt einer im Inland erscheinenden Druckschrift[427]) begründet, so ist als das nach Abs. 1 zuständige Gericht

---

426) Gegen Stenglein s. namentlich v. Bar, Zur Frage des Gerichtsstands der Presse, Jur. Zeit. IV S. 96.

427) Nach der Vorlage sollte das Gesetz auf periodische Druckschriften beschränkt sein. Diese Beschränkung wurde jedoch im Reichstag abgelehnt.

nur dasjenige Gericht anzusehen, in dessen Bezirk die Druckschrift erschienen ist. Jedoch ist in den Fällen der Beleidigung, sofern die Verfolgung im Wege der Privatklage stattfindet, auch das Gericht, in dessen Bezirk die Druckschrift verbreitet worden ist, zuständig, wenn in diesem Bezirk die beleidigte Person ihren Wohnsitz oder gewöhnlichen Aufenthalt hat.

In der Begründung[428]) wird ausgeführt:

Nach dem geltenden Rechte sei der Gerichtsstand der begangenen Tat für Preßdelikte bei jedem Gerichte begründet, in dessen Bezirk die Druckschrift verbreitet werde. Dementsprechend könne wegen des strafbaren Inhalts eines Zeitungsartikels überall da die strafgerichtliche Verfolgung eintreten, wo die Zeitung im regelmäßigen Geschäftsbetrieb an die Besteller gelange. Dadurch seien Härten entstanden, zu deren Beseitigung es aber genüge, den § 7 StPO. abzuändern, „da die zutage getretenenen Unzuträglichkeiten lediglich die Anwendung dieser Vorschrift betreffen." Eine Einschränkung des Gerichtsstandes der begangenen Tat sei nur gegenüber den im Inland erscheinenden Druckschriften gerechtfertigt. Auch sollten, neben der Abänderung des § 7 StPO., die sonstigen Vorschriften der Strafprozeßordnung über den Gerichtsstand unberührt bleiben. Die neue Regelung mache jedoch eine Ausnahme zugunsten solcher Personen erforderlich, welche durch die Presse beleidigt seien und die Beleidigung im Wege der Privatklage verfolgen wollen. Diese für die Ausnahme maßgebende Rücksicht auf den Privatkläger treffe dagegen nicht zu, wenn die Staatsanwaltschaft die öffentliche Klage erhebe oder wenn die Staatsanwaltschaft, was dem gleichzustellen sei, nach Einleitung des Privatklageverfahrens die Verfolgung übernehme.

Auch die Fälle, in denen die strafbare Handlung durch eine Verbreitung der Druckschrift begangen werde, die außerhalb des gewöhnlichen, insbesondere mittelst der Post oder des Buchhandels erfolgenden Betriebs stattfinde, würden von der neuen Vorschrift nicht berührt. Wie die Fassung ergebe, sei die Anwendbarkeit der Vorschrift durch die Voraussetzung bedingt, daß lediglich der Inhalt der erschienenen Druckschrift den Tatbestand der strafbaren Handlung begründe. In jenen Fällen handele es sich aber nicht um die strafbare Handlung, die durch das Erscheinen der Druckschrift begründet werde, sondern es werde die bereits erschienene Druckschrift nur als Mittel zur Begehung einer neuen selbständigen Straftat benutzt[429]).

---

428) Deutscher Reichstag 1900—1902, Anlagen Bd. 6 Aktenstück Nr. 560 S. 3836.

429) Materialien zu dem Gesetze: Deutscher Reichstag 1900 bis 1902; 1. Anlagen Bd. 6 Gesetzentwurf mit Begründung. Aktenstücke Nr. 560 S. 3836; Abänderungsanträge; Aktenstücke

c) Bei der Auslegung des Gesetzes[430]) muß man vor allem berücksichtigen, daß es als eine Novelle zur Strafprozeßordnung erschienen ist und nur den Gerichtsstand regeln will. Es hat also nur prozessuale Bedeutung und ist ohne Einwirkung auf das materielle Recht. Die Frage nach der Begangenschaft der Preßdelikte bleibt von dem Gesetz unberührt[431]). Die Erörterungen über die Begehung der Preßdelikte waren daher auch in dieser Auflage des Kommentars nicht überflüssig, sondern (wegen der im Ausland erschienenen Druckschriften, wegen der Verjährung[432]) usw.) notwendig. Daß die hier vertretene Ansicht über die Tragweite des Gesetzes richtig ist, geht auch aus der Fassung des § 7 Abs. 2 Satz 1 unzweideutig hervor. Das Gesetz spricht nicht davon, daß der Gerichtsstand des Tatorts bei Preßdelikten nur bei dem Gerichte des Erscheinungsorts sei, es sagt nur: wenn der Tatbestand der strafbaren Handlung durch den Inhalt einer im Inland erschienenen Druckschrift begründet wird, dann ist als das nach Abs. 1 zuständige Gericht, also als das Gericht, in dessen Bezirk die strafbare Handlung begangen ist, nur dasjenige Gericht anzusehen, in dessen Bezirk die Druckschrift erschien. Das heißt also, daß nach allgemeinen Grundsätzen zwar in derartigen Fällen der Gerichtsstand des Tatorts auch noch

---

Nr. 590 (S. 3960), 599 (S. 3965); Zusammenstellung des Gesetzentwurfs mit den Beschlüssen des Reichstags in 2. Beratung. Aktenstück Nr. 619 (S. 4084). 2. Beratungen. Stenograph. Berichte. Bd. 6 erste Beratung S. 4950, 4969; zweite Beratung S. 5141, 5150; dritte Beratung S. 5267.

430) Dazu den Aufsatz von Birkmeyer, Die Novelle über den fliegenden Gerichtsstand, Jur. Zeit. Bd. VII S. 181 ff.; vgl. Kronecker daselbst Bd. VI S. 147. Zu dem Entwurfe hatte die Tagespresse fast allgemein Stellung genommen; vielfach ablehnend; Kitzinger, Jur. Zeit. VII S. 363.

431) Darin liegt eine Schwäche des Gesetzes. Es hätte juristisch nichts entgegengestanden, auch den Tatort für Preßdelikte zu regeln. Die Bedenken von Birkmeyer a. a. O. gegen eine gesetzgeberische Regelung des Streites über den Tatort sind für die Spezialfragen der Preßdelikte nicht zutreffend. Hier konnte ohne jede Schwierigkeit und unter Umgehung aller theoretischen Erörterungen die Gesetzgebung eingreifen, und ein solcher Schritt wäre des Erfolges sicher gewesen.

432) Dieser Punkt wurde auch im Reichstage zur Sprache gebracht, die geltend gemachten Bedenken aber von dem Abg. Dr. Rintelen bekämpft. Dessen Ausführungen zu diesem Punkte sind aber rechtlich nicht haltbar, weil er, was anscheinend von niemandem bemerkt wurde, Begehung, Vollendung und den eingetretenen Erfolg der Straftat nicht richtig unterschied (Sten. Berichte VI S. 5141; das Nähere über die Verjährung s. zu § 22).

bei anderen Gerichten, in deren Bezirk die Druckschrift nicht erschienen ist, begründet sei bezw. begründet sein könne, daß aber kraft positiver gesetzlicher Vorschrift nur dasjenige Gericht, in dessen Bezirk die Druckschrift erschienen ist, als Gericht des Tatorts gelten solle.

Der Abs. 2 Satz 1 des § 7 bezieht sich auf alle Druckschriften, die im Inland erschienen sind, nicht bloß auf die periodischen[433]) Druckschriften, wie das im Entwurfe vorgesehen war.

Abs. 2 Satz 1 des § 7 bezieht sich nur auf Druckschriften, die im Inland erschienen sind. Bei den im Ausland erschienenen Druckschriften gelten die allgemeinen Grundsätze des § 7 Abs. 1 StPO. (vgl. auch weiter unten zu Ziff. 17d).

Abs. 2 Satz 1 bezieht sich auf die Fälle, in denen der Tatbestand einer strafbaren Handlung durch den Inhalt der Druckschrift begründet wird. Wie bereits oben zu b mitgeteilt wurde, wird das Anwendungsgebiet des Gesetzes in der Begründung so abgegrenzt:

„Die Fälle, in denen die strafbare Handlung durch eine solche Verbreitung der Druckschrift begangen wird, welche außerhalb des gewöhnlichen, insbesondere mittelst der Post oder des Buchhandels erfolgenden Vertriebs stattfindet, werden von der neuen Vorschrift nicht berührt. Wie die Fassung ergibt, ist die Anwendbarkeit der Vorschrift durch die Voraussetzung bedingt, daß lediglich der Inhalt der erschienenen Druckschrift den Tatbestand der strafbaren Handlung begründet[434]). In jenen Fällen handelt es sich aber nicht um die strafbare Handlung, die durch das Erscheinen der Druckschrift begründet wird, vielmehr wird hier die bereits erschienene Druckschrift nur als Mittel zur Begehung einer neuen selbständigen Straftat benutzt."

Die Fassung der Begründung ist nicht ganz glücklich, insofern in dem vorletzten Satze der Wortlaut „lediglich durch den Inhalt der erschienenen Druckschrift" bei oberflächlicher Betrachtung leicht eine unrichtige Vorstellung über die Tragweite des Gesetzes erwecken kann[435]). Sieht man sich jedoch die Worte genauer an, und nimmt die Ausführungen des Staatssekretärs des Reichsjustizamts im Reichstage (Sten. Ber. VI S. 5150 ff.) noch dazu, dann läßt sich ohne weiteres erkennen, was die mitgeteilten Worte der Begründung über die Tragweite des Gesetzes sagen wollen. Das Gesetz selbst gibt keinen genügenden Aufschluß. Man wollte das Gesetz abgrenzen

433) Über den Begriff der periodischen Druckschrift s. § 7 Abs. 1 RPrG.

434) Die oben im Texte gesperrten Worte sind in der Begründung nicht unterstrichen oder gesperrt gedruckt.

435) Wie das im Reichstag auch geschehen ist.

einerseits gegen die Preßpolizeiübertretungen (Formal-Delikte) der §§ 6 ff. RPrG., bei denen die Straftat in einem Verstoße gegen die Ordnung der Presse, wesentlich in Ansehung der äußeren Form der Druckschriften besteht;

bei diesen Straftaten handelt es sich nicht um den Inhalt der Druckschrift und die Straftat ist begangen, vollendet, schon durch das Erscheinen der Druckschrift. Hier kann der sog. fliegende Gerichtsstand nicht wohl in Frage kommen. Nur ausnahmsweise, nämlich wenn der Ort des Erscheinens von dem Druckorte verschieden ist, kann bei den Verstößen gegen die Ordnung der Presse für die bei der Herstellung Beteiligten auch der Druckort als Tatort, also auch dessen Gericht als Gericht der Tat in Betracht kommen[436]). Diese Fragen wollte das Gesetz aber nicht berühren. Diesen Gegensatz bringt das Gesetz dadurch richtig zum Ausdruck, daß es die Strafbarkeit durch den Inhalt betont.

Man wollte das Gesetz aber auch andererseits abgrenzen gegen diejenigen Straftaten, deren Tatbestand zwar durch den Inhalt einer Druckschrift, aber nicht schon durch deren Veröffentlichung, durch das Erscheinenlassen „begründet" wird, deren Tatbestand vielmehr erst durch einen anderen späteren Akt, den einer — selbständigen — Verbreitung „begründet" wird. Diese Abgrenzung findet sich im Gesetz aber nicht, sie ist insbesondere nicht durch die Betonung der Strafbarkeit des Inhalts zum Ausdrucke gekommen, denn das trifft auch bei der Straftat des selbständigen Verbreiters[437]) zu. Auch dessen Delikt wird durch den Inhalt der Druckschrift und — (nicht dadurch, daß andere die Druckschrift erscheinen lassen, sondern) — durch die selbständige Verbreitung, d. i. die Verbreitung nicht mit dem Teilnehmervorsatze, sondern mit dem selbständigen Tätervorsatze begründet[438]). Der erste und der dritte Satz der oben im Wortlaute mitgeteilten Begründung lassen die Meinung des Gesetzgebers auch erkennen, der Mittelsatz hat die Klarheit des Gedankens dadurch verdunkelt, daß zu Unrecht der Schwerpunkt auf die Worte „lediglich der Inhalt", gelegt

436) Darüber s. unten.

437) Auch „weiterer Verbreiter" genannt, doch trifft der Ausdruck selbständiger Verbreiter als Gegensatz zu den Verbreitern, die den Eintritt der Druckschrift in die Öffentlichkeit als Teilnehmer besorgen, das Richtigere.

438) Begründet, aber nicht notwendig begangen.

und das „Erscheinen", worauf es hier allein ankam, in den Hintergrund gestellt wird[439]).

d) Einzelheiten der Auslegung. In der Praxis werden sich Schwierigkeiten wohl nicht ergeben, da in den Reichstagsverhandlungen die gesetzgeberische Absicht genügend klargelegt wurde.

§ 7 Abs. 2 Satz 1 bezieht sich nicht bloß auf den Verfasser, den Redakteur, Verleger und Drucker, sondern auch auf alle Personen, welche mit jenen als Teilnehmer verbunden sind, d. h. also bei der Veröffentlichung und bei dem „gewöhnlichen Vertrieb" mitwirken. Für letztere, zumal für den Verbreiter (z. B. den Austeiler, Wiederverkäufer) wird für die Frage, ob auch er dem Gerichtsstande des Erscheinungsorts untersteht, seine Willensrichtung wichtig sein. Wenn er mit dem Teilnehmervorsatze gehandelt hat, dann ist die Frage zu bejahen, denn er hat eben im gewöhnlichen Vertrieb der Verbreitung mitgewirkt. Daß er dabei im eigenen Geschäftsbetriebe für eigene Rechnung gehandelt hat oder daß seine Verbreitertätigkeit (z. B. bei nichtperiodischen Druckschriften) vom Erscheinen der Druckschrift zeitlich weit auseinander liegt, ist dabei nicht ausschlaggebend. Handelt er dagegen — wenn auch äußerlich innerhalb des gewöhnlichen Vertriebes der Druckschrift — mit dem Vorsatz eines Alleintäters, so steht er also nicht im Zusammenhang mit dem Redakteur oder Verleger, und er ist dann ein selbständiger Verbreiter, für den die allgemeinen Grundsätze über den Gerichtsstand des Tatorts gelten.

In den Fällen, in welchen nach § 42 RStGB. auf Einziehung (Unbrauchbarmachung) selbständig erkannt werden kann, greift die Novelle zur RStPO. (§ 7 Abs. 2) ebenfalls Platz. Denn nach § 477 StPO. ist zur Entscheidung das Gericht zuständig, welches für den Fall der Verfolgung einer bestimmten Person zuständig sein würde. Die Einziehung kann also nicht von jedem Gericht, in dessen Bezirk die Druckschrift im gewöhnlichen Betriebe verbreitet worden ist,

---

439) Der Satz hätte nicht sowohl sagen müssen, daß „lediglich der Inhalt der erschienenen Druckschrift den Tatbestand der strafbaren Handlung begründet", als vielmehr, daß lediglich das Erscheinen der durch den Inhalt strafbaren Druckschrift die Straftat begründet. Der Hinweis des Staatssekretärs des Reichsjustizamts auf § 21 RPrG. zur Rechtfertigung des Satzes der Begründung (vgl. Sten. Bericht VI S. 5153) vermag denselben nicht zu decken, denn im § 21 wird ganz richtig die Strafbarkeit durch das Erscheinen und durch die weitere Verbreitung nebeneinander behandelt, hier sollten diese beiden aber in einen Gegensatz zueinander gebracht werden.

sondern nur von dem Gerichte des Erscheinungsorts als des Tatortes ausgesprochen werden. Dabei ist jedoch zu bemerken: Soweit landesgesetzlich Schwurgerichte zur Aburteilung von Preßdelikten zuständig sind, ist für die Entscheidung gemäß § 42 StGB. statt des Schwurgerichts nach § 477 Abs. 2 StPO. die Strafkammer zuständig, aber nicht die Strafkammer des Erscheinungsorts, sondern des Ortes, an dem das zur Aburteilung des Täters, also das für den Erscheinungsort zuständige Schwurgericht zusammengetreten wäre. Dieser Satz, der sich aus § 477 Abs. 2 StPO. mit Notwendigkeit ergibt (vgl. auch München Sammlung der Entscheidungen I S. 78), ist unberührt geblieben und steht mit § 7 Abs. 2 StPO. nicht im Widerspruche.

Abs. 2 Satz 1 des § 7 hat den Gerichtsstand des Erscheinungsorts als alleinigen Gerichtsstand des Preßdelikts aufgestellt. Was man unter dem Erscheinungsorte zu verstehen hat, sagt das Gesetz nicht. Gemeint ist offenbar der Ort, an dem die Druckschrift tatsächlich erscheint. Insbesondere ist nicht nur der angegebene Verlagsort auch der Ort des Erscheinens. Einer Anregung, die in diesem Sinne im Reichstag erfolgte, ist der Staatssekretär des Reichsjustizamts mit Erfolg entgegengetreten (Sten. Ber. VI S. 5154). Birckmeyer, Jur. Zeit. VII S. 182, bezeichnet in Übereinstimmung mit vielen als Erscheinungsort den Ort der geschäftlichen Niederlassung des Verlegers (Verlagsort). v. Liszt dagegen (Verhandlungen des 25. Juristentags, I S. 65) nennt den Ort, von dem aus die Verbreitung erfolgt, als den Ort des Erscheinens. Die Ansicht von Birckmeyer[440]) dürfte den Vorzug verdienen. Eine Druckschrift ist nach buchhändlerischem Sprachgebrauch erschienen, sobald sie zum Vertriebe fertig vorliegt und Angebot sowie Ausgabe beginnen. In diesem Sinne erscheint die Druckschrift im Verlage, wo sie ausgegeben oder ihre Ausgabe veranlaßt wird. Auch wenn die Versendung und Einzelverbreitung von einem anderen Orte aus erfolgt, geht sie vom Verlage aus, der die Dispositionen über den Versand trifft und die Druckschrift gewerblich anbietet. Der Ort, von dem aus die Druckschrift nur verbreitet wird, wird in vielen Fällen ein Ort sein, an den sie nach Erscheinen oder infolge des Erscheinens erst hingelangt ist. Den Verbreitungsort als Erscheinungsort anzunehmen, würde in diesem Sinne der Wirklichkeit nicht immer entsprechen.

Eine Druckschrift kann mehrere Erscheinungsorte haben, wenn der Verlag mehrere einander gleichstehende

---

440) Ebenso z. B. Bar, Zur Frage des Gerichtsstandes der Presse, Jur. Zeit. IV S. 96.

geschäftliche Niederlassungen hat, von denen gleichzeitig die Ausgabe und das Angebot der Druckschrift erfolgt[441]).

Das Ausgeführte gilt nur für die Regelfälle des gewerbsmäßigen Verlags. Wenn jemand, der keine geschäftliche Verlagsniederlassung hat, einmal den Verlag einer Druckschrift unternimmt (z. B. als Selbstverleger), dann wird der Ort des Erscheinens der Wohnsitz des Verlegers sein. Das kann aber auch nur als Grundsatz gelten. Wenn z. B. jemand in der Sommerfrische eine Flugschrift gegen Mängel der Badeeinrichtungen drucken läßt und sie in dem Badeorte während seines Aufenthalts im Selbstverlage vertreiben läßt, so kann man nicht sagen, daß die Druckschrift an dem Wohnsitze des Selbstverlegers erschienen sei. Hier ist der Erscheinungsort der Badeort, wo die Druckschrift ausgegeben und dem Leserkreise dargeboten ist.

Zweifel und Schwierigkeiten können sich über den Erscheinungsort für Beilagen einer Druckschrift ergeben[442]). Man wird unterscheiden müssen:

Es ist eine selbständige Druckschrift — aus einem anderen Verlag[443]) —, unter Wahrung ihrer Selbstständigkeit, einer anderen bei der Verbreitung beigelegt: dann hat die beigelegte Druckschrift ihren selbständigen Erscheinungsort behalten. Verantwortlicher Redakteur und Verleger des Hauptblatts, welche die Beilegung veranlaßt haben, werden strafrechtlich regelmäßig[444]) als selbständige Verbreiter in Betracht kommen.

Ist eine Druckschrift beigelegt, die nur als Beilage für das Hauptblatt gedruckt und als solche bezeichnet wird, so ist der Erscheinungsort des Hauptblatts auch zugleich der der Beilage. Das Gleiche muß auch gelten, wenn die Beilage für mehrere Druckschriften ausschließlich als Beilage bestimmt ist. Daß in solchen Fällen der Erscheinungsort für jedes der Hauptblätter zugleich der Erscheinungsort der Beilagen ist, ergibt sich daraus, daß diese Beilagen jeder Selbständigkeit als Druckschrift entbehren und daher überhaupt nicht selbständig

441) Wenn es sich jedoch um eine Hauptniederlassung und um Filialen handelt, so wird regelmäßig die Art der Hauptniederlassung als Erscheinungsort zu gelten haben; da die Tätigkeit der Filialen keine selbständige ist.

442) Vgl. oben zu § 7.

443) Das gilt auch für die beiden anderen Fälle.

444) Es sind hier auch Ausnahmefälle möglich. So kann nach den Umständen des Falles derjenige, der die Beilegung veranlaßt hat, auch als Teilnehmer bei der ersten Verbreitung der Beilage angesehen werden, wenn es sich um eine regelmäßige (z. B. Sonntags-)Beilage handelt. Der Erscheinungsort bleibt natürlich unverändert.

„erscheinen"; sie werden nicht ausgegeben und nicht dem Publikum oder wenigstens einem größeren Leserkreis angeboten. Sie erscheinen nur als Bestandteile der Hauptblätter, für die sie bestimmt sind.

Ist eine selbständige Druckschrift beigelegt, die aber als Beilage zum Bestandteil des Hauptblatts geworden ist, so hat solche Druckschrift ihren selbständigen Erscheinungsort da, wo die Geschäftsstelle ihres Verlags ist. Bei dem Gericht dieses Erscheinungsortes ist für alle bei Herstellung und gewöhnlichem Vertrieb der Zeitung Beteiligten nach § 7 StPO. der Gerichtsstand des begangenen Preßdelikts. Soweit die Druckschrift aber als Beilage wirklich Bestandteil eines Hauptblatts geworden — was Tatfrage ist —, muß sie notwendig insoweit auch den Erscheinungsort des Hauptblatts teilen. Dieser kommt aber nur für die bei der Herstellung und dem Vertriebe des Hauptblatts Beteiligten in Betracht[445]). Die Personen, welche bei Herstellung und Vertrieb der als Bestandteil beiliegenden an sich selbständigen Druckschrift beteiligt sind, werden als solche in ihrem Gerichtsstand nicht berührt[446]).

Wird eine unrichtige Angabe über den Verlagsort auf der Druckschrift gemacht, so kommt nach den vorstehenden Ausführungen der tatsächliche Verlagsort als der Erscheinungsort gegenüber § 7 Abs. 2 StPO. als Gerichtsstand in Betracht[447]).

Der im § 7 Abs. 2 Satz 1 StPO. festgesetzte Gerichtsstand ist kein ausschließlicher[448]). Neben ihm bleiben, mit Ausnahme des Gerichtsstandes der begangenen Tat nach § 7 Abs. 1, alle anderen örtlichen Gerichts-

445) Er betrifft aber auch den verantwortlichen Redakteur der Beilage, wenn er (s. oben S. 56 zu § 7) infolge Teilung der Verantwortlichkeit mit dem verantwortlichen Redakteur des Hauptblatts gemäß § 7 Abs. 2 RPrG. verantwortlicher Redakteur der Beilage als solcher bleibt.

446) Aus den drei Fällen werden sich die Verschiedenheiten je nachdem die Beilage im Verlage des Hauptblatts oder in einem anderen Verlag erscheinen, ohne weiteres ergeben. Im Texte wird angenommen, daß verschiedene Verleger in Betracht kommen.

447) Die Vorgeschichte des Gerichtsstandes des Erscheinungsorts ist kurz, aber erschöpfend zusammengestellt bei Birkmeyer a. a. O. S. 182; vgl. auch Kronecker, Die neuesten Anträge zum Gerichtsstand der Presse, Jur. Zeit. VI S. 147 ff.

448) Wenigstens nicht ausschließlich in dem Sinne, daß ein Preßdelikt nur an dem Orte des Erscheinens überhaupt verfolgt werden könnte. Eine Anregung in dieser Richtung war auch im Reichstage gegeben, ist jedoch nicht angenommen worden. — Das Nähere oben im Texte.

stände der Strafprozeßordnung (§§ 8 ff.) bestehen (auch der Gerichtsstand des Zusammenhangs § 13 a. a. O.).

Die Übersendung gedruckter Angebote usw. bei Verkauf von Losen zu einer nicht zugelassenen Lotterie untersteht nicht der Sondervorschrift des § 7 Abs. 2 StPO. Hier ist nicht der „Inhalt" der Druckschriften strafbar, sondern nur ihre Vorlegung und Zusendung (**RGE.** Bd. 36 S. 271).

Der zweite Satz des Abs. 2 § 7 StPO. enthält für die Fälle der Privatklage wegen Beleidigung (§ 414 StPO.)[449]) die Ausnahmevorschrift, daß auch dasjenige Amtsgericht[450]) als Gericht des Tatortes zuständig sein soll,

in dessen Bezirk die Druckschrift verbreitet ist und

in dessen Bezirk die beleidigte Person (der Privatkläger) ihren Wohnsitz oder gewöhnlichen Aufenthalt hat.

Dieser Gerichtsstand wird grundsätzlich nur für den Fall einer Privatklage wegen Beleidigung (im Sinne der §§ 185 u. ff. StGB.) und nur für die Dauer des Privatklageverfahrens begründet. Schon in den Gesetzesmotiven (Anlagenband 6 S. 3836) wird ausgeführt, daß die Ausnahmevorschrift des Satzes 2 nicht Platz greift, „wenn die Staatsanwaltschaft die öffentliche Klage erhebt, oder, wenn die Staatsanwaltschaft, was dem gleichzustellen ist, nach Einleitung des Privatklageverfahrens die Verfolgung übernimmt"; und bei der 3. Beratung des Entwurfs hat der Regierungsvertreter besonders hervorgehoben[451]), daß der Staatsanwaltschaft, welche die Verfolgung übernehmen wolle, der Gerichtsstand nach Satz 2 nicht zur Verfügung steht. Das Privatklageverfahren sei dann einzustellen, und der Staatsanwalt habe die öffentliche Klage bei dem nach §§ 7 Abs. 2 Satz 1, 8 ff. StPO. zuständigen Landgerichte zu erheben[452]). Diese Ausführungen treffen jedoch nicht zu, wenn die Staatsanwaltschaft die Verfolgung erst nach Verkündung des schöffengerichtlichen Urteils durch Einlegung der Berufung oder in einer noch späteren Lage übernimmt. Dann fehlt es an der Möglichkeit, den Gang des Verfahrens auf erhobene Privatklage zu hemmen. War das mit der Privatklage befaßte Schöffengericht örtlich und sachlich zuständig, so hat das Berufungsgericht dies anzuerkennen und ist selbst örtlich und sachlich zuständig, auch für die Berufung der Staatsanwaltschaft.

Verbreitet ist: Über den Begriff der Verbreitung s. oben S. 13. Der Regierungsvertreter stellte im Reichstag

---

449) Nicht aber für die Privatklage nach § 223 StGB. oder dem RGes. gegen den unlauteren Wettbewerb vom 27. Mai 1896.

450) Bezw. das Schöffengericht.

451) Sten. Bericht VI S. 5268.

452) Vgl. dazu **RGE.** X S. 237, R. VI 200.

ausdrücklich fest, daß darunter nur die Verbreitung im gewöhnlichen Vertriebe gemeint ist, daß aber der Gerichtsstand für die Privatklage nicht begründet wird, wenn es sich um eine Verbreitung handelt, die nicht auf den Willen des Verlegers, Einsenders, Redakteurs, zurückgeht. Der Gerichtsstand wird gegen die Genannten und ihre Teilnehmer also nicht durch die Handlung eines selbständigen Verbreiters begründet.

Für Zuwiderhandlungen gegen die Ordnungsvorschriften der §§ 6 ff.[453]) wird zu gelten haben, daß der Tatort regelmäßig da ist, wo die Druckschrift zur Ausgabe gelangt; es kann jedoch mit dem Ausgabeorte für die bei Herstellung der Druckschrift Beteiligten der Druckort in Betracht kommen, wenn er vom Ausgabeorte verschieden ist.

e) Der sachliche Gerichtsstand. Die sachliche Zuständigkeit der Gerichte für Preßdelikte bestimmt sich im allgemeinen nach den Grundsätzen des GVG. (§§ 27, 73 ff., 80, 136 GVG.), doch sind die bestehenden landesgesetzlichen Vorschriften über die Zuständigkeit der Schwurgerichte in Preßsachen aufrecht erhalten, soweit es sich um Strafsachen handelt, die sonst zur Zuständigkeit der Strafkammern und der Schöffengerichte gehören[454]). Die §§ 2, 3, 13 StPO. finden auch bei Preßvergehen Anwendung.

18. Zusammentreffen mehrerer Delikte in derselben Druckschrift. Wenn in derselben Druckschrift mehrere strafbare Äußerungen sich finden, die sich gegen verschiedene Strafgesetze oder auch gegen verschiedene Personen richten — z. B. Majestätsbeleidigung und Beleidigung eines Ministers, Beamtenbeleidigung und Aufforderung zum Ungehorsam, Beleidigung mehrerer Mitglieder derselben Familie, Beleidigung verschiedener Personen aus demselben Anlasse —, so ist zweifelhaft, ob Ideal- oder Realkonkurrenz vorliegt. Jedenfalls kann auf den Umstand allein, daß alle diese Delikte in einer Druckschrift vorkommen, noch nicht der Aus-

---

453) Meves in GA. Bd. 39 S. 28.

454) S. § 6 EGzGVG. und § 136 Nr. 1 GVG. Es kommen hier in Betracht für Bayern: Gesetz vom 23. Februar 1879 Art. 35; für Württemberg: Gesetz vom 24. Januar 1879 Art. 12; für Baden: Gesetz vom 3. März 1879 § 6; für Oldenburg: Gesetz vom 10. April 1879 Art. 29. — Insoweit landesrechtlich die Zuständigkeit der Schwurgerichte für Preßdelikte besteht, ist dadurch kein ausschließlicher Gerichtsstand in dem Sinne geschaffen, daß dadurch z. B. die Zuständigkeit der Strafkammern anderer Bundesstaaten, bei denen nach allgemeinen Grundsätzen etwa auch ein Gerichtsstand begründet sein würde, beschränkt oder ausgeschlossen wäre.

schluß der Annahme einer Realkonkurrenz gestützt werden[455]). Ebenso kann daraus allein, daß eine Druckschrift, durch deren Inhalt ein Delikt begründet wird, an verschiedene Orte bezw. an verschiedene Empfänger gelangt, kein maßgebender Grund zur Annahme ebensovieler Straftaten, als Verbreitungsorte oder Empfänger beteiligt sind, abgeleitet werden (**RGE.** Bd. 5 S. 314; **RGR.** Bd. 4 S. 29, 287). Es läßt sich hier eine allgemeine erschöpfende Regel nicht aufstellen; insbesondere wird das subjektive Schuldmoment, der Vorsatz, in Betracht zu ziehen sein. So kann auch die Veröffentlichung einer ganzen Reihe von Artikeln in derselben Zeitschrift oder in verschiedenen Zeitschriften sich als ein fortgesetztes Delikt darstellen; namentlich kann dies bei beleidigenden Artikeln, die dieselbe Person und denselben Vorgang betreffen, vorkommen[456]).

Eine weitverbreitete Ansicht[457]) will jedoch beim Zusammentreffen mehrerer strafbarer Handlungen in einer Druckschrift deshalb grundsätzlich Idealkonkurrenz annehmen, weil die eine Handlung in dem Sinne des § 73 StGB. die Ausgabe der Druckschrift sei. Allerdings gelangt der auf mehrere Straftaten gerichtete Wille erst durch den einheitlichen Akt der Ausgabe — zum Ziel; dieser Wille kann sich aber z. B. beim verantwortlichen Redakteur schon vorher in verschiedenen, den einzelnen strafbaren Handlungen entsprechenden Ausführungshandlungen offenbaren, die nur in einem einheitlichen Akte schließlich an die Außenwelt treten. Es wird deshalb eine Frage der tatsächlichen Feststellung sein, ob solche verschiedene Ausführungshandlungen, mit denen die verschiedenen Straftaten begonnen haben, auf einheitlichem Vorsatze beruht haben oder nicht, und danach wird es sich bestimmen lassen, ob Ideal- oder Realkonkurrenz vorliegt.

---

455) Vgl. hier insbesondere das ObTrib. Berlin in der in GA. Bd. 25 S. 489 mitgeteilten Plenarentscheidung. In gleicher Weise hat sich das OLG. Dresden mehrmals ausgesprochen. Vgl. jedoch auch Olshausen, KommzStGB. § 73 Note II c; Höpfner, Einheit und Mehrheit der Verbrechen, Berlin 1901; Bahlen Bd. 1; Klöppel S. 324 mit der unbegründeten Behauptung: daß mehrere strafbare Handlungen in einer Druckschrift ideell konkurrieren, stehe in der Rechtsprechung fest! (s. dagegen z. B. **RGE.** Bd. 21 S. 276).

456) Vgl. noch Liszt S. 148 und derselbe, Österr. Preßrecht S. 263 f. in Verbindung mit Merkel in Holtzendorff, Handb. des Strafrechts Bd. 4 S. 227.

457) S. Olshausen, Komm. § 73 Note II c; Binding, Handb. des Strafr. Bd. 1 S. 581; Frank in Liszts Zeitschrift Bd. 14 S. 427; wie hier z. B. Koller S. 167; **RGE.** Bd. 21 S. 276; **RGR.** Bd. 8 S. 305.

Der weitere Verbreiter kann allerdings durch die Verbreitung eines Exemplars der Druckschrift, die mehrere strafbare Handlungen enthält, stets nur eine Straftat begehen, da seine Begehungshandlung erst mit der Verbreitung beginnt. Nur dem gegenüber können mehrere selbständige Handlungen in einer Druckschrift angenommen werden, der die Ausführung der Straftaten vor der Ausgabe der Druckschrift[458]) begonnen und in mehreren Handlungen betätigt hat, die nicht von einheitlichem Vorsatze beherrscht werden.

IV. Verjährung.[459])

§ 22.

Die Strafverfolgung derjenigen Verbrechen und Vergehen, welche durch die Verbreitung von Druckschriften strafbaren Inhalts begangen werden, sowie derjenigen sonstigen Vergehen, welche in diesem Gesetze mit Strafe bedroht sind, verjährt in sechs Monaten.

1. Anwendungsgebiet von § 22.

Der Paragraph betrifft

a) die durch die Presse begangenen, unter die allgemeinen Strafgesetze fallenden Handlungen, jedoch nur soweit, als sie Verbrechen oder Vergehen sind,

b) das in § 21 aufgestellte besondere Delikt, und

c) die in § 18 und in § 28 mit Strafe bedrohten Vergehen.

Die durch die Presse begangenen Übertretungen, sowie die Übertretungen nach § 19 des Gesetzes unterliegen der Verjährung nach § 67 Abs. 3 StGB., wie dies in den Motiven des Entwurfs und im Kommissionsbericht ausdrücklich anerkannt wird. Dabei ist nur zu bemerken, daß bei Zuwiderhandlung gegen §§ 10 und 11 (§ 19 Nr. 3) die Verjährung nicht schon mit Erscheinen der Nummer, in der die Bekanntmachung oder Berichtigung spätestens hätte Auf-

---

458) Als Täter, Mittäter, Gehilfe.

459) Marquardsen S. 188; Thilo S. 93; Kah S. 185; von Mangoldt S. 41; Heilborn S. 60; Liszt S. 136 f.; Stenglein, RG. I, 319; Klöppel S. 106 ff., 114 ff.; Kayser S. 607; Koller S. 202; Delius S. 89; Aberer, Die Verjährung der durch Verbreitung von Druckschriften begangenen strafbaren Handlungen; ferner Marquardsen, Jur. Zeit. I S. 857; Groschuff, daselbst I S. 235; Stenglein, daselbst I S. 331; Appelius, daselbst I S. 214; Rathenau, Gerichtssaal Bd. 53 S. 376; Galli, Recht 1910 S. 20, 82; v. Bonnhard, Recht 1910 S. 585.

nahme finden müssen, sondern regelmäßig erst mit dem Erscheinen derjenigen Nummer beginnt, in der die Bekanntmachung oder die Berichtigung nach gesetzlicher Vorschrift Aufnahme gefunden hat[460]) (s. oben § 19 Nr. 3 Anm. IV S. 121). Daß das Delikt nach § 21 PreßG. als Vergehen zu behandeln ist, bedarf im Hinblick auf § 1 StGB. keiner besonderen Darlegung.

§ 22 beschränkt sich auf die Strafverfolgung, bezieht sich also nicht auf die Strafvollstreckung, nicht auf die Berechnung usw. der Verjährungsfrist, die nach dem allgemeinen Strafgesetze zu beurteilen sind.

2. Beginn der Verjährung. Die Verjährungsfrist beginnt gemäß § 67 Abs. 4 StGB. mit dem Tage, an dem die strafbare Handlung begangen wurde[461]). Es kommen auch in dieser Beziehung hier die allgemeinen Grundsätze in Betracht.

Die herrschende Ansicht, die davon ausgeht, das Preßvergehen werde nur durch die Veröffentlichung begangen (s. oben S. 148 ff.), folgert deshalb, die Verjährungsfrist beginne ausschließlich mit dem Beginne der Verbreitung.

Mit dieser Ansicht wurden aber im Reichstage von einem Abgeordneten die Bedenken anderer dagegen zu Unrecht bekämpft, daß das RG. über den Gerichtsstand der Presse vom 13. Juni 1902 betr. die Abänderung des § 7 StPO. (s. oben § 21 Z. 17 b) die Frage der Verjährung der Preßdelikte nicht berühre und regele. Das Reichsgesetz vom 13. Juni 1902 berührt allerdings die Begehung der Preßdelikte und damit auch die Verjährung derselben nicht. Die gegen den Gesetzentwurf wegen dieser Beschränkung erhobenen Bedenken waren daher vom Standpunkte der bisherigen reichsgerichtlichen Praxis und hier vertretenen Ansicht durchaus begründet (vgl. Sten.-Ber. 1900 bis 1903 Bd. 6 S. 5141).

Die Anwendung der allgemeinen Grundsätze des Strafrechts über Verjährung der Strafverfolgung bietet bei der hier vertretenen Auffassung keine besonderen Schwierigkeiten, doch ist noch im einzelnen folgendes zu bemerken:

Ob durch die Verbreitung mehrerer Druckschriften strafbaren Inhalts ebensoviele strafbare Handlungen oder eine fortgesetzte Handlung begangen werden, wird im einzelnen Falle tatsächlich festzustellen sein. Wenn mehrere selbständige Handlungen anzunehmen sind, so verjährt auch jede selbständig; für jede beginnt die Frist, sobald nach allgemeinen Grundsätzen die Handlung begangen, d. h. hier die erforderliche körperliche Tätigkeit vorgenommen worden und infolge derselben der nächste

460) Über den Fall des § 8 s. unten.

461) S. Olshausen, Komm. § 67 Note 8 ff.; s. a. **RGE.** Bd. 21 S. 228; und darüber Frank in Liszts Zeitschrift Bd. 14 S. 370; Frank, Strafgesetzbuch, II. Aufl. S. 115.

strafrechtliche Erfolg[462]) eingetreten, damit also eine Straftat vollendet ist. Wenn jedoch nur eine fortgesetzte Handlung anzunehmen ist, wie z. B. regelmäßig beim Verleger (vgl. **RGR.** Bd. 9 S. 483 und Bd. 24 S. 350), dann beginnt die Verjährung erst, sobald die Straftat in dem entwickelten Sinne durch den letzten Verbreitungsakt begangen ist (vgl. auch **RGE.** Bd. 32 S. 69 und Bd. 35 S. 268).

KG. 1. Juni 1896 (Ebner S. 109) nimmt an, daß die Verjährung vom ersten Verbreitungsakte laufe, weil sonst die für Preßdelikte aufgestellte kurze Verjährungsfrist überhaupt hinfällig werde. Übereinstimmend mit dieser Entscheidung BayOLG. 2. März 1912; DJZ. Bd. 17 S. 1136; BayOLGSt. Bd. 12 S. 99.

Gleiche Grundsätze gelten, wenn eine Druckschrift mehrere strafbare Handlungen enthält.

Ein Vergehen durch Verbreitung von Druckschriften kann nicht früher angenommen werden, als die Druckschrift veröffentlicht, d. h. der erste Verbreitungsakt erfolgt ist. Deshalb kann auf die Handlungen, welche vor diesem Zeitpunkte liegen und entweder den Versuch des Vergehens oder eine selbständige Straftat darstellen, auch hier die bestimmte Verjährungszeit keine Anwendung finden, sie unterliegen der Verjährungszeit des gemeinen Strafrechts. Hierin liegt ein gewisser Widerspruch insofern, als das versuchte Verbrechen häufig einer längeren Verjährungszeit unterliegen wird, als das vollendete, und insbesondere weil auch ein versuchtes Verbrechen, bei dem schon die fertiggestellte Druckschrift zur Ausgabe bereitliegt, gleichwohl nicht der kürzeren Verjährungszeit der Preßdelikte teilhaftig werden kann. Das Gesetz hat aber einmal klar und bestimmt ausgesprochen, daß die kurze Verjährungsfrist Platz greifen soll nur für Vergehungen, welche durch die Verbreitung von Druckschriften begangen werden, es können also die vor der Ausgabe liegenden Versuchshandlungen nicht darunter fallen. Dagegen unterliegen strafbare Handlungen, die durch die Verbreitung einer Druckschrift begangen sind, aber nur den Tatbestand eines strafbaren Versuchs darstellen (z. B. §§ 43, 263 StGB.), als Preßdelikte der kurzen Verjährungsfrist.

Auch für das Fahrlässigkeitsdelikt in § 21 gelten die allgemeinen Grundsätze, sodaß also auch hier die Verjährung erst mit der Verübung der Tat im hier vertretenen Sinne beginnt.

Unter den Verbrechen und Vergehen, die durch die Verbreitung von Druckschriften strafbaren Inhalts begangen werden,

---

462) Der sog. weitere Erfolg kommt für den Beginn der Verjährungsfrist nicht in Betracht (§ 67 Abs. 4; Binding, Handbuch des Strafrechts Bd. 1 S. 838).

sind hier die Verbrechen und Vergehen gemeint, welche auch unter §§ 20, 21 RPrG. fallen, deren Strafbarkeit also durch den Inhalt der Druckschrift begründet wird. Auf diesen Standpunkt hat sich auch der II. Strafsenat des Reichsgerichts im Urteile vom 28. Februar 1899 (**RGE.** Bd. 32 S. 69 ff.) gestellt. Das Urteil führt noch an, daß hierher nicht bloß solche Straftaten gehören, die durch einen an sich strafbaren Inhalt einer Druckschrift begangen, sondern beispielsweise auch die Vergehen gegen die §§ 187, 130, 166, 183 ff. StGB. Dagegen hat derselbe Strafsenat in einem Urteile vom 3. April 1900 (**RGE.** Bd. 33 S. 230) ausgesprochen, bei Erpressung finde, wenn die Drohung in einer Druckschrift enthalten sei, nicht die Verjährung nach § 22 RPrG., sondern die allgemeine fünfjährige Verjährung Anwendung. In diesem Urteil wird, und zwar unter Berufung auf das vorerwähnte (Bd. 32 S. 69), aber in direktem Gegensatze zu ihm, behauptet, da § 22 RPrG. seiner Fassung nach sich nur auf Straftaten beziehe, die durch die Verbreitung begangen werden, müsse gefolgert werden, daß nur solche strafbare Handlungen gemeint seien, deren Tatbestand schon mit der Verbreitung erfüllt ist. Nicht etwa erst durch den späteren Hinzutritt eines Tatbestandsmerkmals, wie der Vornahme der abgenötigten Handlung bei der Erpressung, stelle sich heraus, daß die Handlung durch die Verbreitung begangen worden sei. Daß die beiden Urteile unvereinbar miteinander sind, wird nicht bestritten werden können. Stellt man sich auf den Standpunkt des letzteren, dann irrt das erstere (Bd. 32 S. 69) z. B., wenn es zu den Preßdelikten, die der Verjährung nach § 22 unterliegen, ausdrücklich auch Vergehungen gegen § 166 StGB. rechnet. Denn auch bei diesen ist der Tatbestand nicht schon mit der Verbreitung, sondern erst durch das spätere Hinzutreten eines Tatbestandsmerkmals erfüllt. Bei § 166 StGB. ist nämlich die Straftat erst vollendet — also begangen —, wenn durch die Gotteslästerung ein Ärgernis gegeben ist (**RGE.** Bd. 16 S. 245; **RGR.** Bd. 9 S. 490); es bedarf also der Feststellung, daß mindestens eine Person Ärgernis genommen hat. Zieht man aber die volle Schlußfolgerung des Urteils in Bd. 33 S. 230, dann muß auch die Preßbeleidigung nicht in sechs Monaten, sondern erst nach fünf Jahren verjähren; denn auch ihr Tatbestand ist nicht „schon mit der Verbreitung“, sondern erst mit dem späteren Hinzutritt eines weiteren Moments, nämlich der Kenntnisnahme durch einen Dritten, erfüllt. Damit würde aber das Urteil Bd. 33 S. 230 im Endergebnis das Anwendungsgebiet des § 22 RPrG. auf die durch einen an sich strafbaren Inhalt der Druckschrift begangenen Straftaten beschränken. Daß das Urteil auch darauf wirklich hinaus will, ergibt dessen weitere Ausführung: der gesetzgeberische Grund für die kurze

Verjährung der Preßdelikte eigne sich nicht auf solche Delikte, „deren Verübung zwar auf dem Wege der Presse eingeleitet würde, bei denen sich aber die Begehung selbst erst in einem späteren Zeitpunkt und außerhalb der Presse vollzieht". Daß aber das Gesetz die kurze preßrechtliche Verjährung so habe beschränken wollen, dafür fehlt es an jedem Anhalt. Auch der Wortlaut des § 22 nötigt nicht zu der Annahme, daß nicht in §§ 20, 21 und 22 RPrG. dieselben Preßdelikte gemeint seien. Die Begründung zum Reichspreßgesetz spricht aber direkt dafür, daß die kurze Verjährungszeit für alle Preßdelikte ohne Ausnahme (wie sie in den §§ 20, 21 gemeint sind) gelten soll. Denn es heißt daselbst[463]): „Die Bestimmung einer sechsmonatlichen Verjährungsfrist für die durch die Presse begangenen Verbrechen und Vergehen ist fast allen Preßgesetzen gemeinsam." Die Begründung spricht also von Preßdelikten schlechthin, ohne jede Unterscheidung und Einschränkung. Anders liegt die Sache nur für diejenigen, welche auch den Begriff der Preßdelikte auf die Druckschriften mit an sich strafbarem Inhalt einschränken[464]). Eine solche Absicht bringt aber das Urteil nicht zum Ausdruck, und sie ist auch nach der bisherigen reichsgerichtlichen Praxis nicht zu vermuten (vgl. namentlich auch **RGE.** Bd. 32 S. 69). Man wird nach allem dann wohl dem eben zitierten Urteil des II. Strafsenats den Vorzug geben müssen. Vgl. auch **RGE.** Bd. 40 S. 270, wo § 22 ausgeschlossen wird, wenn die Straftat (z. B. § 14 WZG.) schon vor der Verbreitung vollendet ist. Ebenso **RG.** 15. Februar 1910; BayZ. Bd. 6 S. 257.

Der Verleger, der eine unzüchtige Schrift im einheitlichen strafbaren Vorsatze zum Zwecke der Verbreitung herstellt, ankündigt, anpreist, vorrätig hält und demnächst verbreitet, kann zu einer Zeit, da die Verbreitungshandlung verjährt ist, nicht noch wegen der Herstellung, Ankündigung usw. verfolgt werden. Diese letzteren Handlungen sind hier keine selbständige Straftaten. Eine einheitliche Straftat kann nur einer Verjährungsnorm unterliegen (**RGE.** Bd. 38 S. 72).

Bei Zuwiderhandlungen gegen Bestimmungen der §§ 6, 7, 8, durch falsche Angaben mit Kenntnis der Unrichtigkeit[465]) (§ 18 Nr. 2) oder auf andere Weise[466]) (§ 19 Nr. 1) begangen, beginnt die Verjährung ausschließlich mit der Ausgabe, mit dem ersten Erscheinen der

463) Sten. Bericht 1874, III S. 142.

464) Damit wäre auch die Bedeutung des RGes. vom 13. Juni 1902, über den Gerichtsstand der Presse gänzlich hinfällig. — Mit dem RGes. übereinstimmend Stenglein, NG. I, 319.

465) § 18 Nr. 2; in diesem Falle Vergehen, und deshalb der Verjährungsfrist des § 22 unterliegend.

466) § 19 Nr. 1; Übertretung.

Druckschrift, da mit diesem Akte die Zuwiderhandlung nicht nur vollendet, sondern auch endgültig abgeschlossen ist[467]).

In den Fällen des § 8 wird ein fortdauerndes gesetzwidriges Verhältnis gebildet, so daß nach den gewöhnlichen Regeln der Lauf der Verjährung solange nicht beginnt, als dieses Verhältnis besteht.

Die Verbreitung einer neuen inhaltlich unveränderten Auflage der Druckschrift ist bei einem Verstoße gegen die Ordnungsvorschriften, welcher erst bei der neuen Auflage begangen wird, ein selbständiges Objekt der Strafverfolgung. Aber auch in Bezug auf den Inhalt der Druckschrift wird ein neues Delikt vorliegen, weil das Erscheinen der neuen Auflage regelmäßig auf einem selbständigen Vorsatze der Beteiligten beruhen wird (vgl. übrigens hierüber Liszt S. 208; Marquardsen S. 189; Thilo S. 93 f.; Berner S. 299).

Zusätze und Änderungen strafbaren Charakters in der neuen Auflage werden immer den Tatbestand einer neuen strafbaren Handlung begründen.

Gibt ein Dritter eine inhaltlich strafbare Druckschrift, bezw. einen strafbaren Teil einer Druckschrift, z. B. einen beleidigenden Artikel wieder, so ist der Abdruck, die Wiederholung regelmäßig ein Delikt, dessen Verjährung selbständig und unabhängig von der Verjährung der Originaldruckschrift beginnt und läuft. Dies gilt insbesondere auch von der strafbaren Wiedergabe von Äußerungen usw. aus einer Gerichtsverhandlung.

3. Unterbrechung der Verjährung. Die Unterbrechung der Verjährung ist ebenso wie Lauf und Beendigung der Verjährungsfrist nach den allgemeinen Grundsätzen zu beurteilen. Die Bestimmung des preußischen Gesetzes (§ 49 Abs. 3) — nach welcher die Unterbrechung gleichmäßig gegen alle Beteiligte wirkt —, beruhte auf einem Versehen bei der Schlußredaktion und paßt nicht hierher, da sie aus dem abgelehnten Gedanken einer tatsächlichen Mittäterschaft entsprang[468]); vielmehr tritt auch bei der Unterbrechung die Wirkung nur gegenüber dem Beteiligten ein, auf den sich der Unterbrechungsakt bezieht[469]). Durch das sogen. objektive Verfahren (§§ 41, 42 StGB.) wird eine Unterbrechung nicht bewirkt, da es nicht gegen den Täter gerichtet ist. Ebenso kann nur eine richterliche Handlung unterbrechen[470]). Wenn eine Druckschrift den Tatbestand

467) Vgl. oben die Bemerkungen zu den §§ 18 Nr. 2 und 19 Nr. 1 und **RGE.** Bd. 24 S. 350; KG. in GA. Bd. 35 S. 67.
468) Hartmann S. 266 f.; GA. Bd. 3 S. 75 f.
469) Schwarze, KommzStGB. (5. Aufl.) § 68 Nr. 5.
470) OLG. München (Sammlung Bd. 1 S. 129).

mehrerer selbständigen Straftaten enthält (sei es mehrere Artikel strafbaren Inhalts oder einen solchen und eine Zuwiderhandlung gegen die Ordnung der Presse), so unterbricht eine richterliche Handlung, die sich nur auf eine dieser Straftaten bezieht, die Verjährung nicht auch bezüglich der anderen (ObTrib. Berlin in GA. Bd. 23 S. 497; s. a. Koller S. 205).

Dagegen unterbricht jede richterliche Handlung, die gegen den Täter wegen der Straftat gerichtet ist, die Verjährung wegen aller rechtlichen Gesichtspunkte, unter welche die Straftat gebracht werden kann. Für die Unterbrechung der Verjährung bei einem Anfangsdelikt ist es dabei auch gleichgültig, ob der Strafantrag schon gestellt war (vgl. RGE. Bd. 34 S. 426).

Der allgemeine Grundsatz, daß der Strafantrag des Verletzten die Verjährung nicht unterbricht, findet auch hier Anwendung[471]); ebenso die Vorschrift des § 69 StGB. über das Ruhen der Verjährung. Die Verjährung z. B. gegen einen Reichstagsabgeordneten ruht ohne weiteres, auch wenn die Ermächtigung des Reichstags zu seiner Verfolgung nicht nachgesucht ist (RG. Jur. Zeit. Bd. 6 S. 190).

Die Verjährungsfrist des RPrG. findet auf den strafbaren Nachdruck nicht Anwendung (RGE. Bd. 20 S. 182), da der Nachdruck nicht erst durch die Verbreitung begangen wird, also kein Preßdelikt ist; ebensowenig findet die kurze Verjährungsfrist Anwendung, wenn es sich um Ankündigungen usw. handelt, die durch den Druck hergestellt und mit einem für einen anderen geschützten Warenzeichen versehen sind (RGE. Bd. 40 S. 270 s. oben S. 132).

Die Verjährung der erkannten Strafe richtet sich in allen Fällen nach den Bestimmungen des Strafgesetzbuche.

V. Beschlagnahme.[472])

Allgemeine Bemerkungen.

Die Materie der Beschlagnahme ist bei den Verhandlungen über die Beschränkungen der Preßfreiheit immer sehr lebhaft erörtert worden und hat die widersprechendsten Vorschläge zutage gefördert. Es wurde auf die unverkennbaren schweren Schädigungen, welche mit der Beschlagnahme für den Eigen-

471) OLG. Dresden in der Sächs. Gerichtszeitung Bd. 23 S. 279 f.

472) Vgl. Liszt S. 117 f.; Berner S. 300 f.; Kayser S. 620 f.; sowie Marquardsen S. 190 f.; Thilo S. 95 f.; Stenglein, NG. I, 320; v. Mangoldt S. 42; Heil-

tümer der Zeitung, wie für das Publikum verbunden sein können, und die von den Nachteilen, die in den Fällen irgend einer anderen Beschlagnahme für den Eigentümer und Dritte entstehen, nicht erreicht werden, — ferner auf den vielfachen Mißbrauch, der in dieser Beziehung in einzelnen Ländern gegen mißliebige Zeitungen geübt worden ist[473]), — endlich auf die Zwecklosigkeit der Beschlagnahme in den meisten Fällen hingewiesen. Man hat hierbei vielfach den Unterschied in der Natur der einzelnen durch die Presse begangenen Delikte verwerten wollen, je nachdem die Verübung durch die Presse in irgend einer Beziehung zu dem gesetzlichen Tatbestande des Delikts nicht steht oder diese Veröffentlichung ein gesetzliches Tatbestandsmoment selbst bildet, und hat bei jener Gruppe eine wesentliche Beschränkung bezw. Unzulässigkeit der Beschlagnahme verlangt. Man hat sogar die Forderung aufgestellt, daß auch die richterliche Beschlagnahme beseitigt und dieselbe nur bei der Verbreitung unzüchtiger Bilder gestattet werde[474]).

---

born S. 67 ff.; Kah S. 189 ff.; Koller S. 206; Klöppel S. 457; Delius S. 92; und aus der älteren Literatur: Brater (Lex.) S. 250; Jaques S. 53 f.; Pözl (Lex.) S. 633; Barth S. 84 f.; Hartmann S. 143 f.; Schwarz S. 75 f.; Thilo, PreußPrG. S. 76 f.; Lienbacher Bd. 1 S. 199 f.; John, Juristentagsgutachten S. 335; Petition des Druckervereins S. 663; Denkschrift des Münchner Journalistentags (1873); Bericht der früheren Reichstagskommission S. 14 f. — Bitzlaff, GA. Bd. 54 S. 42; vgl. ferner Löwe, KommzStPO., woselbst im Anhange die hier einschlagenden Paragraphen des Preßgesetzes gleichfalls kommentiert worden sind.

473) Vgl. hier insbes. die Denkschrift des Münchner Journalistentags (S. 10 f.); Brater a. a. O. (Lex.), sowie die Reden der Abgg. Herz und Marquardsen im Reichstage (Verhandl. S. 488 f.).

474) In den Motiven des Regierungsentwurfs und in den Berichten beider Reichstagskommissionen befinden sich sehr interessante Exkurse über die Beschlagnahme.

Der Kommissionsbericht von 1873 führt aus:

„Eine Zeitung, die heute konfisziert und nach einiger, wenn auch verhältnismäßig kurzer Zeit wieder freigegeben wird, ist so gut wie wertlos; denn der größte Teil ihres Inhalts ist inzwischen veraltet. Und nicht bloß der Verleger wird dadurch in seinem materiellen, der Redakteur samt seinen Mitarbeitern in seinem geistigen, idealen Eigentume schwer geschädigt, auch Dritte, ganz Unbeteiligte und Unschuldige, können durch eine solche Beschlagnahme empfindliche, bisweilen kaum wieder gut zu machende Nachteile erleiden, z. B. der Inserent, der durch die Unterdrückung seines Inserats gegenüber einem Konkurrenten in eine ungünstige Lage versetzt wird, der Arbeitsuchende, dem die Gelegenheit, mittelst der gedruckten Nachfrage noch Arbeiten zu finden, verkümmert wird, der Geschäftsmann, der durch die ihm entzogene

Bei dem Zwecke dieses Kommentars kann der Gegenstand selbst hier nicht weiter erörtert werden. Dies gilt auch von der interessanten Frage über die Bestimmung einer Entschädigung im Falle einer ungerechtfertigten Beschlagnahme, wie sie in dem österreichischen Gesetze enthalten ist[475]), daselbst aber praktische Bedeutung nicht erzielt hat[476]).

Das Gesetz regelt, von §§ 27 und 28 abgesehen, nur die sogen. polizeiliche (außergerichtliche) Beschlagnahme von Druckschriften, wozu auch die von der Staatsanwaltschaft verfügte gehört, sodaß es für richterliche Beschlagnahme von Druckschriften im wesentlichen bei den allgemeinen Bestimmungen der Strafprozeßgesetze bewendet[477]). Sehr bestimmt und entschieden heißt es im Eingange des § 23: „Eine Beschlagnahme

---

Kenntnisnahme von einer Konkursanzeige, einer Generalversammlung oder dgl. vielleicht die größten Verluste erleidet."

Der Journalistentag zu München 1873 hat sich mit der Frage eingehend beschäftigt, und die von ihm herausgegebene Denkschrift „Über die Aufhebung der gesetzlichen Bestimmungnn, die vorläufige Beschlagnahme von Preßerzeugnissen betr." gehört zu denjenigen Schriften, welche sich am vollständigsten und eingehendsten mit dieser Frage beschäftigen und jede vorläufige Beschlagnahme für unzulässig erklären. Ebenso ist die Frage der Beschlagnahme auf dem Juristentage zu Frankfurt a. M. (Referent: Dr. Jaques aus Wien) lebhaft erörtert worden. Nachdem die dritte Abteilung des Juristentags mit einer sehr geringen Mehrheit selbst die richterliche Beschlagnahme für unzulässig erachtet hatte, wurde bei der Beratung im Plenum die Zulässigkeit der richterlichen Beschlagnahme anerkannt. Juristentagsverhandlungen (Frankfurt a. M. Bd. 2 S. 102 f., 285 f.). Ebenso ist die Frage der Beschlagnahme in den Verhandlungen des Reichstags wiederholt zum Gegenstande der Besprechung gemacht worden (Verhandl. S. 488 f., 1085 f.). Der Reichstag nahm die Vorschläge der Kommission mit „großer Majorität" (Verhandl. S. 501) an; es gehörte jedoch dieser Beschluß zu denjenigen, welche bei dem Bundesrat auf lebhafte Bedenken stießen, und von deren Festhaltung oder Beseitigung das Schicksal des Gesetzes abhing (vgl. Verhandl. S. 1103). Nach vielfachen Beratungen der Kommissarien einigte man sich endlich in den Vorschlägen, welche bei der dritten Lesung vom Reichstag angenommen wurden und auch die Zustimmung des Bundesrats erhielten (S. 1085 f.).

475) Lienbacher Bd. 2 S. 110 f.; Liszt, Österr. Preßrecht S. 364 f.

476) Vgl. die Mitteilung des Dr. Jaques in der Denkschrift des Journalistentages zu München S. 27 f.

477) §§ 94 ff. RStPO. — Vgl. auch ObTrib. Berlin in GA. Bd. 24 S. 25. Das französische Gesetz Art. 49 läßt nur die richterliche Beschlagnahme zu (und auch diese nur, wenn die Hinterlegung der Pflichtexemplare unterblieben ist), und nur in 4 Exemplaren. Vgl. Garraud a. a. O.; Kayser, Vortrag S. 28.

von Drucksachen ohne richterliche Anordnung findet nur statt usw." Die in § 23 aufgezählten Fälle sollen nur die Ausnahmen darstellen, in denen neben der gerichtlichen Beschlagnahme auch die polizeiliche Beschlagnahme gestattet sein soll[478]).

Hervorzuheben ist die Bestimmung in § 5 EGzStPO., daß die prozeßrechtlichen Vorschriften der Reichsgesetze durch die StPO. nicht berührt werden.

Die polizeiliche Beschlagnahme in Preßsachen ist ausschließlich in den Fällen des § 23 gestattet; eine Ausdehnung ist unzulässig. Insbesondere kann der sonst für die Polizeizuständigkeit maßgebende Zweck der verhindernden Abwehr von drohenden Gesetzesverletzungen eine entsprechende Ausdehnung nicht rechtfertigen.

Ist eine Druckschrift, Abbildung usw., mag sie inhaltlich strafbar sein oder nicht, mag sie die Bestimmungen in §§ 6, 7, 14, 15 verletzen oder nicht, zur Begehung eines Delikts (z. B. einer Beleidigung) bestimmt, so kann sie nach § 40 StGB. in Verbindung mit § 94 StPO. beschlagnahmt werden. Überhaupt ist die richterliche Beschlagnahme auch in den Fällen, in denen die polizeiliche Beschlagnahme gestattet ist, selbstverständlich nicht ausgeschlossen, wie endlich die Haussuchung usw. zum Zwecke der Beschlagnahme den allgemeinen Bestimmungen der StPO. unterliegen.

Die Vorschriften des § 23 finden auf periodische und nichtperiodische Druckschriften Anwendung.

Die Regelung der polizeilichen Beschlagnahme bei Plakaten hat man im Preßgesetz unterlassen, nachdem die Materie der Plakate völlig ausgeschieden und der Landesgesetzgebung vorbehalten worden ist (s. § 30).

§ 23[479]).

Eine Beschlagnahme von Druckschriften ohne richterliche Anordnung findet nur statt:

1. **wenn eine Druckschrift den Vorschriften der §§ 6 und 7 nicht entspricht, oder den Vorschriften des § 14 zuwider verbreitet wird,**
2. **wenn durch eine Druckschrift einem auf Grund des § 15 dieses Gesetzes erlassenen Verbote zuwider gehandelt wird,**
3. **wenn der Inhalt einer Druckschrift den Tatbestand einer der in den §§ 85, 95, 111, 130 oder 184 des**

478) Marquardsen S. 226.

479) Über die Geschichte dieser Bestimmungen vgl. Berner S. 302 f. Eine Gegenüberstellung der Bestimmungen des Preßgesetzes und der (späteren) StPO. s. bei Liszt S. 119 f.

deutschen Strafgesetzbuchs mit Strafe bedrohten Handlungen begründet, in den Fällen der §§ 111 und 130 jedoch nur dann, wenn dringende Gefahr besteht, daß bei Verzögerung der Beschlagnahme die Aufforderung oder Anreizung ein Verbrechen oder Vergehen unmittelbar zur Folge haben werde.

1. Anwendungsgebiet. Die Beschlagnahme hat zunächst den Zweck, die strafgerichtliche Verfolgung der verübten Delikte zu sichern. Allein dieser Zweck tritt in den Fällen unter 3 vor dem anderen zurück, der durch die Beschlagnahme erreicht werden soll. In diesen Fällen macht sich der oft besprochene und auch vielfach angefochtene Gedanke von der „Gefährlichkeit der Presse" (Lentner S. 14 ff.) geltend. Die Weiterverbreitung der Druckschrift in den Fällen unter 3 erweitert den Umfang der Rechtsverletzung und erhöht insbesondere in den Fällen der §§ 111, 130 die Gefahr, welche aus der Aufforderung bezw. Anreizung für die öffentliche Ruhe und Sicherheit entspringt.

In den Fällen unter Ziff. 1 liegt das strafbare Moment nur in der Ordnungswidrigkeit, nicht in dem Inhalte der Druckschrift[480]), dies gilt auch von dem Falle des § 14, da diese Zuwiderhandlung als solche, ohne Rücksichtnahme auf den Inhalt der Druckschrift, in der Verbreitung gegen das Verbot besteht[481]).

Anders gestalten sich die Fälle unter Nr. 2 und 3, in denen der Inhalt der Druckschrift entscheidet. Eine gewisse Verschiedenheit besteht aber auch zwischen den Fällen der Nummern 2 und 3.

Während in den Fällen der Nr. 3 der Inhalt gegen allgemeine Strafgesetze verstößt, erhält im Fall der Nr. 2 die Veröffentlichung ihren strafbaren Charakter regelmäßig nur durch das erlassene Verbot.

In den Fällen unter Ziffer 2 und 3 muß die Polizeibehörde vor der Beschlagnahme darüber erkennen, ob der Inhalt der Druckschrift einem Verbote nach § 15 zuwiderläuft oder den Tatbestand eines der (in Ziff. 3) erwähnten Delikte begründet. Die gleiche Ausdrucksweise: daß der Inhalt den Tatbestand einer strafbaren Handlung begründe, findet sich in § 21. Der Sinn derselben ist in beiden Paragraphen der gleiche. Nur wird in § 21 die Voraussetzung eines richterlichen Strafurteils festgestellt, — in § 23 die einer polizeilichen Sicherungsmaßregel. Es kann der Polizei nicht zugemutet werden, noch würde es durchführbar sein, den Inhalt der Druckschrift dergestalt nach dem

480) Kayser S. 623. Unter den in Ziffer 1 aufgeführten Paragraphen befindet sich § 8 nicht. Entspricht also der Redakteur nicht den daselbst erforderten Voraussetzungen, so ist deshalb noch nicht die Beschlagnahme zulässig.

481) S. oben § 14.

einschlagenden Paragraphen des Strafgesetzbuchs zu prüfen, wie es der Richter bei der Aburteilung tut, sonach z. B. auch die subjektiven Schuldmomente des Verfassers usw. einer Beurteilung zu unterziehen. Vielmehr muß es genügen, wenn der Inhalt der Druckschrift hier in objektiver Hinsicht die Gedankenäußerung darstellt, die zum Tatbestande des Delikts gehört[482]).

Es fragt sich, ob bei diesen materiellen Verschiedenheiten der erwähnten Fälle das weitere Verfahren gleichmäßig zu gestalten ist?

Das Gesetz hat einen Unterschied nicht gemacht. Dessen ungeachtet können die Vorschriften in § 27 Abs. 1 im zweiten Satze und in § 27 Abs. 2, sowie in § 28 Abs. 2 offenbar nur auf die Fälle unter 2, 3 bezogen werden[483]).

Noch bestimmter tritt die dargelegte Verschiedenheit der einzelnen Fälle gegenüber § 41 StGB. hervor. Die Vorschriften dieses Paragraphen setzen unbedingt einen strafbaren Inhalt der Druckschrift voraus und finden daher auf die Zuwiderhandlungen in § 23 unter 1 nicht Anwendung; es wäre auch ein Grund nicht vorhanden, in den letzteren Fällen ein Verfahren auf Vernichtung der Schrift einzuleiten. Denn wenn es festgestellt ist, von wem die Zuwiderhandlung ausgegangen ist, so bedarf es weiterer Maßregeln nicht, um die Bestrafung zu sichern; die Druckschrift selbst ist an sich ohne strafrechtliche Bedeutung und daher die Vernichtung nicht erforderlich. Noch mehr gilt das Gesagte von den Fällen des § 42 StGB. Denn wenn eine strafbare Person in den in § 23 Abs. 1 erwähnten Fällen nicht ermittelt werden kann, so ist jedes Interesse an weiterer Verfolgung erledigt, während in den übrigen Fällen des § 23 auch dann, wenn eine strafbare Person nicht ermittelt werden kann, immer noch das Interesse, daß der Inhalt der Druckschrift nicht in weitere Kreise verbreitet wird, vorhanden und daher die Vernichtung der Druckschrift geboten ist.

Die vorläufige Beschlagnahme ist in den Fällen des § 23 gestattet, jedoch nicht vorgeschrieben; sie hängt daher auch in diesen Fällen von der freien Entschließung der Behörde nach der Gestaltung des einzelnen Falles ab.

2. Wann tritt die Zulässigkeit der Beschlagnahme ein? — In Nr. 1, 2 des § 23 wechselt der Ausdruck; es finden sich die Ausdrücke: „nicht entspricht", „verbreitet wird" und „zuwidergehandelt wird". Während die Bedeutung des Wortes „verbreitet" eine Zweifel nicht unterliegt, können die Worte „nicht entspricht" und „zuwidergehandelt wird" Zweifel erregen. Es wird sich jedoch empfehlen, auch

482) ObTrib. Berlin in GA. Bd. 10 S. 569, Bd. 11 S. 19.
483) Lienbacher Bd. 2 S. 105 f.

in den Fällen der Nr. 2 die Beschlagnahme auf den Fall der Verbreitung zu beschränken. Dagegen entsteht zunächst die Frage, wie die Worte „nicht entspricht" aufzufassen sind? Ist die Beschlagnahme zulässig, ehe die Verbreitung beginnt? — In dem preußischen Gesetze § 29 war gesagt: „Wenn eine zur Verbreitung bestimmte Druckschrift den Vorschriften usw. nicht entspricht usw." und sonach die Beschlagnahme der Druckschrift, „wo sie sich zum Zwecke der Verbreitung befindet", gestattet[484]). Unser Gesetz hat die gleiche Fassung nicht gewählt, sondern nur den Mangel in den nach §§ 6, 7 vorgeschriebenen Angaben betont. Auch hier ist die Beschlagnahme erst mit der Verbreitung gestattet, um so mehr, als den fraglichen Ordnungswidrigkeiten nur eine geringere Bedeutung, wie den übrigen Fällen des § 23 beiwohnt und auch bei ihnen eine Schädigung des öffentlichen Interesses erst mit der Verbreitung eintritt. Diese Ansicht wird durch den Inhalt des Kommissionsberichts bestätigt, in dem S. 14 in Bezug auf Nr. 1 gesagt wird[485]):

> „Es wäre eine offene Verletzung der Gesetzesvorschriften, solche Schriftstücke verbreiten zu lassen, welche sozusagen die ersten Grundbedingungen ihrer Existenz nicht erfüllen."

Die Motive des Regierungsentwurfs scheinen von einer anderen Ansicht auszugehen, da sie S. 22 folgendes bemerken:

> „Die Fälle der Beschlagnahme zerfallen nach der Voraussetzung ihrer Zulässigkeit in zwei Kategorien:
>
> 1. Verletzungen der formellen Vorschriften der §§ 5 und 6, und Zuwiderhandlungen gegen den § 15 des Entwurfs. Daß die ersteren Verletzungen nur bei denjenigen Druckschriften, welche zur Verbreitung bestimmt sind, in Betracht kommen, braucht nicht besonders ausgedrückt zu werden, da nach den folgenden Sätzen die Beschlagnahme überhaupt die Exemplare einer Druckschrift nur da treffen soll, wo dergleichen zum Zwecke der Verbreitung sich vorfinden.
> 2. Strafbarer Inhalt einer verbreiteten Druckschrift, welcher den Tatbestand eines Verbrechens oder Vergehens begründet.
>
> Unter dieser letzteren Kategorie sind zufolge § 19 Nr. 1 auch Zuwiderhandlungen gegen die §§ 17 und 18, sowie gleichfalls gegen die auf Grund des § 16 ergangenen Verbote der Veröffentlichung über Truppenbewegungen usw. in Kriegszeiten mitbegriffen."

Allein die Bemerkung der Motive unter N. 1 findet in dem Gesetze nicht die nötige Unterstützung, da die Bestimmung

---

484) Hartmann S. 144, 146.

485) Vgl. noch Marquardsen S. 226 f.; Berner § 112 f.; Kayser S. 624; Thilo S. 101 Nr. 8; **RGE.** Bd. 16 S. 409; **RGR.** Bd. 9 S. 668; a. M. ist Liszt S. 124.

des preußischen Gesetzes im Reichsgesetze nicht wiederholt worden und nach der Schlußbemerkung der Motive zu Nr. 2 kein Anlaß vorhanden ist, die in Nr. 1 erwähnten Fälle anders zu behandeln, als die in der Schlußbemerkung hervorgehobenen. Was dagegen die Bezugnahme der Motive unter Nr. 1 auf die Bestimmung in § 27 Abs. 1 verb. „wo dergleichen zum Zwecke der Verbreitung sich befinden" anlangt, so ist sie nicht geeignet, die oben verteidigte Meinung zu beeinflussen. Denn diese Bestimmung betrifft nur den Umfang der Beschlagnahme und will ihr diejenigen Exemplare entziehen, die bereits in Privathände übergegangen, bezw. verbreitet sind, und will der bereits in Kraft getretenen Beschlagnahme diejenigen Exemplare unterwerfen, die zwar noch nicht verbreitet, aber zur Verbreitung bestimmt sind. Die Bestimmung setzt daher eine rechtsbeständige Verfügung der Beschlagnahme voraus, ohne die Vorbedingung derselben festzustellen, und regelt nur den Umfang ihrer Wirksamkeit, wie sich dies überdies noch aus der Stellung des § 27 im Gesetz ergibt.

Es kann also eine Druckschrift auf Grund des § 23 Nr. 1 und 2 nicht eher mit Beschlag belegt werden, als bis mit ihrer Veröffentlichung begonnen worden ist[486]). Die polizeiliche Beschlagnahme ist nicht bereits dann zulässig, wenn die Polizeibehörde vom Vorhandensein einer strafbaren Druckschrift in der Druckerei oder im Privatbesitze des Verlegers Kenntnis erhält, da diese Schriften, solange mit ihrer Verbreitung nicht begonnen worden ist, noch nicht in den Kreis der Strafbarkeit eingetreten sind. Die Polizeibehörde wird in derartigen Fällen ihr besonderes Augenmerk auf den Beginn der Verbreitung zu richten haben, wobei sie, gegenüber periodischer Presse, in der Vorschrift des § 9 über die Abgabe eines Pflichtexemplars einige Unterstützung findet. In dieser Folgerung des § 23 liegt eine wesentliche Abweichung von den allgemeinen strafprozessualen Vorschriften und von den Regeln über die Aufgabe der Polizei. Wiederholt und entschieden ist betont worden, daß die Beschlagnahme einer Druckschrift nicht als Verhütungs- und Verhinderungsmaßregel auftreten, sondern nur die Weiterverbreitung der im Delikte liegenden Schädigung der öffentlichen Ordnung abwenden solle; sie stehe auf der Grenzscheide zwischen dem Präventiv- und dem Repressivsysteme[487]).

486) Vgl. auch z. B. Sächs. Preßgesetz Art. 28, 4.

487) Vgl. auch Biedermann, Referat S. 10 f., S. 20. Der 6. Journalistentag zu Breslau S. 32. Die Befugnis der Polizei wird im allgemeinen nicht bestritten, der Vollendung eines versuchten Delikts hindernd entgegenzutreten, sowie dessen bereits vorhandene Erzeugnisse und die zur Anfertigung dienenden speziellen Werkzeuge mit Beschlag zu belegen, wie z. B. bei dem

Auch in den Fällen der Ziffer 3 sprechen die Motive von der Beschlagnahme einer verbreiteten Druckschrift. Bei den hier in Betracht kommenden Straftaten wird zur Vollendung der Straftat zum Teil nichts weiter, wie die Verbreitung (z. B. § 184), zum Teil aber gefordert, daß die Gedankenäußerung anderen zur Kenntnis gekommen ist (z. B. §§ 95, 130); bei den übrigen (§§ 85, 111) ist dieser letztere Punkt bestritten. Indessen liegt, wenn die Polizei nach dem Beginne der Verbreitung die Beschlagnahme vornimmt, regelmäßig schon die strafbare Handlung vollendet vor, da auch das Erfordernis der Kenntnisnahme durch Dritte erfüllt sein wird. Doch ist noch folgendes zu bemerken:

Bei dem Verbrechen gegen § 85 StGB. kann auch ein strafbarer Versuch, und zwar schon vor der Verbreitung, vorkommen[488]). Es fragt sich deshalb, ob in diesem Falle die Beschlagnahme der Druckschrift nach § 23 auch schon vor der Verbreitung stattfinden kann. Die Frage wird in den Schranken des § 27 Abs. 1 bejaht werden müssen. Es erscheint diese Beschlagnahme gegenüber der in dem Versuche liegenden Straftat nicht als eine dem Geiste des Preßgesetzes widerstreitende reine Präventivmaßregel, sondern als Zwang gegenüber dem strafbaren Versuch, als Verhinderungsmaßregel allerdings zugleich gegenüber der anderenfalls zu erwartenden Verbreitung[489]).

Was die in Nr. 3 des Paragraphen besonders erwähnten Delikte anlangt, so ist noch folgendes zu bemerken. Diese Delikte sind: § 85 öffentliche Aufforderung zum Hochverrate, § 95 Beleidigung des Kaisers oder Landesherrn, § 111 öffentliche Aufforderung zu strafbaren Handlungen, § 130 öffentliche Anreizung zum Klassenkampfe, § 184 Verkauf usw. unzüchtiger Schriften usw.

Bei den in den §§ 111, 130 erwähnten Delikten hat das Gesetz die Zulässigkeit der Beschlagnahme noch besonders be-

---

Versuch eines Münzverbrechens die bereits verfertigten, aber nicht ausgegebenen Münzen und die zur Herstellung dienenden Formen, Platten usw. Dagegen wird es in Begünstigung der Presse bei den Preßdelikten der Polizei untersagt, auch bei sicherer Kenntnis von dem Vorhandensein einer zur Verbreitung bestimmten strafbaren Druckschrift die Exemplare mit Beschlag zu belegen und hiermit das Delikt im Keime zu ersticken.

488) Daß bei § 85 überhaupt Versuch möglich ist, wird bestritten von Baumgarten, Versuch S. 404 Note 64; Hälschner, Strafrecht Bd. 2 S. 749 u. a.; jedoch bejaht von Olshausen, Komm. s. zu § 85 Note 4 und den daselbst Zitierten.

489) Es wird zwar in der Literatur allgemein angenommen, daß die polizeiliche Beschlagnahme vor Beginn der Verbreitung unzulässig sei, es hängt das aber damit zusammen, daß die herrschende Ansicht alle Handlungen vor der Verbreitung für straflos erklärt.

schränkt. Das Delikt des § 111 enthält eine Erschwerung des Tatbestandes von § 110 und ist daher zugleich unter dessen Berücksichtigung festzustellen. Die Beschlagnahme ist hier gerechtfertigt, wenn die Druckschrift die Aufforderung zu einer strafbaren Handlung enthält und die in § 23 Abs. 3 PreßG. erwähnte Gefahr vorhanden ist. — Die Aufnahme des § 130 stieß insbesondere auf Widerspruch (Verhandl. S. 496, 498). weil die Begriffsbestimmung in § 130 ziemlich dehnbar sei, während von anderer Seite (S. 492, 499) gerade aus den unter § 130 zu stellenden Fällen die Notwendigkeit zu einer Ausdehnung der polizeilichen Beschlagnahme abgeleitet wurde.

Die Prüfung und Beantwortung der Frage, ob im einzelnen Falle diese Gefahr besteht, ist dem pflichtmäßigen Ermessen der verfügenden Behörde überlassen worden. Hiermit ist der Schwerpunkt in die Gestaltung des einzelnen Falles gelegt. Der Einwand[490]), daß mit diesem Ermessen ein Mißbrauch getrieben werden könne, wird durch die Erwägung beseitigt, daß die Polizeibehörde schwerlich zu einer solchen Beschlagnahme schreiten wird, wenn sie nicht auf bestimmte und sichere Tatsachen sich beziehen kann, durch welche die „dringende Gefahr" begründet ist. Bei der Frage der Bestätigung wird das Gericht die Sachlage zur Zeit der Beschlagnahme und zur Zeit der gerichtlichen Entscheidung ins Auge fassen und danach die Zulässigkeit der Maßregel prüfen. Es kann sich daher wohl ereignen, daß die Beschlagnahme ex tunc für gerechtfertigt erklärt, dagegen gleichzeitig wieder aufgehoben wird, weil die „dringende Gefahr" sich vollständig erledigt hat.

Die Frage, ob bei Vergehen, welche nur auf Antrag des Verletzten verfolgt werden, vor der Beschlagnahme der Antrag des Verletzten gestellt sein müsse, ist vielfach erörtert worden. Der Regierungsentwurf, der die Beschlagnahme bei allen Verbrechen und Vergehen zuließ, hatte die Frage bejahend beantwortet[491]). Die Kommission, welche die Beschlagnahme beschränkte, hatte kein Interesse, im Gesetze die Frage zu beantworten, da die unter Nr. 3 erwähnten Fälle nicht zu den Antragsdelikten gehören und das Gesetz nicht die Materie der Beschlagnahme vollständig erledigen will, sondern sich nur mit der polizeilichen Beschlagnahme beschäftigt.

Die richterliche Beschlagnahme, die allein in Frage kommen könnte, ist ein Akt der Strafverfolgung und setzt deshalb einen Strafantrag voraus. Aus den

490) Verhandl. S. 1085, 1092; Kayser, S. 625; John in Holtzendorffs RL. S. 359.

491) A. M. war z. B. SächsPrG. Art. 28 Schlußsatz. Vgl. noch über das Preuß. Gesetz Hartmann S. 147; Thilo, PreußPrG. S. 82; Schwarck S. 78.

Ausnahmebestimmungen der §§ 127 letzter Absatz und 130 StPO. eine entsprechende Anwendung auf die Beschlagnahme, als ein minus zuzulassen, dürfte bedenklich sein. Es ist vielmehr anzunehmen, daß, weil die Zulässigkeit der Beschlagnahme vor Einreichung des Strafantrags nicht ausdrücklich erwähnt ist, sie das Gesetz nicht gewollt hat. In der Praxis ist jedoch die gegenteilige Ansicht weit ververbreitet.

§ 24.

Über die Bestätigung oder Aufhebung der vorläufigen Beschlagnahme hat das zuständige Gericht zu entscheiden.

Diese Entscheidung muß von der Staatsanwaltschaft binnen 24 Stunden nach Anordnung der Beschlagnahme beantragt und von dem Gericht binnen 24 Stunden nach Empfang des Antrags erlassen werden.

Hat die Polizeibehörde die Beschlagnahme ohne Anordnung der Staatsanwaltschaft verfügt, so muß sie die Absendung der Verhandlungen an die letztere ohne Verzug und spätestens binnen 12 Stunden bewirken. Die Staatsanwaltschaft hat entweder die Wiederaufhebung der Beschlagnahme mittelst einer sofort vollstreckbaren Verfügung anzuordnen, oder die gerichtliche Bestätigung binnen 12 Stunden nach Empfang der Verhandlungen zu beantragen.

Wenn nicht bis zum Ablaufe des fünften Tages nach Anordnung der Beschlagnahme der bestätigende Gerichtsbeschluß der Behörde, welche die Beschlagnahme angeordnet hat, zugegangen ist, erlischt die letztere und muß die Freigabe der einzelnen Stücke erfolgen.

1. Richterliche Entscheidung. Die Bestimmung des § 24 bezieht sich auf alle Fälle des § 23 und unterwirft sie — ohne Unterschied — der richterlichen Beurteilung. Diese ist von der Polizeibehörde selbst, ohne Antrag des Beteiligten, nachzusuchen. Erst mit der richterlichen Bestätigung erlangt die Beschlagnahme ihre volle Berechtigung; in der Bestimmung des § 24 erhält der vorläufige Charakter der Beschlagnahme einen praktischen Ausdruck.

2. Die Beschlagnahme erlischt

a) infolge der Rücknahme der Verfügung,
b) infolge richterlicher Aufhebung (§ 24 Abs. 1) und
c) infolge des Fristablaufs (§ 24 Abs. 4, § 26).

3. Die Rücknahme der Verfügung. In § 24 wird vorausgesetzt, daß die vorläufige Beschlagnahme von der Polizeibehörde vorgenommen wurde, und zwar entweder aus eigener Entschließung, oder auf Anordnung der Staatsanwaltschaft. Auf den ersteren Fall bezieht sich die Vorschrift

in Abs. 2, auf den letzteren Fall beziehen sich die Vorschriften in Abs. 3, auf beide Fälle die Vorschriften in Abs. 1 und Abs. 4.

Die Wiederaufhebung durch Rücknahme der Verfügung wird nur in Abs. 3 und zwar für den Fall erwähnt, daß die Polizeibehörde ohne Anordnung des Staatsanwalts die Beschlagnahme verfügt hat. Allein auf diesen Fall ist die Frage der Rücknahme nicht zu beschränken. Vielmehr kann auch die Polizeibehörde die von ihr angeordnete Beschlagnahme binnen der in Abs. 3 bestimmten Frist wieder aufheben. Ebenso kann die Staatsanwaltschaft die von ihr angeordnete Beschlagnahme binnen der ersten 24 Stunden (Abs. 2) wieder aufheben. Hat jedoch die Polizeibehörde die Beschlagnahme auf Anordnung der Staatsanwaltschaft verfügt, so kann selbstverständlich nicht die Polizeibehörde, sondern nur die Staatsanwaltschaft die Beschlagnahme wieder aufheben.

Bei der ohne Anordnung des Staatsanwalts von der Polizeibehörde verfügten Beschlagnahme wird der Staatsanwalt nur, wenn er die Beschlagnahme gerechtfertigt findet, die Entscheidung des Gerichts einholen, sonst aber sie ohne weiteres aufheben. In diesem Falle tritt die Schlußbestimmung des Abs. 3 bezüglich der Frist ein. Hat ein Gericht im Eilfalle die Beschlagnahme verfügt, so ist sie überhaupt als eine gerichtliche, nicht vorläufige, zu behandeln.

4. Zuständiges Gericht. Seit dem Erlasse der StPO. kann nicht mehr das in der Hauptsache zuständige Gericht als zur Erkennung über die Beschlagnahme zuständig angesehen werden[492]; vielmehr tritt nunmehr die Vorschrift der §§ 98², 160 StPO. ein, nach welcher die richterliche Bestätigung der Beschlagnahme bei dem Amtsrichter des Bezirks, in welchem die Beschlagnahme vorgenommen, sofern die öffentliche Klage noch nicht erhoben wurde, nachzusuchen ist, — war letztere schon erhoben, so ist das je nach der Lage der Sache mit derselben befaßte Gericht bezw. der Untersuchungsrichter zuständig (§ 98 StPO.)[493]. — Sollte die Staatsanwaltschaft mit dem Antrag auf Bestätigung der Beschlagnahme die Erhebung der öffentlichen Klage verbinden, so würde das mit letzterer befaßte Gericht auch für die Entscheidung über die Beschlagnahme zuständig sein.

5. Verfahren. Die „Entscheidung" des Gerichts ist von der Staatsanwaltschaft einzuholen.

Die Entscheidung braucht sich nicht auf den Standpunkt des erkennenden Richters zu stellen. Denn die Beschlagnahme ist in jedem Falle eine vorbereitende Verfügung, durch welche

492) Thilo S. 103 und PreußPrG. S. 71 f.; Marquardsen S. 235 f.

493) OLG. München, Sammlung usw. Bd. 1 S. 81 ff.; Bd. 3 S. 310.

der Endentscheidung durchaus nicht vorgegriffen wird. Insbesondere wird bei dieser Entscheidung die Prüfung des Preßerzeugnisses sich mehr auf den Inhalt und weniger auf die Schuld der etwa verantwortlichen Personen richten dürfen, soweit solche Schuld nicht offensichtlich fehlt[494]).

„Absendung der Verhandlungen". Hierunter sind die ergangenen Akten zu verstehen, deren Beilage die beschlagnahmte Schrift ist. Die Praxis hat angenommen, daß keineswegs sämtliche beschlagnahmten Exemplare beigefügt werden müssen[495]).

Fristen. In Abs. 2 entscheidet die Anordnung der Beschlagnahme, — nicht erst die Ausführung derselben.

Die Fristen in Abs. 2, 3 sind a momento ad momentum zu berechnen; die zweimal 12 Stunden in Abs. 3 entsprechen der Frist von 24 Stunden in Abs. 2; die Frist in Abs. 4 ist nach dem Kalender zu berechnen.

In Abs. 4 zählt nach der Fassung des Gesetzes der Tag der Anordnung nicht mit[496]).

Die Bestimmung in Abs. 4 des § 24 ist von besonderer Wichtigkeit; sie enthält eine Begünstigung der Presse, die mit den Vorschriften der Strafprozeßordnung nicht übereinstimmt, ist aber eine Folge der Auffassung von der unbedingten Notwendigkeit der richterlichen Bestätigung.

Die Nichtbeobachtung der Fristen in Abs. 2, 3 ist einflußlos; es hängt jedoch auch von ihnen der Ablauf der in Abs. 4 bestimmten Frist in keiner Weise ab[497]).

Bei nicht rechtzeitiger Bestätigung und Mitteilung an die Polizei tritt die polizeiliche Beschlagnahme von Rechts wegen außer Kraft, ohne daß es einer besonderen Aufhebung bedürfte. Daß in einem verspäteten Gerichtsbeschluß, in dem die Beschlagnahme bestätigt wird, ohne weiteres eine erneute Anordnung der Beschlagnahme enthalten ist, trifft nicht zu, falls nicht aus dem Inhalte des Beschlusses hervorgeht, daß das Gericht nicht bloß die Frage der Bestätigung der vorläufigen Beschlagnahme nach § 23 RPrG. geprüft, sondern die Anordnung der Beschlagnahme auch außerhalb des preßgesetzlichen Beschlagnahmeverfahrens für gerechtfertigt erklären wollte. Auch das später auf Unbrauchbarmachung ergangene Urteil stellt eine nachträglich wirksame Bestätigung der Beschlagnahme, überhaupt eine Beschlagnahme nicht dar. Es gibt nur den Titel zur Vollstreckung ab (**RGE.** Bd. 30 S. 323).

---

494) Oppenhoff, Rechtspr. Bd. 6 S. 196.
495) Vgl. noch Thilo S. 104.
496) Thilo S. 104; Marquardsen S. 238 f.
497) Vgl. noch Hartmann S. 154.

§ 25.

Gegen den Beschluß des Gerichts, welcher die vorläufige Beschlagnahme aufhebt, findet ein Rechtsmittel nicht statt.

Die Bestimmung wird durch die StPO. (§ 346) um so weniger berührt, als § 346 Abs. 2 verordnet: „— soweit das Gesetz dieselben nicht ausdrücklich einer Anfechtung entzieht" (vgl. noch EGzStPO. § 5).

Die Folge der Aufhebung ist die alsbaldige Rückgabe der beschlagnahmten Exemplare. Eines Antrags auf Rückgabe bedarf es nicht.

Durch die Aufhebung der Beschlagnahme wird die Befugnis, im Urteil auf Unbrauchbarmachung zu erkennen, nicht berührt; sie ist vom Bestehen, bezw. vom Wegfalle der Beschlagnahme völlig unabhängig, und auch ohne daß eine solche vorausging, zulässig. Überhaupt ist die Wiederaufhebung der Beschlagnahme keine Vorausnahme der Endentscheidung in der Hauptsache.

Die Frage, ob gegen den Gerichtsbeschluß, der die vorläufige Beschlagnahme bestätigt, eine Beschwerde zulässig ist, muß gegenwärtig nach § 346 StPO. bejaht werden.

Ebenso steht der Staatsanwaltschaft gegen den Gerichtsbeschluß, der die von ihr beantragte Beschlagnahme ablehnt, die Beschwerde zu (s. Löwe, StPO. zu § 25 PreßG. Anm. 1).

§ 26.

Die vom Gericht bestätigte vorläufige Beschlagnahme ist wieder aufzuheben, wenn nicht binnen zwei Wochen nach der Bestätigung die Strafverfolgung in der Hauptsache eingeleitet worden ist.

Während nach Abs. 4 des § 24 die Beschlagnahme mit dem Ablaufe der Frist von selbst außer Kraft tritt[498]) — weil die Voraussetzung ihrer Fortdauer, die richterliche Bestätigung, nicht erlangt worden —, wird in § 26 ein Beschluß des Gerichts erfordert, der die Aufhebung der Beschlagnahme ausdrücklich ausspricht, und zwar weil es sich hier um Wiederaufhebung eines gerichtlichen Beschlusses handelt.

Die Bestimmung bezieht sich nur auf die vom Gerichte bestätigte polizeiliche Beschlagnahme[499]), — nicht aber auch auf die gerichtlich angeordnete Beschlagnahme, betreffs deren es bei der Strafprozeßordnung bewendet, die eine solche Frist nicht kennt.

Die Aufhebung erfolgt durch das Gericht, welches die Bestätigung ausgesprochen hatte, wenn ihm nicht binnen zwei

---

498) Eine Bestimmung, die solches von Rechts wegen eintretende Erlöschen der Beschlagnahme aussprechen sollte, wurde auch bei der Beratung des preußischen Gesetzes vorgeschlagen, aber abgelehnt, s. auch die Bemerkungen zu § 24 am Ende. — Vgl. Hartmann, Preuß. Gesetz S. 145.

499) Vgl. noch oben § 23 und GA. Bd. 23 S. 210.

Wochen nach der Bestätigung der Beschlagnahme die Nachricht zugeht, daß die Strafverfolgung in der Hauptsache eingeleitet ist.

Die Bestimmung berührt nicht den Fall, daß der Staatsanwalt eine von ihm verfügte Beschlagnahme wieder aufhebt; hierzu ist er jederzeit befugt.

Auch wird das Gericht nicht behindert sein, die Beschlagnahme zurückzuziehen, wenn es deren Gründe für erledigt erachtet, obgleich es sie bestätigt hatte und auch die öffentliche Klage innerhalb der Frist erhoben war[500]), da damit das Verfahren in der Hauptsache noch nicht eingeleitet ist.

Ebensowenig wird das Gericht behindert sein, späterhin eine (gerichtliche) Beschlagnahme zu verfügen.

„eingeleitet". Es ist hier die Eröffnung der Voruntersuchung bezw. wenn solche nicht stattgefunden hat, des Hauptverfahrens gemeint. Im Falle des sogen. objektiven Strafverfahrens (§ 42 StGB., § 477 StPO.) ist die Anberaumung des Termins zur Hauptverhandlung der Eröffnung der Untersuchung gleich zu achten[501]).

„Hauptsache", d. h. bezüglich des Deliktes, das die Beschlagnahme veranlaßte.

Ist die Beschlagnahme bestätigt, so bedarf es bei ferneren Beschlagnahmen von Exemplaren derselben Druckschrift, welche erst später vorgefunden worden sind, nicht der Wiederholung der in §§ 24 f. vorgeschriebenen Förmlichkeiten und nicht einer neuen Entscheidung des Gerichts. Dasselbe tritt ein, wenn auf Vernichtung der Exemplare erkannt worden ist, da hier die Vernichtung auch auf die nach Rechtskraft des Urteils beschlagnahmten Exemplare sich erstreckt.

In den Fällen des § 23 Abs. 1 wird es überhaupt einer Aufbewahrung der Exemplare, sobald der Beweis der Zuwiderhandlung gesichert ist, nicht bedürfen; eine Vernichtung kommt überhaupt hier nicht in Frage.

§ 27.

Die Beschlagnahme von Druckschriften trifft die Exemplare nur da, wo dergleichen zum Zwecke der Verbreitung sich befinden. Sie kann sich auf die zur Vervielfältigung dienenden Platten und Formen erstrecken; bei Druckschriften im engeren

500) Hartmann S. 154.

501) Löwe a. a. O. zu § 26 RPrG.; auch Koller S. 219; Liszt (S. 128) § 36 V; ebenso jetzt Stenglein, NG. I, 322, während er früher die Ansicht vertrat, daß schon mit der Erhebung der öffentlichen Klage durch Antrag auf Voruntersuchung oder durch Einreichung der Anklageschrift, oder, im Falle des objektiven Strafverfahrens, durch den Antrag der Staatsanwaltschaft auf Terminsbestimmung die Strafverfolgung in der Hauptsache eingeleitet werde.

Sinne hat auf Antrag des Beteiligten statt Beschlagnahme des Satzes das Ablegen des letzteren zu geschehen.

Bei der Beschlagnahme sind die dieselbe veranlassenden Stellen der Schrift unter Anführung der verletzten Gesetze zu bezeichnen. Trennbare Teile der Druckschrift (Beilagen einer Zeitung usw.) welche nichts Strafbares enthalten, sind von der Beschlagnahme auszuschließen.

1. Anwendungsgebiet von § 27. Die Bestimmungen dieses Paragraphen finden auch auf die richterliche Beschlagnahme von Druckschriften Anwendung[502]); — ohnedem haben sie, bei ihrer Eigenart in der Beschränkung auf Druckschriften, durch die allgemeinen Bestimmungen der Strafprozeßordnung keine Abänderung erlitten.

Der Paragraph ist ganz allgemein gefaßt; er findet daher auch auf die Druckschriften mit Zuwiderhandlungen gegen die Ordnungsvorschriften §§. 6, 7 (§ 23 des Gesetzes) Anwendung, soweit § 27 überhaupt auf diese Druckschriften sich beziehen kann. So werden z. B. die Bestimmungen in § 27 Abs. 1 über die Platten und Formen, sowie über das Ablegen des Satzes nicht auf die vorstehend bezeichneten Druckschriften anwendbar sein und die Bestimmung in Abs. 2 Satz 1 bei diesen Druckschriften nur analog angewendet werden können.

Bei den Druckschriften, die wider das Verbot des § 14 verstoßen, kann die Schlußbestimmung des Abs. 1 in § 27 nicht in Frage kommen; bei ihnen wird zur Rechtfertigung der Beschlagnahme statt der Bestimmung in § 27 Abs. 2 Satz 1 die Bezugnahme auf das Verbot hinreichen.

Bei den wider § 15 verstoßenden Druckschriften werden die Vorschriften in § 27 Abs. 1 unbeschränkte Anwendung finden können. Denn bei ihnen ist es der Inhalt der Druckschrift, dessen Verbreitung an erster Stelle entgegengetreten werden soll. Auch die Bestimmungen in Abs. 2 finden Anwendung.

2. Umfang der Beschlagnahme (§ 27 Abs. 1). „wo sie zum Zwecke der Verbreitung sich befinden"[503]). Durch diese allerdings nicht ganz korrekte Fassung wird an der allgemeinen Vorschrift, daß regelmäßig (s. oben § 23 Ziff. 2) mit der Verbreitung bereits begonnen sein muß, keineswegs irgend etwas geändert. Würde die ganze Auflage sich noch beim Verleger befinden, so findet die Beschlagnahme aus §§ 23 ff. RPrG. regelmäßig nicht statt. Es wird also, um die Beschlagnahme der noch nicht ausgegebenen, aber zur Ver-

502) Reichstagsverhandl. S. 502; Kommissionsbericht S. 15; Kayser S. 625.

503) Barth S. 85; Thilo, PreußPrG. S. 77; Hartmann S. 150; Schwarck S. 79.

breitung bestimmten Exemplare herbeizuführen, regelmäßig erfordert, daß bereits wenigstens ein Exemplar ausgegeben, also mit der Verbreitung begonnen worden ist.

Das Wort „Verbreitung" (vgl. noch oben § 2 und § 3, Anm.) ist hier in einem doppelten Sinne gebraucht. Es umfaßt sowohl die Vorräte von Exemplaren, die verteilt werden sollen, als auch einzelne bereits ausgegebene Exemplare, sobald sie an einen Ort gelangt sind, wo sie anderen zugänglich gemacht werden. Während im ersteren Falle der Ort, wo die Exemplare sich befinden, nicht entscheidet, wird in letzterem zumeist der Ort entscheiden. Es können — in ersterer Beziehung — die in der Druckerei, auf dem Lager des Verlegers usw. noch befindlichen und noch nicht ausgegebenen Exemplare und in der letzteren Beziehung die Exemplare in einer Restauration, in einem öffentlichen Lesekabinett usw. mit Beschlag belegt werden. Unrichtig ist es daher, daß die Beschlagnahme überall nur dann erfolgen könne, wenn die Druckschriften sich noch gerade an einem Orte befinden, von dem aus die Verbreitung geschehen soll (s. Marquardsen S. 243; Berner § 116, 2; Koller § 221; vgl. jedoch Hartmann S. 150).

Die bereits in Privatbesitz übergegangenen Exemplare sind von der Beschlagnahme ausgenommen. „Privatbesitz" ist jedoch nicht der Besitz einer Privatperson schlechthin. Vielmehr wird entscheiden, daß die Exemplare „bereits in den Besitz von Privatpersonen zum Zwecke eigenen Gebrauchs übergegangen sind" (Badisches Gesetz § 19). Das Weimarische Preßgesetz § 21 sagte: „Die Beschlagnahme erstreckt sich auf alle Exemplare der Druckschrift, die noch nicht in den Besitz solcher Privatpersonen übergegangen sind, welche dieselben lediglich zum eigenen Gebrauche und nicht zur öffentlichen Unterhaltung des Publikums oder zur Weiterbeförderung an sich gebracht bezw. erhalten haben", das Sächs. Preßgesetz § 23 Nr. 4 „— von Privatpersonen oder juristischen Personen übergegangen sind, welche sie lediglich zum eigenen Gebrauch und nicht etwa auch mit zur öffentlichen Unterhaltung, wie dies z. B. in Gasthöfen, Schankwirtschaften, Leihbibliotheken, öffentlichen Lesekabinetten und dergleichen der Fall ist, an sich gebracht haben." So würde man die Exemplare in dem Lesekabinett eines Gasthofs, nicht aber die in dem Lesekabinett einer geschlossenen Gesellschaft beschlagnahmen dürfen[504]).

---

504) § 3. — Vgl. Marquardsen S. 243 f.; Thilo S. 108; Hartmann S. 150; Stenglein, RG. I, 322. — § 41 Abs. 2 StGB. sagt: „Diese Vorschrift bezieht sich jedoch nur auf die im Besitze des Verfassers, Druckers, Herausgebers, Verlegers oder Buchhändlers befindlichen und auf die öffentlich

„Sie kann sich auf Platten und Formen erstrecken.“ Die Beschlagnahme der Platten usw. wird zweckmäßig sein, wenn Gefahr vorhanden ist, daß weitere Abzüge der Schrift gemacht werden sollen. Die Bezeichnung „Platten und Formen“ ist im weiteren Sinne zu verstehen. Überhaupt macht die technische Natur der zur Vervielfältigung dienenden Vorrichtungen keinen Unterschied.

Hervorzuheben ist, daß die Maßregel nur fakultativ vorgeschrieben wird, während im StGB. § 41 sie unbedingt angeordnet, daher auch der Umfang jener durch das Bedürfnis des einzelnen Falles, über das jedoch lediglich das Ermessen der anordnenden Behörde entscheidet, bestimmt wird. Auf dieser Erwägung beruht auch die Schlußbestimmung in Abs. 2.

Ablegen des Satzes. Bei Druckschriften im engeren Sinne des Wortes, d. h. bei Druckschriften, die mit beweglichen Lettern hergestellt werden, wird der Satz bei der Beschlagnahme wohl zumeist schon auseinandergenommen sein; — wo er aber noch steht, soll er auf Antrag des Beteiligten, d. h. des Druckereibesitzers, auseinandergelegt werden, d. h. er soll durch Leute des Besitzers und auf dessen Kosten, sowie unter dessen Verantwortlichkeit[505]) auseinandergenommen und die einzelnen Lettern in die Schriftkästen verteilt werden.

Analog wird mittels Setzmaschine gegossener Satz eingeschmolzen werden können.

Der Umfang der Beschlagnahme wird durch ihren Zweck bestimmt. Trennbare Teile der Druckschrift, die nichts Strafbares enthalten, sind daher von der Beschlagnahme auszuschließen[506]). Selbstverständlich unterliegt aber der Beschlagnahme der trennbare Teil dann, sobald dessen Inhalt zur Feststellung der strafbaren Handlung, welche die Beschlagnahme veranlaßt hat oder der Verschuldung des Beteiligten notwendig gebraucht wird. Dies gilt auch von dem Falle, wenn z. B. nur die Beilage den Namen des verantwortlichen Redakteurs enthält. Jedoch wird die Beschlagnahme eines Exemplars der Beilage usw. genügen, da hier nicht die Gefahr der Weiterverbreitung, sondern nur der Beweis der Schuld in Frage kommt, der bereits durch ein Exemplar der Beilage geliefert wird.

§ 27 Abs. 2. Wird die Beschlagnahme auf Verletzung von Ordnungsvorschriften gestützt, so werden sie in der Beschlagnahmeverfügung anzuführen sein.

---

ausgelegten oder öffentlich angebotenen Exemplare.“ Diese Bestimmung über die Unbrauchbarmachung geht daher nicht soweit als die des Preßgesetzes über die Beschlagnahme.

505) Liszt S. 130 f.

506) Thilo S. 110. Ob eine solche Trennung durchführbar ist, bleibt Tatfrage. **RGR.** Bd. 4 S. 29; vgl. auch Stenglein, NG. I, 322; c. Klöppel S. 460, 462 ff.

Die Angabe der die Beschlagnahme veranlassenden Stellen soll „bei der Beschlagnahme" erfolgen, sie soll unmittelbar durch diese Angabe gerechtfertigt werden. Auch ältere Gesetzgebungen gingen von gleicher Ansicht aus und bestimmten, daß die Verfügung, welche die Beschlagnahme anordnete, die betr. Stellen und Gesetze mit angab, und die Verfügung dem Beteiligten vorgezeigt wurde (Sächs. PrG. Art. 31 Nr. 4).

Über die Beschränkung usw. auf die strafbaren Stellen vgl. noch § 41 Abs. 3 StGB.

§ 28.

Während der Dauer der Beschlagnahme ist die Verbreitung der von derselben betroffenen Druckschrift oder der Wiederabdruck der die Beschlagnahme veranlassenden Stellen unstatthaft.

Wer mit Kenntnis der verfügten Beschlagnahme dieser Bestimmung entgegenhandelt, wird mit Geldstrafe bis fünfhundert Mark oder mit Gefängnis bis zu sechs Monaten bestraft.

1. Anwendbarkeit. § 28 regelt die Wirksamkeit der Beschlagnahme. Er hat sowohl die polizeiliche als die gerichtliche Beschlagnahme vor Augen; seine Bestimmungen sind ganz allgemein.

Ob das Verbot des § 28 sich auch auf die Schriften bezieht, welche nur wegen Verstoßes gegen eine Ordnungsvorschrift der §§ 6—11 beschlagnahmt worden sind, ist bestritten[507]). Allerdings liegt auch hier eine, zwar nicht den Inhalt, sondern nur die Herstellung der Druckschrift betreffende Gesetzwidrigkeit vor, und die Verbreitung solcher Exemplare ist als Nichtachtung der Beschlagnahme aufgefaßt worden.

2. Der Paragraph verbietet die Verbreitung der beschlagnahmten Druckschrift, und zwar auch die nicht gewerbsmäßige. Unter Verbreitung der Druckschrift (s. oben § 3) ist zunächst nicht nur die Verbreitung der beschlagnahmten, sondern auch der Exemplare, die der Beschlagnahme entgangen sind, zu verstehen. Sodann gehört zur Verbreitung der Druckschrift auch die Verbreitung ihres Inhalts. Diese erfolgt durch die völlige, unveränderte Wiederholung der Schrift im Wege des Wiederabdrucks und der Veröffentlichung usw. der neugedruckten Exemplare. Dieser Ver-

---

507) Bejaht z. B. auch von Liszt S. 132; Koller S. 225; von Mangoldt S. 49; Kayser S. 624. Andererseits ist zu bedenken, daß hier die Verbreitung selbst einen Schaden nicht verursacht, und es hinreicht, wenn durch die beschlagnahmten Exemplare der Beweis der Ordnungswidrigkeit geliefert ist (vgl. Berner S. 317).

breitung ist endlich gleichgestellt der Wiederabdruck[508]) der Stellen, welche die Beschlagnahme der Schrift veranlaßt haben. Im letzteren Falle handelt es sich um Durchführung der Vorschrift in § 27 Abs. 2, nach welcher bei der Beschlagnahme die Stellen, die sie veranlaßt haben, zu bezeichnen sind. Selbstverständlich ist also der Wiederabdruck der Schrift zulässig, wenn hierbei die gerügten Stellen weggelassen werden[509]), wie dies in der Kommission und im Reichstag (S. 502) ausdrücklich von der Regierung bestätigt wurde. So würde der Wiederabdruck einer Notenschrift (Musikstücks) ohne den revolutionären, die Beschlagnahme veranlassenden Text erlaubt sein. Ob und inwieweit die Veröffentlichung der Notenschrift selbst infolge der Bekanntschaft des Publikums mit dem Texte als eine Aufreizung usw. zu gelten hat, ist nicht nach dem Preßgesetze zu beurteilen[510]).

Ferner ist der Wiederabdruck der erwähnten Stellen auch unzulässig, wenn sie in einer anderen Schrift oder in Verbindung mit ihr zum Abdrucke gebracht werden.

Für die Wirksamkeit der Beschlagnahme und deren Verbots kommt die Vorschrift in Abs. 2 des § 27 in Betracht; sie ist nicht bloß reglementär. Vielmehr beeinflußt ihre Nichtbeobachtung wesentlich die Wirksamkeit der Beschlagnahme. Ist die Vorschrift nicht beobachtet worden, so ist zwar eine Weiterverbreitung der ganzen Druckschrift schon durch die erste Bestimmung in § 28 verboten, sind aber nur einzelne Stellen der Druckschrift wieder abgedruckt worden, so fehlt es an einer Unterlage dafür, ob die wiederabgedruckten Stellen zu den Stellen gehören, die die Beschlagnahme veranlaßten. Bei dieser Ungewißheit kann der Wiederabdruck einzelner Stellen nicht als eine Verbotswidrigkeit behandelt werden[511]). Die Annahme, daß bei dem Schweigen der Beschlagnahmeverfügung über die einzelnen Stellen der Druckschrift ihr gesamter Inhalt als Veranlassung der Beschlagnahme angesehen worden und deshalb der Wiederabdruck jeder einzelnen Stelle strafbar sei, würde nur dann gerechtfertigt sein, wenn der ge-

---

508) Der „Wiederabdruck" ist ein ungenauer Gesetzesausdruck. Keineswegs ist allgemein bereits der Wiederabdruck unter Strafe gestellt, also die Tätigkeit des Druckers, sondern die Verbreitung, da nur diese durch die Beschlagnahme verhindert werden sollte. Die Anwendbarkeit der allgemeinen Strafgesetze, soweit schon vor der Verbreitung eine strafbare Handlung vorliegt, wird damit nicht ausgeschlossen; vgl. Koller S. 225 und **RGE.** Bd. 30 S. 323.

509) Vgl. noch Marquardsen S. 246; Kommissionsbericht S. 15.

510) Vgl. noch Lentner S. 678.

511) Vgl. insbes. ObTrib. Berlin in GA. Bd. 24 S. 633 f.; Oppenhoff, Rechtspr. Bd. 17 S. 710.

samte Inhalt in der Verfügung ausdrücklich als strafbar bezeichnet worden wäre, — eine bloße Vermutung, daß die Verfügung auf dieser Ansicht beruhe, kann nicht ausreichen, und am wenigsten, wenn sie nur aus dem Stillschweigen der Verfügung abgeleitet wird. Anderer Meinung: ObTrib. 2. November 1876; OR. Bd. 17, S. 710; GA. Bd. 24 S. 633).

Selbstverständlich wird durch die Strafbestimmung in § 28 die strafrechtliche Verantwortlichkeit wegen des Deliktes in keiner Weise berührt, das etwa in dem Inhalte der abgedruckten Stellen liegt. Ebenso kann wegen des Inhalts auch § 21 des Gesetzes zur Anwendung kommen.

3. Dauer der Beschlagnahme. Die Wirksamkeit der Beschlagnahme beginnt mit dem Augenblicke, in welchem die (durch Zustellung oder sonst bekannt gemachte) Verfügung angeordnet wird, nicht aber erst mit ihrer Vollziehung oder mit dem bestätigenden Beschlusse des Gerichts (s. a. Heilborn S. 73; Koller S. 224; Kah S. 211). Ebner S. 123 und jetzt auch Stenglein, RG. I, 322. v. Mangoldt S. 48[512]) läßt die Wirksamkeit der Beschlagnahme erst mit der Vollziehung der Verfügung beginnen. Das ist nicht richtig. Unter Beschlagnahme ist an sich sowohl die Anordnung, daß ein Gegenstand in amtliche Verwahrung zu nehmen ist, wie der Akt der Wegnahme selbst zu verstehen. Der juristische Sprachgebrauch verwendet den Ausdruck in diesem doppelten Sinne, und auch das RPrG. drückt sich nicht gleichmäßig aus. Es spricht davon, daß die Beschlagnahme angeordnet, verfügt wird (s. z. B. § 24), und dieser Ausdruck spricht für die Meinung von Mangoldts, daß erst die Wegnahme die Beschlagnahme darstelle; es wird aber auch gesagt (§ 24 letzter Absatz), daß die Beschlagnahme erlösche und daß deshalb die Freigabe der einzelnen Stücke erfolgen müsse und ferner (§ 27), die Beschlagnahme trifft die Druckschriften nur da usw. Die letzterwähnten Wendungen lassen sich nur in dem Sinne verstehen, daß schon die Anordnung die Beschlagnahme selbst darstelle. Auch folgende Erwägung spricht dafür:

Die Beschlagnahme dauert bis zur endgültigen Urteilsentscheidung, soweit sie nicht vorher aufgehoben wird oder erlischt[513]).

Die Aufhebung kann ausdrücklich oder durch andere Entschließungen (Einstellung des Verfahrens, Freisprechung usw.)

---

512) Vgl. übrigens auch die Ausführungen von Barth S. 97; Thilo, PreußPrG. S. 125.

513) S. v. Mangoldt a. a. O., der folgewidrig gegen seine Ansicht, daß die Beschlagnahme erst mit der Ausführung anfange, hinzufügt, sie erlösche auch mit der Rechtskraft eines die Aufhebung aussprechenden Urteils!

erfolgen. Ebenso kann die Beschlagnahme stillschweigend (in den Fällen des § 24 Abs. 4) außer Kraft treten.

Rechtsmittel gegen die Aufhebung der Beschlagnahme verzögern nicht den Eintritt ihrer Wirksamkeit. Wird die Verfügung der Beschlagnahme aufgehoben (§ 25), so wird hierdurch nicht die Strafbarkeit einer gegen die Verfügung erfolgten Verbreitung aufgehoben.

4. Strafbestimmung. Die Zuwiderhandlung gegen § 28 Abs. 1 ist juristisch der im § 18 Nr. 1 mit Strafe bedrohten gleich. Die Bestrafung erfolgt wegen des gewollten Ungehorsams gegen das Gesetz, ohne Rücksicht auf den Inhalt der Druckschrift, der noch besonders den Tatbestand einer strafbaren Handlung enthalten kann. Doch wird auch hier die Strafbarkeit desjenigen, der den Wiederabdruck einer beschlagnahmten Stelle veranlaßt hat, sowie des Verbreiters durch den Inhalt der Druckschrift begründet (wenn man, wie es oben s. § 18 Nr. 1 geschehen ist, diesen Ausdruck lediglich als Gegensatz zu den Formvorschriften der §§ 6 und 7 versteht). Wenn durch den Abdruck einer beschlagnahmten Stelle oder durch die Verbreitung der beschlagnahmten Druckschrift zugleich der Tatbestand einer nach den allgemeinen Strafgesetzen strafbaren Handlung erfüllt ist, so werden diese und die Zuwiderhandlung gegen § 28 in idealer Konkurrenz miteinander verübt. Das Strafurteil nach § 28 hat auf den Nachweis der Beschlagnahme und der Kenntnis des Angeschuldigten sich zu beschränken, nicht dagegen die Straftat selbst, wegen der die Beschlagnahme erfolgt ist, nochmals zum Gegenstande richterlicher Prüfung und Feststellung zu machen. Nach **RGE.** Bd. 37 S. 254 genügt Eventualdolus (unbestimmter strafbarer Vorsatz).

War die Beschlagnahme bereits beseitigt, ohne daß der Verbreiter hiervon Kenntnis erlangt hatte, so entfällt die Anwendung des § 28[514]), da nach bekannten Grundsätzen der Mangel im Tatbestande durch den Irrtum des Täters nicht ergänzt wird. Gleichgültig ist es aber, ob nachträglich die Beschlagnahme wieder aufgehoben wird, wenn sie nur zur Zeit des Wiederabdruckes bestand (**RGE.** Bd. 37 S. 255).

Auf welche Weise der Verbreiter von der Beschlagnahme Kenntnis erhalten hat, ist gleichgültig. Auch die gelegentlich erlangte Kenntnis reicht hin[515]). Insbesondere hat das Reichsgesetz eine öffentliche Bekanntmachung der Beschlagnahme, wie das preußische Gesetz, nicht vorausgesetzt. In einigen Ländern war früher die offizielle Benachrichtigung der einzelnen

514) Vgl. GA. Bd. 2 S. 109.

515) ObTrib. Berlin in GA. Bd. 8 S. 816 f.; Berner S. 318.

Buchhandlungen des Ortes von jeder Beschlagnahme vorgeschrieben[516]).

Bei dem strafbaren „Wiederabdrucke der Stellen" wird die Kenntnis des Verbreiters davon, daß die Stellen die Beschlagnahme veranlaßt haben, erfordert. Ob der Verbreiter die Stellen für strafbar gehalten hat, ist gegenüber dem Verbote der Verbreitung einflußlos; es entscheidet lediglich die Kenntnis von dem Verbot, ohne Unterschied, ob der Verbreiter es für gerechtfertigt angesehen hat oder nicht, ebenso wie der Mangel der Kenntnis von dem Verbote nicht durch das Bewußtsein von der Strafbarkeit der Stellen ersetzt werden würde[517]).

Der Wiederabdruck der von der Beschlagnahme betroffenen Stellen bleibt nach § 28 strafbar, auch wenn diese Stellen bei der öffentlichen Gerichtsverhandlung zur Vorlesung gekommen sind[518]). Die Öffentlichkeit der Verhandlung kann überhaupt weder die im Wiederabdrucke liegende Verbotswidrigkeit, noch das in ihm etwa außerdem noch vorhandene Delikt beseitigen.

Das Verbot trifft jeden Verbreiter. Die Bestrafung eines Verbreiters hebt die der anderen früheren oder späteren Verbreiter nicht auf[519]).

Die Angabe der Quelle, aus welcher der Wiederabdruck stammt, ist auch hier ohne Einfluß.

Endlich wird die Beschlagnahme der anderweit verbreiteten Exemplare, auch ohne Wiederholung der Förmlichkeiten usw., zulässig und die richterliche Bestätigung nicht nochmals einzuholen sein.

Die Zuwiderhandlung gegen § 28 ist Vergehen, das Mindestmaß der zulässigen Geldstrafe also 3 Mk., Verjährung in 6 Monaten, gemäß § 22.

§ 29.

Zur Entscheidung über die durch die Presse begangenen Übertretungen sind die Gerichte auch in denjenigen Bundesstaaten ausschließlich zuständig, wo zurzeit noch deren Aburteilung den Verwaltungsbehörden zusteht.

Soweit in einzelnen Bundesstaaten eine Mitwirkung der Staatsanwaltschaft bei den Gerichten unterster Instanz nicht vorgeschrieben ist, sind in den Fällen der ohne richterliche Anordnung erfolgten Beschlagnahme die Akten unmittelbar dem Gericht vorzulegen.

Übertretungen ist hier nicht in dem Sinne des StGB. gebraucht, sondern soll wohl strafbare Handlungen schlechthin

---

516) Vgl. Barth S. 97; Thilo, PrG. S. 126; Hartmann S. 239.

517) ObTrib. Berlin in GA. Bd. 24 S. 634.

518) OAG. München (Sammlung usw. Bd. 7 S. 177 f.); Thilo S. 111 Note 3: Kay S. 211.

519) Marquardsen S. 248.

bedeuten (GA. Bd. 24 S. 149 u. Stenglein, RG. I, 323). Polizeiliche Strafbefehle sind hier unzulässig (DJZ. 1908 S 1390). Die Vorschrift des Abs. 1 ist neben der StPO. in Kraft geblieben. (EGzStPO. § 5). — Vgl. noch die §§ 12, 13 GVG.

Vgl. § 6 EGzStPO. über die Kompetenz der Schwurgerichte für die durch die Presse begangenen strafbaren Handlungen, wo solche bestand.

Abs. 2 hat jetzt keine Bedeutung mehr (s. § 142 GVG.: „bei jedem Gerichte soll eine Staatsanwaltschaft bestehen").

VI. Schlußbestimmungen.

§ 30.

Die für Zeiten der Kriegsgefahr, des Krieges, des erklärten Kriegs- (Belagerungs-) Zustandes oder innerer Unruhen (Aufruhrs) in Bezug auf die Presse bestehenden besonderen gesetzlichen Bestimmungen bleiben auch diesem Gesetze gegenüber bis auf weiteres in Kraft.

Das Recht der Landesgesetzgebung, Vorschriften über das öffentliche Anschlagen, Anheften, Ausstellen, sowie die öffentliche, unentgeltliche Verteilung von Bekanntmachungen, Plakaten und Aufrufen zu erlassen, wird durch dieses Gesetz nicht berührt.

Dasselbe gilt von den Vorschriften der Landesgesetze über Abgabe von Freiexemplaren an Bibliotheken und öffentliche Sammlungen.

Vorbehaltlich der auf den Landesgesetzen beruhenden allgemeinen Gewerbesteuer findet eine besondere Besteuerung der Presse und der einzelnen Preßerzeugnisse (Zeitungs- und Kalender-Stempel, Abgaben von Inseraten usw.) nicht statt.

1. Kriegsgefahr, Krieg, innere Unruhen. Soweit für Zeiten der Kriegsgefahr (d. h. des drohenden Krieges), des Krieges, des erklärten Kriegs(belagerungs)zustandes oder innerer Unruhen (Aufruhrs) für die Presse landesgesetzlich besondere Bestimmungen vorhanden waren, sind sie in Geltung geblieben.

Zeiten der Kriegsgefahr, des Krieges oder innerer Unruhen: Hier ist zu erwähnen für Preußen: § 16 des Gesetzes vom 4. Juni 1851 über den Belagerungszustand[520]); für Bayern: Art. 6 des Gesetzes vom 18. August 1879 zur Ausführung der Reichs-Strafprozeßordnung[521]).

520) Groschuff, Die preußischen Strafgesetze S. 78 und die daselbst zitierte Literatur.

521) Vgl. auch fast gleichlautend das BayerEGzStGB. in § 8.

Auch in anderen deutschen Staaten (Württemberg, Baden, Hamburg u. a.) bestehen für Zeiten der Kriegsgefahr usw. für die Presse besondere gesetzliche Bestimmungen (s. z. B. Sarwey, Württemb. Staatsrecht Bd. 1 S. 278; Wolffson in Marquardsens Handbuch des öffentlichen Rechtes 3. Bd. 2. Halbband. 3. Abt. S. 23).

Zeiten des erklärten Kriegs-(Belagerungs-)zustandes.

Hier kommt für das gesamte Deutsche Reich, mit Ausnahme des Königreichs Bayern[522]), der § 68 der Reichsverfassung in Betracht.

Der Entwurf zu dem neuen Reichsgesetz gegen den Verrat militärischer Geheimnisse, dessen hier kurz gedacht sei, bringt in § 9 ein bedenkliches Fahrlässigkeitsdelikt. „Wer fahrlässig ein militärisches Geheimnis in die Oeffentlichkeit gelangen läßt.... und dadurch die Sicherheit des Reiches gefährdet, wird .... bestraft." Die veröffentlichte Nachricht braucht also nicht mehr wie bisher nach § 7 des geltenden Gesetzes vom 3. Juli 1893 aus amtlicher Quelle zu stammen, auch eine sonst erlangte Kenntnis und Veröffentlichung genügt. Dabei wird der Begriff des militärischen Geheimnisses nicht klar genug gezeichnet. § 1 des Entwurfs bezeichnet als militärische Geheimnisse außer den Schriften und Zeichnungen auch andere Gegenstände und Nachrichten, deren Geheimhaltung im Interesse der Landesverteidigung erforderlich ist." Für den Begriff der „Nachrichten" werden in der Begründung des Gesetzes nur Beispiele gegeben. Der Gesetzestext schließt nicht aus, daß der Begriff der „Nachrichten" als dehnbar behandelt wird und selbst fachwissenschaftliche Erörterungen einbezieht; das Gericht wird sich zum.ist auf militärische Sachverständige stützen müssen. Der verantwortliche Redakteur, der dem Leserpublikum über militärische Fragen Belehrung bieten will, könnte hier sehr leicht mit dem Strafgesetz in Konflikt geraten, was bei der verschärften Strafandrohung besonders empfindlich würde. Dabei muß die Begründung eigentlich anerkennen, daß die deutsche Presse im allgemeinen die bestehenden Gesetze ähnlicher Richtung respektiert hat. Mit Recht hat der Reichsverband der deutschen Presse in seiner Düsseldorfer Resolution (19.3) gegen diese Bestimmung des Entwurfs Stellung genommen. Auch § 12 des Entwurfs beschneidet die Preßfreiheit; bestraft soll werden,

---

522) Der Art. 68 RV. gilt für Bayern nicht (s. Schlußbestimmung zum XI. Abschnitt d. RV. und Versailler Bündnisvertrag mit Bayern vom 23. November 1870 (BGB. 1871 S. 9 ff.), III. § 5: Die Art. 61—68 finden auf Bayern keine Anwendung). In Bayern bestehen besondere Vorschriften für die Presse bei erklärtem Kriegs- oder Belagerungszustande nicht.

wer über amtliche Ermittlungen wegen Verbrechens oder Vergehens gegen dieses Gesetz ohne Erlaubnis der zuständigen Behörde Mitteilungen in der Oeffentlichkeit bringt. Der Gesetzentwurf bedarf einer gründlichen Revision.

2. Die Plakatenfrage[523]) rief im Reichstag (Verh. S. 424 f.) eine sehr lebhafte Debatte hervor; die Vorschläge der Kommission wurden in der Hauptsache angenommen. Bei der Beratung der Kommissarien überzeugte man sich, daß eine Einigung mit der Regierung nicht zu erzielen sei, und gelangte zu dem Vorschlage, die Ordnung der ganzen Materie, zumal bei ihrem Zusammenhange mit der Straßenpolizei, der Landesgesetzgebung zu überlassen.

Dieser Vorschlag der Kommission wurde vom Reichstag (S. 1101) angenommen.

Die preßpolizeiliche Regelung des Plakatwesens ist sonach lediglich Gegenstand der Landesgesetzgebung; diese kann darüber Vorschriften erlassen (Marquardsen S. 26 ff., 256) und die bestehenden Gesetze bleiben aufrecht erhalten (RG. in Johow Bd. 5 S. 286; preuß. OVG. Entsch. Bd. 5 S. 413, 425).

Der Landesgesetzgebung sind nur überlassen die Vorschriften über das öffentliche Anschlagen, Anheften, Ausstellen, sowie das öffentliche unentgeltliche Verteilen von Bekanntmachungen, Plakaten und Aufrufen.

Unter Plakaten sind Schriften, nicht notwendig Druckschriften, zu verstehen, deren Inhalt dem Publikum durch öffentlichen Anschlag, durch öffentliches Anheften oder Ausstellen mitgeteilt wird. Hierunter kann auch das Extrablatt einer Zeitung fallen, wenn es zu diesem Zwecke z. B. öffentlich angeschlagen wird, oder auch periodische Druckschriften, sofern deren einzelne Nummern öffentlich angeschlagen werden. Denn es ist für den Begriff des Plakats nicht wesentlich, daß die Schrift einer augenblicklichen Veranlassung dient (s. PreußOVG. Bd. 5 S. 425; RG. in GA. Bd. 39 S. 376 und in Johow Bd. 5 S. 286; doch irrt die letztere Entscheidung insofern, als sie von einer zum Maueranschlage bestimmten Schrift spricht. Nicht daß sie zum Maueranschlage bestimmt, sondern, daß sie angeschlagen, angeheftet ist, macht die Schrift zum Plakat, so auch Groschuff, Die preußischen Strafgesetze S. 76).

Der Maueranschlag ist für den Plakatbegriff nicht wesentlich. Der Anschlag kann an Tafeln gemacht werden, die umhergetragen werden, das Anheften an Personen ge-

---

523) Lentner (Grünhut Bd. 11) S. 325 f.; Berner S. 324 f.; Marquardsen S. 252 f.; Liszt S. 55 f.; Kayser S. 558 f.

schehen, die damit umhergehen, wie es z. B. während der Wahlzeiten häufig vorkommt (s. a. Koller S. 236).

Ein im Schaufenster ausgehängter Bilderbogen oder eine daselbst ausgestellte sonstige Druckschrift zur Mitteilung an das Publikum ist Plakat (RG. Jur. Zeit. Bd. 6 S. 238).

Sogen. Lichtreklame mittels Projektionsapparates auf Leinwand ist Plakat (PrOLG. 6. Dezember 1910; Ebner, Bericht 1910, S. 21).

Ein Arbeiter, der eine Papptafel mit Aufschrift „Trinkt keinen Schnaps!" öffentlich zur Schau trägt, stellt damit ein Plakat öffentlich aus (RG. 14. November 1910; DJZ. Bd. 15 S. 1469).

Bei einem Bäckerstreik in den Bäckerläden ausgehängte Plakate des Inhalts, daß nur boykottfreie Ware verkauft werden, überschreiten den Rahmen der Nachrichten für den gewerblichen Verkehr im Sinne von § 9 PrPreßG. (PrOVG. 16. Februar 1909; OVG. Bd. 54 S. 241).

Schrift am Haus mit den Worten: „Nächste Glaserei L....straße 34 ....., Glasermeister. Telephon Nr. ...." ist Plakat (SächsOVG. 2. Juli 1910; Jahrb. Bd. 16 S. 16).

Bekanntmachung ist eine Veröffentlichung, welche in der Absicht geschieht, ihren Inhalt, den der Verfasser für nicht oder für nicht genügend bekannt hält (insbesondere auch durch Anschlagen oder Anheften als Plakate oder durch Ausstellen), dem Publikum kund zu machen (s. a. RG. in Johow Bd. 13 S. 374).

Aufruf ist eine Bekanntmachung, in welcher das Publikum zu einer Tätigkeit (z. B. einer Anzeige, einer Geldspende, der Teilnahme an einer Versammlung u. dgl.) öffentlich aufgefordert wird (s. a. RG. in GA. Bd. 41 S. 438).

Nur auf das öffentliche Anschlagen usw. von Bekanntmachungen, Aufrufen und Plakaten beschränkt sich die landesgesetzliche Regelung. Im übrigen ist aber das öffentliche Verbreiten von anderen Druckschriften — wenn es nicht gewerbsmäßig[524]) geschieht —, nur den durch § 5 RPrG. vorgesehenen Einschränkungen unterworfen (s. § 5 und RG. in Johow Bd. 5 S. 286). Daß § 5 RPrG. auch die im § 30 Abs. 2 vorgesehene Befugnis der Landesgesetzgebung wenigstens insoweit berühre, als die persönliche Berechtigung zur nichtgewerbsmäßigen Ausübung dieser öffentlichen Verbreitungsarten in Frage stehe (Koller S. 236, 237), ist nicht zutreffend, da die Landesgesetzgebung von den Anordnungen des Preßgesetzes insoweit unbeschränkt ist.

524) Wegen des Gewerbebetriebs s. § 43 RGewO. und die folgenden Ausführungen im Texte.

Die Vorschriften der Reichs-Gewerbeordnung, die dieses hier der Landesgesetzgebung vorbehaltene Gebiet berühren, gehen der letzteren allerdings vor (s. Art. 2 der Reichsverfassung).

Es kommt hier § 43 RGewO. in Betracht. In den ersten beiden Absätzen ist nur der Gewerbebetrieb der Plakateure geregelt, bezüglich der polizeilichen Aufsicht über das Plakatwesen aber nichts enthalten. Dagegen schränken die Abs. 3—5 die Landesgesetzgebung ein, indem sie bestimmen[525]), daß zur (gewerbsmäßigen) Verteilung von Druckschriften zu Wahlzwecken bei der Wahl zu gesetzgebenden Körperschaften in der Zeit von der amtlichen Bekanntmachung des Wahltags bis zur Beendigung des Wahlakts polizeiliche Erlaubnis nicht erforderlich ist, daß dies auch bezüglich der nicht gewerbsmäßigen Verteilung von Druckschriften zu Wahlzwecken gilt, und daß in geschlossenen Räumen (z. B. in Wirtshäusern; Sten. Ber. d. Reichstags 1882/3 Bd. 4 S. 2723; KG. in GA. Bd. 41 S. 438) zur nicht gewerbsmäßigen Verteilung von Druckschriften oder anderen Schriften eine Erlaubnis nicht erforderlich ist[526]).

Zu den geschlossenen Räumen sind auch die Hausfluren zu rechnen, die, obwohl sie tagsüber meistens nicht verschlossen und dadurch jedermann zugänglich sind, damit doch nicht den Charakter der Geschlossenheit verlieren; ein Verteilen in den Hausfluren von Haus zu Haus ist daher ein solches in geschlossenen Räumen (**RGE.** Bd. 35 S. 54; Kolmar, Jur. Zeit. VI S. 508; **KG.** Johow Bd. 18 S. 303; Jur. Zeit. II S. 166, III S. 62).

Die allgemeinen Vorschriften des Preßgesetzes über die Druckschriften in §§ 6 ff. finden auf die Plakate, Bekanntmachungen und Aufrufe, da sie Druckschriften sind, übrigens auch Anwendung.

Plakate, welche mit Verletzung der polizeilichen Vorschriften angeschlagen sind oder einen strafbaren Inhalt haben, können einfach abgenommen und beschlagnahmt werden[527]).

4 Wenn im § 30 Abs. 2 von dem Rechte der Landesgesetzgebung die Rede ist, so sind darunter nicht bloß eigentliche Gesetze, sondern auch Verordnungen, insbesondere rechtsgültige Polizeiverordnungen zu verstehen, die insbesondere die Stellen bestimmen können, wo Plakate angeschlagen oder angeheftet werden dürfen (KG. GA. Bd. 44 S. 182).

Es folgen die wesentlichsten landesgesetzlichen Bestimmungen über das Plakatwesen, die, unter Berücksichtigung des zu 2. Gesagten, noch gültig sind[528]):

---

525) Den teilw. Wortlaut des § 43 s. oben bei § 4 u. 5.

526) S. auch noch KG. in Johow Bd. 10 S. 278.

527) § 23 ff. PrG. s. finden keine Anwendung.

528) Eine Erläuterung dieser landesgesetzlichen Vorschriften liegt nicht im Rahmen dieses Kommentars. Für das preußische Gesetz s. Groschuff, Die preuß. Strafgesetze S. 74 ff.

a) Preußen.

Gesetz über die Presse vom 12. Mai 1851.

§ 9. Anschlagezettel und Plakate, welche einen anderen Inhalt haben, als Ankündigungen über gesetzlich nicht verbotene Versammlungen, über öffentliche Vergnügungen, über gestohlene, verlorene oder gefundene Sachen, über Verkäufe oder Nachrichten für den gewerblichen Verkehr, dürfen nicht angeschlagen, angeheftet oder in sonstiger Weise öffentlich ausgestellt werden.

Auf die amtlichen Bekanntmachungen öffentlicher Behörden sind die vorstehenden Bestimmungen nicht anwendbar.

§ 10. Niemand darf auf öffentlichen Wegen, Straßen, Plätzen oder an anderen öffentlichen Orten Druckschriften oder andere Schriften oder Bildwerke ausrufen, verkaufen, verteilen, anheften oder anschlagen, ohne daß er dazu die Erlaubnis der Ortspolizeibehörde erlangt hat, und ohne daß er den Erlaubnisschein, in welchem sein Name ausgedrückt sein muß, bei sich führt. Die Erlaubnis kann jederzeit zurückgenommen werden.

§ 41. Wer den Vorschriften der §§ (8) 9 und 10 zuwiderhandelt, hat eine Strafe bis 50 Taler oder eine Gefängnisstrafe[529]) bis zu sechs Wochen verwirkt.

b) Bayern.

Ausführungsgesetz zur Reichsstrafprozeßordnung vom 18. August 1878.

Art. 12. Wer ohne polizeiliche Erlaubnis auf Straßen oder öffentlichen Plätzen Bekanntmachungen, Plakate oder Aufrufe anschlägt, anheftet, ausstellt oder öffentlich unentgeltlich verteilt, desgleichen wer ohne solche Erlaubnis eine der angeführten Handlungen vornehmen läßt, wird mit Haft bis zu 14 Tagen und an Geld bis zu 90 Mark bestraft.

Sind mildernde Umstände vorhanden, so ist das Gericht befugt, entweder auf Haft bis zu 14 Tagen oder auf Geldstrafe bis zu 90 Mark zu erkennen.

Neben der Strafe kann auf Einziehung der gesetzwidrig verbreiteten, aber noch nicht in fremdes Eigentum übergegangenen Schriften erkannt werden.

Art. 13. Die Polizeibehörde ist befugt, jede Schrift, welche gegen die Bestimmung des Art. 12 öffentlich verbreitet wird, sogleich mit Beschlag zu belegen.

Auf die Beschlagnahme findet § 8 des Edikts über die Freiheit der Presse und des Buchhandels vom 4. Juni 1848 Anwendung[530]).

---

529) An Stelle der Gefängnisstrafe ist jetzt auf Haft zu erkennen.

530) In der Beschlagnahmeverfügung ist das übertretene Strafgesetz anzuführen und die Einleitung des strafgerichtlichen

c) Sachsen.

Preßgesetz vom 24. März 1870.

Art. 15. 1. Ankündigungen gesetzlich erlaubter Versammlungen, Wahlbekanntmachungen, unter den in Art. 7 für Stimmzettel angegebenen Beschränkungen, sowie Anzeigen über öffentliche Vergnügungen, über gestohlene, verlorene und gefundene Sachen, über Verkäufe und Vermietungen und sonstige Nachrichten über den gewerblichen Verkehr dürfen ohne vorherige Anzeige an den im voraus bestimmten Orten und, was die Verkäufe oder Vermietungen von Grundstücken und gewerbliche Ankündigungen anlangt, auch an den betreffenden Grundstücken und Gewerbslokalen selbst öffentlich angeschlagen werden.

2. Bei Plakaten anderer Art, mit Ausnahme der Bekanntmachungen öffentlicher Behörden, bedarf es der vorgängigen Anzeige bei der Ortspolizeibehörde unter Vorlegung eines Exemplars des betreffenden Plakats[531]). Diese Plakate dürfen ebenfalls bloß an den von der Behörde im voraus bestimmten Orten öffentlich angeschlagen werden.

Art. 16. Zuwiderhandlungen in Art. 10—15 sind mit einer Geldbuße bis zu 50 Taler oder Gefängnisstrafe[532]) bis zu 4 Wochen zu belegen.

d) Württemberg.

Ausführungsgesetz zum Reichspreßgesetz vom 27. Juni 1874.

Art. 1. Von Bekanntmachungen, Plakaten und Aufrufen, welche öffentlich angeschlagen, ausgestellt, oder auf Straßen, öffentlichen Plätzen oder anderen öffentlichen Orten unentgeltlich verteilt werden sollen, muß, sobald der Anschlag, die Ausstellung oder die Verteilung beginnt, ein Exemplar an die Ortspolizeibehörde gegen eine sofort zu erteilende Bescheinigung unentgeltlich abgeliefert werden.

Ausgenommen hiervon sind die amtlichen Bekanntmachungen von Reichs-, Staats- und Gemeindebehörden, sowie solche Bekanntmachungen, Plakate und Aufrufe, welche keinen anderen Inhalt haben, als Ankündigungen über gesetzlich nicht ver-

---

Verfahrens hat längstens binnen 8 Tagen seit der Beschlagnahme zu geschehen (s. a. Koller S. 240 und Brater, Bayer. Preßgesetz zu § 8).

531) Das der (Ober-)Polizeibehörde vorgelegte Exemplar eines Plakats ist von ihr mit Angabe des Tages und der Stunde der Vorlegung zu versehen, sodann aber dem Vorlegenden zum Nachweise der vorschriftsmäßigen Anzeige sofort wieder zurückzugeben.

Die (Ober-) Polizeibehörden haben in geeigneter Weise bekannt zu machen, welche Orte zum Anheften oder Anschlagen von Plakaten bestimmt sind (Ausführungsverordnung vom 24. März 1870).

532) Jetzt Haft.

botene Versammlungen, über öffentliche Vergnügungen, über gestohlene, verlorene oder gefundene Sachen, über Verkäufe, Vermietungen oder andere Nachrichten für häusliche Zwecke und für den gewerblichen Verkehr.

Art. 2. Die Polizeibehörden sind befugt, nach Maßgabe der Art. 51—57 des Gesetzes vom 27. Dezember 1871, betr. Änderung des Polizeistrafrechts, aus Rücksicht auf die Ordnung des öffentlichen Verkehrs und auf den Schutz von Privatrechten, Vorschriften und Anordnungen bezüglich der Art und des Ortes der Anheftung, öffentlichen Ausstellung und Verteilung von Bekanntmachungen, Plakaten und Aufrufen zu erlassen.

Art. 3. Zuwiderhandlungen gegen die Vorschriften des Art. 1 werden mit Geldstrafen bis zu 150 Mark oder mit Haft, Zuwiderhandlungen gegen die nach Maßgabe des Art. 2 ergangenen Vorschriften und Anordnungen mit Geldstrafe bis zu 60 Mark oder mit Haft bis zu 14 Tagen bestraft. Auf dieselben finden die Art. 62—66 des Gesetzes vom 27. Dezember 1871, betr. Änderungen des Polizeistrafrechts, Anwendung.

e) Baden.

Einführungsgesetz zum Reichs-Preßgesetz vom 20. Juni 1874.

Art. 3. Abs. 1 und 2 gleichlautend mit Art. 1 des unter d abgedruckten Württembergischen Gesetzes.

Abs. 3. Zuwiderhandlungen werden mit Geld bis zu 150 Mark oder Haft bis zu 6 Wochen bestraft.

3. Freiexemplare. Diese Bestimmung hat in der Kommission und im Reichstage zu langen Debatten Anlaß gegeben, auch eine Mehrzahl von Petitionen für und wider die Bestimmung hervorgerufen. Ebenso wurden im Reichstage verschiedene Abänderungsvorschläge eingebracht, deren Zweck darauf zielte, die Pflicht zur Abgabe von Freiexemplaren bei kostspieligen Werken, namentlich Bilderwerken, zu beseitigen. Der Reichstag nahm schließlich unter Ablehnung sämtlicher Abänderungsanträge den Regierungsentwurf an und überwies hiermit die Frage zur ausschließlichen Kompetenz der Landesgesetzgebung.

Die hier erwähnten Freiexemplare sind nicht zu verwechseln mit den Pflichtexemplaren in § 9.

4. In einzelnen Staaten gelten die Vorschriften über die Abgabe von Freiexemplaren nicht mehr (z. B. im Königreich Sachsen und den sächsischen Herzogtümern, in Braunschweig, in Baden, in Oldenburg und Bremen), in anderen (z. B. Preußen, Bayern, Lübeck) bestehen sie noch zu Recht, aber nur soweit es sich um Freiexemplare für Bibliotheken und öffentliche Sammlungen handelt[533]).

533) Für Preußen s. § 6 des Gesetzes vom 12. Mai 1851.

5. Besteuerung der Presse.

Vgl. § 7 GewO. und das Reichsgesetz vom 3. Juli 1878 über den Spielkartenstempel. Man nimmt allgemein an, daß das letztere Gesetz keine Durchbrechung des in Abs. 4 ausgesprochenen Prinzips darstelle, weil man Spielkarten nicht zu den Druckschriften im Sinne des § 2 zu rechnen pflegt.

§ 31.

Dieses Gesetz tritt am 1. Juli 1874 in Kraft. Seine Einführung in Elsaß-Lothringen bleibt einem besonderen Gesetze vorbehalten.

Den Vorbehalt wegen Elsaß-Lothringens[534]) begründeten die Motive des Regierungsentwurfs folgendermaßen:

> „Die Übertragung des Entwurfs auf Elsaß-Lothringen würde ohne den gleichzeitigen Erlaß ergänzender Bestimmungen nicht zulässig sein, weil die Gewerbeordnung in dem Reichslande noch nicht gilt. Abgesehen hiervon aber gestatten die offenkundigen Bestrebungen, welche daselbst gegen die Vereinigung des Landes mit Deutschland tätig sind, und die mächtigen, in das Gebiet der internationalen Politik zurückgreifenden Anlehnungen, welche diesen Bestrebungen zu Gebote stehen, es gegenwärtig nicht, die Mittel aus der Hand zu geben, welche die französische Preßgesetzgebung zur Verhütung des Mißbrauchs der Presse im Sinne dieser Bestrebungen gewährt."

Der Vorbehalt rief sehr scharfe Debatten in der Kommission, wie im Reichstage hervor (vgl. die Verh. S. 433 f., 436, 512 f.). — Jetzt gilt aber in Elsaß-Lothringen das (Landes-) Gesetz über die Presse vom 8. August 1898 (Ges. Bl. f. Els.-Lothr. Nr. 18; ausgegeben am 18. August 1898).

§ 1. Die Bestimmungen des Reichsgesetzes über die Presse vom 7. Mai 1874 mit Ausnahme der §§ 14, 23—29 und 31 kommen als landesrechtliche Vorschriften in Anwendung.

§ 2. Die Verbreitung einer außerhalb des Reichsgebietes herausgegebenen Druckschrift oder einzelner Teile einer solchen in Elsaß-Lothringen kann von dem Ministerium verboten werden. Zuwiderhandlungen unterliegen der Strafe des § 18 RG. über die Presse vom 7. Mai 1874.

Über Verjährung, Kautionspflicht und Begriff der „Herausgabe" einer Zeitung nach dem elsaß-lothringischen Preßgesetze vgl. **RGE.** Bd. 45 S. 76. In Elsaß-Lothringen verjähren die mittels der Presse verübten Beleidigungen nicht in 6 Monaten,

---

534) Berner S. 336. — S. übrigens auch Nöldecke, Das Preßgesetz und das Reichsland in der Nation, Bd. 11 S. 435 ff.

sondern nach Maßgabe der §§ 66, 67 StGB. (**RGE.** Bd. 45 S. 158).

Im Augenblicke der Drucklegung dieses Buches liegt der nachstehende, noch nicht Gesetz gewordene Antrag der elsaß-lothringischen Regierung auf Änderung des Preßgesetzes vor:

§ 1. Das Gesetz über die Presse vom 5. Mai 1874, sowie die Vorschriften der Gewerbeordnung für das Deutsche Reich über das Preßgewerbe treten in Elsaß-Lothringen in Kraft.

§ 2. Die Verbreitung einer im Auslande herausgegebenen Druckschrift oder eines Teiles einer solchen in Elsaß-Lothringen kann von dem Ministerium in Elsaß-Lothringen verboten werden. Diese Bestimmung findet auch Anwendung auf Druckschriften, die zwar innerhalb des Reiches herausgegeben werden, aber nicht in deutscher Sprache abgefaßt sind.

§ 3. Zuwiderhandlungen gegen die auf Grund des § 2 erlassenen Verbote unterliegen der Strafe des § 18 des Gesetzes für die Presse.

In Helgoland gilt das Reichs-Preßgesetz (Kaiserl. Verordnung vom 22. März 1891).

Alphabetisches Sachregister.

(Die Ziffern ohne nähere Bezeichnung bedeuten die Seitenzahl.)

A.

T.

Grundriß des deutschen Urheber- und Erfinderrechts für Studierende. Mit Ergänzungen auf Grund der Gesetzgebung des Jahres 1910. Von **Dr. Fr. Hellmann,** Universitätsprofessor in München. 8°. VIII, 74 S. **Kart.** **Mk.** 1.50

— — Ergänzungen gesondert, 8 S. **Mk.** —.20

Das deutsche Urheber- und Verlagsrecht. I. Band: 1. Teil: Das Reichsgesetz betr. das Urheberrecht an Werken der Literatur und Tonkunst. 2. Teil: Die internationalen Urheberrechtsbeziehungen des Deutschen Reichs. 3. Teil: Das Reichsgesetz betr. das Verlagsrecht. Mit Erläuterungen und ausführlichem Sachregister. Von **Dr. Ernst Müller,** Oberlandesgerichtsrat und Mitglied des Reichstages für Meiningen, des bayer. Landtages für Hof. 8°. VIII, 425 S. 1901. Mk. 7.—; in Ganzl. geb. Mk. 8.20

II. Band: Urheberrecht an Werken der bildenden Künste und der Photographie, Gesetz vom 9. Januar 1907. Mit Erläuterungen und ausführlichem Sachregister. 8°. VIII, 332 S. 1907. Mk. 5.50; geb. Mk. 6.50

Die Bände sind einzeln käuflich.

Die Behandlung der literarisch-musikalischen Werke (Verbindungen von Schrift und Tonwerk) nach geltendem Recht. Von **Dr. Karl Petzl.** 8°. VII, 54 S. Mk. 1.60

Deutsches Urheber- und Erfinderrecht. Eine systematische Darstellung. I. Abteilung. Allgemeiner Teil. Besonderer Teil: Urheberrecht an Schriftwerken und Tonwerken; Urheberrecht an Kunstwerken und Photographien; Geschmacksmusterrecht. Von **Dr. E. Riezler,** Universitätsprofessor in Erlangen. 8°. XII, 494 S. Mk. 10.—; geb. Mk. 11.50

Strafgesetzbuch für das Deutsche Reich. Von **Dr. A. Grosch,** I. Staatsanwalt. 8°. VIII, 243 S. 2. Aufl. 1912. Im Ganzl. geb. Mk. 3.—

Die Strafgesetzgebung des Deutschen Reichs. Sammlung aller Reichsgesetze strafrechtlichen und strafprozessualen Inhalts mit einem Gesamtregister. Für den akademischen Gebrauch und die Praxis. Vollständige Ausgabe mit 2 Nachträgen. Von **Dr. Ph. Allfeld,** Universitätsprofessor in Erlangen. gr. 8°. IX, 1349 S. 152 Gesetze. 1903. In Halbfr. geb. Mk. 11.50
Preis des Nachtrages allein, VIII, 428 S. In Halbl. geb. Mk. 4.—

J. Schweitzer Verlag (Arthur Sellier), München, Berlin und Leipzig.

FSC
www.fsc.org
MIX
Papier | Fördert gute Waldnutzung
FSC® C083411

Kolibri 360 GmbH
Ferdinand-Jühlke-Straße 7
99095 Erfurt, Deutschland
produktsicherheit@kolibri360.de